대학으로 가는 지름길 | 논술의 모든 것

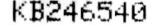
오양심의

중·고등학생용

통합논술 총자료집(I)

엮은이 **오양심**

도서
출판 **형민사**

글쓰기, 논술은 엉덩이로 배우는 것이다

글을 쓴 지 오래다. 그리고 여태까지 글이라고 쓴 것이 통틀어 20~30편이나 될까? 코흘리던 어린 시절부터 머리카락 희끗희끗한 오늘에 이르기까지 글을 배우고, 읽고, 가르치고, 반생을 순전히 글에 바쳐온 사람으로서는 있을 수 없는 일이다. 그것도 그 20~30편이 글다운 글이라면, 2~3편의 글로도 오히려 만족할 수 있는 일이겠으나, 나의 글이란 땅을 기는 글, 긴다느니보다 차라리 배밀이하는 글이다.

원래 타고난 천품이 노둔한 탓이겠지만 글을 쓴다는 것은 나에게 있어서는 애초부터 여간한 고통이 아니다. 혹 신문이나 잡지에 글을 청하는 친구가 있어 어떻게 써볼까 하고 허락하고 나면 그 순간부터 곧 후회요, 신음이다. 약속한 기일이 닥쳐와 원고지를 펼쳐놓고 앉으면 그땐 정말 진통이 시작된다. 원고지 한두 줄을 메우는 것이 어떻게 힘드는 일인지, 생소한 바다에 뛰어들기도 이 이상은 두렵지 아니할 것이요, 헤엄쳐 가야 할 10리 바다도 이 열 줄 한 장의 원고지처럼은 망망해 보이지 아니할 것이다. 어떻게 요행 한두 줄을 써 놓으면 그때는 시작이 절반이라 큰 무거운 짐이나 벗어놓은 듯이 담배를 붙여 문다. 물론 담배를 붙여 물면 무슨 좋은 생각이 나겠지 하는 심사도 있을 것이다. 그러나 글은 담배 한 개비를 다 태우고 나도 좀체 이어지지 아니한다. 이번에는 옆에 있는 거울을 앞에 갖다 놓고 얼굴을 들여다보기 시작한다. 혹 나르시소스의 미모나 가졌더라면 기쁨을 얻을 수도 있으련만 삐뚤어진 능금처럼 신통하지 않은 얼굴, 거기 무슨 영감(靈感)이 있을 리가 없다. 그러니 글은 여전히 이어지지 않아 삐뚤어진 얼굴이나마 자꾸 들여다보고 있을 수밖에.

문득 삐죽 나온 코털이 보이고 이마에 보기 흉한 여드름이 하나 눈에 띈다. 이제 잠깐 글을 생각지 않아도 좋은 구실이 생겼다. 우선 가위를 찾아 코털을 자르고, 다음엔 아플세라 조심조심 여드름을 짠다. 여드름이 하나밖에 없는 것이 좀 아쉽다. 열칠팔 세 때처럼 셀 수 없이 많아도 조금도 귀찮지 않을 것 같다. 그러나 구원은 의외의 방면에 있다. 이제 여드름 짜던 고놈의 손톱이 좀 마음에 걸린다. 그렇다, 고놈의 손톱을 자르기로 하자, 까칫까칫한 고놈의 손톱만 잘라 놓으면 글이 저절로 나올 것 같다. 그래서 다시 손톱을 깎기 시작한다. 하나하나 찬찬히 정성을 들여 깎고 나서는 이번에는 고루고루 줄질을 한다. 아마 내 손톱이 이런 때같이 예쁘게 깎아지는 일은 없을 것이다. 그리고 이럴 때면 매니큐리스트 한 다스의 도구 일체를 갖다 맡겨도 하나하나 가려 쓰기가 번거롭지 아니할 것이다.

　　그러나 구원은 한없이 대들어 서는 것이 아니어서, 나는 부득이 다시 원고지를 끌어다 놓고 이번에는 머리를 쥐어짠다. 쥐어짜면 서너 줄이 나아가고, 가다가는 한두 장도 나아가는 일이 있다. 그러노라면 두서너 시간쯤은 잠깐에 가는 것이어서 그동안이면 옆방에서 친구의 타이프라이터 소리도 들려오게 될 것이요, 친구 찾아오는 손님과의 이야기 소리도 들려오게 될 것이요, 그보다 더 흔히는 나를 찾는 손님이 들어서게 된다. 손님이나 친구는 내가 원고지를 덮어놓고 돌아앉는 것을 주춤 미안하게 생각하는 모양이나 나는 이때처럼 찾아오는 친구와 손님을 반겨 맞는 일이 없다. 이제 아주 내동댕이쳐도 좋을 훌륭한 구실이 생겼기 때문이다. 나의 글은 짧은 글이나마 한자리에서 쓰이는 법이 없다. 언제든지 두서너 번은 반드시 그 과정을 밟아야 한 편의 글이 된다. 그래 나는 휘돌아가는 윤전기 앞에 태연히 앉아 한편으로 옆에 있는 친구의 이야기에도 적당히 대꾸하여 가며 글을 쓰는 친구를 보거나 어떤 찻집에 잠깐 들어앉아 쾌히 한 편의 글을 써 던지곤 한다는 친구의 이야기를 들으면 그들의 그것만으로도 천재라 일컬어 마땅하게 생각되는 한편 나의 노둔을 탄식하지 아니할 수 없게 된다.

• 위의 글은 이양하의 수필이다.
**　이양하는 서울대 영문학 교수로서 수필의 대가(大家)다. 위의 글에서 읽은 바와 같이 글을 잘 쓴다는 이조차도 글쓰기의 어려움을 솔직하게 털어놓고 있다.**

　　글을 쓰다 보면 조그마한 이유라도 찾아내어 자리를 뜨게 된다. 자료가 책꽂이에 있거나 옆방에 있어서 그곳으로 걸어가다 보면, 잠시 쉬고자 하는 생각이 언제나 생긴다. 친구에게 전화할까, 아니면 간식을 할까, 개를 데리고 10분만 걸을까 하는 유혹이 언제나 있다. 물론 짧은 기간 동안 이를테면 10~15분 동안 글을 쓰고 쉬고 하는 습관이 좋은 점도 있음을 안다. 그러나 최소한 1시간, 또는 가능하면 2~3시간 계속해서 걸상에 앉은 문어가 되어 그 자리를 뜨지 않고 일할 때에, 최고의 능률을 낼 수 있다. 내가 일을 시작할 때에는 언제나 나의 약점을 인정하면서 시작한다. 대부분의 글 쓰는 이들처럼, 나도 시간을 헛되이 보내자면, 이유야 얼마든지 찾을 수 있다. 내가 글 쓰는 일을 자랑하는 것은 사실임에도 불구하고 고약스럽게도 조그마한 이유가 생기기만 해도 글을 쓰지 않으려고 한다.

어떤 때는 글을 쓰다 말고, 손톱 손질을 해야겠다고 생각한다. 발이 불편해서 신발장으로 가 신고 있던 신을 스니커즈(snickers)로 바꾸어 신는다. 방금 재채기가 나왔다. 그러면 가서 약을 먹어야 할 것이다. 하던 일을 중단할 수 있는 것이면 무엇이든 핑계가 될 수 있다. 그렇기 때문에 이유가 생길 수 있는 모든 것을 없애려 노력한다. 책상에 계속 붙어 있는 데 힘이 될 수 있는 것은 무엇이든 놓아두려고 노력한다. 연구 조사 자료를 내 주위에 놓아두면, 온 정신을 일에만 쏟을 가능성이 가장 커지고, 게으름을 피울 수 있는 어떠한 작은 이유라도 생각할 수 없게 할 가능성이 크다. 머리를 써서 모호한 문장을 명쾌하게 만들고, 찝찔한 글 토막을 밝게 하는 데에만 집중하게 되어서 손톱도, 발가락도, 재채기 나던 코도 잊게 된다.

• 위의 글은 미국의 유명한 교육자인 제이콥스가 지은 '걸상에 앉은 문어'로, 그가 쓴 저서 '논픽션 쓰는 법'에 실려 있다. 뉴욕타임스는 이 책을 학생은 물론 기성 작가들에게도 필독서가 될 만큼 지극히 필요한 책이라고 권하고 있다.

한국 사람이나 외국 사람이나 글쓰기는 모두 어렵다고 씌어져 있다. 글쓰기, 논술 공부는 하루아침에 되는 것이 아니다. 문어처럼 걸상에 찰싹 붙어 있어야 한다. 똥구멍을 의자에서 떼지 말아야 한다.

이 책을 읽는 학문상의 벗이 이양하와 제이콥스가 쓴, 이 값지고 귀한 글들을 오래도록 가슴속에 간직해서, 책 속에 숨어 있는 길을 잘 찾아갔으면 좋겠다. 엉덩이로 글을 쓰고 익히는, 아름다운 청년이 되었으면 좋겠다.

엮은이 오양심

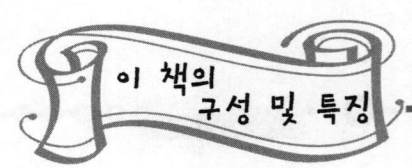

논술·구술·심층 면접 모든 해법이 이 책에 있습니다

우리 나라의 교육 현실은 대학 입시 위주입니다. 중학생이나 고등학생의 가장 큰 고민은 논술입니다. 21세기는 급변하고 있고, 대학 입시에서는 구술이나 논술고사가 강화되고 있는 실정입니다. 현재 대학 입시를 준비하고 있는 우리 청소년들은 논술·구술시험에 대비하고자 하나 마땅한 교재나 전문가를 만날 수 없는 실정에 있습니다. 일선에서 논술을 지도하면서 학생들에게 보다 유익한 자료를 제공하고자 논술의 기본 계획부터 각 대학의 기출문제까지 심혈을 기울여 엮었습니다. 이 두 권의 책이 대학 입시에 좋은 성과를 거둘 수 있게 도와주는 것은 물론 세계화에 동참해야 하는 여러분의 미래를 여는 데 길잡이 역할을 해줄 것입니다.

혼자서도 논술과 구술 면접시험 준비를 할 수 있습니다

이 책은 논술 고액 과외를 받고도 수시 논술에서 여러 번 낙방을 하고 찾아온 여러분의 선배들과 함께 엮었습니다. 그들은 한결같이 자신의 생각이 담긴 자유로운 논술이 아닌 15~20개가량의 인용구를 나누어 주며 판박이로 모범 예시문까지 제시해준 기출문제 위주로만 공부하고 첨삭을 받았다고 합니다. 그 후 규격화된 훈련보다는 스스로 독서 토론을 하고 자유로운 사고를 갖춘 후 정시 모집에서 좋은 점수를 얻어 자신들이 원하는 대학에 들어간 만큼 이 책을 곁에 두고 다방면의 책을 읽는다면 누구나 혼자서도 논술, 구술은 물론 심층 면접까지 완벽하게 준비할 수 있습니다.

빠른 시간에 자신도 모르게 논술 실력이 향상됩니다

글쓰기의 어려움을 머리말에서부터 언급했으며, 교육부에서 발표한 대학 입학 전형인 논술의 기본 계획과 주요 내용 해설 및 논술과 면접 편을 문답식으로 엮어 놓았습니다. 또한 중·고등학교 서술형·논술형의 예시 문항 및 글쓰기의 기본인 맞춤법과 띄어쓰기, 원고지 쓰기, 논술의 서론, 본론, 결론 쓰기는 물론 그에 해당하는 단락 수와 문장 수 그리고 글자 수까지 세세하게 실어 놓았습니다. 각 대학별 논술 담당자의 조언이며, 2008학년도 서울대학교에서 치를 논술 예시문과 각 대학교의 논술 출제 방식 등 논술에 필요한 모든 자료를 빠짐없이 정리하여 차례만 보아도 안심하고 공부할 수 있게 각 주제별로 실어 놓았습니다.

평소 두려워서 접근도 못했던 논술에 자신감을 심어줍니다

서술형·논술형 평가 문제와 수행 평가 또한 대학 입시의 초기 단계에 제출하는 각 대학교별 자기소개서와 학업계획서의 예문을 들어 아주 쉽게 글쓰기의 접근을 도왔으며, 구술과 심층 면접의 기출문제 자료를 대학 입시의 실전에 도움이 되도록 정리해 놓았습니다. 또한 논술 실제 쓰기의 예문과 신문 활용 교육(NIE), 독서 토론, 배경 지식을 쌓을 수 있는 각종 자료 등을 실어 반복 훈련과 심화 학습에 도움이 되도록 하였습니다. 이 책을 끝마치면 논술에 대한 공포감과 두려움은 일시에 사라지고 자신감이 생길 것을 확신합니다.

차 례

머리말

제1부 총론

 # 제 2 부   논술 기초 다지기

제3부 논술 기초 이론

[오양심의 논술·구술 총자료집 II 차례]

〈제1부 논술 실전〉

〈제2부 신문 활용 교육〉

〈부 록〉

제1부

[총 론]

■ 대학 입학 전형 기본 계획의 주요 내용 해설 및 문답
  (논술과 면접 편) – 교육부

■ 중·고등학교 서술형·논술형 평가 예시 문항 자료집
  문항 사례 – 서울특별시 교육청 중등교육과

■ 구술·심층 면접

대학 입학 전형 기본 계획의 주요 내용 해설 및 문답(논술과 면접 편) – 교육부

Q 논술·구술 면접고사는 어떻게 준비를 해야 할까?

A
1. 교육부 대입 제도 개선안은 교육의 중심축을 학교 밖에서 안으로 끌어오겠다는 발상에서 출발한다. 그러나 내신성적 부풀리기가 근절되지 않는 한 대학들은 떨어진 변별력을 높이려고 심층 면접과 논술을 통한 대학별 전형을 더 강화할 것으로 보인다. 앞으로는 심층 면접과 논술이 당락을 가르는 결정적 변수가 될 것이다.

2. 심층 면접이 당락을 결정하므로 폭 넓은 독서와 토론이 더욱 중요해진다. 현재 수시 모집에서 주로 활용되는 심층 면접과 논술이 정시 모집에서도 결정적 구실을 할 것으로 보인다. 따라서 정시를 준비하는 학생들도 대학이 요구하는 수준의 심층 면접과 논술에 대비해야 한다.

전문가들은 꾸준히 독서와 토론으로 기초 실력을 쌓고 고 2 말이나 고 3 초에는 지망 대학을 추려내 '맞춤형 공부'를 해야 한다고 주문한다. 대학별 기출문제나 모의고사를 풀어보고 학습 방향을 세우는 것이 좋다.

창의성이 필요한 심층 면접을 단시간에 준비하는 것은 불가능하다. 다양한 독서와 토론으로 폭 넓은 사고와 깊이 있는 지식을 차근차근 쌓아가야 한다.

Q 논술고사는 무엇이며 어떤 형태가 있을 수 있는가?

A
1. 교육 개혁 방안에 따라 대학이 채택하는 필답고사는 거의 대부분이 논술고사 형태를 띨 것이다. 논술고사란 다양한 학문 분야에 적합한 능력 및 창의력과 사고 전개 과정의 타당성 등 고차적 사고 능력을 종합적으로 측정하기 위해 일반적인 주제나 통합 교과적인 소재를 대상으로 출제하는 필답고사의 한 유형이다.

2. 각 대학이 제시하는 논술고사의 유형에는 크게 네 가지가 있다.
   ① 첫째는 **단독 과제형**이다. 단독 과제형은 논제만 주고 논술하라는 것이다. 논제는 대체로 "어떤 문제에 관해서 어떤 방식으로 논술하라."는 형식이다. 논제와 관련된 자료를 따로 주지 않아 채점상의 난점이 따른다. 해답의 범위가 넓기 때문에 채점 기준을 세우는 데 어려움이 있는 것이다. 따라서 단독 과제형 출제에서는 상당한 방향 지시가 따르게 된다. 해답의 방향을 어느 정도

한정하는 것이다. 예를 들면

(1) 도시 공해의 주원인을 분석하여 논증하라.

(2) 남녀 공학의 장단점을 열거하고 소신을 펴는 글을 쓰라.

(3) TV의 좋은 점과 나쁜 점을 들고 그 이유를 논술하라.

(4) 신문의 기능을 3가지로 나누어 열거하고 논술하라는 것들이다.

(1)에서 '도시 공해의 주원인'이라고 한 것은 '공해 문제에 대하여'라고 한 것보다는 그 다룰 범위가 훨씬 축소되어 있다. 이렇게 수험자가 그 한정된 범위에 대하여만 다루게 되면 가능한 답안의 테두리는 상당히 축소된다.

② 다음은 **자료 제시형**이다. 논제 자료 제시형은 주어진 자료 범위 안에서 또는 그 자료를 활용해서 논술을 하라는 것이다. 자료 제시형은 논제와 함께 수험생이 읽을 자료를 제시해주고 그것을 바탕으로 논술문을 작성하도록 하는 것이다. 자료 제시형은 "다음 예문을 읽고 논리적 전개법의 타당성 및 설득력 유무를 비판 논술하라."는 형식이 된다. 자료 제시형 논제는 대개 단독 과제형에 비하여 소재의 범위가 많이 한정되어 있다. 주어진 자료가 지닌 문제점이나 지시 내용이 한정되기 때문이다. 그러므로 수험자는 자신이 지닌 지식과 추리력을 가지고 주어진 자료 내용에 주안점을 두고 다루어야 하는 한계성이 있다. 그런 한계를 벗어나면 출제 의도에서 빗나간 해답이 나오기 때문이다. 예를 들면

(1) 다음 글을 읽고 교육의 필요성을 강조한 명제와 관련 없는 명제들을 가리고 그 근거를 밝혀 논술하라.

(2) 다음 글을 읽고 논리적 타당성이 결여되었음을 지적하는 반박문을 써 보라.

(3) 다음 글을 읽고 남녀평등이 어려운 여건이 무엇이며 그 까닭을 조리 있게 논술하라는 것들이다.

자료 제시형은 몇 가지로 변형된 것들이 있다. 그 주된 것들은 보완 논술형과 요약 논술형이다. 보완 논술형은 중간이나 끝부분에 한 단락이나 두어 단락에 해당되는 부분을 생략한 글을 제시하고 그 부분을 보완하는 논술을 하도록 요구하는 것이다.

• 전체 글의 통일성에 유념하여, 다음 글의 빈칸에 알맞은 내용을 600자 정도의 단락으로 쓰시오.

• 다음 글의 끝부분에 한 단락 정도의 알맞은 내용을 써 넣어 완성하라는 것들이다.

요약 논술형은 상당 분량의 글을 자료로 제시하고 그것을 일정한 분량의 논술문으로 쓰라는 것이다.

• 다음 글을 읽고 글쓴이가 말하고자 하는 핵심 내용을 300자 내외로 논술하라는 것들이다.

③ 세 번째는 **통합 교과형** 논술이다. 구체적인 예시문을 주고 여러 교과목에 걸친 지식을 응용해 문제를 풀도록 하는 통합 교과적(인문과학, 사회과학, 자연

과학 등)인 주제에 대한 사고 능력을 평가한다. 서울대, 고려대, 이화여대 등에서 많이 채택하고 있다.

예를 들면

(1) 예술적 감성과 사회적 환경의 관계에 대하여 자신의 지식과 체험을 활용하여 1200자 내외로 쓰라.(고려대)

(2) 놀이의 속성에 관한 진술을 참고하여 학문도 놀이의 속성을 갖고 있음을 논술하라(서강대) 등이다.

대비책으로는 먼저 문제에 제시된 개념을 정확하게 이해해야 한다. 그리고 출제자의 의도에 맞춰 배경 지식을 적절히 활용해야 한다. 그러기 위해서는 평소 논술에 많이 응용되는 단어나 개념을 정리해 두어야 한다. 또 논술에 출제될 수 있는 모든 분야(정치, 경제, 사회, 문화, 교육, 종교, 역사, 예술 등)의 자료들을 많이 수집하고 하나의 주제에 따라 이 자료들을 활용하는 훈련을 쌓아야 한다. 예컨대 여성 문제에 관해 논술한다고 할 때 그 역사적, 사회적 배경 지식이 없다면 깊이 있는 글을 쓸 수 없을 것이다.

④ 네 번째로 **요약형**은 긴 글을 읽고 그 중심 내용을 살려서 글쓴이의 의도를 담아 낼 수 있게 줄여 쓰는 문제이다. 예를 들어

한국인의 민족성에 대해 다음 글을 읽고 300자 이내로 요약하라는 문제이다.

요약을 잘하려면 글을 줄이는 동시에 새로운 글을 쓰는 과정을 거쳐야 한다. 그러기 위해서는 긴 글의 주제를 정확하게 파악하고, 주제를 드러내고 있는 논리적 흐름을 찾아내야 한다. 그 논리적 흐름을 따라 글을 재구성하여 완결성을 가진 짧은 글을 쓴다. 그러기 위해서는 각 단락의 관계를 따져 주요 부분(논지 단락)과 종속 부분(부연, 상술, 인용, 예시 단락)을 구분하는 연습을 한다. 그리고 주요 부분의 요지를 연결하여 독립된 글로 써 보아야 한다.

Q 논술고사의 전망에 대하여 어떻게 보는가?

A
1. 인문계 모집 단위뿐만 아니라 자연 계열 모집 단위로 논술고사의 확대가 가속화될 것이다.

2. 논리적인 틀을 갖추는 데 기본 토대가 되는 것은 글쓴이가 말하려고 하는 의도가 무엇인지를 정확하게 판단해내는 능력이다. 따라서 이를 측정할 수 있는 요약형 문제 출제가 늘어날 전망이다.

3. 인문 계열과 자연 계열의 특성을 고려한 계열별 논제(인문계−사회와 관련된 보편적 논제, 자연계−과학이나 수학 지식을 응용하는 서술형 문제)의 출제가 대부분의 대학에서 출제될 것이다.

4. 서울대, 연세대, 고려대 등의 대학들은 종합적 사고 능력과 논리력을 갖춘 학생을 뽑는다는 취지로 통합형(인문·사회 계열 배경 지식뿐만 아니라 과학·기술에

대한 배경 지식을 요하는) 논술을 지향할 것으로 보인다. 따라서 과학 지식이 부족한 인문계 학생들, 인문·사회 지식이 부족한 자연계 학생들은 특히 유념할 필요가 있다.

Q 구술 면접고사란 무엇이며, 어떻게 이루어지는가?

A
1. 구술 면접고사는 지원자의 학력뿐만 아니라, 종합적인 인성·특성을 대면 상황에서 파악하는 대학별 고사의 일종이다. 면접고사는 지원자의 내면 상태보다는 표면적인 언어의 유창성이나 외모 등에 의해 영향을 받을 가능성이 크다는 단점이 있으나, 선입견을 배제할 수 있는 잘 구조화된 면접 상황을 설계한다면 지필 검사만으로는 확인할 수 없는 지원자의 의지와 가치관 등을 확인할 수 있다는 장점을 지닌다.
2. 면접고사는 대개 다수의 면접관과 한 지원자 사이에 문답 형식으로 이루어지는데, 주로 면접관이 질문하고 지원자는 대답한다. 상황에 따라서는 특정 주제에 대한 지원자들 사이의 논의를 면접관이 관찰하는 형식을 취할 수도 있다
3. 구술고사를 포함하는 넓은 의미의 평가로 확대될 것이다. 면접시험을 인성·적성·가치관·생활 태도 등 전인적 자질을 다양하게 평가하므로 간단한 지필 검사 또는 학교 생활기록부의 서술적 기록 내용(봉사 활동, 특별 활동, 행동 발달 등), 학교장 및 관련 인사의 추천서, 지원자의 자기소개서, 독서 목록, 학업계획서 등을 보조 전형 자료로 사용하기도 한다.

Q 구술 면접고사의 전망에 대하여 어떻게 보는가?

A
1. 교과 지식과 관련된 깊이 있는 지식(전공 적성)을 평가하는 방식을 더욱 강화해, 한층 더 심층적인 형태가 될 것으로 전망된다.
2. 현재 나타나고 있는 학교별·계열별 대표적인 유형이 한층 세련되어질 것이다.
   - **인·적성검사**(한양대, 경희대, 아주대, 인하대) : 교과 평가를 응용하여 자체 개발
   - **영상 강의 테스트**(아주대) : 영상 시청 후 답안 작성(계열별 기초 지식)
   - **인문계** : 영어 제시문+전공 관련 교과, 한문(서울대)이 강화될 가능성
   - **자연계** : 영어 제시문+수학·과학 교과
3. 2년 뒤 구체적 대입 전형을 발표할 시기의 상황에 따라 평가의 객관성 담보를 이유로 지필고사 형식을 띠는 대학들이 더욱 늘어날 것이다.
4. 인문계에서도 수학 구술의 형태가 나타날지는 미지수이지만 상위권 대학을 중심으로 고려대의 수리 논술 형태를 도입할 가능성도 크다.
5. 자연계에서 영어 제시문의 확대는 불가피할 것으로 보이며, 수학·과학의 심도 있는 문제들이 많이 출제될 것으로 보인다.

중·고등학교 서술형·논술형 평가 예시 문항 자료집 문항 사례

—서울특별시 교육청 중등교육과

01 중학교 서술형·논술형 평가 예시 문항

평가 문항 중 1 국어 예시 문항 (1)

주어진 글을 읽고 내용을 파악할 수 있는 능력을 평가하는 문항

❀ **다음 글을 읽고, 물음에 답하여라. [총 10점]**

'나무타령'은 이처럼 내 밭두렁에 내나무로 끝난다. '나무타령'에 나오는 모든 나무들은 실제 있는 나무들이다. 그런데 내나무는 식물 도감을 찾아보아도 없는 나무이다. 그러나 내나무는 실제로 있었고 나도 분명히 내나무를 보았다. 내나무가 없는데도 있는 이유가 있다. 내가 태어난 갈재의 깊은 산촌에는 예로부터 아이가 태어나면 그 아이 몫으로 나무를 심는 풍속이 있었다.

딸을 낳으면 그 딸아이의 몫으로 논두렁에 오동나무 몇 그루를 심고, 아들을 낳으면 선산에 그 아들 몫으로 소나무나 잣나무를 심었다. 이렇게 탄생과 더불어 심은 나무가 그 아이에게 있어 내나무인 것이다.

딸이 성장하여 시집갈 나이가 되고 혼례 치를 날을 받으면 십수년 간 자란 이 내나무를 잘라 농짝이나 반닫이 등의 가구를 만들어 주었다. 아들의 경우 내나무는 나무의 주인이 죽을 때까지 계속해서 자라게 둔다. 60년 안팎 자란 내나무는 우람한 관목이 되게 마련이다. 이 내나무는 주인의 관을 짜는 데 사용되었다.

이처럼 내나무는 [   ]

이 세상에 자연과 인생이 이토록 밀접한 동반 관계를 맺고 사는 나라가 있었을까 싶다. 이제는 내나무도 우리 나라의 사라진 풍속 중의 하나가 되었다.

(1) 윗글을 읽으면서 메모한 것이다. 다음 빈칸의 내용을 쓰시오. [5점]

> 정말? 모르는 나무들도 많은데…….
> 있고도 없는 나무라는 건가?
> 어디지?
> 그렇구나! 그런데, 왜 나무를 심지?
>
> > 내나무의 풍습
> > ①
> > ②
>
> 왜 사라졌을까? 좋은 풍습인데.

(2) 윗글의 내용으로 보아 '내나무의 풍습'의 의미를 문맥에 맞게 1문장으로 쓰시오.
[5점]

내나무는 [_____]

 채점 기준

① **배점 :** 아래의 (1), (2)에 대하여 각각 채점하여 합산한다.

평가 문항	채점 기준	배점
(1)	①, ② 모두 맞게 메모함.	5점
	①, ② 중 하나만 맞게 메모함.	3점
	①, ② 모두 틀리게 메모함.	1점
(2)	내나무의 의미를 3요소를 넣어서 표현함.	5점
	내나무의 의미를 위의 2요소를 넣어서 표현함.	4점
	내나무의 의미를 위의 1요소를 넣어서 표현함.	3점

② **유사 답안 및 채점 기준**

평가 문항	유사 답안 사례	배점
(1)	① 딸을 낳으면 논두렁에 오동나무를 심었다가 가구를 만들어 주었다. ② 아들을 낳으면 선산에 잣나무를 심었다가 죽으면 관을 짜는 데 사용했다.	5점

	나의 탄생과 더불어 나와 숙명을 같이하고 죽을 때에는 더불어 묻히는 존재였다.	5점
(2)	내가 태어나면서 심고, 죽을 때에는 묻히는 존재였다.	4점
	내가 태어나면서 심은 나무이다.	3점
	내가 나무를 사서 심은 것이다.	1점

③ 채점 시 고려 사항

• 문항 (1), (2)를 채점해서 합산한다.
• 글의 주요 내용을 메모하며 읽어서 글의 내용을 제대로 파악하고 쓴 경우는 맞게 채점한다. 메모 형식이 개조식이 아닌 서술형이라도 맞게 채점한다.
• 내나무의 의미는 '나와 더불어 탄생', '숙명을 같이함', '죽을 때 묻히는 존재'의 3요소로 분석해서 채점한다.

문항 제작 시 유의 사항

• 학생들의 수준에 따라 문항을 분리해서 각각의 독립된 문제로 출제해도 된다.
• 이 글을 통해 알 수 있는 내나무 풍속의 의미는 무엇인가 하고 질문한다면 매우 다양한 유형의 답이 나올 수 있음을 예상하고 틀을 제시하는 게 좋겠다.
• 메모하기의 기준은 교과서의 파란색 글씨 메모를 참고하였다.

예시 답안

(1)	① 딸 : 오동나무 → 가구 ② 아들 : 소나무, 잣나무 → 관
(2)	나의 탄생과 더불어 나와 숙명을 같이하고 죽을 때에는 더불어 묻히는 존재였다.

평가 문항 중 1 사회 예시 문항 (2)

지도를 이해하고, 단면도를 작성하는 능력을 평가하는 문항

❀ 다음은 수동이 마을 뒷산의 등고선을 나타낸 그림이다. 이를 보고 물음에 답하시오. [총10점]

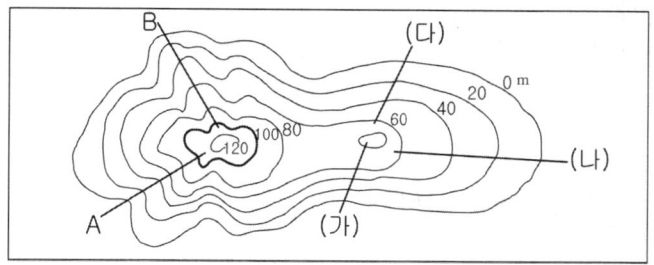

(1) 수동이와 아빠는 마을 뒷산에 자주 오른다. 오늘 아빠는 수동이에게 계곡의 시원한 물소리를 들으며 산에 올라가자고 하셨다. 수동이와 아빠는 지도의 A, B 등산로 중에서 어느 곳으로 가야 할지 선택하고 그 이유를 쓰시오. [2점]

(2) 오늘은 수동이가 할머니를 모시고 뒷산으로 산책을 가려고 한다. 수동이는 할머니와 경사가 가장 완만한 산등성이를 따라 천천히 걸어가려고 한다. 수동이는 지도의 (가)~(다) 중 어느 경로로 가야 할지 선택하고 그 이유를 쓰시오. [2점]

(3) 수동이 마을 뒷산의 등고선도를 이용하여 아래에 (ㄱ)~(ㄴ)의 단면도를 그리시오. [6점]

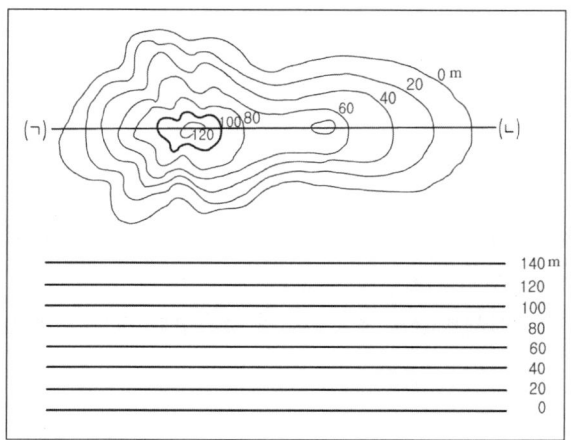

📖 채점 기준

① **배 점**
- 1번 2점
- 2번 2점
- 3번 6점

② **유사 답안 및 채점 기준**

(3)번 문항의 경우, 예시 정답을 기준으로 한다. 만약 전체적인 형태가 맞으나 약간의 수치 오차가 있는 경우는 정답 처리한다. 모두 맞은 경우에는 6점, 1~3개가 오류인 경우 5점, 4~6개가 오류인 경우 4점, 7~9개가 오류인 경우 3점, 10~12개가 오류인 경우 2점, 13~15개는 1점, 모두 틀린 경우 0점 처리한다.

📖 채점 기준 설정 참고 사항

답안지에 직접 그림을 제공해 주어야 하고, 지나치게 치밀하게 평가하기보다는 학생들이 등고선도를 이용하여 단면도를 그리는 방법을 이해하고 있는지를 평가하는 데 주안점을 두어 채점한다.

📖 문항 제작 시 유의 사항

(3)번 문항의 경우, (ㄱ)~(ㄴ) 선의 단면도를 그리는 것이므로 등고선과 (ㄱ)~(ㄴ) 선이 만나는 점에서 수직으로 선을 그어 하단의 기준선의 같은 수치와 만나는 점을 연결해야 하는데, 학생들 중에는 등고선과 단면선이 만나는 점이 아닌 임의의 등고선 한 지점에서 수직으로 선을 내리는 경우가 있다. 그러므로 그림 제작 시 단면선 면을 정확하게 표현해 주어야 하고, 가능하면 단면선 외에 다른 질문을 위한 선을 표시하지 않는 것이 좋다.

📖 예시 답안

(1)	A를 선택해야 한다. 등고선이 산 정상을 향해 오목한 부분이 계곡(골짜기)이기 때문이다.
(2)	(나)를 선택해야 한다. 등고선 간격이 넓을수록 경사가 완만한 곳이기 때문이다.

(3)

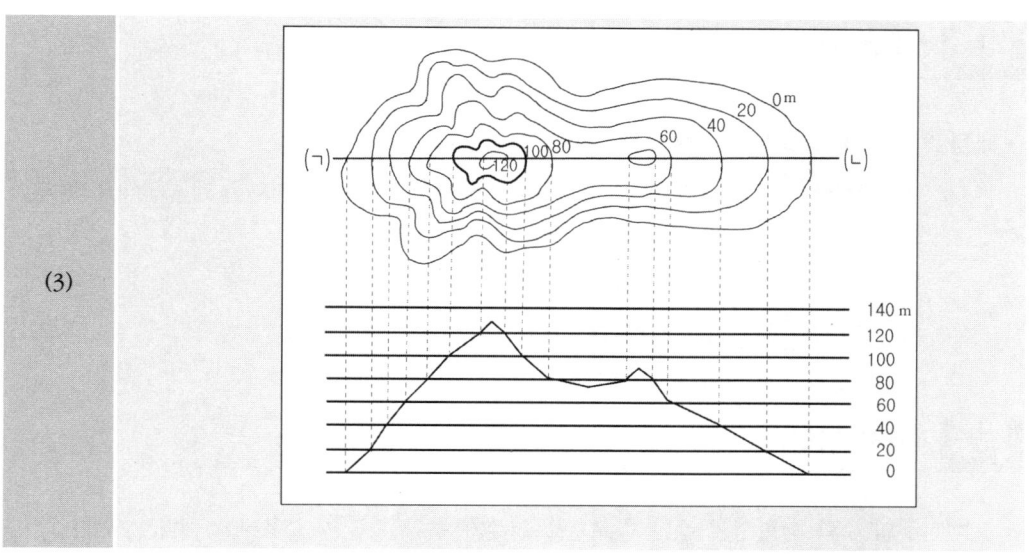

주어진 풀이에서 잘못된 부분을 찾고 바로잡는 문항

✿ 현주는 다음 문제를 아래와 같이 풀었다. 현주의 풀이에서 틀린 부분을 찾아 그 이유를 설명하고 바르게 고치시오. [6점]

(문제) 우리 반은 여학생 15명과 남학생 21명으로 구성되어 있다. 지난 수학 시간에 치른 서술형 수행 평가에서 여학생의 평균은 78점이고 남학생의 평균은 72점이었다. 우리 반 평균을 구하여라.

(현주의 풀이)

우리 반 여학생의 평균은 78점이고 남학생의 평균은 72점이므로

$$\frac{78+72}{2} = 75 \, (점)$$

따라서 우리 반 수학 성적의 평균은 75점이다.

1

채점 기준

•**배점** : 아래의 요소별로 각각 채점하여 합산한다.

평가 내용	채점 기준	배점
문제 이해	평균을 잘못 구한 이유를 설명하기	2점
해결 과정	평균 구하는 식 쓰기	2점
답 구하기	평균 구하기	2점

예시 답안

여학생의 수와 남학생의 수가 다르므로 현주가 구한 평균은 잘못된 것이다.
옳은 풀이는 다음과 같다.
여학생 점수의 합은 $78 \times 15 = 1170$(점)이고, 남학생 점수의 합은 $72 \times 21 = 1512$(점)이므로
우리 반 점수의 총합은 $1170 + 1512 = 2682$(점)이다.
따라서 우리 반의 평균은

$$\frac{2682}{36} = 74.5 \text{(점)}$$

평가 문항 | 중 1 과학 예시 문항 (4)

제시한 파형을 비교해 소리의 세기, 높이, 음색을 비교할 수 있는지 평가하는 문항

✿ 그림은 서로 다른 두 가지 악기 (가)와 (나)를 같은 시간 동안 연주하여 나는 소리의 파형을 컴퓨터를 이용해 나타낸 것이다. (그림에서 세로선은 일정한 시간 간격을 나타낸다.)

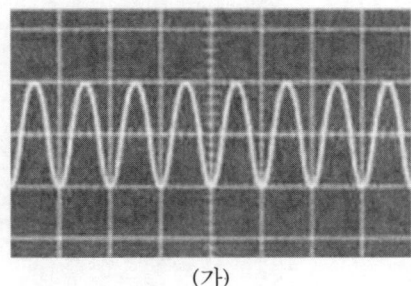
(가)

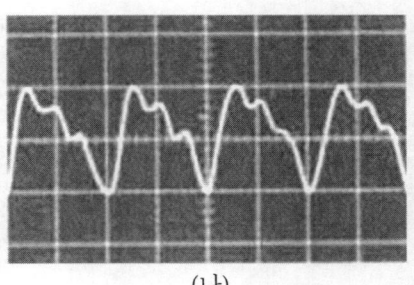
(나)

그림에 나타난 파형을 비교하여, 우리 귀에 들리는 악기 (가)와 (나)의 소리에 대해 다음 물음에 답하시오. [총 8점]

(1) 더 큰소리로 연주하는 악기는 무엇인가? (소리의 세기가 같다고 생각되면 "같다"라고 쓰시오.) 그렇게 생각하는 이유를 간단히 쓰시오. [3점]

(2) 더 높은 소리로 연주하는 악기는 무엇인가? (소리의 높이가 같다고 생각되면 "같다"라고 쓰시오.) 그렇게 생각하는 이유를 간단히 쓰시오. [3점]

(3) 두 악기가 서로 다른 악기라고 생각되는 이유는 무엇인가? [2점]

 채점 기준

① **배점 :** 문항 (1)~(3)에 대하여 각각 채점하여 합산한다.

문항	채점 기준	점수
(1)	"같다"라고 쓰고, 이유를 맞게 쓴 경우	3
	"같다"를 틀리고 이유만 맞게 쓴 경우	2
	"같다"는 맞고 이유를 틀리게 쓴 경우	1
(2)	"(가)"라고 쓰고, 이유를 맞게 쓴 경우	3
	"(가)"를 틀리고 이유만 맞게 쓴 경우	2
	"(가)"는 맞고 이유를 틀리게 쓴 경우	1
(3)	악기에 따라 파형이 다르다는 것을 아는 경우	2

② **유사 답안 및 채점 기준**

문항	유사 답안	점수
(1)	같다 – 높이가 같기 때문에	2
(2)	(가) – 파의 거리가 짧아서	2
	(가) – 파가 많이 들어 있어서	
	(가) – 간격이 좁아서	
(3)	음색이 다르므로	2
	파의 모양이 다르므로	

③ **채점 시 고려 사항**

이유를 "파가 심하게 움직여서" 또는 "개수가 달라서" 등 막연하게 쓴 경우, 오답으로 처리한다.

문항 제작 시 유의 사항

난이도를 낮게 하려면, 진동수나 진폭, 또는 파형 중에서 한 가지만 다른 그림을 가지고
소리의 차이를 묻는 질문으로 할 수 있다.

 예시 답안

(1)	같다−진폭이 같기 때문이다.
(2)	(가)−진동수가 크기 때문이다.
(3)	파형이 다르기 때문이다.

평가 문항 중 1 영어 예시 문항 (5)

주어진 자료를 바탕으로 대화에 대한 답변을 하는 능력을 평가하는 문항

❀ 다음 표는 수지(Suji)의 시간표이다. 표를 보고 다음 질문에 알맞은 답을 완전한 문장으
로 쓰시오.

(1) How many classes does Suji have on Saturday?

(2) What subjects does she have on Tuesday afternoon?

(3) What time does the first class begin?

(4) How many English classes does she have a week?

(5) How many subjects is Suji taking?

 채점 기준

① 배 점

평가 영역	채점 기준	배점
Fluency	질문에 대한 바른 답이 포함된 5문장을 씀.	5점
	질문에 대한 바른 답이 포함된 4문장을 씀.	4점

	질문에 대한 바른 답이 포함된 3문장 이하를 씀.	3점
	답을 쓰지 못한 경우 혹은 틀린 문장을 씀.	0점
Accuracy	문법상 오류가 0~1개인 경우	5점
	문법상 오류가 2~3개인 경우	4점
	문법상 오류가 4개 이상인 경우	3점
	답을 쓰지 못한 경우	0점

② 유사 답안 및 채점 기준

주어를 Suji로 써도 된다. (3)번에서 주어를 The first class를 써도 정답으로 인정한다. 숫자 부분은 아라비아 숫자로 써도 된다.

③ 채점 시 고려 사항

- 완전한 문장으로 쓰라는 단서가 주어졌으므로, 단어로 답을 한 것은 점수를 부여할 수 없다.
- 표의 내용과 일치하지 않은 답에는 점수를 부여할 수 없다.

 예시 답안

(1)	She has four (classes on Saturday).
(2)	She has math and English (on Tuesday afternoon).
(3)	It begins at 8:45.
(4)	She has five (English classes a week).
(5)	She is taking thirteen (subjects).

02 고등학교 서술형 · 논술형 평가 예시 문항

평가 문항 고 1 국어 예시 문항 (1)

시적 화자의 심리적 태도를 적절히 파악하고 있는가를 평가하는 문항

❀ **다음 글을 읽고 물음에 답하시오. [총 10점]**

(가) 眞진珠쥬館관 竹듁西셔樓루 五오十십川천 ᄂ린 믈이,
　　太태白빅山산 그림재를 東동海히로 다마 가니,
　　출하리 漢한江강의 木목覓멱의 다히고져.
　　王왕程뎡이 有유限ᄒ고 風풍景경이 못 슬믜니,
　　幽유懷회도 하도 할샤 客긱愁수도 둘 듸 업다.
　　仙션槎사를 씌워 내여 斗두牛우로 向향ᄒ살가,
　　仙션人인을 ᄎᄌ려 丹단穴혈의 머므살가.

(나) 松숑根근을 볘여 누어 픗ᄌᆷ을 얼픗 드니,
　　ᄭᅮᆷ애 흔 사ᄅᆷ이 날ᄃ려 닐온 말이,
　　그ᄃ를 내 모ᄅ랴 上샹界계예 眞진仙션이라.
　　黃황庭뎡經경 一일字ᄌ를 엇디 그롯 닐거 두고,
　　人인間간의 내려와셔 우리를 ᄯ롤오는다.
　　져근덧 가디 마오 이 술 흔 잔 머거 보오.
　　北븍斗두星셩 기우려 滄챵海히水슈 부어 내여,
　　저 먹고 날 머겨늘 서너 잔 거후로니,
　　和화風풍이 習습習습ᄒ야 兩냥腋익을 추혀드니,
　　九구萬만里리 長댱空공애 져기면 ᄂ리로다.
　　이 술 가져다가 四ᄉ海히예 고로 ᄂ화,
　　億억萬만 蒼챵生싱을 다 醉취케 밍근 後후의,
　　그제야 고텨 맛나 ᄯᅩ 흔 잔 ᄒᆞᆽ고야.
　　말 디쟈 鶴학을 ᄐ고 九구空공의 올나가니,
　　空공中듕 玉옥簫쇼 소ᄅᆡ 어제런가 그제런가.
　　나도 ᄌᆞᆷ을 ᄭᅢ여 바다ᄒᆞᆯ 구버보니,
　　기픠를 모ᄅᆞ거니 ᄀᆞ인들 엇디 알리.
　　明명月월이 千천山산萬만落낙의 아니 비쵠 ᄃᆡ 업다.

(1) 구절 풀이를 바탕으로 (가)에 나타난 글쓴이의 갈등 양상에 대해 서술하시오.
[5점]

(2) (나)에서 글쓴이의 갈등은 어떻게 해소되고 있는가를 서술하시오. [5점]

 채점 기준

① **배점 :** 아래의 (1), (2)의 각 요소별로 각각 채점하여 합산한다.
  (1) • (가)에 나타난 갈등 양상을 밝히기 위한 구절 풀이가 적절하다. [2점]
      • (가)에 나타난 갈등 양상을 관찰사로서의 임무와 자연 속에서 여행을 계속하고
        싶은 마음 사이의 갈등임을 올바로 파악했다. [3점]
  (2) • 필요한 내용을 언급하기 위한 (나)의 구절 풀이가 적절하다. [1점]
      • (나)에서 꿈을 통해 갈등이 해소되고 있음을 밝혔다. [3점]
      • (나)에 애민 정신이나 선정의 포부가 드러나 있음을 밝혔다. [1점]

② **유사 답안 및 채점 기준**
  (1) • 풍경을 즐기고 싶지만 관찰사로서의 임무 때문에 그렇게 하지 못해 갈등하고 있
        다. [5점]
      • 아름다운 자연과 나라를 위해 정치해야 한다는 것 사이에서 갈등하고 있다. [3점]
        (구절 풀이가 적절하지 못해 내용 진술이 적절하지 못하게 되었음.)
      • 관찰사로서의 임무와 신선이 되고 싶은 마음 사이의 갈등으로 파악한 경우 [1점]
      • 글쓴이는 왕정의 유한함과 풍경의 덧없음을 한탄하며 인생무상을 느끼고 있다.
        [0점]

 예시 답안

(1)	(가)에서 오십 천 내린 물을 차라리 한강으로 흐르게 하여 목멱(남산)에 닿게 하고 싶다는 말은 연군의 심정을 나타낸 것이다. 그런데 왕정, 곧 관찰사로서의 순행의 여정은 이제 끝나 가는데 자연에 대한 사랑은 끝이 없으니 그윽한 회포는 많기도 하고 나그네의 시름도 달랠 길이 없다고 하여, 임금을 사랑하고 백성을 어질게 다스리려는 의지(관찰사로서의 임무를 다하고자 하는 의지)와 자연 속으로 끝없는 여정을 계속하고 싶은 심정 사이에서 글쓴이가 갈등하고 있음을 알 수 있다.
(2)	글쓴이는 신선을 만나는 꿈(몽중 선연)을 통해 갈등을 해소하게 된다. 여기에서 글쓴이는 신선의 술로 세상을 다 취하게 만들고 난 후 신선과 다시 만날 것을 기약하며, 애민 정신과 선정의 포부가 우선임을 드러낸다.

평가 문항 고 1 사회 예시 문항 (2)

자료에 주어진 현상을 파악하고 발전 상황도 이해하는지를 평가하는 문항

✿ 다음 글에 나오는 경제 현상은 무엇이며, 발생 원인과 이 현상의 발생 이후 등장한 자본주의 경제 체제의 특징을 100자 내외로 서술하시오. [6점]

> 1920년대에 세계 여러 나라의 생산력은 크게 성장하였다. 최신 기계를 들여 능률을 올리게 됨에 따라 차츰 종업원의 수를 줄이면서도 더 많은 생산품을 만들었다. 그러나 소비자의 구매력은 조금밖에 증가하지 않았고, 공장 창고에 쌓인 재고가 1929년에는 1925년보다 2배 가까이나 늘었다. 이 때문에 1929년 10월 뉴욕 주식 시장에서 주가가 폭락하기 시작하였다. 미국 경기의 후퇴는 가계 소득의 감소를 초래했다. 이러한 공황은 심각해져 세계 여러 나라로 퍼져 갔다. 1929~1932년 사이에 세계 무역은 70.8%나 감소했고, 실업자는 3000만 명에서 5000만 명으로 늘어났다. 그리고 국민 소득은 40% 이상 줄어들었다.

채점 기준

① 배 점

ㄱ 대공황임을 밝히고 그 발생 원인을 정확히 서술하였는가? : 3점
 • 대공황임을 밝히고 그 발생 원인을 정확히 서술하였다. (3점)
 • 대공황임을 밝혔으나 그 발생 원인을 미흡하게 서술하였다. (2점)
 • 대공황임을 밝혔으나 그 발생 원인을 전혀 서술하지 않았다. (1점)
ㄴ 수정 자본주의 체제의 등장을 밝히고 그 특징을 정확히 서술하였는가? : 3점
 • 수정 자본주의 체제의 등장을 밝히고 그 특징을 정확히 서술하였다. (3점)
 • 수정 자본주의 체제의 등장은 밝혔으나 그 특징을 정확히 서술하지 못하였다. (2점)
 • 수정 자본주의 체제의 등장은 밝혔으나 그 특징을 전혀 서술하지 못하였다. (1점)

② 유사 답안

제시된 자료의 경제 현상은 세계 대공황이며, 대공황은 과학과 기술의 발달이 초래한 급속한 공급량의 확대를 유효 수요가 따라가지 못해 발생한 극심한 경제 침체 현상으로, 이는 시장의 자동 조절 기능이 제대로 작동을 하지 못함을 보여준 사건이었다. 이에 이후의 자본주의 경제 체제는 정부가 경제에 적극적으로 개입하는 수정 자본주의 체제로 전환되었다.

📖 예시 답안

제시된 경제 현상은 대공황이며, 대공황은 생산력 증대에 따른 공급 과잉과 유효 수요의 부족으로 발생하였다. 대공황을 극복하는 과정에서 이전의 자유 방임 경제 체제는 수정 자본주의로 변화하였는데, 수정 자본주의는 시장 경제 체제를 바탕으로 계획 경제의 요소를 도입한 혼합 경제 체제이다.

 평가 문항 고 1 수학 예시 문항 (3)

부채꼴의 넓이의 최대값을 구하는 능력을 평가하는 문항 – 두 가지 답안에 대한 채점 기준 제시

✿ 둘레의 길이가 10cm인 부채꼴 중에서 그 넓이가 최대인 것의 반지름의 길이와 그때의 중심각의 크기를 구하시오.

📖 예시 답안 1의 채점 기준

① **배점** : 다음 요소별로 각각 채점하여 합산한다.

채점 기준	배점
부채꼴의 넓이 공식을 알고 있다.	2점
넓이를 r에 대한 이차함수로 나타낸다.	3점
넓이가 최대일 때의 반지름의 길이를 구한다.	2점
넓이가 최대일 때의 중심각의 크기를 구한다.	3점

📖 예시 답안 2의 채점 기준

① **배점** : 다음 요소별로 각각 채점하여 합산한다.

채점 기준	배점
부채꼴의 넓이 공식을 알고 있다.	2점
(산술평균) ≥ (기하평균)을 적용시킨다.	3점
넓이가 최대일 때의 반지름의 길이를 구한다.	2점
넓이가 최대일 때의 중심각의 크기를 구한다.	3점

② 채점 시 고려 사항

부채꼴의 넓이가 최대가 되는 경우가 부등식에서 등호가 성립하는 경우로 이때, $2r = l$ 임을 보이지 않은 경우 감점한다.

 문항 제작 시 유의 사항

답란에 반지름의 길이와 중심각의 크기의 단위인 cm, rad을 제시한다.
부채꼴에서 호의 길이를 A π의 꼴로 제시할 수도 있다.

 예시 답안 1

부채꼴의 반지름의 길이를 r, 호의 길이를 l이라 하면,

$2r + l = 10$ $\cdots$ ㉠

$S = \dfrac{1}{2} rl$ $\cdots$ ㉡

㉠에서 $l = 10 - 2r$

㉡에서 $S = \dfrac{1}{2} r(10 - 2r) = -r^2 + 5r = -\left(r - \dfrac{5}{2}\right)^2 + \dfrac{25}{4}$

따라서 $r = \dfrac{5}{2}$ 일 때 $S = \dfrac{25}{4}$로 최대이다.

$\therefore r = \dfrac{5}{2}$ (cm)

한편, 중심각을 θ라 하면 $S = \dfrac{1}{2} r^2 \theta$이므로

$\dfrac{25}{4} = \dfrac{1}{2} \times \left(\dfrac{5}{2}\right)^2 \times \theta$ $\therefore \theta = 2$(rad)

 예시 답안 2

부채꼴의 반지름의 길이를 r, 호의 길이를 l이라 하면,

$2r + l = 10$ $\cdots$ ㉠

$S = \dfrac{1}{2} rl$ $\cdots$ ㉡

(산술평균) ≥ (기하평균)에서

$\dfrac{2r + l}{2} \geq \sqrt{2rl}, \quad 5 \geq \sqrt{2rl}$

$\therefore \dfrac{1}{2} rl \leq \dfrac{25}{4}$

넓이가 최대가 되는 것은 위의 부등식에서 등호가 성립하는 경우이므로

$2r = l$ 에서 $r = \dfrac{5}{2}$ (cm)

이때, $l = 5$ (cm)

한편, 중심각을 θ라 하면 $l = r\theta$이므로

$5 = \dfrac{5}{2} \times \theta$

$\therefore \theta = 2$ (rad)

평가 문항 고 1 과학 예시 문항 (4)

물리적 현상을 이해하고 그림과 글로 표현하는 능력을 평가하는 문항

✿ 그림은 어느 스카이다이버가 지상을 향하여 수직으로 낙하하는 모습을 나타낸 것이다. 다음 물음에 답하시오. [총 7점]

(1) 이 스카이다이버에 작용하는 공기의 저항력과 중력을 답안지의 그림에 화살표로 표시한 후, 화살표 옆에 각 힘의 이름을 적으시오. 단, 각 힘의 작용점은 모두 스카이다이버의 몸에 위치하도록 그리시오. [2점]

(2) 이 스카이다이버는 비행기에서 뛰어내린 순간부터 속력이 점점 증가하다가 얼마 후에는 일정한 속력으로 낙하하는 상태가 된다. 일정한 속력으로 낙하하는 스카이다이버에게 작용하는 공기의 저항력과 중력의 크기를 비교하여 30자 이내의 문장으로 적으시오. [2점]

(3) 낙하산을 펴지 않은 상태를 유지하며 일정한 속력 v로 지면을 향하여 낙하하던 스카이다이버가 낙하산을 펼치면, 낙하산에 의한 공기의 저항력이 스카이다이버에 작용하는 중력보다 커지게 된다. 이 경우에 스카이다이버의 운동 방향을 설명하고, 속력이 어떻게 변화하는지 설명하시오. [3점]

채점 기준

• **배점** : 문항 (1)~(3)에 대하여 각각 채점하여 합산한다.

문항	채점 기준	점수
(1)	힘의 작용점이 사람에게 위치하며, 화살표의 방향과 이름이 모두 정확하다.	2
	힘의 작용점이 사람에게 위치하지 않았으나, 화살표의 방향과 이름이 모두 정확하다.	1
	화살표의 방향이 틀렸거나 이름이 누락되거나 틀렸다.	0
(2)	저항력과 중력의 크기가 같다는 표현이 들어 있으며, 논리적으로 틀린 부분이 없다.	2
	저항력과 중력의 크기가 같다는 표현이 들어 있으나 논리적으로 틀린 부분이 있다.	1
(3)	운동 방향이 아래 방향이고, 속력은 감소한다는 표현을 하였다.	3
	속력이 감소한다는 바른 표현을 하였으나 운동 방향에 대한 표현이 누락되거나 틀렸다.	2
	운동 방향은 아래 방향이라고 바르게 표현하였으나 속력에 대한 표현은 누락되거나 틀렸다.	1

 ## 채점 기준 설정 참고 사항

문항 (1)은 역학관계를 분석하는 초기 단계에서 힘(벡터)을 화살표로 바르게 표현하는 능력을 측정하려는 것이다. 물리 문제를 해결하는 과정에서 그리게 되는 화살표는 개략적으로 그리는 경우가 많으므로 지나치게 정밀한 그림을 요구하지 않는 것이 좋겠다.

 ## 문항 제작 시 유의 사항

"~와 ~의 크기를 비교하여 적으시오."라는 발문이 무엇을 요구하는지 파악하지 못하는 학생이 있을 수 있다. 이런 유형의 질문과 답을 수업 시간을 통하여 미리 접하도록 배려할 필요가 있다. 이와 같은 발문으로 구성되는 문항들은 한 번 출제가 되면 그 다음 시험부터는 비교적 손쉽게 제작할 수 있는 문항 형태라 생각된다.

예시 답안

(1)	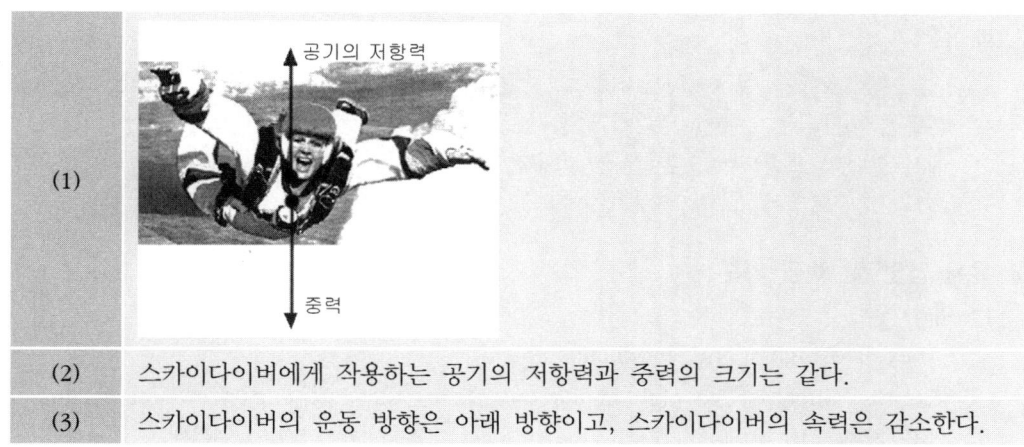
(2)	스카이다이버에게 작용하는 공기의 저항력과 중력의 크기는 같다.
(3)	스카이다이버의 운동 방향은 아래 방향이고, 스카이다이버의 속력은 감소한다.

평가 문항 고 1 영어 예시 문항 (5)

주어진 지문을 읽고 정보를 파악하는 능력을 평가하는 문항

✿ 밑줄 친 부분의 이유에 해당되는 부분을 본문 중에서 찾아 영어로 쓰시오. (단, 첫 글자는 반드시 대문자로 쓰고 구두점에 유의할 것) [4점]

> In 1953, Edmund Hillary became the first man to climb Mt. Everest. But he didn't climb alone. Another man, whose name was Tenzing Norgay, helped him. Tenzing was a Sherpa. Some Sherpas work as guides. They helped people climb Mt. Everest. Because Sherpas live high in the mountains, they are expert mountain climbers. Though people feel weak and tired on very high mountains, Sherpas do not have this problem. It is almost impossible to climb Mt. Everest if the Sherpas don't help you.

채점 기준

① 배 점

채점 기준	배점
본문에 해당되는 부분을 정확하게 옮겨 쓴 경우	4점
예시 답안이 포함되어 있는 문장 전체를 쓴 경우	4점
옮겨 쓰는 과정에서 철자를 틀린 경우	한 단어당 1점씩 감점

② 유사 답안 및 채점 기준

　⊙ 유사 답안
　　• They live high in the mountains.
　　• Because Sherpas live high in the mountains, they are expert mountain climbers.
　⊙ 채점 기준
　　• They (Sherpas) are expert mountain climbers.만 쓴 경우에는 2점 감점한다.
　　• 첫 글자를 대문자로 쓰지 않은 경우와 마지막에 마침표를 찍지 않은 경우 각각 1
　　　점씩 감점한다.

③ 채점 시 고려 사항

개별 단어의 철자 및 구두점에 유의해서 채점한다.

문항 제작 시 유의 사항

① 발문에서 첫 글자와 구두점에 대한 명시를 하지 않은 경우에는 감점의 근거가 없으므로 영어로 답을 쓰는 문제의 경우에는 이와 관련된 채점 기준을 반드시 밝혀주는 것이 좋다.

② 글의 내용이 학생들의 흥미와 동기 유발에 도움이 되고 그들의 지적 수준에 적절한 경우에는 정답률이 높고, 객관적인 채점도 가능하다.

 ## 예시 답안

Sherpas live high in the mountains.

구술 · 심층 면접

01   구술 · 심층 면접 때 알아두어야 할 점

대학 입시의 특징 중 하나는 구술 면접의 비중이 점점 커지고 있다는 것이다. 면접 · 구술고사의 경우 인문 계열에서 반영률은 20% 이상인 곳도 15곳이고, 자연 계열은 서울대 등 26곳이나 된다. 전형별로는 2~10%를 반영한다. 면접 구술고사를 치르는 대학은 서강대, 부산대 등 일부 자연계와 서울대를 비롯한 11개 교육대, 사범대 등이다.

'아는 것'보다 '아는 것을 잘 드러내는 것'이 구술 요령의 키포인트다. 주요 대학의 구술 면접은 단순한 말하기가 아니라, 제시문을 나눠주고 읽게 한 뒤 그와 관련한 질문을 던지는 방식이라는 것을 염두에 둘 필요가 있다. 또한 한번 내뱉은 말은 주워 담을 수도 없기 때문에 빠른 시간 내에 신중하게 생각한 후 답하는 것이 관건이다.

일반적으로 대학에서 치르는 기본 소양 면접은 계열, 학과에 상관없이 고교 수준에 맞는 인지 능력과 소양, 인성을 평가한다. 한두 개의 통과 의례적인 질문을 하고 답하는 방식으로 5분 내외로 끝난다. 정상적으로 고교를 졸업한 학생이라면 무리 없이 답할 수 있는 질문들이다.

하지만 최근에는 심층 면접을 치르는 대학들이 점점 늘어나는 추세. 심층 면접이란 수험생 1인당 최소 15분에서 40여 분 정도의 면접시간을 배정하여 기본 소양은 물론 학과 적성 및 신상 보충 질의까지 심도 있고 광범위한 질의를 통해 수험생의 실질적인 수학 능력을 테스트하는 선발 고사라 할 수 있다.

이를 위해서 수험생은 평소 신문을 통해 다양한 사회적 현안에 대해 공부하는 것도 중요하지만, 현장에서 요구하는 질문을 정확히 파악하는 연습도 필요하다.

면접 · 구술고사는 최근 들어 학문적인 기초 소양, 시사 관련 지식을 묻는 단계에 그치지 않고 심화적인 교과 지식이나 실생활과 연결시키는 응용 문제를 출제하는 경향이 두드러지고 있다. 자연계는 특히 그렇다. 대체로 서울대, 연세대, 전남대, 건국대, 중앙대 등 중상위권 이상의 수험생들이 지원하는 대학에서 실시하는 면접 · 구술고사는 심층 면접이라는 명칭이 더 어울릴 만큼 깊이 있는 심화 학습을 요구한다. 특히 앞으로는 논술고사의 기준이 강화돼 면접·구술고사의 영향력이 더 크게 작용할 것이 확실하다.

교육부의 '논술 가이드라인'으로 논술고사에 출제 자체가 금지된 영어 제시문이나, 수학·과학 풀이 과정은 면접·구술고사의 평가 소재로 활용될 가능성이 아주 높은 만큼 이에 대한 철저한 준비가 필요하다. 아울러 심층 면접뿐만 아니라 일반 면접에서도 자기소개서나 학업계획서 등을 통한 영어 실력 테스트가 예상된다.

계열별로 살펴보면, 인문 계열 수험생은 10~20분 정도의 제한된 시간에 300~500단어 정도의 영어 지문을 해석하고 이에 대한 자신의 견해를 간추려 말하는 연습을 하는 것이 좋다. 자연 계열의 경우는 과학 과목도 중요하지만, 특히 수학 성적이 당락을 좌우한다. 대학들은 대부분 간단한 문제 풀이부터 기본적인 개념에 대한 이해도를 측정하는 정의와 용어에 대한 설명, 증명 문제, 응용 문제에 이르기까지 다양하게 출제하고 있다.

여기서 수학은 결과뿐만 아니라 풀이 과정, 구술 과정을 중요시한다는 점을 명심하고 기출 문제를 꼼꼼히 정리하고 핵심 개념과 공식을 익혀둘 필요가 있다. 함수, 행렬, 미분, 적분, 기하(이차곡선, 공간도형, 벡터) 등은 단골 출제 문제이다. 그렇다고 미리 겁먹을 필요는 없다. 설사 해결할 수 없는 문제가 출제됐더라도 면접관들은 수험생의 논리적 사고력, 이해·분석력, 종합적 문제 해결 능력과 응용 능력을 평가해 부분 점수를 준다. 때문에 답을 완전히 모르더라도 끝까지 포기하지 않는 자세로 임하면 질문에서 힌트를 얻는 경우도 있다.

기초 소양 평가는 수험생들이 예상할 수 있는 시사 문제나 자기소개서와 추천서의 진위 여부를 확인하는 질문이 주를 이룬다. 수험생들은 자기소개서, 학업계획서, 추천서 내용을 정확하게 소화해 둬야 한다. 또한 정치·경제·사회적 이슈에 대한 자신의 견해를 정리하고 고등학교 교과서에서 배웠던 기초 개념 등을 활용해 답변하는 것을 연습해 두는 것이 좋다.

전공 능력 평가 시험에서는 인문계의 경우 영어 원문을 제시하고 소리를 내어 읽게 하여 독해력을 측정하거나, 영어로 자기소개를 하게 하여 실제적인 영어 구사력을 측정하기도 한다. 수학이나 과학은 시험 문제를 현장에서 제시하고 면접관이 보는 앞에서 풀게 하는 대학이 대부분인데 수험생들이 가장 어려워하는 부분이다.

영어는 대부분의 대학에서 면접·구술고사의 가장 보편화된 문제로 자리잡았다. 인문계에서는 문화적 대립이나 교류 등 사회적 문제와 연결된 영어 지문이 많았다. 이화여대와 고려대에서는 평등과 관련된 지문이 출제돼 주목을 받기도 했다. 자연계 문제로는 역시 과학 현상이나 법칙, 생명과학과 관련된 문제가 주류를 이루고 있다. 물론 자연 계열에서는 대부분 3~4개 정도의 수학 문제가 서술형 주관식이나 단답형으로 출제되고 있다.

02　구술·심층 면접 대비 전략

　교과서는 물론 수능 지문, 영자 신문이나 시사주간지 등 다양한 영어 지문을 활용해 정확한 독해 능력과 비판적 사고력을 기른다. 자연 계열의 경우 수학이나 물리, 화학 등의 교과서에 나오는 공식의 원리를 이해하고 이를 응용해 문제를 풀 수 있도록 연습한다. 사회적 이슈가 되고 있는 사안들을 이해하고 자신의 입장을 정리한 뒤, 이를 뒷받침할 수 있는 논리적 근거를 갖추어 시사 문제에 대비한다.

　대학 홈페이지에 공개되고 있는 기출 문제들을 찾아 지원하고자 하는 대학의 출제 경향과 유형을 파악한다. 시험 시간과 동일하게 시간을 제한하여 실제 상황과 똑같은 조건에서 풀어보고 예시 답안을 마련한다. 시험 장소에서 자연스럽게 답변하기 위해서는 다양한 배경 지식을 충분히 자기 것으로 만들어야 한다.

　면접·구술고사는 말로 하는 시험이다. 평소 5~10분을 할애하여 자신의 말하는 습관과 태도를 점검하고 연습한다. 최근에는 미리 문제를 공개하고 20분 정도 자신의 생각을 정리할 시간을 주는 대학이 늘고 있다.

　15분 정도 문제를 꼼꼼하게 읽어 핵심을 파악하고, 나머지 5분은 어떻게 답변할지 구상한다. 이때 개요를 정리해 두면 일관성을 지키며 답변하는 데 도움이 된다.

① 시사 이슈를 정리하라

　구술 면접의 기본은 '책 읽기'이다. 책을 읽지 않고는 좋은 성적을 기대할 수 없다. 폭넓은 독서를 통해 교양을 쌓고, 전공 분야의 책을 심도 있게 정독해서 학업 수행 능력을 기른다. 각 대학의 필독 도서선을 읽어두고, 지망 대학의 기출 문제와 연관된 책을 읽는 것도 필수적이다.

　단기간 내에 효과적인 방법으로는 인터넷에서 올해 시사 이슈를 정리해 놓은 것을 활용하는 것. 해당 이슈에 대한 배경 지식과 자신의 분명한 입장을 정리해 두는 것이 유리하다.

② 출제 경향을 분석하라

　최근 2~3년 동안 출제된 지망 대학의 기출 문제를 살펴보고 그 공통된 출제 경향을 파악하여 대처한다. 예를 들어, 영어 지문이 자주 나오는 대학의 경우 영어를 직독, 직해하는 능력을 길러 두어야 하며, 수학이나 과학의 공식 등이 자주 나오는 대학의 경우는 실제 흑판에서 이를 풀거나 서술하는 공부를 해 두어야 한다.

③ 전공 질문에 대비하라

　자연 계열은 특히 전공에 대한 질문이 많다. 실제로 문제 풀이 과정을 묻는 경우도 있다. 그러므로 교과서를 기본으로 하되, 전공 관련 과목에 대한 문제 풀이 능력도 길러둬야 한다. 방송대학의 개론서도 도움이 된다.

④ 모의 답안을 구상하라

지망 대학뿐 아니라 각 대학에서 자주 출제된 해당 학부의 문제를 선정하여 모의 답안을 만들어 연습해 둔다. 빈출(혹은 공통) 유형이나 문제는 항상 출제 개연성이 높은 예상 문제인 만큼 평소 이를 공부해 두면 유사한 문제가 출제될 때, 상당한 덕을 볼 수 있기 때문이다.

⑤ 서류의 내용을 숙지하라

후속 질문이나 신상 보충 질의는 주로 제출 서류의 내용을 묻는 문제가 많다. 학생부에는 장래 희망을 교사라고 써 놓고 실제 면접 교수에게는 호텔리어가 되고 싶다고 한다면 이미 괘씸죄에 해당되며, 자기소개서에 감명 깊게 읽은 책으로 '데미안'을 들어 놓고 에밀 싱클레어를 모른다면 어떤 면접 교수가 그 학생을 선발하겠는가?

⑥ 형식도 중요하다

구술 면접은 내용도 중요하지만 어느 정도 형식도 갖추어져야 한다. 면접관의 질문에 너무 극단적이거나 단정적인 대답을 삼가며, 되도록 긍정적이고 밝은 인상을 심어 주도록 하는 것이 좋다. 면접위원의 질문은 끝까지 귀담아듣고, 질문이 끝난 뒤에는 몇 초 간 생각을 가다듬은 뒤 차분하고 조리 있게 답변한다. 답변은 장황하거나 현학적이 되지 않도록 고 3 수험생의 신분에 맞는 지적 수준의 언어로 면접관의 질문에 답하도록 한다. 말은 너무 짧게 답하면 경박해 보이고, 너무 장황하면 산만해 보이므로 적당한 선에서 마무리하도록 한다. 또 질문을 잘 못 들었거나 질문의 내용을 제대로 이해하지 못했을 때에는 면접관에게 정중하게 예의를 갖추어 다시 질문해 주도록 부탁한다. 입실과 퇴실 시 정중히 인사를 하는 것도 잊지 말아야 한다.

⑦ 실전 연습을 반드시 하자

실제 연습처럼 좋은 방법은 없다. 구술 면접고사와 심층 면접은 면접관과 직접 대면해 치르는 시험이다. 따라서 실전 연습을 통해 긴장감을 완화시키고, 말하는 자세나 말투 등을 교정할 수 있다.

03　대학별 심층 면접 유형

❀ **서울대학교**

2단계에서 인문계는 10%, 자연계는 20%를 반영한다. 심층 면접 방식으로 자연계는 20분, 인문계는 10분 정도 준비할 시간을 준다. 수험생은 이 시간에 제시문을 잘 읽고 답변을 미리 준비해야 한다. 입학 관계자에 따르면 영어 제시문이 나올 가능성이 있다.

❀ **성균관대학교**

건축학과의 경우 면접을 3% 반영한다. 시험 전에 공간 지각, 예술적 감성, 문화 이해도를 측정하는 자료를 주고 10여 분 간 준비 시간을 준다. 면접은 15분 정도 진행한다.

❀ **한국외국어대학교**

국제학부는 영어로 일부 수업이 진행되기 때문에 면접도 영어로 진행하며 반영 비율도 30%이다. 외국인 교수가 면접에 참석할 것으로 예상된다.

❀ **건국대학교**

사범대와 수의예과에서 면접을 실시하는데 심층 면접 방식으로 미리 제시문을 준다. 과거에는 영어 제시문이 출제됐다.

❀ **부산대학교**

사범대 외에 인문, 사회 계열 모두 일반 면접을 실시하며 제시문을 미리 제공한다.

❀ **인제대학교**

전 모집 단위에서 면접을 실시하는데 반영 비율은 2%이다. 면접 방식은 학생 1인에 다수의 면접관이 아니라 집단 면접으로 4, 5인의 학생이 동시에 면접을 치른다.

❀ **동의대학교**

한의예과에서 전공 관련 심층 면접 방식으로 제시문을 미리 주고 10분 정도 실시한다.

❀ **울산대학교**

의예과는 2% 정도 반영하는데 일반 면접으로 자기소개서와 학생부를 참조해 5분 정도 진행된다.

❀ **조선대학교**

사범대만 면접을 실시한다. 심층 면접 방식으로 전공 영역에서 2문항, 일반 영역에서 2문항 등 4문항에 답변해야 한다.

　이 밖의 대부분 대학은 학과나 전공에 관한 심층 면접이 아니라 일반 면접을 본다. 일반 면접에서는 미리 질문지를 주지 않는다. 질문은 주로 인성과 기본 소양에 관련된 것들로 지원 동기, 자기소개, 최근에 읽은 책, 미래관 등을 물어본다.

04 정시 모집 면접 실시 대학

대학명	모집 단위	반영률	주요 사항
서울대	인문계 2단계 10%, 자연계 2단계 20%, 사범대 10~20%	10~20%	심층 면접, 준비시간 10~20분, 면접관 2~3인, 영어 지문 가능, 10분
고려대	사범대	10%	심층 면접, 면접관 2~3인, 교육자로서 인성 중점, 준비시간 없음, 영어 제시문 없음, 10분
동국대	사범대	3%	일반 면접, 면접관 2~3인, 교직 관련 적성 중점, 준비시간 없음, 영어 제시문 없음, 5~10분
경기대	사범대 (유아교육과)	5%	일반 면접(교직 관련 인·적성 중점), 준비시간 없음, 5~10분
숙명여대	교육학	2%	일반 면접, 면접관 2~3인, 10분
연세대	신학	4%	일반 면접, 면접관 3인, 신학과는 합격·불합격 자료로만 활용, 10분
이화여대	사범대	2단계 1%	일반 면접, 면접관 2~3인, 영어 제시문 없음, 10분
한국외대	국제학부	30%	심층 면접, 영어로 진행, 외국인 교수 참석, 3~4문항, 15분
교대 전체	사범대	10%	일반 면접, 면접관 2~3인, 교직 관련 인·적성 중점, 10분
조선대	사범대	18%	심층 면접, 전공 영역 2문항, 일반 영역 2문항, 면접관 3인, 10~15분
인제대	전 모집 단위	2%	일반 면접, 집단 면접(학생 4~5명 동시 진행), 5~10분
을지의과대	병원경영, 의예	10%	병원경영은 일반 면접, 의예는 심층 면접, 면접관 2~3인, 10분
울산대	의예과	2%	일반 면접, 자기소개서와 학생부 참조, 5분
영남대	사범대	10%	일반 면접, 면접관 2~3인, 5분
성균관대	사범대, 건축학과	3%	사범대-적성에 관련된 일반 면접, 준비시간 없음, 면접관 2~3인, 5분. 건축학과-심층 면접, 면접관 2~3인, 전공 적성 관련 질문(공간 지각, 예술적 감성, 문화 이해도), 준비시간 10분, 15분

부산대	인문 계열, 사회 계열	5%	일반 면접, 준비시간 5분, 전공 적성, 소양 관련 중점, 5분
명지대	건축학과	11%	일반 면접, 면접관 2~3인, 5분
동국대	사범대	3%	일반 면접, 면접관 2~3인, 교직 관련 적성 중점, 준비시간 없음, 영어 제시문 없음, 5~10분
동의대	한의예과	2%	심층 면접, 제시문 주고 준비시간 10분, 면접관 2~3인, 10분
가톨릭대	특수교육과, 신학과	합·불 자료로만 활용	일반 면접, 면접관 3인, 기본적인 인성·적성 파악 중점, 영어 제시문 없음, 5~10분
가천의대	생명과학부	5%	일반 면접, 면접관 2인, 인성·적성, 지적 영역 측정, 10분
강원대	사범대	2단계 10%	일반 면접, 면접관 3인, 교직 관련 지식, 지망 동기, 의사 소통 능력 등, 준비시간 없음, 영어 제시문 없음, 10분
경북대	인문, 자연 전 모집 단위	3% 미만	일반 면접, 면접관 2~3인, 지원 동기, 인성 중점, 5분
경상대	사범대	10%	일반 면접, 면접관 2~3인, 10분
건국대	수의예과, 사범대	5%	심층 면접, 준비시간 10분, 면접관 3인, 영어 제시문 가능, 10분

05 계열별 심층 면접 기출 문제

① 경상 계열
- 최근 들어 인터넷 관련 사업을 수행하는 기업들이 수익을 내기 시작했다. 반면에, 인터넷 사용자들은 무료로 이용하던 서비스에 대하여 요금을 지불하게 되었다. 이에 대한 학생의 생각을 밝히시오. (숭실대)
- 요즘의 경제와 관련하여 느낀 생각들을 말해 보라. (한양대)
- 시중에 풀리는 통화량이 증가하면 어떤 현상이 발생하는가? (서울대)
- 주가와 금리의 관계를 설명해 보라. (경희대)
- 주식과 사채의 차이를 설명해 보라. (동국대)

② 법학 계열
- 순수 법학이 중요한 이유는 무엇인지 말하시오. (서울대)
- 동성 결혼을 합법화하는 것에 대해 어떻게 생각하는지 말하시오. (연세대)

- 최근 중앙선거관리위원회는 대통령 선거에 출마하는 특정 후보를 지지하는 사이버 커뮤니티를 폐쇄하는 조치를 취한 바 있다. 이러한 조치에 대한 학생의 생각은 어떠한가? (숭실대)
- 경의선 복원 문제가 국내외적으로 무슨 문제점은 없는지 말하시오. (고려대)
- 국제 사회에서 여권 신장을 위해 어떤 일들이 이루어져야 한다고 생각하는지 말하시오. (이화여대)

③ 사범 계열
- 세계화는 어떤 것이며 어떻게 이루어져야 한다고 생각하나? (이화여대)
- 역사가 발전한다고 생각하는가, 후퇴한다고 생각하는가? (고려대)

④ 자연과학 계열
- 빛을 이용하지 않고 포도당을 만드는 세균이 있는가? (서울대)
- 순수과학과 응용과학의 차이를 말해 보라. (연세대)

⑤ 인문 계열
- 외국인 친구에게 한국 문화를 소개한다면 어떤 것을 소개하겠나? (연세대)
- '너 자신을 알라'의 의미를 설명하라. (서울대)
- 경의선 복원에 대해 역사적 관점에서 말하시오. (가톨릭대)
- 합성어와 파생어에 대해 구체적인 예를 들어 말하시오. (경희대)
- 국수주의의 반대어는 무엇인지 말하시오. (고려대)
- 요즘 문학이나 영화에서는 '반지의 제왕'이나 '해리포터'와 같이 비현실적이고 공상적인 요소가 풍부한 판타지 장르가 유행하고 있다. 이것이 극도의 합리성을 추구하는 현대 문명의 어떤 측면을 보여준다고 생각하는지에 대하여 설명하시오. (숭실대)

⑥ 의학 계열
- 인공 장기란 무엇이고 신체 중 인공 장기를 만들기 쉬운 부분은 어디인가? (서울대)
- 범죄자의 구치소 수감과 정신병 환자의 요양소 감호에 대한 자신의 견해를 말하시오. (가톨릭대)

⑦ 생활과학 계열
- 생활과학에서의 '인간'과 인문학에서의 '인간'의 차이점을 말하라. (연세대)
- 여권 신장을 위해 자신이 할 수 있는 일들이 무엇인지 말하시오. (이화여대)
- 미래 사회에 의·식·주가 어떻게 변화할 것인지 말해보라. (가톨릭대)

⑧ 사회 계열
- 국제 사회와 국내 사회의 차이를 예로 들어 말하시오. (서울대)

- 사회 현상의 연구가 중요성을 갖는 이유는 무엇인가? (한양대)
- 통일이 우리 나라에 미칠 영향은 무엇이라고 생각하나? (동국대)
- 집단 내에서 분쟁이 생겼을 때 해결 방안은? (연세대)
- 인터넷의 긍정적, 부정적 영향에 대해 말하시오. (경북대)
- 노인을 공경해야 하는 까닭이 무엇인지 말하시오. (성균관대)

06 그 외의 심층 면접 기본 소양 문제

 문 · 이과 공통

- 남북 통일의 장점과 단점을 말하라.
- 한국 사회에서 자살이 급증하는 원인과 대책은 무엇인가?
- 초지일관과 임기응변 중에 현대 사회에서 성공하려면 어떻게 해야 좋을까?
- 국가정보원 미림팀의 도청 파문에 대하여 어떻게 생각하는가?
- 카트리나와 미국 내 인종 차별 갈등에 대하여 말하라.
- 여성의 국방 의무와 군 입대 문제에 대하여 말하라.
- 북핵 문제와 6자 회담의 전망과 향후 대북 정책에 대한 견해는?
- 노무현 참여 정부와 연정제 문제를 어떻게 생각하나?
- 일제 강점기 친일파와 그 청산에 관한 문제에 대한 견해는?
- '기초 질서 교육'과 '엄격한 처벌' 중 하나를 택해서 질서 의식 고취에 효과적인 방법은?
- 김일병 사건과 군대 내 인권 개선에 관한 자신의 견해는?
- 정보화 사회의 긍정적인 측면과 부정적인 측면에 대하여 말하라.
- 여성의 사회 진출에는 찬성하면서도 자신의 아내는 현모양처로 집안에서 내조를 해주 기만을 바라는 남성의 모순된 심리에 대한 견해는?
- 외국인 고용 허가제와 재외 국민 처리 문제에 대한 자신의 견해는?
- 이라크 파병에 찬성하는지 반대하는지 자신의 생각을 밝히고 그 이유를 말하라.
- 알고 있는 가축 질병에 대해 말해보라.
- 수의학에 대하여 평소에 관심이 있었는지, 있었다면 그 정보를 어디서 얻었는지 말하라.
- 의사가 되려면 졸업 후 어떤 과정을 거치는지 말하라.
- 한자 교육에 대해 찬성하는가, 반대하는가?
- 대체 인력이 없는 직업이 파업하는 것에 대한 견해는?
- 이혼 문제가 늘어나는 이유와 그에 따른 문제점은?

- 유전자 조작 농산물에 대한 견해는? 찬성/반대

- 새해 맞이 관광 옳은가, 그른가?—교육, 가정 교육, 교통 체증과 연관해서

- TV 프로그램 중 '칭찬합시다' 프로그램이 왜 인기를 끄는가?

- 환경업주 폐기물 방출에 관하여?

- 창의적 인재 교육 방법은?

- 기업에 정화시설이 갖추어지지 못하는 이유와 방안은?

- 노인 문제 중 치매 환자를 집에서 돌보는 것과 전문기관에서 돌보는 것 중 어느 것이 바람직한가?

- 공자의 '예' 정신이 사회 질서를 유지하는 장점과 현대에 조명해볼 때의 장단점은?

- 동화책을 읽고 그것의 영향 속에서 자라나는 어린이들의 장단점은?

- 자기 자식이 영재일 때, 영재 교육을 시킬 것인가, 일반 교육을 시킬 것인가?

- 세계화 시대에 영어 사용에 대한 견해는?

- 세계화 시대에 중국어 사용에 대한 자신의 견해는?

- 요즈음 들어 이혼에 대해 부정적이 아니다. 남녀의 결혼관이 필수가 아닌 선택에 대한 인식이 일어나는데, 그 원인은?

- '엽기문화'가 기존 문화에 대한 도전이라고 생각하는 측면에 대해서는 어떻게 생각하는가?

- 한류 열풍에 대한 자신의 견해는?

- 청소년들의 무분별한 연예인 모방에 대한 견해는?

- 정치인과 연예인의 은퇴 선언 번복이 긍정적인가/부정적인가? 허용된다면, 예외는 어떤 경우인가?

- 자신이 만약 면접관이라면 한정된 시간 안에 인성, 예절, 사고력, 표현력 중 어떤 것을 평가하겠는가? 또 그 이유는 무엇인가?

- 안티사이트에 대한 의견은?

- 부자들의 기부 행위보다 가난한 사람들의 기부 행위가 많은 이유는 무엇이라고 생각하는가?

- 사이버 정보 공개의 장단점에 대하여 말해보라.

- 취업에 유리하도록 성형수술을 하는 것에 대해 어떻게 생각하는가?

- 장애인을 둔 어머니가 이를 비관하여 딸을 죽이고 자살한 사건이 있었다. 이에 대하여 어떻게 생각하는가?

- 한때 비타민 C가 건강에 좋다고 하여 약국에서 품절되는 사태가 일어났다. 이렇게 사람들이 건강에 강한 관심을 갖게 된 것에 대하여 어떻게 생각하는가?

- 유능한 인재 유출을 막기 위해서 어떤 방법을 써야 하는가?

- 왕따 문제에 대한 견해는 무엇인가?
- 고교 교육 정상화를 위해 서울대 폐교론이 주장되고 있는데 이에 대한 견해는?
- 남북 통일은 민족의 염원이나 통일 비용 때문에 소극적인 입장이 많다. 통일에 대해 장단점을 말해 보라. (보충) 분담 비용에 대하여 어떻게 생각하는가?
- 정보화 사회가 인간에게 미치는 영향은?
- 유해 물질 정화 시설을 갖추고도 가동하지 않아 오염이 심각하다. 이런 현상이 반복되는 이유와 대처 방안을 논의하라.
- 국가보안법은 폐지해야 하는가?
- 사교육에 찬성하는지, 반대하는지 자신의 입장을 말해 보라.
- TV 드라마에서 부유층은 악하게, 빈곤층은 선하게 나오는데 그 이유가 무엇이라고 생각하는가?
- 정부가 담배 판매의 유해성을 인정하면서도 담배를 판매하는 것이 정당하다고 생각하는가?
- 우리 나라 가정에서 입양을 꺼리는 근본적인 이유가 무엇인지 설명하고, 내가 그 경우에 처하게 된다면 어떻게 하겠는지 말해 보라.
- '개미와 베짱이', '흥부와 놀부' 중에서 베짱이와 놀부가 현대 사회에 적합한 인물형으로 부각되고 있다. 이에 대해 어떻게 생각하는가?
- 정보화 사회에 인터넷의 확산으로 인간 접촉이 감소하면서 인간 소외 문제가 심화될 것으로 예상된다. 이에 대해 어떻게 생각하는가?
- 우리 나라 사람들이 학연·지연을 타도하자고 외치면서도 실제 선거에서 학연·지연에 얽매여 투표하는 이유는 무엇인가?
- 우리 국민들은 일본에 대해 반발심을 갖고 있으면서도, 일본의 음악이나 전자 제품 등을 선호하는 이중적 속성을 갖고 있다. 그 이유가 무엇이라고 생각하는가?
- 정보화 사회에 적합한 인간형을 말해 보라.
- 자신이 부모가 된다면 자식 교육을 어떻게 시키겠는가?
- 자신의 노후에 필요한 조건과 그에 대한 대책을 말해 보라.
- 몇십 년 후에 자신이 어떤 모습을 하고 있을 것 같은지 말해 보라.
- 공공장소에서의 핸드폰 사용을 어떻게 규제해야 할까?
- '우물을 파도 한 우물을 파라'라는 속담이 있다. 이에 대한 자신의 견해를 밝혀 보라.

제2부

[논술 기초 다지기]

제1편

독서

01 책은 왜 읽어야 하는가?

　우리는 독서를 통해서 지식을 얻는다. 물론 보고 들음으로써 지식을 얻게 된다. 그러나 그러한 직접 경험(直接 經驗)을 통해서 얻는 지식은 그 양과 질에 있어서 극히 제한적이다. 그보다는 책을 통한 간접 경험(間接 經驗)으로 얻는 지식이 훨씬 다양하고 깊이도 있다. 현대는 정보화 시대이다. 매일매일 쏟아져 나오는 정보를 습득하는 길은 결국 책을 통하여서이다. 특히, 현대는 무한 경쟁의 시대이므로 책을 통한 지식의 습득은 경쟁에서 이기는 지름길이라고 해도 지나친 말이 아니다.

02 책을 읽는 목적

① 책을 통해서 지식과 학문을 다루고 배우게 된다.
② 교양을 얻고 수양을 쌓게 된다.
③ 생활을 즐겁고 보람 있게 하기 위해서이다.

03 올바른 독서 태도

① 책과 친하게 지낸다. 적은 시간이라도 매일매일 조금씩 책을 읽는다.
② 책 속에 담겨 있는 내용을 정확하게 파악한다.
③ 나의 생활과 관계를 지으며 읽는다.(본받을 점, 반성)
④ 옳고 그름을 가려 가면서 읽는다.
⑤ 여러 종류의 책을 골고루 읽는다.
⑥ 빨리 읽어야 할 책과, 천천히 읽어야 할 책의 종류에 따라 적절한 독서의 방법을 선택한다.

⑦ 바른 자세로 알맞은 밝기에서 읽도록 한다.

⑧ 중요한 부분은 밑줄을 그어 가면서 읽어야 요지나 핵심 파악에 도움이 된다.

⑨ 의심나는 부분이나 이해가 안 되는 부분에서 '?'를 표시해 두고 읽어 가다가 연관되는 부분에서 이해하도록 한다.

04 독서 장소와 자세

① 어두운 불빛에서는 책을 가까이 하지 않아야 한다.

② 엎드리거나 누워서 보지 않는다.

③ 책과 눈과의 거리는 35~50센티 떨어져서 본다. 각도는 90도 정도가 적당하다.

④ 흔들리는 차 안에서는 독서를 피한다.

⑤ 한 시간 독서하고 10분 쉬는 것이 좋다.

⑥ 책을 읽을 때는 자주 시선을 밖으로 보내, 눈의 피로를 돕도록 한다.

⑦ 성의 있는 태도로 내용을 이해하며 끝까지 다 읽는다.

⑧ 책을 읽는 중에 중요한 대목이나 구절은 기록장에 기록하고 다 읽은 책은 독서 감상문을 쓰는 습관을 갖도록 한다.

⑨ 감명 깊게 읽었던 책은 친구들에게 권한다.

⑩ 의자에 바른 자세로 앉아서 읽는 것이 좋다.

05 조 명

① 책을 읽을 때는 방 안의 전체 조명과 책상, 작업대 부분의 조명을 동시에 설치해야 한다.

② 간접조명이 눈의 피로를 덜어준다.

③ 조명의 방향이 책에 비스듬하게 한다.

④ 밝기는 100~200룩스가 적당하다.(일반 가정 300~500룩스)

⑤ 오른손잡이는 자신의 왼쪽에 왼손잡이는 오른쪽에 조명기구를 둔다.

⑥ 스탠드를 이용할 때는 갓을 달아 직접적인 빛을 피해 눈을 보호한다.

06 책과 친해지면

① 자신감이 생긴다.
② 옳고 그름을 판단하는 능력이 생긴다.
③ 지식이 풍부해진다.

07 책의 종류에 따라 어떻게 읽는 것이 좋은가?

① **명작류(소설류)**
  ㉠ 배경, 사건의 흐름, 등장인물의 성격을 파악하며 읽는다.
  ㉡ 감동이 무엇이고 어떤 교훈을 주는지 파악한다.

② **위인전(전기류)**
  ㉠ 주인공이 어렸을 때의 생활, 어려움을 이겨낸 삶의 태도 등을 파악하며 읽는다.
  ㉡ 오늘날까지 존경을 받는 이유, 본받아야 할 점 등이 무엇인지 생각하면서 읽는다.

③ **역사책, 과학책**
  지금까지 모르고 있던 새로운 사실이나 지식을 확인하며 읽는다.

④ **도감, 사전류**
  ㉠ 새로운 지식과 정보가 무엇인가를 확인하며 읽는다.
  ㉡ 조사한 내용을 적어가며 읽는다.

⑤ **잡지류**
  ㉠ 읽기 전에 목차, 내용을 살펴본다.
  ㉡ 감명을 준 글이 무엇인지 확인한다.

08 어떤 태도로 읽을 것인가?

  독서는 우리 생활과 밀접한 관계를 가지고 있다. 그래서 우리는 생활에 필요한 많은 정보와 전문적인 분야의 지식을 독서를 통하여 간접 경험으로 얻는다. 독서는 읽는 이를 더 나은 세계로 끌어올리는 과정이다. 독서에 영향을 끼치는 요인으로는 독서에 대한 독자의 태도, 독자의 정서, 독서에 대한 외적 동기 등을 들 수 있다.
  바람직한 독서 태도로는 먼저 독서의 중요성과 가치를 인정해야 한다. 책을 즐거운 마음으로 읽어야 한다. 책을 읽는 목적이 분명해야 한다. 정보의 획득인지, 감동을 받기 위

해서인지, 깨달음을 획득하려는 것인지 미리 생각해 두는 게 좋다. 이러한 목적을 달성하기 위해 그에 맞는 방식의 독서를 해야 한다.

또한 읽는 자료의 특성에 따라 읽는 방법과 속도를 달리해야 한다. 전문적이고 어려운 내용의 책과 소설을 읽는 방법과는 달라야 한다. 조명, 책상, 걸상 등 독서의 환경을 알맞게 조성하고 바른 자세로 읽어야 하며, 각종 사전류, 책의 소개서, 신문과 잡지의 서평, 백과사전, 전문 사전 등을 활용한다. 이들을 활용하여 모르는 내용을 이해한 다음에 다시 읽어 나가는 것이 가장 좋은 독서 방법이다. 그리고 책의 목록이나 내용을 정리하는 습관도 필요하다. 자기가 읽은 책을 분야별로 정리하여 두고, 읽은 책은 독후감을 쓰거나 독서 카드를 작성해 두면 다음에 이용하기 편리하다.

09 독서에 관한 여러 가지 양식의 예

(1) 개인 독서 기록 카드

학년 반 번 성명

대출일	등록번호	도서명	본인 서명	독서 기간		비고
2006. 3. 1	12-65	데미안	강도순	2006. 3. 1	2006. 3. 3	

(2) 필독 도서 목록

순번	책제목	저자 및 출판사	비 고
1	중·고등학생용 오양심의 논술·구술 총자료집 I·II	오양심 / 신지원출판사	
2	일리아드 오딧세이	호메로스 / 사계절	
3	삼국유사	일연 / 민음사	
4	실천이성비판	칸트 / 답계출판사	
5	같기도 하고 아니 같기도 하고	호프만 / 한맥출판사	
6	카오스	제임스 클라크 / 문학공감출판사	
7	젊은 예술가의 초상	조이스 / 리저스출판사	

(3) 문학 감상 기록장

학교   학년 이름   읽은 날짜 : 0000.00/00

제목/작가	갈매기의 꿈/리처드 바크의 세 번째 작품. 1970년에 출간. 리처드 바크는 1936년 미국 일리노이 주 오크파크에서 태어나 캘리포니아 주 롱비치에서 자랐다. 공군에 입대하여 비행기 조종사가 되었다. 3천 시간의 비행 경력은 '갈매기의 꿈'에서 조나단의 비행 연습 묘사에 큰 도움이 되었다. 그의 주요 작품에는 '지상의 이방인', '복엽 비행기', '인간의 꿈' 등으로 주로 청소년들을 위한 소설들이 있다.
작품의 줄거리	조나단은 무엇인가 특별한 갈매기이다. 다른 갈매기들과는 달리 오직 비행 연습만 한다. 어떻게 하면 더 높이 날 수 있을까? 갈매기 세계의 법까지 잊으며 비행 연습을 한 조나단은 많은 것을 깨닫게 되지만 갈매기 마을에서 추방당하는 불운을 겪게 된다. 그러나 나는 연습에 연습을 거듭한 조나단은 마침내 천국에 다다른다. 거기에서 더욱더 많은 것을 배운 조나단은 다시 자신의 마을로 돌아가 어린 갈매기들에게 가르침을 준다. 그리고 갈매기들에게 자신의 모든 것을 가르쳐준 조나단은 그들에게서 말없이 떠난다.
인상적인 대목	천국에 대해 치앙이 조나단에게 말해주는 부분이 가장 기억에 남는다. 자신이 원한다면 어디든지 마음대로 갈 수 있는 그 경지, 그 순간이 천국에 이르는 것이라고 한 대목이 감명 깊었다. 치앙은 조나단에게 진정한 자유를 가르친 것이다.
나에게 주는 의미	'자신의 목표를 이루기 위해서는 최선을 다하고 끝까지 노력해라.' '가장 높이 나는 새가 가장 멀리 본다.' 이 두 문장이 나를 사로잡았다. '가장 열심히 노력하는 사람이 가장 많은 것을 이루어 낼 수 있다.'라는 교훈은 나의 생활의 활력소가 되고 있다. 무엇을 할 때나 열심히 하는 습관이 생겼다.
관련되는 작품	생텍쥐페리의 '어린 왕자'는 리처드 바크의 '갈매기의 꿈'과 비슷하다. 생텍쥐페리도 리처드 바크와 같이 비행 조종사였다. 그들은 자신의 비행 경력을 바탕으로 교훈적인 우화를 그려냈다. 또 하나는 이솝우화다. '갈매기의 꿈'에서 조나단은 사람으로 의인화된 갈매기인 만큼 동물을 사람처럼 표현한 이솝우화도 우리에게 많은 교훈을 준다.
작품을 읽고 친구들과 토론한 내용	'갈매기의 꿈'과 '어린 왕자'의 줄거리, 그리고 저자에 대해서 자세하게 알아보았고 여러 가지 의문점들을 서로에게 물어보았다. '갈매기의 꿈'이 주는 교훈들에 대해 돌아가면서 발표했다. 친구들은 "가장 높이 나는 새가 가장 멀리 본다." "자신의 목표를 이루기 위해서는 최선을 다해야 한다." "목표를 향해 달려갈 때 뜻하지 않은 걸림돌에 넘어져 실패를 하더라도 그것을 딛고 다시 달려 나가자."라고 하는 대목이 가장 인상 깊었다고 했다.
이해할 수 없었던 부분	치앙이 조나단에게 자신의 모든 것을 전수한 뒤 하얀 빛 속으로 사라져 버렸다. 왜 그랬을까? 계속 남아 있었다면 조나단뿐만이 아닌 수많은 갈매기들도 가르칠 수 있지 않았을까? 어쩌면 치앙이 모든 것을 전수하고 나이가 많아 죽는 모습을 아름답게 표현하기 위해서 그랬는지도 모른다. 이 부분은 나로선 이해할 수 없었기에 의문점으로 남아 있다.

하고 싶은 이야기	아직까지도 세계 명작 우화인 '갈매기의 꿈'을 읽지 않은 사람들에게 이 책을 권하고 싶다. 사람을 갈매기에 빗대어 교훈적인 메시지를 주는 이 책은 남녀노소를 막론하고 인생을 살아가면서 꼭 읽어야 할 필독서라고 해도 과언이 아닐 것 같다. 설령 이 책을 읽었던 사람이라 해도 다시 한 번 읽으면 각자 주어진 상황에 따라 많은 교훈을 얻지 않을까 싶다. 학생인 내가 이 한 권의 책을 읽고 인생의 목표를 확고하게 정한 것처럼.
다음 계획	리처드 바크와 같이 비행기 조종사인 생텍쥐페리의 시적이면서 고귀한 분위기 속에서 지혜를 짜낸 작품 '어린 왕자'를 공부해 보겠다.
주제	자기 완성의 소중함이다.

(4) 독서 감상문

가장 높이 나는 새가 가장 멀리 본다
'갈매기의 꿈'을 읽고

서울 ○○중학교
3학년 ○○○

리처드 바크는 1936년 미국 일리노이 주 오크파크에서 태어나 캘리포니아 주 롱비치에서 자랐다. 공군에 입대하여 비행기 조종사가 되었다. 그의 3천 시간의 비행 경력은 '갈매기의 꿈'(세 번째 작품. 1970년 출간)에서 조나단의 비행 연습 묘사에 큰 도움이 되었다. 그의 다른 작품으로는 '지상의 이방인', '복엽 비행기', '인간의 꿈' 등 주로 청소년들을 위한 소설들이 있다.

생텍쥐페리의 '어린 왕자'는 리처드 바크의 '갈매기의 꿈'과 사뭇 비슷하다. 생텍쥐페리도 리처드 바크와 같이 비행기 조종사였다. 그리고 그들은 자신의 비행 경력을 바탕으로 교훈적인 우화를 그려냈다. 동물을 의인화하여 교훈을 주는 우화로 '이솝우화'를 들 수 있다.

'갈매기의 꿈'이 동물을 의인화한 작품인 만큼 동물을 사람으로 표현한 '이솝우화'도 우리들에게 많은 교훈을 준다. 조나단은 무엇인가 특별한 갈매기이다. 다른 갈매기들과는 달리 오직 비행 연습만 한다. 어떻게 하면 더 높이 날 수 있을까? 갈매기 세계의 법까지 잊으며 비행 연습을 한 조나단은 많은 것을 깨닫는다.

결국 갈매기 마을에서 추방을 당해 하늘을 나는 연습에 매진을 한 조나단은 마침내 천국에 다다른다. 거기에서 더 많은 것을 배운 조나단은 다시 자신의 마을로 돌아가 어린 갈매기들에게 가르침을 준다.

나는 천국에 대해 치앙이 조나단에게 말해주는 부분이 가장 기억에 남는다. 그 이유는 자신이 원한다면 어디든지 마음대로 갈 수 있는 그 경지가 바로 천국에 이르는 것이라는 것을 공감했기 때문이다. 치앙은 조나단에게 자유를 가르친 것이다.

'갈매기의 꿈'을 읽고 한 가지 의문점이 남았다. 치앙이 조나단에게 자신의 모든 것을 전수한 뒤 하얀 빛 속으로 사라져 버렸다. 왜 그랬을까? 계속 남아 있었다면 조나단뿐만 아니라 수많은 갈매기들도 가르칠 수 있지 않았을까? 어쩌면 치앙이 모든 것을 전수하고 나이가 많아 죽는 모습을 아름답게 표현하기 위해서 그랬는지도 모른다.

아직까지 세계 명작 우화인 '갈매기의 꿈'을 읽지 않은 사람들에게 이 책을 권하고 싶다. 사람을 갈매기에 빗대어 교훈적인 메시지를 주는 이 책은 남녀노소를 막론한 필독서라고 해도 과언이 아닐 것이다. 설령 이 책을 읽은 사람이라 해도 다시 한 번 읽어서 많은 교훈을 얻었으면 좋겠다.

요즘같이 경제가 어려운 시기에 '높이 나는 새가 멀리 본다.'는 조나단 갈매기와 자신의 삶을 비교해 보고 가치 있는 삶 쪽으로 많은 도움이 되었으면 하는 바람이다.

제2편

한글 맞춤법

1. 1988년 1월 19일 문교부가 새로 개정 고시하여 1989년 3월 1일부터 시행하도록 한 우리 나라 현행 어문 규정이다.
2. 주요 개정 내용으로는, 한자어에서는 사이시옷을 붙이지 않음을 원칙으로 하였다. (다만 두 음절로 된 6개 한자어만 예외로 사이시옷을 붙이기로 함)
3. "가정란/가정난" 등으로 혼용되어 쓰이던 것을 두음법칙 규정을 구체화하면서 "가정란"으로 적도록 하였다.
4. 띄어쓰기 규정에서 보조 용언은 띄어 씀을 원칙으로 하되, 붙여 씀도 허용하였고, 성과 이름은 붙여 쓰도록 하였다.
5. 수의 표기에 있어서도 십진법에 따라 띄어 쓰던 것을 만 단위로 띄어 쓰도록 한 것 등이다.

제1장 총 칙

제1항 한글 맞춤법은 표준어를 소리대로 적되, 어법에 맞도록 함을 원칙으로 한다.
제2항 문장의 각 단어는 띄어 씀을 원칙으로 한다.
제3항 외래어는 '외래어 표기법'에 따라 적는다.

제2장 자 모

제4항 한글 자모의 수는 스물넉 자로 하고, 그 순서와 이름은 다음과 같이 정한다.

ㄱ(기역)	ㄴ(니은)	ㄷ(디귿)	ㄹ(리을)	ㅁ(미음)
ㅂ(비읍)	ㅅ(시옷)	ㅇ(이응)	ㅈ(지읒)	ㅊ(치읓)
ㅋ(키읔)	ㅌ(티읕)	ㅍ(피읖)	ㅎ(히읗)	
ㅏ(아)	ㅑ(야)	ㅓ(어)	ㅕ(여)	ㅗ(오)
ㅛ(요)	ㅜ(우)	ㅠ(유)	ㅡ(으)	ㅣ(이)

[붙임 1] 위의 자모로써 적을 수 없는 소리는 두 개 이상의 자모를 어울러서 적되, 그 순서와 이름은 다음과 같이 정한다.

ㄲ(쌍기역)   ㄸ(쌍디귿)   ㅃ(쌍비읍)   ㅆ(쌍시옷)   ㅉ(쌍지읒)

ㅐ(애)   ㅒ(애)   ㅔ(에)   ㅖ(예)   ㅘ(와)   ㅙ(왜)

ㅚ(외)   ㅝ(워)   ㅞ(웨)   ㅟ(위)   ㅢ(의)

[붙임 2] 사전에 올릴 적의 자모 순서는 다음과 같이 정한다.

자 음 : ㄱ   ㄲ   ㄴ   ㄷ   ㄸ   ㄹ   ㅁ   ㅂ

ㅃ   ㅅ   ㅆ   ㅇ   ㅈ   ㅉ   ㅊ   ㅋ

ㅌ   ㅍ   ㅎ

모 음 : ㅏ   ㅐ   ㅑ   ㅒ   ㅓ   ㅔ   ㅕ   ㅖ

ㅗ   ㅘ   ㅙ   ㅚ   ㅛ   ㅜ   ㅝ   ㅞ

ㅟ   ㅠ   ㅡ   ㅢ   ㅣ

제 3 장 소리에 관한 것

제 1 절 된소리

제 5 항 한 단어 안에서 뚜렷한 까닭 없이 나는 된소리는 다음 음절의 첫소리를 된소리로 적는다.

1. 두 모음 사이에서 나는 된소리

소쩍새   어깨   오빠   으뜸   아끼다

기쁘다   깨끗하다   어떠하다   해쓱하다   가끔

거꾸로   부썩   어찌   이따금

2. 'ㄴ, ㄹ, ㅁ, ㅇ' 받침 뒤에서 나는 된소리

산뜻하다   잔뜩   살짝   훨씬   담뿍

움찔   몽땅   엉뚱하다

다만, 'ㄱ, ㅂ' 받침 뒤에서 나는 된소리는, 같은 음절이나 비슷한 음절이 겹쳐 나는 경우가 아니면 된소리로 적지 아니한다.

국수   깍두기   딱지   색시   싹둑(~싹둑)

법석   갑자기   몹시

제 2 절 구개음화

제 6 항 'ㄷ, ㅌ' 받침 뒤에 종속적 관계를 가진 '-이(-)'나 '-히-'가 올 적에는, 그 'ㄷ, ㅌ'이 'ㅈ, ㅊ'으로 소리나더라도 'ㄷ, ㅌ'으로 적는다.(ㄱ을 취하고, ㄴ을 버림.)

ㄱ	ㄴ	ㄱ	ㄴ
맏이	마지	핥이다	할치다
해돋이	해도지	걷히다	거치다
굳이	구지	닫히다	다치다
같이	가치	묻히다	무치다
끝이	끄치		

제3절 'ㄷ' 소리 받침

제7항 'ㄷ' 소리로 나는 받침 중에서 'ㄷ'으로 적을 근거가 없는 것은 'ㅅ'으로 적는다.

덧저고리	돗자리	엇셈	웃어른	핫옷
무릇	사뭇	얼핏	자칫하면	뭇[衆]
옛	첫	헛		

제4절 모 음

제8항 '계, 례, 몌, 폐, 혜'의 'ㅖ'는 'ㅔ'로 소리나는 경우가 있더라도 'ㅖ'로 적는다. (ㄱ을 취하고, ㄴ을 버림.)

ㄱ	ㄴ	ㄱ	ㄴ
계수(桂樹)	게수	혜택(惠澤)	헤택
사례(謝禮)	사레	계집	게집
연몌(連袂)	연메	핑계	핑게
폐품(廢品)	페품	계시다	게시다

다만, 다음 말은 본음대로 적는다.

    게송(偈頌)   게시판(揭示板)   휴게실(休憩室)

제9항 '의'나, 자음을 첫소리로 가지고 있는 음절의 'ㅢ'는 'ㅣ'로 소리나는 경우가 있더라도 'ㅢ'로 적는다.(ㄱ을 취하고, ㄴ을 버림.)

ㄱ	ㄴ	ㄱ	ㄴ
의의(意義)	의이	닁큼	닝큼
본의(本義)	본이	띄어쓰기	띠어쓰기
무늬[紋]	무니	씌어	씨어
보늬	보니	틔어	티어
오늬	오니	희망(希望)	히망
하늬바람	하니바람	희다	히다
늴리리	닐리리	유희(遊戲)	유히

제5절 두음 법칙

제10항 한자음 '녀, 뇨, 뉴, 니'가 단어 첫머리에 올 적에는, 두음 법칙에 따라 '여, 요, 유, 이'로 적는다.(ㄱ을 취하고, ㄴ을 버림.)

ㄱ	ㄴ	ㄱ	ㄴ
여자(女子)	녀자	유대(紐帶)	뉴대
연세(年歲)	년세	이토(泥土)	니토
요소(尿素)	뇨소	익명(匿名)	닉명

다만, 다음과 같은 의존 명사에서는 '냐, 녀' 음을 인정한다.

　　　냥(兩)　　　　　냥쭝(兩-)　　　　　년(年)(몇 년)

[붙임 1]　단어의 첫머리 이외의 경우에는 본음대로 적는다.

　　　남녀(男女)　　　당뇨(糖尿)　　　결뉴(結紐)　　　은닉(隱匿)

[붙임 2]　접두사처럼 쓰이는 한자가 붙어서 된 말이나 합성어에서, 뒷말의 첫소리가 'ㄴ' 소리로 나더라도 두음 법칙에 따라 적는다.

　　　신여성(新女性)　　공염불(空念佛)　　남존여비(男尊女卑)

[붙임 3]　둘 이상의 단어로 이루어진 고유 명사를 붙여 쓰는 경우에도 붙임 2에 준하여 적는다.

　　　한국여자대학　　　대한요소비료회사

제11항 한자음 '랴, 려, 례, 료, 류, 리'가 단어의 첫머리에 올 적에는, 두음 법칙에 따라 '야, 여, 예, 요, 유, 이'로 적는다.(ㄱ을 취하고, ㄴ을 버림.)

ㄱ	ㄴ	ㄱ	ㄴ
양심(良心)	량심	용궁(龍宮)	룡궁
역사(歷史)	력사	유행(流行)	류행
예의(禮儀)	례의	이발(理髮)	리발

다만, 다음과 같은 의존 명사는 본음대로 적는다.

　　　리(里) : 몇 리냐?

　　　리(理) : 그럴 리가 없다.

[붙임 1]　단어의 첫머리 이외의 경우에는 본음대로 적는다.

　　　개량(改良)　　　선량(善良)　　　수력(水力)　　　협력(協力)
　　　사례(謝禮)　　　혼례(婚禮)　　　와룡(臥龍)　　　쌍룡(雙龍)
　　　하류(下流)　　　급류(急流)　　　도리(道理)　　　진리(眞理)

다만, 모음이나 'ㄴ' 받침 뒤에 이어지는 '렬, 률'은 '열, 율'로 적는다.(ㄱ을 취하고,

제2부 논술 기초 다지기

ㄴ을 버림.)

ㄱ	ㄴ	ㄱ	ㄴ
나열(羅列)	나렬	분열(分裂)	분렬
치열(齒列)	치렬	선열(先烈)	선렬
비열(卑劣)	비렬	진열(陳列)	진렬
규율(規律)	규률	선율(旋律)	선률
비율(比率)	비률	전율(戰慄)	전률
실패율(失敗率)	실패률	백분율(百分率)	백분률

[붙임 2] 외자로 된 이름을 성에 붙여 쓸 경우에도 본음대로 적을 수 있다.

신립(申砬)　　　최린(崔麟)　　　채륜(蔡倫)　　　하륜(河崙)

[붙임 3] 준말에서 본음으로 소리나는 것은 본음대로 적는다.

국련(국제연합)　　대한교련(대한교육연합회)

[붙임 4] 접두사처럼 쓰이는 한자가 붙어서 된 말이나 합성어에서, 뒷말의 첫소리가 'ㄴ' 또는 'ㄹ' 소리로 나더라도 두음 법칙에 따라 적는다.

역이용(逆利用)　　연이율(年利率)　　열역학(熱力學)

해외여행(海外旅行)

[붙임 5] 둘 이상의 단어로 이루어진 고유 명사를 붙여 쓰는 경우나 십진법에 따라 쓰는 수(數)도 붙임 4에 준하여 적는다.

서울여관　　　　신흥이발관　　　　육천육백육십육(六千六百六十六)

제12항 한자음 '라, 래, 로, 뢰, 루, 르'가 단어의 첫머리에 올 적에는, 두음 법칙에 따라 '나, 내, 노, 뇌, 누, 느'로 적는다.(ㄱ을 취하고, ㄴ을 버림.)

ㄱ	ㄴ	ㄱ	ㄴ
낙원(樂園)	락원	뇌성(雷聲)	뢰성
내일(來日)	래일	누각(樓閣)	루각
노인(老人)	로인	능묘(陵墓)	릉묘

[붙임 1] 단어의 첫머리 이외의 경우에는 본음대로 적는다.

쾌락(快樂)　　극락(極樂)　　거래(去來)　　왕래(往來)

부로(父老)　　연로(年老)　　지뢰(地雷)　　낙뢰(落雷)

고루(高樓)　　광한루(廣寒樓)　　동구릉(東九陵)　　가정란(家庭欄)

[붙임 2] 접두사처럼 쓰이는 한자가 붙어서 된 단어는 뒷말을 두음 법칙에 따라 적는다.

내내월(來來月)　　상노인(上老人)　　중노동(重勞動)

비논리적(非論理的)

제 6 절 겹쳐 나는 소리

제13항 한 단어 안에서 같은 음절이나 비슷한 음절이 겹쳐 나는 부분은 같은 글자로
적는다.(ㄱ을 취하고, ㄴ을 버림.)

ㄱ	ㄴ	ㄱ	ㄴ
딱딱	딱닥	꼿꼿하다	꼿곳하다
쌕쌕	쌕색	놀놀하다	놀롤하다
씩씩	씩식	눅눅하다	눙눅하다
똑딱똑딱	똑닥똑닥	밋밋하다	민밋하다
쓱싹쓱싹	쓱삭쓱삭	싹싹하다	싹삭하다
연연불망(戀戀不忘)	연련불망	쌉쌀하다	쌉살하다
유유상종(類類相從)	유류상종	씁쓸하다	씁슬하다
누누이(屢屢-)	누루이	짭짤하다	짭잘하다

제 4 장 형태에 관한 것

제 1 절 체언과 조사

제14항 체언은 조사와 구별하여 적는다.

떡이	떡을	떡에	떡도	떡만
손이	손을	손에	손도	손만
팔이	팔을	팔에	팔도	팔만
밤이	밤을	밤에	밤도	밤만
집이	집을	집에	집도	집만
옷이	옷을	옷에	옷도	옷만
콩이	콩을	콩에	콩도	콩만
낮이	낮을	낮에	낮도	낮만
꽃이	꽃을	꽃에	꽃도	꽃만
밭이	밭을	밭에	밭도	밭만
앞이	앞을	앞에	앞도	앞만
밖이	밖을	밖에	밖도	밖만
넋이	넋을	넋에	넋도	넋만
흙이	흙을	흙에	흙도	흙만
삶이	삶을	삶에	삶도	삶만
여덟이	여덟을	여덟에	여덟도	여덟만

곬이	곬을	곬에	곬도	곬만
값이	값을	값에	값도	값만

제 2 절   어간과 어미

제15항   용언의 어간과 어미는 구별하여 적는다.

먹다	먹고	먹어	먹으니
신다	신고	신어	신으니
믿다	믿고	믿어	믿으니
울다	울고	울어	(우니)
넘다	넘고	넘어	넘으니
입다	입고	입어	입으니
웃다	웃고	웃어	웃으니
찾다	찾고	찾아	찾으니
좇다	좇고	좇아	좇으니
같다	같고	같아	같으니
높다	높고	높아	높으니
좋다	좋고	좋아	좋으니
깎다	깎고	깎아	깎으니
앉다	앉고	앉아	앉으니
많다	많고	많아	많으니
늙다	늙고	늙어	늙으니
젊다	젊고	젊어	젊으니
넓다	넓고	넓어	넓으니
훑다	훑고	훑어	훑으니
읊다	읊고	읊어	읊으니
옳다	옳고	옳아	옳으니
없다	없고	없어	없으니
있다	있고	있어	있으니

[붙임 1]   두 개의 용언이 어울려 한 개의 용언이 될 적에, 앞말의 본뜻이 유지되고 있는 것은 그 원형을 밝히어 적고, 그 본뜻에서 멀어진 것은 밝히어 적지 아니한다.

(1) 앞말의 본뜻이 유지되고 있는 것

넘어지다	늘어나다	늘어지다	돌아가다	되짚어가다
들어가다	떨어지다	벌어지다	엎어지다	접어들다

　　　　틀어지다　　　흩어지다

(2) 본뜻에서 멀어진 것

　　　드러나다　　　　　　　사라지다　　　　　　　쓰러지다

[붙임 2]　종결형에서 사용되는 어미 '- 오'는 '요'로 소리나는 경우가 있더라도 그 원형을 밝혀 '오'로 적는다.(ㄱ을 취하고, ㄴ을 버림.)

ㄱ	ㄴ
이것은 책이오. 이리로 오시오. 이것은 책이 아니오.	이것은 책이요. 이리로 오시요. 이것은 책이 아니요.

[붙임 3]　연결형에서 사용되는 '이요'는 '이요'로 적는다.(ㄱ을 취하고, ㄴ을 버림.)

ㄱ	ㄴ
이것은 책이요, 저것은 붓이요, 또 저것은 먹이다.	이것은 책이오, 저것은 붓이오, 또 저것은 먹이다.

제16항　어간의 끝음절 모음이 'ㅏ, ㅗ'일 때에는 어미를 '- 아'로 적고, 그 밖의 모음일 때에는 '- 어'로 적는다.

1. '- 아'로 적는 경우

　　　　나아　　　　나아도　　　　나아서
　　　　막아　　　　막아도　　　　막아서
　　　　얇아　　　　얇아도　　　　얇아서
　　　　돌아　　　　돌아도　　　　돌아서
　　　　보아　　　　보아도　　　　보아서

2. '- 어'로 적는 경우

　　　　개어　　　　개어도　　　　개어서
　　　　겪어　　　　겪어도　　　　겪어서
　　　　되어　　　　되어도　　　　되어서
　　　　베어　　　　베어도　　　　베어서
　　　　쉬어　　　　쉬어도　　　　쉬어서
　　　　저어　　　　저어도　　　　저어서
　　　　주어　　　　주어도　　　　주어서
　　　　피어　　　　피어도　　　　피어서
　　　　희어　　　　희어도　　　　희어서

제17항 어미 뒤에 덧붙는 조사 '-요'는 '-요'로 적는다.

읽어	읽어요
참으리	참으리요
좋지	좋지요

제18항 다음과 같은 용언들은 어미가 바뀔 경우, 그 어간이나 어미가 원칙에 벗어나면 벗어나는 대로 적는다.

1. 어간의 끝 'ㄹ'이 줄어질 적

갈다 :	가니	간	갑니다	가시다	가오
놀다 :	노니	논	놉니다	노시다	노오
불다 :	부니	분	붑니다	부시다	부오
둥글다 :	둥그니	둥근	둥급니다	둥그시다	둥그오
어질다 :	어지니	어진	어집니다	어지시다	어지오

[붙임] 다음과 같은 말에서도 'ㄹ'이 준 대로 적는다.

마지못하다	마지않다	(하)다마다	(하)자마자
(하)지 마라	(하)지 마(아)		

2. 어간의 끝 'ㅅ'이 줄어질 적

긋다 :	그어	그으니	그었다
낫다 :	나아	나으니	나았다
잇다 :	이어	이으니	이었다
짓다 :	지어	지으니	지었다

3. 어간의 끝 'ㅎ'이 줄어질 적

그렇다 :	그러니	그럴	그러면	그러오
까맣다 :	까마니	까말	까마면	까마오
동그랗다 :	동그라니	동그랄	동그라면	동그라오
퍼렇다 :	퍼러니	퍼럴	퍼러면	퍼러오
하얗다 :	하야니	하얄	하야면	하야오

4. 어간의 끝 'ㅜ, ㅡ'가 줄어질 적

푸다 :	퍼	펐다	뜨다 :	떠	떴다
끄다 :	꺼	껐다	크다 :	커	컸다
담그다 :	담가	담갔다	고프다 :	고파	고팠다
따르다 :	따라	따랐다	바쁘다 :	바빠	바빴다

5. 어간의 끝 'ㄷ'이 'ㄹ'로 바뀔 적

걷다[步] :	걸어	걸으니	걸었다
듣다[聽] :	들어	들으니	들었다
묻다[問] :	물어	물으니	물었다
싣다[載] :	실어	실으니	실었다

6. 어간의 끝 'ㅂ'이 'ㅜ'로 바뀔 적

깁다 :	기워	기우니	기웠다
굽다[炙] :	구워	구우니	구웠다
가깝다 :	가까워	가까우니	가까웠다
괴롭다 :	괴로워	괴로우니	괴로웠다
맵다 :	매워	매우니	매웠다
무겁다 :	무거워	무거우니	무거웠다
밉다 :	미워	미우니	미웠다
쉽다 :	쉬워	쉬우니	쉬웠다

다만, '돕-, 곱-'과 같은 단음절 어간에 어미 '- 아'가 결합되어 '와'로 소리나는 것은 '- 와'로 적는다.

돕다[助] :	도와	도와서	도와도	도왔다
곱다[麗] :	고와	고와서	고와도	고왔다

7. '하다'의 활용에서 어미 '- 아'가 '- 여'로 바뀔 적

하다 :	하여	하여서	하여도	하여라	하였다

8. 어간의 끝음절 '르' 뒤에 오는 어미 '- 어'가 '- 러'로 바뀔 적

이르다[至] :	이르러	이르렀다
노르다 :	노르러	노르렀다
누르다 :	누르러	누르렀다
푸르다 :	푸르러	푸르렀다

9. 어간의 끝음절 '르'의 'ㅡ'가 줄고, 그 뒤에 오는 어미 '- 아/- 어'가 '- 라/- 러'로 바뀔 적

가르다 :	갈라	갈랐다	부르다 :	불러	불렀다
거르다 :	걸러	걸렀다	오르다 :	올라	올랐다
구르다 :	굴러	굴렀다	이르다 :	일러	일렀다
벼르다 :	별러	별렀다	지르다 :	질러	질렀다

제 3 절 접미사가 붙어서 된 말

제19항 어간에 '- 이'나 '- 음/- ㅁ'이 붙어서 명사로 된 것과 '- 이'나 '- 히'가 붙어서 부사로 된 것은 그 어간의 원형을 밝히어 적는다.

1. '-이'가 붙어서 명사로 된 것

길이	깊이	높이	다듬이	땀받이	달맞이
먹이	미닫이	벌이	벼훑이	살림살이	쇠붙이

2. '-음/-ㅁ'이 붙어서 명사로 된 것

걸음	묶음	믿음	얼음	엮음	울음
웃음	졸음	죽음	앎	만듦	

3. '-이'가 붙어서 부사로 된 것

같이	굳이	길이	높이	많이	실없이
좋이	짓궂이				

4. '-히'가 붙어서 부사로 된 것

　　밝히　　익히　　작히

다만, 어간에 '-이'나 '-음'이 붙어서 명사로 바뀐 것이라도 그 어간의 뜻과 멀어진 것은 원형을 밝히어 적지 아니한다.

굽도리	다리[髢]	목거리(목병)		무녀리
코끼리	거름(비료)	고름[膿]		노름(도박)

[붙임]　어간에 '-이'나 '-음' 이외의 모음으로 시작된 접미사가 붙어서 다른 품사로 바뀐 것은 그 어간의 원형을 밝히어 적지 아니한다.

(1) 명사로 바뀐 것

귀머거리	까마귀	너머	뜨더귀	마감
마개	마중	무덤	비렁뱅이	쓰레기
올가미	주검			

(2) 부사로 바뀐 것

거뭇거뭇	너무	도로	뜨덤뜨덤	바투
불긋불긋	비로소	오긋오긋	자주	차마

(3) 조사로 바뀌어 뜻이 달라진 것

　　나마　　부터　　조차

제20항　명사 뒤에 '-이'가 붙어서 된 말은 그 명사의 원형을 밝히어 적는다.

1. 부사로 된 것

곳곳이	낱낱이	몫몫이	샅샅이	앞앞이	집집이

2. 명사로 된 것

곰배팔이	바둑이	삼발이	애꾸눈이
육손이	절뚝발이/절름발이		

[붙임] '- 이' 이외의 모음으로 시작된 접미사가 붙어서 된 말은 그 명사의 원형을 밝
히어 적지 아니한다.

| 꼬락서니 | 끄트머리 | 모가치 | 바가지 | 바깥 |
| 사타구니 | 싸라기 | 이파리 | 지붕 | 지푸라기 | 짜개 |

제21항 명사나 혹은 용언의 어간 뒤에 자음으로 시작된 접미사가 붙어서 된 말은 그
명사나 어간의 원형을 밝히어 적는다.

1. 명사 뒤에 자음으로 시작된 접미사가 붙어서 된 것

| 값지다 | 홑지다 | 넋두리 | 빛깔 | 옆댕이 | 잎사귀 |

2. 어간 뒤에 자음으로 시작된 접미사가 붙어서 된 것

낚시	늙정이	덮개	뜯게질
갉작갉작하다	갉작거리다	뜯적거리다	뜯적뜯적하다
굵다랗다	굵직하다	깊숙하다	넓적하다
높다랗다	늙수그레하다	얽죽얽죽하다

다만, 다음과 같은 말은 소리대로 적는다.

(1) 겹받침의 끝소리가 드러나지 아니하는 것

할짝거리다	널따랗다	널찍하다	말끔하다
말쑥하다	말짱하다	실쭉하다	실큼하다
얄따랗다	얄팍하다	짤따랗다	짤막하다
실컷

(2) 어원이 분명하지 아니하거나 본뜻에서 멀어진 것

| 넙치 | 올무 | 골막하다 | 납작하다 |

제22항 용언의 어간에 다음과 같은 접미사들이 붙어서 이루어진 말들은 그 어간을 밝
히어 적는다.

1. '- 기-, - 리-, - 이-, - 히-, - 구-, - 우-, - 추-, - 으키-, - 이키-, - 애-'가 붙는 것

맡기다	옮기다	웃기다	쫓기다	뚫리다
울리다	낚이다	쌓이다	핥이다	굳히다
굽히다	넓히다	앉히다	얽히다	잡히다
돋구다	솟구다	돋우다	갖추다	곧추다
맞추다	일으키다	돌이키다	없애다

다만, '- 이-, - 히-, - 우-'가 붙어서 된 말이라도 본뜻에서 멀어진 것은 소리대로 적
는다.

| 도리다(칼로 ~) | 드리다(용돈을 ~) | 고치다 |

　　　바치다(세금을 ~)　　　　부치다(편지를 ~)　　　　거두다
　　　미루다　　　　　　　　　　이루다

　　2. '-치-, -뜨리-, -트리-'가 붙는 것
　　　　놓치다　　　덮치다　　　떠받치다　　받치다　　　밭치다
　　　　부딪치다　　뻗치다　　　엎치다　　　부딪뜨리다/부딪트리다
　　　　쏟뜨리다/쏟트리다　　　젖뜨리다/젖트리다
　　　　찢뜨리다/찢트리다　　　흩뜨리다/흩트리다

[붙임] '-업-, -읍-, -브-'가 붙어서 된 말은 소리대로 적는다.
　　　　미덥다　　　우습다　　　미쁘다

제23항 '-하다'나 '-거리다'가 붙는 어근에 '-이'가 붙어서 명사가 된 것은 그 원형을 밝히어 적는다.(ㄱ을 취하고, ㄴ을 버림.)

ㄱ	ㄴ	ㄱ	ㄴ
깔쭉이	깔쭈기	살살이	살사리
꿀꿀이	꿀꾸리	쌕쌕이	쌕쌔기
눈깜짝이	눈깜짜기	오뚝이	오뚜기
더펄이	더퍼리	코납작이	코납자기
배불뚝이	배불뚜기	푸석이	푸서기
삐죽이	삐주기	홀쭉이	홀쭈기

[붙임] '-하다'나 '-거리다'가 붙을 수 없는 어근에 '-이'나 또는 다른 모음으로 시작되는 접미사가 붙어서 명사가 된 것은 그 원형을 밝히어 적지 아니한다.
　　　　개구리　　　귀뚜라미　　기러기　　　깍두기　　　꽹과리
　　　　날라리　　　누더기　　　동그라미　　두드러기　　딱따구리
　　　　매미　　　　부스러기　　뻐꾸기　　　얼루기　　　칼싹두기

제24항 '-거리다'가 붙을 수 있는 시늉말 어근에 '-이다'가 붙어서 된 용언은 그 어근을 밝히어 적는다.(ㄱ을 취하고, ㄴ을 버림.)

ㄱ	ㄴ	ㄱ	ㄴ
깜짝이다	깜짜기다	속삭이다	속사기다
꾸벅이다	꾸버기다	숙덕이다	숙더기다
끄덕이다	끄더기다	울먹이다	울머기다
뒤척이다	뒤처기다	움직이다	움지기다
들먹이다	들머기다	지껄이다	지꺼리다
망설이다	망서리다	퍼덕이다	퍼더기다
번득이다	번드기다	허덕이다	허더기다
번쩍이다	번쩌기다	헐떡이다	헐떠기다

제25항 '-하다'가 붙는 어근에 '-히'나 '-이'가 붙어서 부사가 되거나, 부사에 '-이'가 붙어서 뜻을 더하는 경우에는 그 어근이나 부사의 원형을 밝히어 적는다.

1. '-하다'가 붙는 어근에 '-히'나 '-이'가 붙는 경우

　　급히　　　　꾸준히　　　도저히　　　딱히　　　어렴풋이　　　깨끗이

[붙임] '-하다'가 붙지 않는 경우에는 소리대로 적는다.

　　갑자기　　　　반드시(꼭)　　　　슬며시

2. 부사에 '-이'가 붙어서 역시 부사가 되는 경우

　　곰곰이　　　더욱이　　　생긋이　　　오뚝이　　　일찍이　　　해죽이

제26항 '-하다'나 '-없다'가 붙어서 된 용언은 그 '-하다'나 '-없다'를 밝히어 적는다.

1. '-하다'가 붙어서 용언이 된 것

　　딱하다　　　숱하다　　　착하다　　　텁텁하다　　　푹하다

2. '-없다'가 붙어서 용언이 된 것

　　부질없다　　　상없다　　　시름없다　　　열없다　　　하염없다

제4절 합성어 및 접두사가 붙은 말

제27항 둘 이상의 단어가 어울리거나 접두사가 붙어서 이루어진 말은 각각 그 원형을 밝히어 적는다.

국말이	꺾꽂이	꽃잎	끝장	물난리
밑천	부엌일	싫증	옷안	웃옷
젖몸살	첫아들	칼날	팥알	헛웃음
홀아비	홑몸	흙내		
값없다	겉늙다	굶주리다	낮잡다	맞먹다
받내다	벋놓다	빗나가다	빛나다	새파랗다
샛노랗다	시꺼멓다	싯누렇다	엇나가다	엎누르다

엿듣다　　　옻오르다　　　짓이기다　　　헛되다

[붙임 1]　어원은 분명하나 소리만 특이하게 변한 것은 변한 대로 적는다.

　　　　　할아버지　　　할아범

[붙임 2]　어원이 분명하지 아니한 것은 원형을 밝히어 적지 아니한다.

골병	골탕	끌탕	며칠	아재비
오라비	업신여기다	부리나케		

[붙임 3]　'이(齒, 虱)'가 합성어나 이에 준하는 말에서 '니' 또는 '리'로 소리날 때에는 '니'로 적는다.

간니	덧니	사랑니	송곳니	앞니
어금니	윗니	젖니	톱니	틀니
가랑니	머릿니			

제28항　끝소리가 'ㄹ'인 말과 딴 말이 어울릴 적에 'ㄹ' 소리가 나지 아니하는 것은 아니 나는 대로 적는다.

다달이(달 - 달 - 이)	따님(딸 - 님)	마되(말 - 되)
마소(말 - 소)	무자위(물 - 자위)	바느질(바늘 - 질)
부나비(불 - 나비)	부삽(불 - 삽)	부손(불 - 손)
소나무(솔 - 나무)	싸전(쌀 - 전)	여닫이(열 - 닫이)
우짖다(울 - 짖다)	화살(활 - 살)	

제29항　끝소리가 'ㄹ'인 말과 딴 말이 어울릴 적에 'ㄹ' 소리가 'ㄷ' 소리로 나는 것은 'ㄷ'으로 적는다.

반짇고리(바느질~)	사흗날(사흘~)	삼짇날(삼질~)
섣달(설~)	숟가락(술 ~)	이튿날(이틀 ~)
잗주름(잘~)	푿소(풀~)	섣부르다(설~)
잗다듬다(잘~)	잗다랗다(잘~)	

제30항　사이시옷은 다음과 같은 경우에 받치어 적는다.

1. 순 우리말로 된 합성어로서 앞말이 모음으로 끝난 경우

　(1) 뒷말의 첫소리가 된소리로 나는 것

고랫재	귓밥	나룻배	나뭇가지	냇가
댓가지	뒷갈망	맷돌	머릿기름	모깃불
못자리	바닷가	뱃길	볏가리	부싯돌
선짓국	쇳조각	아랫집	우렁잇속	잇자국

잿더미	조갯살	찻집	쳇바퀴	킷값
핏대	햇볕	혓바늘		

(2) 뒷말의 첫소리 'ㄴ, ㅁ' 앞에서 'ㄴ' 소리가 덧나는 것

멧나물	아랫니	텃마당	아랫마을	뒷머리
잇몸	깻묵	냇물	빗물	

(3) 뒷말의 첫소리 모음 앞에서 'ㄴㄴ' 소리가 덧나는 것

도리깻열	뒷윷	두렛일	뒷일	뒷입맛
베갯잇	욧잇	깻잎	나뭇잎	댓잎

2. 순 우리말과 한자어로 된 합성어로서 앞말이 모음으로 끝난 경우

(1) 뒷말의 첫소리가 된소리로 나는 것

귓병	머릿방	뱃병	봇둑	사잣밥
샛강	아랫방	자릿세	전셋집	찻잔
찻종	촛국	콧병	탯줄	텃세
핏기	햇수	횟가루	횟배	

(2) 뒷말의 첫소리 'ㄴ, ㅁ' 앞에서 'ㄴ' 소리가 덧나는 것

곗날	제삿날	훗날	툇마루	양칫물

(3) 뒷말의 첫소리 모음 앞에서 'ㄴㄴ' 소리가 덧나는 것

가욋일	사삿일	예삿일	훗일

3. 두 음절로 된 다음 한자어

곳간(庫間)	셋방(貰房)	숫자(數字)	찻간(車間)
툇간(退間)	횟수(回數)		

제31항 두 말이 어울릴 적에 'ㅂ' 소리나 'ㅎ' 소리가 덧나는 것은 소리대로 적는다.

1. 'ㅂ' 소리가 덧나는 것

댑싸리(대ㅂ싸리)	멥쌀(메ㅂ쌀)	볍씨(벼ㅂ씨)
입때(이ㅂ때)	입쌀(이ㅂ쌀)	접때(저ㅂ때)
좁쌀(조ㅂ쌀)	햅쌀(해ㅂ쌀)	

2. 'ㅎ' 소리가 덧나는 것

머리카락(머리ㅎ가락)	살코기(살ㅎ고기)	수캐(수ㅎ개)
수컷(수ㅎ것)	수탉(수ㅎ닭)	안팎(안ㅎ밖)
암캐(암ㅎ개)	암컷(암ㅎ것)	암탉(암ㅎ닭)

제5절 준 말

제32항 단어의 끝모음이 줄어지고 자음만 남은 것은 그 앞의 음절에 받침으로 적는다.

(본말)	(준말)
기러기야	기럭아
어제그저께	엊그저께
어제저녁	엊저녁
가지고, 가지지	갖고, 갖지
디디고, 디디지	딛고, 딛지

제33항 체언과 조사가 어울려 줄어지는 경우에는 준 대로 적는다.

(본말)	(준말)
그것은	그건
그것이	그게
그것으로	그걸로
나는	난
나를	날
너는	넌
너를	널
무엇을	뭣을/무얼/뭘
무엇이	뭣이/무에

제34항 모음 'ㅏ, ㅓ'로 끝난 어간에 '-아/-어, -았-/-었-'이 어울릴 적에는 준 대로 적는다.

(본말)	(준말)	(본말)	(준말)
가아	가	가았다	갔다
나아	나	나았다	났다
타아	타	타았다	탔다
서어	서	서었다	섰다
켜어	켜	켜었다	켰다
펴어	펴	펴었다	폈다

[붙임 1] 'ㅐ, ㅔ' 뒤에 '-어, -었-'이 어울려 줄 적에는 준 대로 적는다.

(본말)	(준말)	(본말)	(준말)
개어	개	개었다	갰다
내어	내	내었다	냈다
베어	베	베었다	벴다
세어	세	세었다	셌다

[붙임 2] '하여'가 한 음절로 줄어서 '해'로 될 적에는 준 대로 적는다.

(본말)	(준말)	(본말)	(준말)
하여	해	하였다	했다
더하여	더해	더하였다	더했다
흔하여	흔해	흔하였다	흔했다

제35항 모음 'ㅗ, ㅜ'로 끝난 어간에 '-아/-어, -았-/-었-'이 어울려 'ㅘ/ㅝ, 왔/웠'으로 될 적에는 준 대로 적는다.

(본말)	(준말)	(본말)	(준말)
꼬아	꽈	꼬았다	꽜다
보아	봐	보았다	봤다
쏘아	쏴	쏘았다	쐈다
두어	둬	두었다	뒀다
쑤어	쒀	쑤었다	쒔다
주어	줘	주었다	줬다

[붙임 1] '놓아'가 '놔'로 줄 적에는 준 대로 적는다.

[붙임 2] 'ㅚ' 뒤에 '-어, -었-'이 어울려 'ㅙ, 왰'으로 될 적에도 준 대로 적는다.

(본말)	(준말)	(본말)	(준말)
괴어	괘	괴었다	괬다
되어	돼	되었다	됐다
뵈어	봬	뵈었다	뵀다
쇠어	쇄	쇠었다	쇘다
쐬어	쐐	쐬었다	쐤다

제36항 'ㅣ' 뒤에 '-어'가 와서 'ㅕ'로 줄 적에는 준 대로 적는다.

(본말)	(준말)	(본말)	(준말)
가지어	가져	가지었다	가졌다
견디어	견뎌	견디었다	견뎠다
다니어	다녀	다니었다	다녔다
막히어	막혀	막히었다	막혔다
버티어	버텨	버티었다	버텼다
치이어	치여	치이었다	치였다

제37항 'ㅏ, ㅕ, ㅗ, ㅜ, ㅡ'로 끝난 어간에 '-이-'가 와서 각각 'ㅐ, ㅖ, ㅚ, ㅟ, ㅢ'로

줄 적에는 준 대로 적는다.

(본말)	(준말)	(본말)	(준말)
싸이다	쌔다	누이다	뉘다
펴이다	폐다	뜨이다	띄다
보이다	뵈다	쓰이다	씌다

제38항 'ㅏ, ㅗ, ㅜ, ㅡ' 뒤에 '-이어'가 어울려 줄어질 적에는 준 대로 적는다.

(본말)	(준말)		(본말)	(준말)	
싸이어	쌔어	싸여	뜨이어	띄어	
보이어	뵈어	보여	쓰이어	씌어	쓰여
쏘이어	쐬어	쏘여	트이어	틔어	트여
누이어	뉘어	누여			

제39항 어미 '-지' 뒤에 '않-'이 어울려 '-잖-'이 될 적과 '-하지' 뒤에 '않-'이 어울려 '-찮-'이 될 적에는 준 대로 적는다.

(본말)	(준말)	(본말)	(준말)
그렇지 않은	그렇잖은	만만하지 않다	만만찮다
적지 않은	적잖은	변변하지 않다	변변찮다

제40항 어간의 끝음절 '하'의 'ㅏ'가 줄고 'ㅎ'이 다음 음절의 첫소리와 어울려 거센소리로 될 적에는 거센소리로 적는다.

(본말)	(준말)	(본말)	(준말)
간편하게	간편케	다정하다	다정타
연구하도록	연구토록	정결하다	정결타
가하다	가타	흔하다	흔타

[붙임 1] 'ㅎ'이 어간의 끝소리로 굳어진 것은 받침으로 적는다.

않다	않고	않지	않든지
그렇다	그렇고	그렇지	그렇든지
아무렇다	아무렇고	아무렇지	아무렇든지
어떻다	어떻고	어떻지	어떻든지
이렇다	이렇고	이렇지	이렇든지
저렇다	저렇고	저렇지	저렇든지

[붙임 2] 어간의 끝음절 '하'가 아주 줄 적에는 준 대로 적는다.

(본말)	(준말)	(본말)	(준말)
거북하지	거북지	넉넉하지 않다	넉넉지 않다
생각하건대	생각건대	못하지 않다	못지 않다
생각하다 못해	생각다 못해	섭섭하지 않다	섭섭지 않다
깨끗하지 않다	깨끗지 않다	익숙하지 않다	익숙지 않다

[붙임 3] 다음과 같은 부사는 소리대로 적는다.

결단코　　결코　　기필코　　무심코　　아무튼　　요컨대

정녕코　　필연코　　하마터면　　하여튼　　한사코

제5장　띄어쓰기

제1절　조　사

제41항　조사는 그 앞말에 붙여 쓴다.

꽃이　　　꽃마저　　　꽃밖에　　　꽃에서부터　　꽃으로만

꽃이나마　　꽃이다　　　꽃입니다　　꽃처럼　　　어디까지나

거기도　　　멀리는　　　웃고만

제2절　의존 명사, 단위를 나타내는 명사 및 열거하는 말 등

제42항　의존 명사는 띄어 쓴다.

아는 **것**이 힘이다.　　　　　　　　나도 할 **수** 있다.

먹을 **만큼** 먹어라.　　　　　　　　아는 **이**를 만났다.

네가 뜻한 **바**를 알겠다.　　　　　　그가 떠난 **지**가 오래다.

제43항　단위를 나타내는 명사는 띄어 쓴다.

한 **개**　　　　차 한 **대**　　　금 서 **돈**　　　소 한 **마리**

옷 한 **벌**　　　열 **살**　　　조기 한 **손**　　　연필 한 **자루**

버선 한 **죽**　　집 한 **채**　　　신 두 **켤레**　　북어 한 **쾌**

다만, 순서를 나타내는 경우나 숫자와 어울리어 쓰이는 경우에는 붙여 쓸 수 있다.

두시 삼십분 오초　　　제일과　　　　　　　삼학년

육층　　　　　　　　1446년 10월 9일　　　2대대

16동 502호　　　　　제1실습실　　　　　　80원

10개　　　　　　　　7미터

제44항 수를 적을 적에는 '만(萬)' 단위로 띄어 쓴다.

십이억 삼천사백오십육만 칠천팔백구십팔

12억 3456만 7898

제45항 두 말을 이어 주거나 열거할 적에 쓰이는 다음의 말들은 띄어 쓴다.

국장 **겸** 과장	열 **내지** 스물	청군 **대** 백군
책상, 걸상 **등**이 있다	이사장 **및** 이사들	사과, 배, 귤 **등등**
사과, 배 **등속**	부산, 광주 **등지**	

제46항 단음절로 된 단어가 연이어 나타날 적에는 붙여 쓸 수 있다.

그때 그곳	좀더 큰것	이말 저말	한잎 두잎

제3절 보조 용언

제47항 보조 용언은 띄어 씀을 원칙으로 하되, 경우에 따라 붙여 씀도 허용한다.(ㄱ을 원칙으로 하고, ㄴ을 허용함.)

ㄱ	ㄴ
불이 꺼져 간다.	불이 꺼져간다.
내 힘으로 막아 낸다.	내 힘으로 막아낸다.
어머니를 도와 드린다.	어머니를 도와드린다.
그릇을 깨뜨려 버렸다.	그릇을 깨뜨려버렸다.
비가 올 듯하다.	비가 올듯하다.
그 일은 할 만하다.	그 일은 할만하다.
일이 될 법하다.	일이 될법하다.
비가 올 성싶다.	비가 올성싶다.
잘 아는 척한다.	잘 아는척한다.

다만, 앞말에 조사가 붙거나 앞말이 합성 동사인 경우, 그리고 중간에 조사가 들어갈 적에는 그 뒤에 오는 보조 용언은 띄어 쓴다.

잘도 놀아만 **나는구나**!	책을 읽어도 **보고**…… .
네가 덤벼들어 **보아라**.	강물에 떠내려가 **버렸다**.
그가 올 듯도 **하다**.	잘난 체를 **한다**.

제4절 고유 명사 및 전문 용어

제48항 성과 이름, 성과 호 등은 붙여 쓰고, 이에 덧붙는 호칭어, 관직명 등은 띄어 쓴다.

김양수(金良洙)	서화담(徐花潭)	채영신 씨
최치원 선생	박동식 박사	충무공 이순신 장군

다만, 성과 이름, 성과 호를 분명히 구분할 필요가 있을 경우에는 띄어 쓸 수 있다.

> 남궁억/남궁 억   독고준/독고 준
> 황보지봉(皇甫芝峰)/황보 지봉

제49항 성명 이외의 고유 명사는 단어별로 띄어 씀을 원칙으로 하되, 단위별로 띄어 쓸 수 있다.(ㄱ을 원칙으로 하고, ㄴ을 허용함.)

ㄱ	ㄴ
대한 중학교 한국 대학교 사범 대학	대한중학교 한국대학교 사범대학

제50항 전문 용어는 단어별로 띄어 씀을 원칙으로 하되, 붙여 쓸 수 있다.(ㄱ을 원칙으로 하고, ㄴ을 허용함.)

ㄱ	ㄴ
만성 골수성 백혈병 중거리 탄도 유도탄	만성골수성백혈병 중거리탄도유도탄

제6장 그 밖의 것

제51항 부사의 끝음절이 분명히 '이'로만 나는 것은 '- 이'로 적고, '히'로만 나거나 '이'나 '히'로 나는 것은 '- 히'로 적는다.

1. '이'로만 나는 것

가붓이	깨끗이	나붓이	느긋이	둥긋이	따뜻이
반듯이	버젓이	산뜻이	의젓이	가까이	고이
날카로이	대수로이	번거로이	많이	적이	헛되이
겹겹이	번번이	일일이	집집이	틈틈이	

2. '히'로만 나는 것

극히	급히	딱히	속히	작히
족히	특히	엄격히	정확히	

3. '이, 히'로 나는 것

솔직히	가만히	간편히	나른히	무단히
각별히	소홀히	쓸쓸히	정결히	과감히
꼼꼼히	심히	열심히	급급히	답답히
섭섭히	공평히	능히	당당히	분명히
상당히	조용히	간소히	고요히	도저히

제52항 한자어에서 본음으로도 나고 속음으로도 나는 것은 각각 그 소리에 따라 적는다.

(본음으로 나는 것)	(속음으로 나는 것)
승낙(承諾)	수락(受諾), 쾌락(快諾), 허락(許諾)
만난(萬難)	곤란(困難), 논란(論難)
안녕(安寧)	의령(宜寧), 회령(會寧)
분노(忿怒)	대로(大怒), 희로애락(喜怒哀樂)
토론(討論)	의논(議論)
오륙십(五六十)	오뉴월, 유월(六月)
목재(木材)	모과(木瓜)
십일(十日)	시방정토(十方淨土), 시왕(十王), 시월(十月)
팔일(八日)	초파일(初八日)

제53항 다음과 같은 어미는 예사소리로 적는다.(ㄱ을 취하고, ㄴ을 버림.)

ㄱ	ㄴ
- (으)ㄹ거나	- (으)ㄹ꺼나
- (으)ㄹ걸	- (으)ㄹ껄
- (으)ㄹ게	- (으)ㄹ께
- (으)ㄹ세	- (으)ㄹ쎄
- (으)ㄹ세라	- (으)ㄹ쎄라
- (으)ㄹ수록	- (으)ㄹ쑤록
- (으)ㄹ시	- (으)ㄹ씨
- (으)ㄹ지	- (으)ㄹ찌
- (으)ㄹ지니라	- (으)ㄹ찌니라
- (으)ㄹ지라도	- (으)ㄹ찌라도
- (으)ㄹ지어다	- (으)ㄹ찌어다
- (으)ㄹ지언정	- (으)ㄹ찌언정
- (으)ㄹ진대	- (으)ㄹ찐대
- (으)ㄹ진저	- (으)ㄹ찐저
- 올시다	- 올씨다

다만, 의문을 나타내는 다음 어미들은 된소리로 적는다.

　　 - (으)ㄹ까?　 - (으)ㄹ꼬?　 - (스)ㅂ니까?　 - (으)리까?　 - (으)ㄹ쏘냐?

제54항 다음과 같은 접미사는 된소리로 적는다.(ㄱ을 취하고, ㄴ을 버림.)

ㄱ	ㄴ	ㄱ	ㄴ
심부름꾼	심부름군	귀때기	귓대기
익살꾼	익살군	볼때기	볼대기
일꾼	일군	판자때기	판잣대기
장꾼	장군	뒤꿈치	뒷굼치
장난꾼	장난군	팔꿈치	팔굼치
지게꾼	지겟군	이마빼기	이맛배기
때깔	땟갈	코빼기	콧배기
빛깔	빛갈	객쩍다	객적다
성깔	성갈	겸연쩍다	겸연적다

제55항 두 가지로 구별하여 적던 다음 말들은 한 가지로 적는다.(ㄱ을 취하고, ㄴ을 버림.)

ㄱ	ㄴ
맞추다(입을 맞춘다. 양복을 맞춘다.)	마추다
뻗치다(다리를 뻗친다. 멀리 뻗친다.)	뻐치다

제56항 '- 더라, - 던'과 '- 든지'는 다음과 같이 적는다.

1. 지난 일을 나타내는 어미는 '- 더라, - 던'으로 적는다.(ㄱ을 취하고, ㄴ을 버림.)

ㄱ	ㄴ
지난 겨울은 몹시 춥더라.	지난 겨울은 몹시 춥드라.
깊던 물이 얕아졌다.	깊든 물이 얕아졌다.
그렇게 좋던가?	그렇게 좋든가?
그 사람 말 잘하던데!	그 사람 말 잘하든데!
얼마나 놀랐던지 몰라.	얼마나 놀랐든지 몰라.

2. 물건이나 일의 내용을 가리지 아니하는 뜻을 나타내는 조사와 어미는 '(-)든지'로 적는다.(ㄱ을 취하고, ㄴ을 버림.)

ㄱ	ㄴ
배든지 사과든지 마음대로 먹어라.	배던지 사과던지 마음대로 먹어라.
가든지 오든지 마음대로 해라.	가던지 오던지 마음대로 해라.

제57항 다음 말들은 각각 구별하여 적는다.

가름	둘로 가름.
갈음	새 책상으로 갈음하였다.

거름	풀을 썩인 거름.
걸음	빠른 걸음.
거치다	영월을 거쳐 왔다.
걷히다	외상값이 잘 걷힌다.
걷잡다	걷잡을 수 없는 상태.
겉잡다	겉잡아서 이틀 걸릴 일.
그러므로(그러니까)	그는 부지런하다. 그러므로 잘 산다.
그럼으로(써)	그는 열심히 공부한다. 그럼으로(써)
(그렇게 하는 것으로)	은혜에 보답한다.
노름	노름판이 벌어졌다.
놀음(놀이)	즐거운 놀음.
느리다	진도가 너무 느리다.
늘이다	고무줄을 늘인다.
늘리다	수출량을 더 늘린다.
다리다	옷을 다린다.
달이다	약을 달인다.
다치다	부주의로 손을 다쳤다.
닫히다	문이 저절로 닫혔다.
닫치다	문을 힘껏 닫쳤다.
마치다	벌써 일을 마쳤다.
맞히다	여러 문제를 더 맞혔다.
목거리	목거리가 덧났다.
목걸이	금 목걸이, 은 목걸이.
바치다	나라를 위해 목숨을 바쳤다.
받치다	우산을 받치고 간다. 책받침을 받친다.
받히다	쇠뿔에 받혔다.
밭치다	술을 체에 밭친다.

반드시	약속은 반드시 지켜라.
반듯이	고개를 반듯이 들어라.
부딪치다	차와 차가 마주 부딪쳤다.
부딪히다	마차가 화물차에 부딪혔다.
부치다	힘이 부치는 일이다.
	편지를 부친다.
	논밭을 부친다.
	빈대떡을 부친다.
	식목일에 부치는 글.
	회의에 부치는 안건.
	인쇄에 부치는 원고.
	삼촌 집에 숙식을 부친다.
붙이다	우표를 붙인다.
	책상을 벽에 붙였다.
	흥정을 붙인다.
	불을 붙인다.
	감시원을 붙인다.
	조건을 붙인다.
	취미를 붙인다.
	별명을 붙인다.
시키다	일을 시킨다.
식히다	끓인 물을 식힌다.
아름	세 아름 되는 둘레.
알음	전부터 알음이 있는 사이.
앎	앎이 힘이다.
안치다	밥을 안친다.
앉히다	윗자리에 앉힌다.
어름	두 물건의 어름에서 일어난 현상.
얼음	얼음이 얼었다.

이따가	이따가 오너라.
있다가	돈은 있다가도 없다.

저리다	다친 다리가 저린다.
절이다	김장 배추를 절인다.

조리다	생선을 조린다. 통조림, 병조림.
졸이다	마음을 졸인다.

주리다	여러 날을 주렸다.
줄이다	비용을 줄인다.

하노라고	하노라고 한 것이 이 모양이다.
하느라고	공부하느라고 밤을 새웠다.

- 느니보다(어미)	나를 찾아오느니보다 집에 있거라.
- 는 이보다(의존 명사)	오는 이가 가는 이보다 많다.

- (으)리만큼(어미)	나를 미워하리만큼 그에게 잘못한 일이 없다.
- (으)ㄹ 이만큼(의존 명사)	찬성할 이도 반대할 이만큼이나 많을 것이다.

- (으)러(목적)	공부하러 간다.
- (으)려(의도)	서울 가려 한다.

- (으)로서(자격)	사람으로서 그럴 수는 없다.
- (으)로써(수단)	닭으로써 꿩을 대신했다.

- (으)므로(어미)	그가 나를 믿으므로 나도 그를 믿는다.
(- ㅁ, - 음)으로(써)(조사)	그는 믿음으로(써) 산 보람을 느꼈다.

제3편

원고지 쓰는 법

01 원고지 쓰는 법

① 페이지를 쓴다.
② 첫째 줄에는 글의 종류를 쓴다.
③ 제목은 둘째 줄 가운데 부분에 쓴다.
④ 소속은 셋째 줄에 쓰되 마지막 글자가 끝에서 넷째 칸에 오도록 쓴다.
⑤ 성명은 넷째 줄에 쓰되 마지막 글자가 끝에서 셋째 칸에 오도록 쓴다.
⑥ 성과 이름은 붙여 쓴다.
⑦ 다섯째 줄은 비워 두고 여섯째 줄부터 본문을 쓰는데 첫 글자는 둘째 칸부터 쓴다.
⑧ 아라비아 숫자는 한 칸에 두 자씩 쓴다.
⑨ 문장 부호의 모양, 위치, 크기 등에 유의하여 쓰도록 한다.
⑩ 쉼표, 온점도 한 칸을 차지하지만, 다음 칸은 비우지 않고 글자가 들어간다.
⑪ 물음표나 느낌표는 한 칸을 차지하고, 다음 칸은 한 칸 비운다.
⑫ 대화글은 둘째 칸에 따옴표, 셋째 칸부터 글자를 쓰고, 줄이 바뀔 때는 둘째 칸부터 글자가 들어간다. (첫 칸은 비워야 한다.)

02 원고지 첫 장 쓰기

❀ 글의 종류와 제목 쓰기

① 첫째 줄 둘째 칸부터 글의 종류(글의 갈래)를 표시한다. 동시, 시, 동화, 소설, 생활문(산문), 일기, 독후감 등을 쓴다.
② 제목은 둘째 줄 중심부에 쓰지만 두 줄일 때는 비껴 써도 된다.
③ 독서 감상문에서는 책제목과 느낀 제목을 따로 쓸 때가 있다. 이때는 책제목을 느낀 제목 아랫줄의 중앙에 오거나 약간 비껴 쓴다.
④ '소속'과 '이름' 쓰기에서 소속은 셋째 줄에 쓴다. 제목이 두 줄일 때는 넷째 줄에 쓸

수도 있다. 소속은 끝에서 세 칸을 남기고, 이름은 끝에서 두 칸을 남기고 쓴다. 이름은 표준어 규정에 의해 붙여 쓴다. 소속이 한 줄 이상일 경우, 이름은 그 아랫줄에 쓴다.

⑤ 제목 끝에는 문장 부호를 사용하지 않는다. 온점, 말줄임표, 물음표, 느낌표를 쓰지 않는다.

(예문 ①) 첫째 줄 둘째 칸부터 글의 종류(갈래)를 쓴다. NO ___

	〈	산	문	〉															

(예문 ②) 제목은 둘째 줄 중심부에 쓴다. NO ___

					갯	벌		탐	험	가									

(예문 ③) 제목이 길 때는 두 줄을 잡아 쓰되, 첫 행은 왼쪽으로, 둘째 행은 오른쪽으로 치우치게 쓴다. 제목에는 느낌표나 물음표는 쓰지 않는다. NO ___

	〈	독	서		감	상	문	〉											
		나	비	가		된		애	벌	레									
				'	꽃	들	에	게		희	망	을	'	을		읽	고		

(예문 ④) 글의 종류(갈래)와 제목, 학교와 이름 써 보기 NO ___

	〈	독	서		감	상	문	〉											
		나	라	를		사	랑	하	는		마	음							
				'	태	극	기		휘	날	리	며	'		를		읽	고	
					서	울		중	동	고	등	학	교						
					3	학	년		1	반		백	범	구					

03 원고지 본문 쓰기

(1) 글자는 한 칸에 한 자씩 쓴다

글이 처음 시작될 때, 또는 형식 단락이 바뀔 때는 첫 칸을 비워두고 둘째 칸부터 쓰기 시작한다.

	〈	소	설	〉															
							변		신										
										프	란	츠		카	프	카			
	어	느		날		아	침	,		'	그	레	고	르		잠	자	'	는
불	안	한		꿈	속	에	서		깨	어	나	자		자	기	가		침	대
속	에	서		한		마	리	의		거	대	한		독	충	으	로		변
한		것	을		깨	달	았	다	.										
	그	는		갑	옷	처	럼		딱	딱	한		등	을		대	고		벌

(2) 숫자와 알파벳 쓰기

① 로마숫자, 알파벳 대문자, 낱자로 된 아라비아 숫자는 한 칸에 한 자씩 쓴다.

② 대문자로 시작되는 영어 단어는 한 칸에 한 자씩 쓰고 소문자는 한 칸에 두 자씩 쓴다.

③ 숫자와 알파벳을 함께 쓸 때는 한 자씩 따로 쓴다.

④ 두 자 이상의 아라비아 숫자와 알파벳 소문자는 한 칸에 두 자씩 쓴다.

⑤ 한 칸에 두 자씩 쓰는 숫자나 알파벳 덩어리 가운데 홀수 개로 이루어진 것은 앞에서부터 두 자씩 끊어 쓴다.

⑥ 분수는 '1/2' '2분의 1' 두 가지 다 쓸 수 있다.

⑦ 끊어지는 숫자나 영어 단어가 적을 때는 중간에서 잘라 줄을 바꾸지 말고 오른쪽 칸 밖에 쓴다.

⑧ 단위가 큰 덩어리 숫자의 경우 칸 밖에 쓸 숫자가 많을 때는 남는 칸을 비워두고 줄을 바꾸어 쓴다.

⑨ 영어 단어의 경우, 칸 밖에 쓸 알파벳 숫자가 많을 때는 다음 줄에 이어 쓸 수 있다.

(예문 ①) 로마숫자, 알파벳 대문자, 낱자로 된 아라비아 숫자는 한 칸에 한 자씩 쓰기

	K	O	R	E	A		Ⅰ	Ⅱ	Ⅲ	Ⅳ	Ⅴ	Ⅵ	Ⅶ		3	·	1	운	동

(예문 ②) 영어 대문자는 한 칸에 한 자씩 쓰고, 소문자는 한 칸에 두 자씩 쓰기

	K	or	ea		J	ap	an												

(예문 ③) 숫자와 알파벳을 함께 쓸 경우 한 자씩 따로 쓰기

	S	Q	3	R		학	습		독	서	법								

(예문 ④) 두 자 이상의 아라비아 숫자와 알파벳 소문자는 한 칸에 두 자씩 쓰기

	20	04	년		10	월		15	일		a	와		ab	의		관	계

(예문 ⑤) 한 칸에 두 자씩 쓰는 숫자나 알파벳 홀수 개로 이루어진 것은 한 칸에 두 자씩 쓰기

	10	0	만		석		st	ud	en	t		an	d						

(예문 ⑥) 분수는 '1/2' '2분의 1' 두 가지 다 쓰기

	달	의		1/2		달	의		2	분	의		1						

(예문 ⑦) 끊어지는 숫자나 영어 단어가 적을 때는 중간에 잘라 칸 바꾸지 않고 오른쪽 칸 밖에 쓰기

	다	음	달	부	터		버	스	와		지	하	철		요	금	이		60	
원	오	른	다	고		한	다	.												
	길	을		찾	을		수		있	다	.	책	을		영	어	로		bo	ok
이	라	고		하	는	데		종	이	가		발	명	되	기		전	에	는	

(예문 ⑧) 단위가 큰 숫자의 경우 칸 밖에 쓸 숫자가 많을 때는 남는 칸은 비워두고 줄 바꾸어 쓰기

	중	국	의		인	구	는		20	04	년		현	재				
13	,0	00	,0	00	,0	00	명		정	도	라	고		한	다	.	

(예문 ⑨) 영어 단어의 경우 칸 밖에 쓸 알파벳 숫자가 많을 때는 다음 줄에 이어 쓰기

	우	리	는		화	가		레	오	나	르	도		다		빈	치	(	L
eo	na	rd	o		da		V	in	ci	)		를		만	날		수		있 어
서		행	복	했	다	.													

04　대화글 쓰기

① 대화글을 쓸 때는 줄을 바꾸어 쓰고, 대화글이 끝나면 다시 줄을 바꾸어 쓴다.

② 따옴표는 둘째 칸부터 쓰고, 대화글이 계속될 때는 다음 줄 둘째 칸부터 쓴다.

③ 대화글 앞에서 마침표로 끝나지 않고 이어질 때는 대화글이 끝난 다음 첫 칸을 비우지 않고 쓴다.

④ 대화글이 물음표(?)나 느낌표(!)로 끝날 때는 따옴표를 다음 칸에 따로 쓴다.

⑤ 대화글 앞에서 마침표로 끝날 때는 대화글이 끝난 다음 첫 칸을 비우고, 둘째 칸부터 임자말로 시작하여 쓴다.

⑥ 대화글이 마침표(.)로 끝날 때, 따옴표를 한 칸에 같이 쓴다.

⑦ 대화글이 마지막 칸에서 끝나 칸이 모자랄 경우, 따옴표와 마침표는 줄을 바꾸어 쓰지 않고 마지막 칸 밖에 쓴다.

(예문 ①) 대화는 줄을 바꾸어 쓰되, 첫 칸을 비우고 둘째 칸부터 시작한다.

	여	태		큰	길		가	듯	이		건	너	편		징	검	다	리	를
오	늘	은		조	심	스	럽	게		건	넌	다	.						
	"	얘	"																
	못		들	은		체	했	다	.		둑		위	로		올	라	섰	다 .
	"	얘	,	이	게		무	슨		조	개	지	?	"					
	자	기	도		모	르	게		돌	아	섰	다	.		소	녀	의		맑 고
검	은		눈	과		마	주	쳤	다	.		얼	른		소	녀	의		손 바
닥	으	로		눈	을		떨	구	었	다	.								
	"	비	단	조	개	"													

(예문 ②) 대화가 아무리 짧더라도 두 사람의 대화를 한 줄에 같이 쓰지 않는다.

"	도	대	체		제	가		뭐	라	고		했	는	데	요	?	"
"	죽	은		사	람	은		말	이		없	다	.				
"	예	…	…	.	"												
"	아	이	를		데	려	다		주	구	려	.	"				

05 문장 부호 쓰기

① 문장 부호는 한 글자로 취급한다. 한 칸에 한 자씩 쓴다.

② 작은따옴표나 큰따옴표를 사용하여 다른 사람의 말이나 글을 따올 때 따온 글의 마치는 부분에 온점과 겹치는 수가 있다. 그때는 두 가지 부호를 한 칸에 쓴다.

③ 느낌표(!)나 물음표(?) 등은 한 칸 가운데에 쓰나 큰따옴표(" "), 작은따옴표(' '), 온점(.), 반점(,) 등은 글의 구석에 치우치도록 쓴다.

④ 줄임표(……)는 한 칸에 세 점씩, 여섯 점을 쓴다.

⑤ 줄표(─)는 두 칸에 쓰되, 세로줄은 무시하고 쓴다.

⑥ 큰따옴표(" ")나 작은따옴표(' '), 소괄호(( )) 등은 두 개가 마주 한 쌍을 이룬다. 부호가 줄의 마지막 한 칸에서 시작될 때는 끝 칸을 비우고, 다음 줄 첫 칸에 쓴다.

⑦ 물음표(?)나 느낌표(!)는 앞말에 붙여 쓰고 다음 칸은 비운다.

⑧ 온점(.)과 반점(,) 등과 같이 간단한 부호와 줄표의 다음 한 칸은 비우지 않는다.

(문장 부호의 쓰임과 예)

종류	부호	이름	쓰임	쓰임의 예
마침표	.	온점	문장이 끝날 때	수선화가 피었다.
	?	물음표	직접 · 질문을 할 때	어디 갔다가 이제 오니?
	!	느낌표	감탄, 놀라움을 나타낼 때	와, 너 참 예쁘구나!
쉼표	,	반점	가로쓰기는 반점, 세로쓰기는 모점	책도 읽고, 공부도 한다.
	、	모점	같은 자격의 어구를 열거할 때	
	·	가운뎃점	열거된 여러 단위가 대등할 때	금강산·백두산·한라산이 좋다.
	:	쌍점	내포되는 종류를 나열할 때	허준 : 동의보감, 한방전서
	/	빗금	대응, 대립되어 구, 절 사이에 쓸 때	2006/3 착한 사람/악한 사람

따옴표	" "	큰따옴표	대화, 인용을 나타낼 때	"붉은 악마는 천지개벽이다."
	' '	작은 따옴표	마음속으로 한 말을 적을 때	'내가 지금 나타나면 모두 깜짝 놀라겠지.'
묶음표	( )	소괄호	원어, 연대, 주석 등을 적을 때	차(tea)는 기호 식품이다.
	{ }	중괄호	여러 단위를 동등하게 묶을 때	동화의 3요소 {인물, 사건, 배경}
	[ ]	대괄호	묶음표 안의 말이 바깥 말과 음이 다를 때	나이[年歲], 손발[手足]
이음표	―	줄표	이미 말한 내용을 다른 말로 부연하거나 보충함을 나타낼 때	동생에게―아니, 형에게
	-	붙임표	합성어, 외래어, 한자어를 나타낼 때	여름-철새 싸움-구경 다-장조
	~	물결표	'내지'라는 뜻을 나타낼 때	5월 15일~11월 18일
드러냄표	˚	드러냄표	중요한 부분을 특별히 드러내 보일 때	우리 나라 국기는 태극기입니다.
안드러냄표	○○	숨김표	알면서도 고의로 드러내지 않을 때	그 모임의 참석자는 김○○ 씨, 강○○ 씨였다.
	……	줄임표	할 말을 줄였을 때	너한테 할 말은 많지만……

(예문 ①) 문장 부호 한 칸에 하나씩 쓰기

	"	잘		있었	니	?		정	말		반	가	워		!	"			

(예문 ②) 말 또는 글을 따올 때, 끝 부분에 온점, 따옴표가 겹칠 때 두 가지 부호를 한 칸에 쓰기

"	공	놀	이	도		좋	지	만		정	글	짐	에	서		놀	면
더		재	미	있	을		거	야	."								
민	우	가		말	하	였	습	니	다	.							

(예문 ③) 느낌표, 물음표 등은 한 칸 가운데에 쓰나 큰따옴표, 작은따옴표, 반·온점은 칸 구석에 쓰기

	!		?		"	"			'	'		…	…		,	.			

(예문 ④) 말줄임표는 한 칸에 세 점씩 두 칸에 여섯 점 쓰기

	나	는		소	매	가		짧	은		옷	이		좋	은	데	…	…	.

(예문 ⑤) 줄표는 두 칸에 쓰고, 세로줄은 무시하고 쓰기

	동	생	이		말	썽	을		부	리	다	가	-	-	-	-	아	니	,		장	난
을		치	다	가	-	-	-	-	크	게		다	쳤	다	.							

(예문 ⑥) 큰따옴표, 작은따옴표, 소괄호 등은 줄의 마지막 칸에서 시작될 때, 끝 칸을 비우고 다음 줄 첫 칸에 쓰기

	그	러	니		글	을		쓸		때	는		무	엇	보	다	도	
'	지	금		내	가		가	장		하	고		싶	은		말	이		무
엇	인	가	'		를		생	각	해	서		써	야		합	니	다	.

(예문 ⑦) 물음표, 느낌표는 앞말에 붙여 쓰고 다음 한 칸 비우고 쓰기

	"	아	빠		물	고	기	가		살	고		있	을	까	요	?	"	
	"	야	호	!		신	난	다	.	"									

(예문 ⑧) 끝 부분에서 문장 부호 처리하기

	"	까	마	귀		선	생	님		그	동	안		안	녕	하	셨	어	요	? "
	"	문	제	집	으	로		공	부	하	지	는		않	을		거	예	요	. "

06 교정 부호 알아보기

① 의 미

교정 부호란, 원고지에 글을 쓰거나 워드프로세서 등 문서를 작성한 다음 출력 용지에 출력한 후, 잘못된 부분을 교정하기 위해 사용되는 기호를 말한다.

② 사용 시 유의점

- 미리 정해진 기호를 사용해야 한다.
- 교정하고자 하는 글자, 문장을 정확하게 지적하여야 한다.
- 교정 부호를 표시하는 색은 눈에 잘 띄고, 원고의 색깔과는 다른 색을 사용하는 것이 좋다.
- 동일한 행에 교정 부호가 많이 표시될 경우 가능한 겹치지 않게 하는 것이 좋으며, 부득이 겹쳐야 할 경우라면 각도를 크게 하여 알아보는 데 힘들지 않도록 한다.
- 너무 복잡하거나 난해하지 않도록 한다.

③ 교정 부호

교정 부호	기 능	교정 전	교정 후
∨	사이 띄기	인천광역시부평구	인천광역시 부평구
⌒	사이 붙이기	인천 광역시	인천광역시
	삭제	인천광역시 부평구	인천시 부평구
	수정	인천特별시	인천광역시
	삽입	광역 인천시	인천광역시
	자리 바꾸기	부평구 인천광역시	인천광역시 부평구
	줄(행) 바꾸기	인천광역시 부평구	인천광역시 부평구
	줄(행) 붙이기	인천광역시 부평구	인천광역시 부평구
>	줄(행) 띄기	인천광역시 부평구	인천광역시 부평구
(	줄(행) 간격 붙이기	인천광역시 부평구	인천광역시 부평구
	들여쓰기	인천광역시 부평구 십정동	인천광역시 부평구 십정동
	내어 쓰기	인천광역시 부평구 십정동	인천광역시 부평구 십정동
	끌어올리기	인천시 부평구 십정동	인천시 부평구 십정동
	끌어내리기	부평구 인천시 십정동	인천시 부평구 십정동
☼, ⏚	교정 취소 (원래대로 두기)	인천광역시	인천광역시
	글자 바로 하기	KOREA	KOREA

제4편

자기소개서

01 자기소개서란?

• 자신의 특성을 남에게 알리기 위해 쓴 글이다.
• 지망한 대학에서 자기를 선택해 달라는 목적을 지닌 글이다.
• 수험생을 이해할 수 있는 구체적인 자료로써 면접 시 참고가 된다.

02 자기소개서 쓰는 요령

① 간단명료하게 작성하라

서류 심사에서 심사위원이 가장 중요하게 생각하는 부분은 진실성이다. 자신에 대한 가장 좋은 이미지는 상대방에게 자신의 장단점을 정확하게 전달하는 글이다. 과시나 거품은 금방 표시가 난다. 읽은 책이나 가치관 등이 작성된 내용은 심사위원의 질문 자료가 된다. 잘 모르는 부분이나 일부러 지어서 만든 부분은 답변이 어색할 수밖에 없다.

② 일목요연하게 작성하라

각 대학마다 분량, 주제, 순서, 작성 요령을 상세히 알려준다. 자기가 선택한 대학이 제시한 요령을 잘 따라야 한다. 주제가 한눈에 들어올 수 있게 써서 심사위원이 요구한 답변을 잘 파악할 수 있도록 작성한다.

③ 사실 간의 연관 관계를 설득력 있게 구성하라

'가장 기억에 남는 일'을 쓰고자 하면, 단순하게 그 경험만 쓸 것이 아니라, 그 일이 현재 자기에게 미치는 영향, 가치관 형성에 어떤 도움이 되었는가도 함께 쓸 수 있어야 한다. 또한, '감명 깊게 읽은 책'을 쓰려고 할 때, 그 감명의 이유를 확실히 전할 수 있게 써야 한다. 구체적인 자신의 가치관도 함께 써야 한다.

④ 면접고사를 생각하고 써야 한다.

자기소개서를 쓸 때도 전략이 필요하다. 면접고사를 염두에 두고 써야 한다. 자기소개서는 자체 평가의 대상이 되지만, 면접고사의 기초 자료가 되기도 한다. 예를 들어 자기소개서에 노천명 시인이 쓴 시에 대하여 감명을 받았다고 쓴다면, 면접관은 노천명 시인이 쓴 시 한 편을 암송해 보라고 할 것이다. 이때 막힘없이 암송을 한다면 그 결과는 어떻게 될까?

03 자기소개서 단계별 쓰기

① 성장 과정

일화 중심의 구체적인 내용을 써야 효과적이다. 일반적이고 추상적인 연대기 형식의 내용은 삼가는 것이 좋다.

학창시절을 통해 있었던 독특한 경험이나 이야기를 개성 있게 표현한다. 일반적이거나 평이한 내용보다는 자신의 뚜렷한 개성이나 강한 의지를 나타낼 수 있는 내용을 언급하는 것이 좋다. 남이 관심을 기울이지 않았던 새로운 분야에 대한 관심이나, 그것을 선택하게 된 결단이라든가 가정 형편이 어려워 부모나 형제들을 돌보면서 공부해온 경험 등을 읽는 이로 하여금 공감을 불러일으킬 수 있도록 하는 내용이 효과적이다. 특히 성장 과정에서 자신에게 도움을 많이 준 은사나 주변 인물 등에 대한 언급을 함께하는 것도 좋다.

② 장단점

자신의 장점을 최대한 나타내도록 한다. 가능하면 자신의 단점까지 이야기하고 그것을 개선하고자 하는 의지도 함께 보여준다. 그래야 상대로 하여금 큰 공감을 불러일으킬 수 있다.

③ 특기 사항

기능 분야, 외국어 능력, 리더십 또는 대학 생활 중 도움이 될 수 있는 사항들을 자신의 경험에 의해 구체적으로 자세하게 소개한다.

④ 고교 생활 교과 영역

지망 학과와 관련된 과목 성적이 우수함을 소개한다. 관련 경시대회 입상 등을 소개한다.

⑤ 고교 생활 교과 외 영역

봉사활동이나 동아리 활동에 대해서 소개한다.(장래 희망과 일치하는 것이 좋다. 장래

희망-보육원 교사, 봉사 활동 장소-어린이집)

⑥ 입학 동기

그 대학이나 학과에 지원하게 된 이유나 동기를 밝혀야 한다. 대학과 직접 연관이 있는 내용으로 해당 대학의 좋은 점, 특성, 자기의 희망 등을 연관시켜 지원 동기를 밝힌다.

㉠ 자신의 적성과 일치함을 쓴다.

㉡ 장래 희망과 관련이 있음을 쓴다.

㉢ 그 과를 선택하게 된 이유를 구체적인 사례를 들어 쓴다.

(예) 링컨 대통령에게 감명 받음 → 정치가가 되고 싶음 → 정치외교학과 지원

⑦ 수학 계획과 대학 생활

전공 과목뿐 아니라 교양 과목까지 폭 넓게 학습하겠다는 내용으로 쓴다.

자신의 취미나 특기를 살리려는 계획과 동아리 활동은 좋은 인상을 준다.

⑧ 장래 희망

목표 성취와 자기 계발을 위한 어떤 계획이나 각오를 구체적으로 쓴다.

(자신만을 위한 인생이 아닌 사회 봉사 계획이 담겨 있어야 한다. 진취적이고 창의적인 자세가 드러나야 한다.)

---

04 자기소개서를 쓸 때 유의할 점

① '나는', '저는' 등의 평상적 어투는 피한다.

② 과다한 수사법이나 추상적 표현은 피한다.

③ 접속사나 비유는 남발하지 않는다.

④ 한문은 꼭 필요한 곳에만 쓴다.

⑤ 한 가지 사실을 장황하게 늘어놓지 않는다.

⑥ 200자 원고지 6매가 적당하다.

⑦ 허위 또는 과장된 사실, 꾸미는 말은 쓰지 않는다.

⑧ 초고 작성 후 내용과 문장을 수정 보완한 흔적이 없도록 한다.

⑨ 글씨는 깨끗이 쓰고 빽빽하게 쓰지 않는다.

(예문 ①) 나를 소개하는 글

나의 소개

00중학교
1학년 000

여러분 안녕하십니까? 제 이름은 000입니다. 여러분과 만나 뵙게 되어 반갑습니다.

저는 서울특별시 00구 00동 00아파트 304동 1203호에 살고 있습니다.

저희 가족은 모두 다섯 명입니다. 아버지는 통신회사에 다니시고, 어머니는 가정을 돌보십니다. 제 위로는 숙명여고에 다니는 멋쟁이 누나와 명지외고에 다니는 앞길이 훤하게 트인 형이 있습니다. 그리고 우리 집 늦둥이기도 하지만 귀염둥이인 저, 이렇게 다섯 식구가 행복하게 살아가고 있습니다.

저의 성격은 촐싹대는 편입니다. 그래서 선생님과 어머니께 가볍다는 말을 듣기도 합니다. 어떻게 알았는지 귀여워만 해주신 아버지께서도 이제 어리광은 그만 피우고 의젓해지라고 하십니다.

저의 자랑거리는 어릴 때부터 익혀온 클래식 기타입니다. 명절이나 집안 행사가 있을 때마다 익히 배워둔, 타레가의 '알함브라 궁전의 추억'과 로드리고의 '아랑훼즈 협주곡' 그리고 폴카, 행진곡 등을 연주하여 친척들을 기쁘게도 해 줍니다.

저의 장래 희망은 우주탐험사가 되는 것입니다. 동네 서점에서 '파리대왕'이라는 책을 들여다보다가 하늘의 터널을 발견했습니다. 어렸을 때 읽은 '15세기 표류기'에서처럼 호기심이 발동했습니다. 많은 사람들이 우주 이민을 가는 내용에 빠져들면, 저도 상상의 날개를 펴고 우주로 떠납니다. 제 꿈을 이루어 인류에게 기쁨을 주고 싶습니다.

이제 중학교 1학년이 되었습니다. 중학교에서의 첫 수업을 여러분과 함께 아름답게 장식하고 싶습니다.

(예문 ②)

나의 소개

00고등학교
1학년 000

제 이름은 000입니다. 1989년 2월 8일 서울에서 태어났습니다.

저희 가족은 아버지, 어머니, 언니, 저까지 포함해서 모두 네 명입니다. 아버지께서는 공무원이시고, 어머니는 회사원이십니다. 그리고 저희 언니는 00고등학교 2학년으로 저와 같은 중학교를 졸업했습니다.

언니는 얼굴도 예쁘지만 마음이 따뜻해서 저에게 잘 대해줍니다. 성격이 좋은 탓으로 친구들에게도 인기가 많습니다. 방송반에 들어가서 학교 생활에 박차를 가하고 있습니다.

저희 집 가훈은 '정직'입니다. 모두 가훈에 동참하기 위해 노력하고 있습니다. 저희 가족은 다투기도, 때로는 화내기도 하지만, 서로를 이해하려고 노력합니다.

저의 콤플렉스(열등감)는 키가 작은 것입니다. 이것저것 가리지 않고 음식을 먹지만 성장하는 데 별로 도움이 되지 않습니다. 작은 키 때문에 가끔 자신감을 잃을 때도 있어 '작은 고추가 맵다'는 속담에 스스로를 위로하고 있습니다만, 벌써 고등학교 1학년인데 키가 더 이상 자라지 않을까 봐 걱정입니다.

저는 잠자기를 좋아합니다. 놀기도 좋아합니다. 노래 듣기는 더 좋아합니다. 특히 동방신기의 '믿어요'를 좋아합니다. 볼륨을 크게 높여 놓고 따라 부르다 보면 스트레스가 확 풀립니다.

저의 장래 희망은 선생님입니다. 평소 게으른 것이 흠이라서 제 자신을 믿을 수는 없지만, 하여튼 직접 경험과 간접 경험을 많이 하여 매사에 똑 소리 나는 선생님이 되고 싶습니다.

앞서간 많은 사람들에게서 학식과 덕목을 배워 후배들에게 도움이 되는 사람이 될 수 있도록 노력할 것입니다.

제가 좋아하는 친구들과 00고등학교에 다녀서 즐겁습니다.

(예문 ③)

대학 입시 2006학년도 수시 2학기 모집

〈자기소개서 3페이지 중 1페이지〉

수험번호	

자 기 소 개 서

■ **지원자 기재 사항**

성 명		주민등록번호	−
고등학교	(시/도)	(시/군/구)	고등학교
연 락 처	전화번호 :	휴대전화번호 :	
지원 모집 단위	○○ 캠퍼스		[전공, 과, 학부, 계열]
	○○ 캠퍼스		[과, 학부, 계열]

년   월   일

지원자 _____자필 서명

○○대학교 총장 귀하

〈자기소개서 작성 시 유의사항〉

1. 자기소개서는 평가 요소로서 중요한 자료이므로 반드시 본인이 작성하여야 하며, 사실에 입각하여 정직하게 자신의 능력이나 특성, 경험 등을 기술하십시오.
2. 청색, 흑색 필기구(연필 제외)를 사용하여 자필로 작성하거나, 워드프로세서로 작성하십시오.
3. 반드시 본 서식을 사용하여 작성하십시오.
   (서식은 ○○대학교 홈페이지에서 내려 받거나 복사하여 사용할 수 있습니다.)
4. 분량은 정해진 서식(2매)을 초과하지 않아야 하며, 워드프로세서를 사용할 경우 폰트 크기를 '10'으로 작성하십시오.
5. 본 서식의 1, 2, 3, 4번 문항을 모두 작성하십시오.
6. 자기소개서를 작성한 후 입학 원서와 함께 일괄 제출하십시오.
7. 표지와 본문이 분리되지 않도록 좌측 상단을 묶어 주십시오.
8. 자기소개서는 입학 전형 및 입학 후 학생 지도 자료로 활용되며, 비공개 문서로 관리될 것입니다.

〈자기소개서 3페이지 중 2페이지〉

수험번호

---

1. 남들보다 뛰어나다고 생각하는 자신의 장점(특성 혹은 능력)과 보완·발전시켜야 할 단점(특성 혹은 능력)에 대하여 기술하십시오(자신의 장점을 발휘할 수 있었던 사례와, 단점을 극복하기 위해 기울인 노력이 있다면 구체적으로 설명하십시오).

저의 장점은 성실함입니다. 항상 규칙적인 생활을 하며 언행이나 태도에 있어서 최선의 노력을 다하고 있습니다. 조용하면서도 묵묵한 성격에 공부까지 뒷받침되어서인지 선생님과 친구들에게 신임을 얻어 학교 간부와 학생회장을 무난하게 할 수 있었습니다.

교내 행사가 있을 때마다 몸과 마음을 아끼지 않고 적극적으로 일을 추진하여 기대 이상의 성과를 거두기도 했습니다. 고등학교 2학년 때는 교장 선생님까지 합세를 하여 '작은 고추가 맵다.'는 말로 격려를 해 주기도 했습니다. 저의 또 하나의 장점은 쉽게 좌절하거나 포기하지 않는다는 것입니다. 어렸을 때부터 '하면 된다.'라는 저희 집 가훈에 동참하기 위해 노력한 탓이 크다 하겠습니다.

저의 콤플렉스는 키가 작은 것이었습니다. 평소 이것저것 가리지 않고 음식을 먹었지만 성장하는 데 별로 도움이 되지 않았습니다. 수영, 달리기, 줄넘기 등 규칙적인 유산소 운동을 해봐도 키 크는 데 도움이 되지 않았습니다. 성장기 뼈의 발육에 필수 영양소로 꼽히는 칼슘과 홍화씨, 백복령, 녹각, 석창포를 복용해도 마찬가지였습니다. 하물며 손목 X선 촬영으로 뼈의 나이를 알아보는 것과 성장 호르몬 검사를 하고 난 뒤 복용하기만 하면 키가 클 수 있다는 스마트 칼슘과 프리미엄 초유를 먹어 봤지만 소용이 없었습니다.

처음에는 키를 크게 해 주겠다고 장담했던 의사도 사람의 체질에 따라 성장 호르몬에 차질이 있다는 말을 끝으로 발뺌을 당한 게 여간 불쾌했던 게 아니었습니다. 서구화와 긴 다리 열풍에 잠시 휩쓸려 얄팍한 상술에 상처를 받기도 했지만, 이를 극복하기 위해 학교 생활에 더욱 박차를 가하여 친구간에 우정을 돈독히 함으로써 단점을 장점으로 만드는 기회로 삼은 일은 오히려 전화위복이 되었습니다. 선생님과 친구들이 늘 곁에 있었기에 키가 작은 것쯤은 아무 문제가 되지 않았습니다. 키 때문에 잠시 흔들렸던 제 자신이 오히려 부끄럽기까지 했습니다. 지금은 주어진 일에 최선을 다하며, 어떤 일도 해낼 자신이 있습니다.

---

2. 고등학교 재학 기간 중 학업 이외의 활동 영역(사회 봉사 활동, 교내·외 클럽 활동, 단체 활동, 취미 활동, 문화 활동)에서 가장 소중했던 경험을 소개하고, 이러한 경험이 자신의 성장에 어떤 도움을 주었는지 기술하십시오.

저는 교내 문학 동아리 '불휘'에서 활동했습니다. 처음 고교 1학년을 보내면서 학업 외에 다른 활동을 한다는 것이 다소 부담이 되었지만, 학년이 올라갈수록 오히려 마음의 여유를 찾게 되었고 학교 생활이 더욱 풍요로워졌습니다.

우리 학교는 매년 10월에 특별 활동 발표회를 합니다. 행사 당일보다는 준비하는 때가 오래도록 기억에 남습니다. 학교에서 제공해준 작은 교실을 우리 동아리만의 공간으로 만들어 가는 데 생각보다 많은 시간과 노력이 필요했습니다. 좋은 아이디어가 있어도 행동으로 옮기기에는 쉽지 않았습니다.

우리는 '문학의 밤'으로 주제를 정하고, 동아리 회원들이 밤거리에 나가서 밤을 배경으로 시를 쓰고 그림을 그려 시화전을 열었습니다.

또, '1년 후의 나'라는 작은 코너를 마련하였습니다. 1년 후 자신에게 쓴 편지를 보여주는 것이었는데, 방문한 여러 사람들에게 인기가 많았습니다. 전시회를 준비하면서 방이 다 채워지지 않았을 때에는 걱정이 앞서기도 했습니다만, 한 사람 한 사람의 열과 성의로 방을 모두 채웠을 때의 뿌듯함은 이루 말로 할 수 없었습니다. 친구들이 우리가 꾸민 방에 와서 격려를 해 줄 때에는 결국 해내었다는 성취감으로 가슴이 뿌듯하기까지 했습니다. 동아리 선생님과 함께 안도의 한숨을 몰아쉬었던 것도 아름다운 추억의 한 장이 되었습니다.

학교 생활만으로는 얻을 수 없는 것을 동아리 활동을 통하여 경험할 수 있었고, 같은 학급 친구들뿐만이 아닌 많은 친구들과 선·후배들의 격려 속에서 '불휘'는 빛을 발산했던 것입니다.

또한 문집을 낼 때에는 소외된 계층에 대해 생각해 보는 계기가 되었고, 동아리 봉사 활동을 만들어 직접 찾아 나서기도 했습니다. 학교 동아리를 통하여 직접 경험과 간접 경험으로 정신을 살찌울 수 있어 학교 생활이 즐겁고 행복했습니다.

2

〈자기소개서 3페이지 중 3페이지〉　　　　| 수험번호 |

---

3. 아래 주제 중 하나를 선택하여 □ 안에 ∨표를 한 후, 그 주제에 맞게 자유롭게 기술하십시오.

☐ 자신의 삶에 영향을 미친 가장 중요한 사건이나 경험을 설명하고, 그것이 자신의 가치관 혹은 인생관에 어떠한 영향을 주었는지를 기술하십시오.

☐ 고등학생 시절 자신이 겪었던 가장 큰 위기 혹은 좌절 상황을 설명하고, 그 상황을 극복하기 위한 과정에서의 자신의 감정과 노력을 기술하십시오.

☑ 고등학생 시절 자신이 가장 관심을 기울였던 사회 문제가 무엇인지 설명하고, 그 문제의 해결을 위해 자신이 앞으로 기여할 수 있는 방법은 무엇이라고 생각하는지를 구체적으로 기술하십시오.

　현대 사회에서 사생활 침해는 심각한 사회 문제로 대두되고 있습니다. 저 역시 이 문제에 대해 평소 많은 생각을 했습니다. 하루에도 수십 개의 CCTV와 마주치고, 인터넷을 통해 많은 양의 개인 정보가 유출되는 사례를 접하기도 합니다. 도청·감청 논란까지 가세하여 그야말로 개인의 사생활은 거의 보호되지 않고 있는 실정입니다.

　단편적인 예로 인터넷상에서 취득한 제3자의 신상 정보가 금융권의 전산망 해킹 등 각종 사이버 범죄에 사용되고 있다는 것은 이미 모두가 알고 있는 사실입니다. 인터넷 실명제 법안이 통과되면 인터넷 게시판에도 주민등록번호를 일일이 넣어야 하는 상황이 됩니다. 인터넷 관련 거래에서 주민등록번호를 입력하게 되어 있어 개인의 사생활 침해 가능성을 더욱 부추기고 있는 것입니다. 또한 사이버 공간에서 일어나는 사이버 범죄도 크게 늘어나고 있는 실정입니다. 이러한 문제를 해결하기 위해 많은 법들이 제정되고, 여러 단체에서 노력을 하고 있으나 그 피해는 날로 심각해지고 있습니다.

　사생활은 일단 침해가 되면 그 피해가 크기 때문에 노출되지 않도록 사전에 예방하는 것이 중요합니다. 이러한 의식을 고취시키기 위하여서는 개인의 힘으로는 부족합니다. 국가 권력기관에서 자행해온 도청을 비롯한 국민의 주권과 사생활 침해에 대한 일체의 불법 행위를 철저하게 조사하여 재발을 방지하는 방안을 마련해야 합니다.

　물론 개인 스스로도 사생활 침해의 문제점을 알리고, 사례를 통한 의식을 전환시킬 수 있도록 협조해야겠습니다.

---

4. 아래 주제 중 하나를 선택하여 □ 안에 ∨표를 한 후, 그 주제에 맞게 자유롭게 기술하십시오.

☑ 가장 감명 깊게 읽은 책(1~3권)에 대하여 감명 받은 개인적인 이유를 요점적으로 기술하십시오.

☐ 자신이 가장 소중하게 생각하는 고등학생 시절의 지적 성취 경험에 대해서 설명하십시오. 단, 시험 성적이나 석차 등을 나열하기보다는 자신의 창의적인 학습 활동 내용 및 과정 등을 중심으로 기술하십시오.

☐ 전공 선택에 영향을 미친 중요한 경험(인물, 사건, 서적 등)을 구체적으로 기술하십시오.

　어린 시절 세계 여행을 꿈꾸었습니다. 하지만 그 꿈을 현실로 옮기는 일은 학생 신분인 저에게 아직은 불가능한 일입니다. 바람의 딸이라고 부르는 한비야는 제가 존경하는 사람 중 한 사람입니다. 평소 한비야의 용기와 과감함을 닮고 싶었고, 중국은 한번 가보고 싶었던 나라였기에, 그녀가 쓴 '중국 견문록'(한비야, 푸른숲, 2002)을 읽는 것만으로도 저에게 매우 유익한 시간이었습니다.

　한비야는 어느 나라 사람이든 모두를 친구로 여기고, 스스럼없이 대합니다. 비록 중국어에 능통하지는 못했지만 중국에서도 다를 바 없이 여러 사람을 사귀었습니다. 이웃집에 무슨 일이 일어났는지, 심지어 이웃에 누가 살고 있는지조차 관심이 없는 현재를 살고 있는 나와는 달리 그녀는 매우 인간적인 면모를 보이며 대인 관계를 형성했습니다.

　그녀의 인간적인 모습과 솔직한 문체는 저를 책 속에 푹 빠져들게 하기에 충분했습니다. 그녀는 또한 세계를 돌아다니며 불쌍한 아이들을 도와주고, 월드비전에서 구호 활동을 했습니다. 이러한 활동들을 통해 은연중에 한국의 이미지를 널리 알림으로써 민간 외교관 역할도 톡톡히 하였습니다.

　작가의 진취적이고 당당한 모습은 저로 하여금 본보기가 되고 있습니다. 이 책을 통해 사람들이 살아가는 다양한 모습을 보게 되었고, 세상을 바라보는 시야가 넓어졌습니다. 뿐만 아니라 저도 세계로 나아가서 나라를 위해 일할 수 있었으면 좋겠다는 원대한 포부를 가지게 되었습니다.

(예문 ④) 대학 입시 자기소개서

1. 남들보다 뛰어나다고 생각하는 자신의 장점(특성 혹은 능력)과 보완·발전시켜야 할 단점(특성 혹은 능력)에 대하여 기술하십시오.(자신의 장점을 발휘할 수 있었던 사례와, 단점을 극복하기 위해 기울인 노력이 있다면 구체적으로 설명하십시오.)

저의 장점은 한번 하고자 목표로 세운 일은 끝까지 밀고 나가는 의지와 집념이 강하다는 점입니다. 어렸을 때부터 좋아한 수학 과목을 공부하면서 이러한 성격은 더욱 뚜렷이 드러났습니다. 고교 1, 2학년 때는 교내 수학경시대회에서 우수상, 최우수상을 각각 받았으며 고교 2학년 때는 인하대학교 주최 전국 수학올림피아드에서 장려상을 수상한 바 있습니다. 이러한 것들은 비록 큰 상은 아니었지만 그러한 과정을 통해 제 자신의 의지와 집념을 시험해 보게 되고, 앞으로의 삶에 큰 자극제가 될 수 있도록 한다는 것에 의미가 있다고 봅니다.

그러나 어렸을 때부터 다소 소심하고, 내성적이었던 성격은 보완해야 할 제 단점입니다. 저는 남 앞에 자신을 드러내는 것을 꺼리는 편이었고, 대내외적 활동을 많이 하지 못하였습니다. 이런 단점을 고치기 위해서는 매사에 도전 정신을 갖고 임하는 자세와, 책임감 있는 태도가 필요하다고 생각해 왔습니다. 그래서 3학년이 되어서 주어진 반장 선거의 기회에 망설이지 않았고, 지금 저는 반장으로 한 학급의 책임을 맡는 지도자의 역할을 성실히 수행하기 위해 노력하고 있습니다. 그러나 반장의 역할이 그리 순탄한 것만도 아닌 듯합니다. 매사에 정확하고 꼼꼼한 것을 좋아하는 저로서는 반 친구들의 나태함과 불성실함이 못마땅하기도 했습니다. 그러나 그런 가운데 우리 모두가 개인별로 독특한 특성을 갖고 있으며, 그 특성과 성향을 존중하는 것이야말로 반장의 참된 의식이라는 점을 지금 충분히 깨닫고 있습니다.

2. 고등학교 재학 기간 중 학업 이외의 활동 영역(사회 봉사 활동, 교내·외 클럽 활동, 단체 활동, 취미 활동, 문화 활동)에서 가장 소중했던 경험을 소개하고, 이러한 경험이 자신의 성장에 어떤 도움을 주었는지 기술하십시오.

고교 2학년 때 인천광역시 교육과학연구원에서 주관하는 고교 과학탐구교실에 선발되어 참가했던 일이 저에게는 아주 소중한 기억으로 남아 있습니다. 각 학교에서 선발된 다른 우수한 친구들과 함께 실험 실습을 통하여 과학의 원리를 터득하고, 과학적 실험 능력을 키울 수 있는 기회를 갖게 되었습니다. 특히, 여름방학 중 2박 3일 동안의 고교 과학탐구교실 자연 탐사는 제게 있어서 매우 유익한 경험이었습니다. 여러 친구들, 선생님과 함께 단체 생활을 한 것은 공동 생활에 필요한 인내심, 배려심 등을 갖게 되는 계기가 되었습니다.

실생활 속에 적용되고 있는 과학 원리를 제 눈으로 직접 확인할 수 있었던 대한민국 과학축전에서는 평소에 주위의 여러 가지 현상에 대해 무관심했던 자신을 반성할 수 있었습니다. 또, 기껏해야 교과서에서나 볼 수 있었던 화석을 경주의 한 계곡에 가서 저의 손으로 직접 캐내면서, 자연 환경에 보존된 역사를 확인하였다는 사실은 큰 기쁨이었습니다. 그 시대의 자연 환경을 그대로 알려주는 화석들을 발견하면서 과거의 그 지역 생태를 알아낼 수 있었던 경험은 아직도 제 기억 속에 생생합니다.

제 5 편

학업계획서

01 학업계획서의 개념

　학업계획서란 지망하는 대학의 학과에 합격했다고 가정하고 어떤 공부를 어떻게 할 것인지를 밝히는 글이다. 수험생의 입장에서는 대학 생활에 대한 원대한 꿈을 펼쳐 보일 수 있고, 선발자의 입장에서는 학생을 실제 합격시켜 주었을 경우 이 학생이 무엇을 하려고 하는지를 미리 살펴볼 수 있다.

　이 학업계획서는 단순히 어떻게 지내겠다는 계획을 미리 듣고자 하는 의미가 아니다. 학업계획서를 통해 지망하는 대학의 학문 분야에 대해 얼마나 준비되어 있는지 또한 그 분야에 대한 열정과 안목 그리고 학업계획서에 나타난 지망 학문 분야에 대한 태도를 통하여 그 학생의 장래성을 예측할 수 있다. 학업계획서는 자기소개서와 밀접한 연장선상에서 정말 그 학문 분야에 안목과 자질을 갖추고 있는지, 장래성이 있는지를 알 수 있기 때문에 평소 자기가 알고 있는 모든 지식을 담아서 신중하게 작성해야 한다.

02 좋은 학업계획서의 조건

　학업계획서는 자기소개서와 마찬가지로 지망하는 대학·학과에 합격시켜 주었을 경우, 그 계획에 의거하여 공부하면 장래가 촉망되는 인재로 자라날 수 있는 가능성을 보여주는 글이다. 따라서 좋은 학업계획서는 그런 믿음을 갖게 하는 글이라고 할 수 있다. 좋은 학업계획서는 지망 동기에서 선명한 인상을 주어야 한다. 대학 생활 중 학업 계획은 구체적이고 실현 가능해야 하며 열정과 진지함이 깃들어 있어야 한다.

　전공 학과 외에 대학 생활에 대해서도 서술한다. 기초가 튼튼하고 소질과 적성이 맞으며 학문할 준비가 잘 되어 있으며 패기가 드러나 가능성을 인정하게 만드는 것이 좋은 학업계획서이다. 그리고 미래의 진로 희망에 대해서도 믿음이 가야 한다. 학업계획서를 과장하거나 대필하게 되면 눈에 금방 띄어 탄로날 뿐 아니라 면접 시 그 분야에 최고 전문가라 할 수 있는 교수들에 의하여 세심하게 검증되어 원하는 대학에 진학하기 힘들 것이다. 우선 모집 단위가 서울대의 경우처럼 학과 단위인 경우와 모집 단위가 광역화되어 있는 경우 좀 다른 각도에서 서술하는 것이 좋다. 과별 모집의 경우 학업계획서는 전공하고자 하는 학문 분야에 준비가 충분히 되어 있음을 보여주는 방향으로 서술하는 것이 좋다. 자기가 모르는 내용까지 서술하여 얕은 지식을 뽐내는 것은 절대 금물이다. 모집 단위가 학부일 경우 전공 선택에 여유를 두는 것도 괜찮은 방법이다. 너무 오버하지 말고 자기가 생각하는 모습 그대로를 보여주자. 진실보다 더 강한 무기는 없다.

03 학업계획서의 예시

2001학년도 서울대 학업계획서를 예로 들어 보면,
1. 지원 학과(부) 또는 전공 분야를 선택하게 된 동기를 400자 이내로 기술하여 주십시오.
2. 대학 재학 중 학업 계획(정규 교과 이외의 교내·외 활동, 적성 및 능력 계발 계획 포함)과 대학 졸업 후 희망 진로를 800자 내외로 기술하여 주십시오.

위의 두 가지 문제이다. 이로 보면 크게 대학 지원 동기, 대학 재학 중 학업 계획, 대학 졸업 후 희망 진로 등 세 가지 질문으로 요약된다. 대체적으로 학업계획서는 이 범주에서 작성하면 무난하다.

(1) 대학 학과(부) 지원 동기

학업계획서에서 가장 신경을 써야 할 부분이 지원 동기이다. 지원 동기가 특별해야 눈에 띈다. 이것은 창작해야 할 내용이 아니다. 자기소개서와도 잘 일치되어야 하며 생활기록부의 성적이나 진로 희망 등에서도 간접적으로 확인할 수 있다. 왜 선택하는지, 왜 흥미를 느꼈는지 직접적인 동기가 있다면 자세하게 구체적으로 서술하는 것이 좋다.

대학 생활 중 학업 계획(정규 교과 이외의 교내·외 활동, 적성 및 능력 계발 계획 포함)은 우선 전문 분야에 대한 학업 계획을 구체적으로 서술한다. 장단기 계획으로 나누어 서술하거나 학년별로 나누어 서술하면 체계적인 인상을 줄 수 있다. 세부 전공으로 들어가 어떤 분야를 선택할 것인지, 왜 그 분야를 더 공부하려고 하는지 지금까지의 자기 관심도에 비추어 논리적으로 설득력 있게 제시한다. 학업계획서에서 중점을 두어야 할 부분은 실현 가능성인데, 자기의 학업 계획을 실현하기 위해 필요한 기초적인 공부들에 대해서도 꼼꼼하게 서술하며, 실천에 대한 강한 의지를 담아내는 것도 한 방법이다.

(2) 졸업 후의 희망 진로

학업을 마친 후 배운 내용을 사회 활동과 어떻게 접목시킬 것인가에 대한 서술로 마무리한다. 단순히 어떤 직업을 선택하겠다고만 서술하는 것보다는 그러한 선택이 내 인생에 어떤 의미를 지니는지를 설명하는 것이 좋다.

04 학업계획서 작성 시 유의점

① 지원 동기에 주목하라

학업계획서에서 가장 중요한 것은 지망 동기이다. 단순히 직업을 위해서라거나 출세하기 위하여 지망하는 것을 대학 교수들은 원치 않을 것이다. 자기가 그 학과에 왜 지망하는지에 대해 진실하게 쓴다. 자기소개서에서 그 분야에 대해 관심을 가지게 된 계기가 서술되어 있다면 이것을 구체적으로 써도 좋다. 이 지원 동기가 설득력을 지녀야 좋은 학업계획서이다.

② 장단기 계획을 구별하라

대학 진학 이후에는 어떤 분야를 어떻게 관심 갖고 공부할 것인지를 구체적으로 서술하되 기초적인 학습에서 전문적인 공부로, 단기 계획에서 장기 계획으로, 학업에 관련된 것을 중심으로 다루고 학과 외의 활동 계획에 대해서도 덧붙인다. 학과 외의 활동 계획은 해외여행, 어학 연수, 봉사 활동, 동아리 활동 등에 대해서 특별히 하고 싶은 내용이 있으면 서술한다.

③ 기초에 충실하라

지나치게 전문 분야에 대해 장황하게 설명하는 것은 자신이 있다면 괜찮은 방법이지만 충분히 준비되어 있지 않다면 오히려 역효과가 나타날 수 있다. 교수들은 조금 안다고 건방진 태도보다는 조금 공부가 부족하더라도 겸손하고 성실한 인상을 주는 것을 더 선호한다. 그런 면에서 대학 공부의 기초가 되는 영어 공부, 제2외국어 공부, 컴퓨터 활용 능력 향상 계획 등 학문의 기초 영역에 해당되는 공부 계획을 언급한다.

④ 학풍에 충실하라

대학은 기본적으로 학문하는 곳이다. 교수는 기본적으로 이론 연구에 평생을 헌신하는 사람들이다. 따라서 지나치게 실용적인 학문의 효용에만 관심을 보여 서술한다면 물질적인 것만 추구하는 것으로 인상을 줄지 모른다. 각 대학마다 독특한 학풍이 있고, 이 학풍에 충실한 학업계획서가 호감을 준다.

⑤ 패기를 드러내라

학업계획서가 패기를 드러내면 좋지만 조금만 강하게 서술해도 건방진 인상을 주기 쉽다. 노벨상에 도전하고 싶다거나 외국 대학의 교수가 되고 싶다는 등의 서술은 가능성이 있다 하더라도 그 과정이 설득력을 지녀야 한다. 그리고 고등학교까지의 수상 경력이나 이력이 뒷받침이 되어야 한다. 자칫 건방진 인상을 주지 않도록 조심스럽게 그러나 젊은이다운 패기가 드러나야 좋은 글이다.

⑥ 지망하는 학문 분야에 대한 안목을 보여주라

지망하는 학과(부)에 얼마나 많은 애정과 관심을 가지고 지내왔는지, 얼마나 준비가 철저했는지를 보여주는 것도 좋은 방법이다. 이런 내용의 서술은 추상적인 진술로 하면 오히려 역효과를 줄 수도 있다. 구체적인 예를 들어 설명할 수 있어야 설득력이 높다.

05 학업계획서 작성 요령

- 학부 및 계열 모집일 경우는 전공하고자 하는 학과를 먼저 선정하라.
  - 장점, 특기, 적성, 취미 등이 학과와 부합되어야 한다.
- 지원하는 학과에 대하여 사전에 충분히 준비하라.
  - 지원하는 학과에 관심과 안목이 있음을 간접적으로 어필해야 한다.
- 독창적이고 신선한 느낌이 들게 하라.
  - 형식적이고 일반적인 계획서는 삼가고, 신선한 아이디어를 짜야 한다.
- 체계적이고 실현 가능하게 하라.
  - 과도한 과장 문구는 삼가고 실현 가능한 내용으로 기술해야 한다.
- 열의와 패기를 보여 주어라.
  - 대학 생활을 자신 있게 할 수 있다는 것을 보여주어 좋은 인상을 받아내야 한다.
- 계획은 단기와 중장기 계획으로 나누어 서술하라.
  - 단기 계획은 1학년, 1학년 여름방학, 2학년 등 언제 무엇을 하겠다는 것을 항목별로 세분화하여 서술하되, 간단명료한 느낌을 주도록 한다.
  - 중장기 계획은 대학 생활 내내 또는 1, 2학년 등, 기간이 긴 경우 할 계획을 작성한다.
- 졸업 후 해당 분야에 헌신하고자 하는 열의를 보여라.
  - 생명과학과에 지원했으면 연구소에 들어가 훌륭한 생명공학자가 되겠다고 해야 한다.
  - 간호학과에 지원했으면 낙후된 곳을 찾아가 무료 봉사 활동에 많은 시간을 투자하겠다고 해야 한다.
- 문장, 문맥, 어휘 등이 여러 번 수정을 거쳐야 좋은 학업계획서가 된다는 것을 명심하라.
  - 국어 선생님이나 전문가의 마지막 수정 감수를 거쳐야 하며, 학교 선생님의 자문을 구해야 한다.

(1) 서울대학교 학업계획서(예문 ①)

1. 지원 동기와 진로 계획을 중심으로 1000자 내외(띄어쓰기 포함)로 기술하여 주십시오.

영문학과 국문학을 자유자재로 넘나들 수 있도록 폭 넓은 문학 공부를 하겠습니다. 제가 영어영문학과에 지원하게 된 것은 우리 나라의 작품들을 적합한 영어 문장으로 번역하고 싶어서입니다. 노벨문학상에 관심을 갖게 된 때는 고등학교 시절 영자 신문반 기자 활동을 할 때였습니다. 우리 나라에서 노벨문학상이 나오지 않은 것은 아직 우리 나라 작가의 역량이 부족하다는 것과 우리 나라가 세계에 미치는 영향력이 크지 못하다는 것 등의 이유가 있지만, 저는 번역상의 문제도 그에 못지않게 크다고 생각했습니다. 우리 나라 특유의 토속어, 의성어, 의태어 등이 번역되는 과정에서 문학적 맛을 잃어 작품이 평가절하되었다는 느낌을 받았습니다.

학교 내에서 활발히 학습할 뿐 아니라 연합 동아리 등을 통해 다른 학교 학생들과도 만나며 인생의 경험을 넓히겠습니다. 문학 작품은 경험을 바탕으로 씌어지고, 우리의 삶을 보여주기 때문에 경험을 쌓는 것이 문학 공부에 많은 도움이 된다고 생각합니다. 또한 꼭 문학 공부만을 위해서가 아니라, '노마지지'라는 말이 있듯이 경험은 삶의 지혜를 가르쳐주기 때문에 매우 중요하다고 생각합니다.

영어 문화권에 대해 자세히 알려면, 그것이 직접 피부에 와 닿는 것이 중요하다고 생각합니다. 그래서 영어 문화권에서 일정 기간 체류할 계획입니다. 여러 지방에 살아 보면서 그 지역의 사투리, 생활양식 등을 배우며 계속 문학 공부를 하겠습니다.

단순히 한글을 영어로 바꾸는 번역가가 아니라 작가의 의도나 문학적인 표현들을 살려 또 하나의 창작품을 만들어 내는 번역가가 되어 우리도 노벨문학상의 반열에 오를 수 있도록 노력하겠습니다.

2. 지원 학과(부) 또는 전공 분야를 선택하게 된 동기를 400자 내외로 기술하시오.

저는 고등학교에서 영자 신문 기자로 활동했습니다. 평소 영어 공부에 흥미를 느꼈던 저는 영자 신문 기사를 접하면서 영어를 익히는 데 많은 도움이 되었습니다.

그러던 중 신문에 노벨상에 관한 기사를 싣게 되었습니다. 우리 나라에서는 아직까지 노벨문학상 수상자가 나오지 않고 있어 안타까운 마음이 들었습니다. 물론 작가의 역량 부족 때문일 수도 있겠지만, 일제 강점기와 6·25 전쟁으로 수난을 겪었던 우리 나라는 문학 분야보다는 산업 발전에 이바지해 왔던 때문이라는 것을 알게 되었습니다. 한국 문학이 영어로 번역되는 과정에서도 부족한 점이 많았다는 것을 알게 되었습니다.

그 후로 저에게 꿈이 생겼습니다. 저는 서울대학교 영어영문학과에 입학해 영어를 깊이 있게 공부하고 이해한 뒤에 우리 문학을 번역해서 세계에 알리는 사람이 되고 싶습니다.

(2) 이화여자대학교 학업계획서(예문 ②)

1. 고등학생 시절 자신이 겪었던 가장 큰 위기 혹은 좌절 상황을 설명하고, 그 상황을 극복하기 위한 과정에서의 자신의 감정과 노력을 기술하십시오.(띄어쓰기 포함 600자 내외)

제 인생의 가장 큰 위기는 외고 입시에 실패했던 경험입니다. 몇 년 동안 온 힘을 다해 노력한 일을 이루지 못했다는 좌절감은 담임 선생님과 부모님의 위로와 격려에도 불구하고 떨쳐내기 어려웠습니다. 그때 읽은 한비야의 '걸어서 지구 세 바퀴 반'은 하나의 충격이었습니다. 많은 어린아이들이 고통을 겪으며 살아가지만 결코 미래에 대한 꿈과 희망을 포기하지 않은 모습들이 마음에 와 닿았습니다.

그 해 겨울, 부모님의 권유에 따라 미국 아이비리그 대학 방문 연수에 참가하게 되었습니다. 세계 제일의 명문 대학들을 돌아보며 제 자신의 꿈에 대해 구체적으로 생각해보게 되었습니다. 그 후로 어학 부문에 더 큰 관심을 가지고 토플에 응시하였고 일본어 급수시험에 통과했으며 학교에서 일본어 교과 성적 1위로 상을 받기도 하였습니다. 2학년 때 학급 부회장으로 활동하면서 다른 사람에 대한 배려와 이해의 폭을 넓힐 수 있었고 리더십의 중요성을 배울 수 있었습니다. 또한 국제 이해반 회원으로서 펜팔을 통해 친구들을 사귀고 일본 자매 학교에 다녀왔던 일은 미래를 준비하기 위한 특별한 경험이었습니다.

돌이켜보면 난생 처음 맞았던 실패와 그것을 극복하는 과정은 제 삶의 목표를 보다 구체화시킬 수 있는 기회가 되어 저의 고교생활을 더욱 활기차게 해 주었습니다. 이를 통해 눈앞에 닥친 어떤 어려움도 '긍정의 에너지'로 바꾸는 계기가 되었습니다.

2. 지원 학과 전공 및 자신의 특기 · 특성 · 특별한 자질과 관련하여 입학 후의 학업 계획과 졸업 후의 진로 계획을 체계적으로 쓰시오. (띄어쓰기 포함 600자 내외)

저는 인문과학부에 진학하여 영문학을 전공하고 싶습니다. 저는 어린 시절부터 외국어에 흥미가 있어서 영어뿐만 아니라 독일어와 일본어 학습에도 꾸준히 노력해 왔습니다. 외국어에 대한 관심은 그 언어권의 문화와 사회, 역사에 대한 관심으로 이어져 다양한 문학 작품과 고전을 읽고 글을 써 보면서 미숙하나마 작품을 이해하려고 노력했습니다.

또한 정보화 시대에 따라 디지털 미디어 글쓰기 영역에도 관심이 많습니다. 저는 미래의 가능성을 실현하기 위해 영어교육과 영미 문학 영역에서 명문인 이화여대 영문학과가 최선의 선택이라고 생각합니다. 입학하게 된다면 영문학 외에 독어독문학을 복수 전공하면서 언어교육원에서 영어와 일본어, 독일어 실력을 다질 것이고, 다양한 컴퓨터 관련 자격증 취득과 교직 과정 이수를 병행할 계획입니다. 또한 3학년 때는 교환 학생 프로그램과 해외 어학연수에 적극적으로 참여함으로써 국제적 감각을 키울 것입니다.

이 밖에도 제 자신의 종교적 신념을 실천하기 위한 동아리 활동과 교회 학교에서 봉사하는 기회를 갖고자 합니다. 현재 관심이 있는 영어교육과 영미 문학, 디지털 글쓰기 영역 전반에 걸친 폭 넓은 이해를 바탕으로 졸업한 후에는 그에 대한 전문화와 실용화를 위해 디지털 미디어 학부 대학원에 진학할 계획입니다.

제 자신의 다양한 가능성을 열어둔 채 긍정적인 태도로 쉼 없이 도전하여 제 삶의 꿈을 이루어 갈 것입니다.

3. 대학 재학 중 학업 계획(정규 교과 이외의 교내·외 활동, 적성 및 능력 계발 계획 포함)과 대학 졸업 후 지망 진로를 800자 내외로 기술하여 주십시오.

진정한 국어 교사가 되기 위해 먼저 국어에 대한 정확하고도 넓은 지식을 갖추도록 노력하겠습니다. 다양한 제재의 글을 가르쳐서 그런지 국어 선생님들은 아는 게 참 많은 것 같습니다.

저도 국어와 문학을 학생들에게 좀더 쉽게 이해시키고 잘 가르치기 위해서 다방면의 박학다식한 지식과 수많은 경험을 쌓겠습니다. 물론 그러한 작업들이 쉽지 않으리라는 것을 잘 알고 있습니다.

그러나 서두르지 않고 차근차근 최선을 다하겠습니다. 그리고 그런 지식을 습득하고 나서는 문학에 대한 감상 능력을 더욱 열심히 키우고 싶습니다. 특히 고전 문학을 깊이 있게 공부해 보고 싶습니다.

제가 만일 국어 선생님이 된다면 대학에서 공부한 지식과 경험을 토대로 아이들을 가르치기 위한 수단으로서가 아니라 제대로 된 선생님이 되기 위한 자질을 기르는 데 의의가 있음을 잊지 않겠습니다.

학생들에게 지식을 전달하는 일반적인 교습이 아닌 학생들과 함께 어울려서 탐구하고 배워 가는 상호 작용이 일어나는 학습을 실현시키고 싶습니다. 부족함 없이 자라나는 도시 아이들에게 인간다움을 느낄 수 있는 배움의 장을 만들어 주는 것이 저의 바람입니다.

(3) 서울여자대학교 학업계획서(예문 ③)

1. 다음 중 하나를 선택하여 □ 안에 ∨표를 한 후, 그 주제에 맞게 자유롭게 기술하십시오.

☑ 자신의 삶에 영향을 미친 가장 중요한 사건이나 경험을 설명하고, 그것이 자신의 가치관 혹은 인생관에 어떠한 영향을 주었는지를 기술하십시오.

□ 고등학생 시절 자신이 겪었던 가장 큰 위기 혹은 좌절 상황을 설명하고, 그 상황을 극복하기 위한 과정에서의 자신의 감정과 노력을 기술하십시오.

□ 고등학생 시절 자신이 가장 관심을 기울였던 사회 문제가 무엇인지 설명하고, 그 문제의 해결을 위해 자신이 앞으로 기여할 수 있는 방법은 무엇이라고 생각하는지를 구체적으로 기술하십시오.

얼마 전 '만두 파동'이 있었습니다. 매스컴은 한결같이 더럽고 불결한 만두의 재료를 보여주었습니다. 사람들은 신문이나 텔레비전 뉴스를 보고 경악을 금치 못했습니다. 만두 빚기만 20년을 해온 부모님께서는 하루아침에 죄인이 되었습니다. 수십 년을 자수성가(自手成家)하여 쌓아온 노력과 정성이 하루아침에 무너졌습니다. 식당 종업원의 수가 20명이었는데 가게를 지나다니는 사람들의 혐오스런 눈초리가 두려워 종업원이 하나 둘 그만둔 것을 계기로 또 한 차례의 폭풍이 불어닥쳤습니다. 성실하게 가게를 꾸려온 부모님께서 가게를 확장한 것이 못내 배가 아팠던 부모님과 가깝게 지내던 한 사람이 만두에서 이쑤시개가 나왔다고 모함을 한 것입니다. 부모님께서 법원 출입이 잦은 관계로 집도 가게도 쑥대밭이 되었습니다.

얼마 후 식약청의 해명이 밝혀지고, 법원에서 무혐의가 드러나고, 만두 파동이 가라 앉으면서 부모님께서는 당신들이 일궈온 밭에다가 다시 씨를 뿌리기 시작했습니다. 가게를 떠났던 종업원들은 그전보다 더 일치 단결했습니다.

부모님이 경영하신 가게는 작은 기업이었습니다. 부모님께서는 궁지에 몰린 당신들의 처지보다도 종업원들의 생계에 대하여 더 마음을 쓰셨습니다. 배운 것이 별로 많지 않은 분들이라 겸손과 성실, 희생과 봉사 정신으로 당신들의 일터에서 그때보다 더 밝고 아름다운 꽃을 피우셨습니다. 동생과 저는 시간이 있을 때마다 부모님을 도와 카운터 일을 보면서 은연중에 경영을 배웠습니다. 제가 굳이 경영학과를 선택한 것도 무언으로 성실을 실천하면서 가족과 이웃에게 최선을 다하는 부모님의 영향 때문입니다.

---

2. 다음 중 하나를 선택하여 □ 안에 ∨표를 한 후, 그 주제에 맞게 자유롭게 기술하십시오.

☑ 가장 감명 깊게 읽은 책(2~3권)에 대하여 감명 받은 개인적인 이유를 요점적으로 기술하십시오.

□ 자신이 가장 소중하게 생각하는 고등학생 시절의 지적 성취 경험에 대해서 설명하십시오. 단, 시험 성적이나 석차 등을 나열하기보다는 자신의 창의적인 학습 활동 내용 및 과정 등을 중심으로 기술하십시오.

□ 전공 선택에 영향을 미친 중요한 경험(인물, 사건, 서적 등)을 구체적으로 기술하십시오.

'제인에어'는 19세기 영국에서 있었던 이야기입니다. 그 당시 사회로서는 상상할 수 없었던 여인상이 소설로 등장한 것입니다. 예쁘지도 부유하지도 않은 평범한 여자 제인에어는 남자의 부속품이 아니라는 사실을 또렷이 일깨워주는 역할을 했습니다.

여자란 온실의 화초처럼 곱게 자라 좋은 집안으로 시집가는 게 최고의 행복이라고 여기던 시절이었으니 한때 사회의 반감이 어땠는지 알만도 합니다.

작가 샬로트는 사랑의 고통을 감당할 길이 없어 자신의 이야기를 글로 썼습니다. 자기가 직접 경험한 이야기를 가장 잘 썼을 때 남을 감동시킨다는 것을 알 수 있었습니다.

'춘향전'에서 춘향은 천한 신분임에도 불구하고 사회적 관념을 뛰어넘었습니다. 사대부 집안 자제인 이 도령과의 사랑을 지키기 위해 온갖 고통을 받아들이고 끝내 사랑을 얻어내고야 만 것입니다.

진실한 사랑은 양반들끼리만 하는 것이 아니라는 것을 속 시원하게 풀어내 주고 있는 우리 나라의 고전 '춘향전'처럼 그 당시 사회의 관습을 무너뜨린 '제인에어'가 가슴속으로부터 강렬하게 다가왔습니다.

제인에어나 춘향이처럼 시대를 뛰어넘는 여성이 되고 싶습니다.

(4) 각 계열별 학업계획서(예문 ④)

① 경상 계열

> 아직 배우는 학생이기에 부족한 점도 물론 많습니다. 대학에 진학하면 훌륭한 교수님들의 가르침과 폭 넓은 서적을 접하면서 제 자신의 부족한 부분을 채우고 다듬어서 모두에게 사랑받는, 이 사회에 꼭 필요한 사람이 되도록 노력하겠습니다.
> 제가 만약 서울대학교에 진학한다면 무엇보다도 학과 공부에 충실할 것이며, 경영학에 대한 전문 지식을 습득하고, 1~2년 동안 해외로 나가 언어 연수를 하면서 어학 공부를 하는 동시에 세상을 크게 눈떠보고 싶습니다.
> 또한 선진국들의 발달된 사회를 고찰하여 국제적인 경영 안목을 길러 우리 나라에 접목할 수 있는 부분도 연구하겠습니다. 그리고 부와 명성에 얽매이는 경영인이 되기보다는 철학이 있는 경영인이 되기 위해 노력하겠습니다. 저의 조그만 노력이 사회의 발전에 이바지할 수 있다면 그것으로 만족하는 겸허한 경영자가 되고 싶습니다.
> 자기가 하고 싶은 일, 좋아하는 일에 애정을 갖고 몰두하는 것이 얼마나 아름다운지 느끼고 그 나름대로 가치를 빛내고 싶습니다. 때로는 좌절과 고통을 때로는 승리의 기쁨과 봉사의 뿌듯함을 동시에 느껴 가면서 경영학을 열심히 배워 저의 경영 철학을 굳건히 세우겠으며, 제 자신이 우리 사회에 필요한 존재가 되고자 노력하면서 꾸준한 길을 가고자 합니다.

② 의학 계열

> 저의 장래 희망은 의사입니다. 저의 부모님께서 병으로 돌아가시는 걸 보고 다짐했습니다. 부족한 제가 만약 입학이 허락된다면 부모님과 같이 고통받는 환자들을 돌보기 위해 최선을 다하고 싶습니다.
> 대학에 진학하게 되면 1학년 때는 생물 의학 분야에 전반적인 지식을 익히고 싶습니다. 그리고 2학년이 되면 더욱 깊이 있게 전공 분야의 공부에 매진하고 싶습니다. 특히 어머니께서 신경경화증으로 돌아가셨기 때문에 인간의 신경 계통과 뇌의 메커니즘에 대해 연구하고 싶습니다. 또한 교외 활동에도 적극적으로 참여하고 싶습니다. 농촌 봉사활동이나 장애인 시설 봉사활동 등을 해보고, 견문을 넓혀 훌륭한 의사의 덕목을 쌓아가고 싶습니다.
> 수많은 의과대학 중 굳이 00대학교 의과대학을 고집하는 이유는 널리 대중을 구한다는 제중원의 이념이 지난 세기 동안 실천해 온 유일한 곳이며, 그러한 실천적 사랑의 틀 속에서 저의 꿈과 가능성을 키우고 싶기 때문입니다.
> 의과대학에 진학한 후에는 다양한 봉사활동을 통해 진정 어려운 이들 속에 제 자신을 묻고자 합니다. 물고기가 물을 떠나서 살 수 없듯, 의사가 되고자 하는 저의 각오를 채찍질하기 위해 노력, 봉사, 헌신의 과업을 스스로의 내면에서부터 실천하려고 합니다.

③ 자연 계열 (건축학과)

'창조하는 것은 그것은 두 번 사는 것이다.' 저는 이 글귀가 담고 있는 의미가 무척 가슴에 와 닿습니다. 온갖 유행들로 획일화된 것들에서 벗어나 나만의 창조적인 삶을 살고 싶기 때문입니다. 그래서 앞으로 제가 나아갈 길도 창조적 성격이었으면 하는 것입니다. 그런 면에서 저는 예술 분야와 공학 분야의 요소를 함께 지니고 있으며 다양한 삶을 수용할 수 있는 공간을 창조해 내는 건축학에 대해서 공부하고 싶습니다.

우선 건축 설계 및 공간 구성 이론, 건축 구조, 기술, 건축 환경 같은 구체적 분야를 공부할 것입니다. 또 학문적으로 깊게 들어가 박사 과정을 밟고 싶습니다. 기회가 된다면 열심히 공부하여 이 방면의 최고가 되고 싶습니다.

(5) 대학 진학 후의 학업 계획과 졸업 후의 희망 진로

대학 진학 후의 학업 계획, 무엇을 전공할 것인가? 졸업 후에 어떤 일을 하고 싶은지 등 전공과 관련된 학업 계획을 준비해야 한다. 학업 계획, 즉 수학 계획은 정규 교과 과정과 관련된 것과 교과 과정 이외의 것으로 나누어 생각할 수 있다. 그러므로 선택한 학과의 교육 내용과 학문적 전망 및 졸업 후 진로에 대해 파악해 두어야 한다.

대학 진학 후의 학업 계획 – 조경학과 (예문)

저는 조경 디자이너가 되고 싶습니다. 저는 우선 학교 교육 과정에 충실하며 조경학의 전반적인 개념 및 기초 지식을 철저히 습득할 것입니다. 그리고 철학, 사회학, 지리학, 심리학 등 다양한 인문 사회과학 과목을 수강하겠습니다.

자칫 나태해질지도 모를 저 자신을 경계하기 위해 4년 동안 성적 우수 장학생이 되도록 노력하면서 외국어와 컴퓨터 공부를 충실히 할 것입니다. 선진국의 자매 학교에 교환학생 프로그램에 참여하여 선진국의 조경학에 대한 다양한 자료들을 수집하고 싶습니다. 또한 컴퓨터 그래픽 공부를 조경 계획과 설계에 응용할 수 있을 때까지 열심히 하겠습니다. 그리고 인터넷을 이용하여 세계 여러 나라들에서 조경학을 공부하는 학생들과 대화를 나누고 정보를 교환함으로써 세계를 향한 열린 사고를 갖도록 하겠습니다.

또 여행을 많이 하겠습니다. 철학과 미학, 사회학, 예술 분야 등 다양한 독서를 하며 독후감을 꼭 써 보겠습니다. 방학 때는 배낭여행을 통하여 국내외 곳곳을 두루 여행하며 제 학문적 기초를 넓힐 수 있도록 하겠습니다.

이후엔 대학원에 진학하여 조경 디자인 분야를 공부하겠습니다. 이 지구상에서 가장 훌륭한 인공 구조물을 설계한 조경 디자이너가 되기 위해 석사 과정은 국내에서 박사 과정은 선진국에서 공부하고 싶습니다. 한국을 대표하는 조경 디자이너가 되어 그린피스와 같은 환경 운동에 참여하는 것이 제 꿈이기 때문입니다.

제3부

[논술 기초 이론]

제1편

논술 기초

논술이란? 사물의 논리적(論理的) 근거를 들어 자신의 의견이나 주장을 내세워 널리 동의를 얻기 위한 글이다. 이에 반대되는 견해를 분석·반박하여 한 편의 글로 표현하는 것을 말한다. 즉, 자기의 의견이나 주장이 타당함을 상대방에게 예증이나 근거를 제시해 가며 설득하는 글이다.

논설문(論說文)이 형식에 의해 자기의 주장이나 의견을 제시한 글이라면, 논술은 자기의 의견을 논리 정연하게 형식에 구애받지 않고 서술(敍述)한 글이다.

01 논술의 목적

① 문제 해결을 위한 논리적이고 체계적인 사고 능력을 키우기 위해서이다.
② 비판적(批判的)인 독서와 체험을 사고 능력과 조화시키기 위해서이다.
③ 자신의 생각을 글로써 설득력 있게 표현할 수 있는 표현력을 키우기 위해서이다.

02 창조적 논술(좋은 글)이란?

① 자신의 목소리로 말하는 독창적(獨創的)인 글이다.
   (상투적 제재가 아닌 자신의 체험에서 얻는다.)
② 주제나 문제에 대해 자신(自身)의 입장을 잘 나타낸 글이다.
   (상식적인 결말이 아닌, 참신한 해결 방안을 제시한다.)
③ 자신의 생각이 질서정연(秩序整然)하고 조리 있게 표현(表現)된 글이다.
   (상투어나 관용적 표현이 아닌 자신의 어휘를 사용하는 것이다.)

03 좋은 글을 쓰려면

좋은 글과 접해야 한다. 긍정적인 책, 미래 지향적인 책, 정의와 진실(眞實)을 다룬 책, 온정과 사랑으로 불의를 이기는 책을 많이 접해야 좋은 글을 쓸 수가 있다.

학생들이 쓴 글을 읽어보면, 사용 어휘의 종류가 다양하다. 교양 문화적인 어휘, 영롱한 시적인 어휘, 코믹한 어휘, 폭력적인 어휘, 공상 과학 어휘, 탐정 어휘, 공포 어휘, 선정적인 어휘 등으로 나누어지는데, 글쓴이마다 사용 어휘가 다른 것은 각기 읽은 책의 종류가 다르기 때문이다.

04 논술(글쓰기) 준비는 어떻게 해야 하는가?

① 요약 연습으로 독해력(讀解力)을 길러야 한다
신문 사설과 같은 비교적 짧은 글로 요약 연습을 시작한 후, 익숙해지면 문학 작품 등으로 연습을 하면 배경 지식을 쌓는 데 도움이 된다.

② 비교·대조 연습으로 사고력(思考力)을 넓힌다
제시문 간 유사성과 차이점을 살피고, 공통으로 다루고 있는 대상은 무엇인지, 무엇을 기준으로 서로 다른 견해를 보이는지 연습이 필요하다. 같은 사안에 대해서도 서로 다른 주장과 견해를 다룬 글들(신문 사설, 칼럼, 윤리·사회 교과서 등)을 읽으면서 자기의 견해를 정립한다.

③ 시사적(示唆的) 문제와 그 배경을 파악해야 한다
다양한 제시문을 통해 좀더 포괄적인 관점에서 문제점과 해법을 찾아내고 생각한다. 사회적 이슈가 되고 있는 자살과 이혼 문제, 줄기세포, 남북 문제에 대하여 접근해보고 그와 유사한 자료를 조사하여 해법을 찾아보도록 한다.

④ 반복적(反復的)으로 글쓰기 연습을 한다
백문불여일견(百聞不如一見)이라는 말이 있다. 생각하는 것과 실제로 써 보는 것은 다르다. 특히 원고지 분량에 제한이 있기 때문에 충분히 연습을 하지 않으면 실전에서 낭패를 보게 된다.

05 논술을 쓸 때 지켜야 할 사항

① 주어진 주제를 바르게 파악해야 한다. (문장의 이해 능력)
② 배경 지식이 있어야 한다. (다양한 독서)
③ 논리적 전개 방법으로 써야 한다. (철저한 이론 학습)
④ 학생이 아니라 성인 입장으로 바르게 써야 한다.
⑤ 구체적 현상을 본질적 측면에서 다루어야 한다.
⑥ 최대한 짧은 문장으로 간결하게 써야 한다. (첫 문장 잘 쓰기)
⑦ 지나친 과장을 피해야 한다.

제2편

논술을 잘 쓰는 방법

01 논술을 잘 쓰려면 어떻게 해야 할까?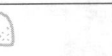

① 많이 읽어야 한다. (多讀)

글을 많이 읽으면 어휘력이 증가되고, 주어진 글을 이해할 수 있는 능력이 생긴다. 해박한 지식과 폭 넓은 체험을 얻을 수 있다.

② 많이 써 보아야 한다. (多作)

옛말에 '백문불여일견'이라는 말이 있다. '백 번 듣는 것보다 한 번 보는 것이 낫다.' 는 말과 같이 글쓰기는 읽는 것보다는 꾸준하게 쓰는 연습과 노력이 있어야 한다. 특히 글쓰기의 초보자는 어떻게 써야 할지 몰라서 헤매는 경우가 있다. 글을 쓰는 일에 열중하다 보면 좋은 성과를 거둘 수 있다.

③ 많이 생각하여야 한다. (多商量)

어떤 현상에 대하여 자기 나름대로 음미하고, 검토하며, 분석하고, 비판함으로써 다른 사람들이 미처 찾아내지 못했거나 지나쳐 버린 사항을 끌어내서 써야 한다. 사물에 대한 날카로운 관찰력과 예민한 감수성을 꾸준히 길러야 한다.

02 논술을 잘하기 위한 평소의 공부 방법

좋은 논술문을 작성하는 3가지 요소는 독해력, 사고력, 문장력이다.

① 독해력은 글을 읽고 이해할 수 있는 힘이 있어야 한다. '부활'이나 '국부론' 같은 글을 읽고 내용을 이해할 수 있어야 한다. 좋은 글을 많이 읽고, 읽은 글에 대한 자신의 생각을 정리할 줄 알아야 한다.

② 사고력은 사고를 할 수 있는 능력을 말한다. 자신이 읽은 고전을 여러모로 해석해 보고 그것을 현실과 관련시키는 힘이 있어야 한다. 소설 작품의 경우 단순히 이야기 전개만 파악하는 데 그치지 말고 그것이 나와 우리의 삶에 어떻게 연관되는지 알아보아야 한다.

③ 문장력은 글을 쓰는 데 있어서 가장 기초적인 능력이다. 일기 쓰기, 편지 쓰기 등 글을 많이 써 보는 것이 효과적이다.

이상에서 살펴본 세 가지는 결코 단시일 내에 실력 향상을 기대할 수 없는 것들이다. 6개월 이상의 장기적인 계획을 세워 꾸준히 노력해야 한다.

마지막으로 논술 답안을 한 편 작성한 후 반드시 다른 사람(선생님, 선배, 친구)에게 보이고 잘못을 지적받아야 한다는 점을 강조해 둔다. 그렇지 않으면 무엇이 잘못되었는지 몰라서 동일한 잘못을 반복할 수 있기 때문이다.

■ 각 대학교별 논술 담당자의 조언

❀ 서울대학교

논술고사는 단기간의 준비로 어떤 성과를 거둘 수 있는 것이 아니다. 독서와 작문의 생활화가 논술고사를 성공적으로 치를 수 있는 지름길이다. 평소 폭 넓은 독서가 필요하며, 글쓰기를 생활화하는 자세가 필요하다. 어떤 글을 읽고 그 내용을 분석적이고도 종합적으로 이해하는 방법을 익히고, 그 글에 제시되고 있는 문제들에 대한 자신의 견해를 논리적으로 서술하는 훈련도 이루어져야 한다.

대학 입시를 준비하고 있는 수험생과 논술을 지도하는 교사들에게 참조가 될 수 있도록 다음과 같은 실제적인 문제들을 중심으로 몇 가지 사항을 제안하기로 한다.

첫째, 정확한 어휘, 어법에 맞는 문장을 써야 한다.

둘째, 논제의 지시 사항과 논점을 제대로 파악해야 한다.

셋째, 구체적인 논의가 필요하다.

넷째, 논리적인 구성이 필요하다.

다섯째, 결말을 명료하게 맺어야 한다.

❀ 연세대학교

많은 학생들이 논술 문제를 대할 때, 마치 미리 정해진 답변이라도 있는 듯 여기는 경향이 있다. 그래서 도덕적이고 바람직한 대답이라고 생각되는 쪽으로 논술문을 쓰기 때문에 비슷한 논리와 예들이 많이 나온다. 그렇게 되면 독창성이나 창의성에서 점수를 받기가 어렵다.

그러나 논술은 자신의 생각을 논리적으로 설득력 있게 전개하는 능력을 우선적으로 평가하는 시험이므로 정답이 없다. 그 문제를 얼마나 깊이 생각해 보았으며, 그 생각을 얼마나 잘 표현했는가 하는 것이 논술에서는 무엇보다도 중요하다. 따라서 논술을 잘하려면 항상 모든 문제를 자신의 눈으로 보고 생각하는 습관을 길러야 한다.

🌸 이화여자대학교

맞춤법 등 형식상의 오류, 실수를 저지르지 않기 위해서 학생들은 어떻게 해야 할까? 우선 바른 어법·어휘의 사용을 생활화하는 것이 무엇보다 중요하다. 논술 연습 때만 이에 관심을 쏟을 성질의 것이 아니다. 수업 시간에 필기를 할 때, 친구에게 편지를 쓸 때, 심지어 낙서를 할 때조차 이에 유의하여, 완전히 몸에 배도록 습성화해야 한다. 바른 어법·어휘의 사용은 글쓰기만 아니라 모든 언어 생활의 기초이므로 이의 생활화는 반드시 이룩해야 할 우리의 과업이다.

논술이란 주체적이고 창의적인 사고 능력의 함양을 위한 것이므로 좋은 논술이란 당연히 스스로의 사고 노력이 투사된 글이다. 그리고 사고의 풍부함과 새로움과 깊이를 위해서는 무엇보다도 많이 읽고 생각하며, 특정의 주제나 문제에 대해 자신의 입장을 내세우고, 이를 논증하기 위해 자신의 생각을 질서정연하고 조리 있게 표현하는 연습을 부단히 해 나가지 않으면 안 될 것이다.

🌸 경희대학교

논술을 잘하기 위한 기본 덕목은 독서이다. 남의 글을 많이 접해 보면 글의 주제나 내용에 대한 이해, 지식의 습득뿐만 아니라 구성 및 문체 등의 훈련도 아울러 하게 되며, 자연스럽게 어휘력도 향상될 수 있을 것이다. 풍부한 독서 없이 단시일에 습득한 문장 구성의 기교나 가벼운 재치만으로 글을 쓰고자 한다면, 그 논술문은 품위와 무게가 없다. 긴 분량의 책 읽기가 벅차다면 풍부한 소재가 단문 형식으로 많이 담겨 있는 책을 두루 섭렵하는 것도 도움이 될 것이다. 현장감 있는 소재를 얻으려면 틈틈이 신문 기사나 사설들을 읽는 것도 중요하다.

🌸 고려대학교

고려대학교의 자연계 논술고사는 과학의 본질, 과학의 특성, 과학의 목적 등과 같은 '기본적인 이해'를 묻는 방향으로 출제될 것이다. 이러한 출제 방향을 통하여 학생들로 하여금 과학의 본질에 대해 근본적으로 성찰해 보는 학습 자세를 유도하고자 한다.

🌸 부산대학교

어떤 글이든지 읽는 사람에게 좋은 인상을 줄 수 있는 글은 구체적인 표현으로 씌어진 글이다. 예를 들어 '인간과 자연은 같은 운명이다'와 같이 아무런 사례나 근거 없이 이러한 표현을 지루하게 반복하는 글은 아무런 의미가 없다. 특히 적지 않은 답안에서는 제시문에 나타난 문장을 반복해서, 그리고 조금씩 문투나 어감을 바꾸어 가면서 나열하고 있다. 이러한 답안은 전혀 좋은 점수를 받을 수 없다. 가능한 한 제시문의 자료 글과는 다른 참신한 소재와 관점을 이용해서 글을 구성해 나가는 연습을 해야 할 것이다. 글이 살아 있다는 느낌과 '참신한 인상'을 주기 위한 방법으로는 구체적이고 정확한 사례를 이용해서 일반론적인 사실을 풀어나가는 훈련을 많이 해야 할 것이다.

❀ 서강대학교

많이 읽고, 많이 쓰고, 많이 생각해야 하며, 일간지 사설을 하루에 한 편이라도 읽어본다. 사설의 내용과 형식을 분석해 보고, 논리의 전개 과정, 단락의 구성, 설득력과 반론의 여지를 생각해본다.

❀ 전남대학교

① 논술이 지닌 통합 교과적 성격을 이해해야 한다

논술 자체가 또 하나의 교과목이 아니라 하나의 평가 방식이라는 점을 유의해야 한다. 모든 교과목이 논술 과정을 거치고 바로 그런 과정을 통해서 전반적인 논술 능력의 향상을 기대할 수 있다. 학교 수업이 토론 중심으로 바뀌어야 할 이유가 여기에 있다.

② 다독(多讀), 다작(多作), 다상량(多商量)이라는 글쓰기의 일반 지침은 논술에서도 유효하다

비판적 독서를 통해 배경 지식을 튼튼히 하고, 자주 써 보아야만 글쓰기에 대한 두려움을 없앨 수 있으며, 삶과 세계의 다양한 문제들에 대해 평소 자기 나름의 생각을 갖도록 적극 유도해야 한다.

③ 글쓰기의 일종인 논술의 특성을 정확히 이해해야 한다

한 편의 논술문에는 기술(記述), 설명 그리고 논증이 고루 담기기 마련이다.

이 가운데에 학생들에게 여전히 부족한 것은 논증이다.

논술이 논리만으로 이루어지는 것은 물론 아니지만, 논리가 없거나 빈약해서는 좋은 논술이 될 수 없음도 당연하다.

자신의 주장을 적절한 논거로 뒷받침할 줄 아는 능력을 키우는 데에 각별한 지도가 필요하다.

④ 단시일 내에 논술 능력의 향상을 기대해서는 안 된다

입시 제도를 포함한 현행 교육제도 아래에서 학생들의 부담이 크다는 사실을 모르는 바는 아니지만, 그렇더라도 수학 능력 시험이 끝날 때까지 논술을 접어두고 짧은 시간의 집중적인 훈련으로 논술에 대처하겠다는 생각은 바람직하지 않다.

1학년과 2학년 학생들에게도 논술에 대한 꾸준한 관심을 불러일으켜 주어야 한다.

✿ 한양대학교

평소에 논술고사를 대비하는 방법으로는 폭 넓은 독서와 체험만큼 좋은 방법이 없다. 그리고 그와 같이 읽고 체험한 것들에 대해 문제 의식을 가지고 자기 나름대로 그 문제를 해결하는 방안을 생각해 보는 것이 필요하다. 그러기 위해서는 어떤 주제와 관련된 글을 읽을 때 피동적으로 따라 읽지 말고 다른 방향에서 생각해 보거나, 반론을 제기하고 스스로 더 나은 해결책을 찾아보는 등의 적극적인 자세로 읽는 것이 좋다.

그리고 평소 부닥치는 일상적인 일에 대해서도 그냥 지나치기보다는 그것의 원인을 분석해 보거나 그와 반대되는 입장이나 상황을 고려해 보는 것도 필요하다. 그러나 이때 주의해야 할 것은 그러한 기발한 생각이 적절한 논리적 근거에 의해 뒷받침될 수 있어야만 한다는 것이다. 또 논술고사를 집중적으로 준비하는 과정에서는 자신이 지망하려는 대학의 논술 모의고사 문제를 철저히 분석하는 것이 중요하다. 그것은 대개 본고사 문제가 모의고사 유형을 크게 벗어나지 않기 때문이다.

모의고사 문제와 비슷한 수준으로 출제될 만한 여러 주제들에 대해 다음과 같은 순서에 따라 답을 생각해 둘 필요가 있다.

① 이 문제의 쟁점은 무엇이며, 왜 이런 문제가 우리에게 중요한가?

② 이에 대한 견해가 엇갈리는 까닭은 무엇이며, 이 문제에 대해 나는 어떤 태도를 취할 것인가?

③ 그와 같은 태도를 취하는 이유나 근거는 무엇인가?

이러한 단계적 물음은 문제의 해결 능력을 키우는 데 도움이 될 뿐 아니라 답안 내용이 문제의 핵심에서 벗어나지 않게 해 줄 것이다. 이러한 연습은 어떤 예상 답안을 외우는 것과는 전혀 다른 일임을 명심해야 한다.

예상 답안을 외우는 것은 아주 어리석은 방법이다. 그것은 마치 수학 문제를 모두 외워서 풀겠다는 것과 같은 이치이다. 비슷한 주제로 물었더라도 제시된 자료나 질문의 방법에 따라 답안 내용이 크게 달라질 수 있음은 두말할 필요가 없을 것이다.

03 단어 쓰기

(1) 단어의 뜻

글쓰기의 기초는 단어이다. 단어와 단어가 모여서 문장이 된다. 단어를 이해하는 데는 크게 세 가지 관점에서 논의된다. 첫째 단어의 의미를 아는 것이다.

단어의 의미에는 세 가지가 있다.

사전적 의미는 사전에서 풀이되어 쓰이는 가장 기본적인 의미이다.

문맥적 의미는 문장 속에서 문맥에 따라 의미가 확장되어 쓰이는 경우이다.

함축적 의미는 문장 및 어감 등을 통해 개인이 느끼는 다양한 연상과 상징성이다. (연상적 의미, 정서적 의미라고도 한다.)

예를 들면

① 날씨가 추워지면 <u>이슬</u> 대신 서리가 내린다.
② 인간의 목숨이란 풀잎 끝의 <u>이슬</u>이다.
③ 영희의 눈망울에는 <u>이슬</u>이 맺혀 있다.

①의 '이슬'은 사전 속의 일차적 의미인 기본 의미(공기가 식어서 노점(露點) 이하로 내려갈 때 수증기가 작은 물방울이 되어 물체의 표면에 부착한 것)로 쓰였고, ②와 ③의 문맥 의미는 각각 '잠깐 있다가 사라지는 것'과 '눈물'이다.

또한, ①의 '이슬'은 드러난 뜻 밖의 다른 속뜻이나 느낌을 품지 않으나, ②의 '이슬'은 '허무감', '무상감(無常感)'을, ③의 '이슬'은 '맑고 애잔한 슬픔'을 각각 느끼게 한다.

이때 ①의 물리적인 이슬, ②의 비유적인 이슬, ③의 눈물인 이슬로서 드러난 뜻을 개념적 의미라 하고, ②와 ③의 허무감이나 슬픔의 느낌 및 연상의 내용을 함축적 의미라 한다.

사실을 밝히거나 이치를 따져 주장을 내세우는 글(논술 포함)에는 개념적 의미가 중요하고, 정서와 상상을 바탕으로 하여 쓰는 문학적인 글에서는 함축적 의미(연상적 의미)가 중요하다.

둘째, 단어와 단어 사이의 의미 관계를 아는 것이다. 단어들 사이의 의미 관계에는 동의 관계, 유의 관계, 반의 관계, 하의 관계 등이 있다.

동의 관계는 둘 이상 어휘의 의미가 완전히 같아 어떤 상황이나 문맥에서도 서로 교체되어 사용될 수 있는 경우를 말하는 것으로 '동의'와 '찬성'이 이에 해당한다.

유의 관계는 둘 이상의 어휘가 서로 소리는 다르나 의미가 비슷한 경우를 말하며 '하늘'과 '천', '천공', '대공', '허공' 또는 '어머니'와 '엄마', '어머님' 등이다.

반의 관계에는 한 쌍의 어휘가 공통된 의미 속성을 가지면서 기준에 의하여 의미가 정반대되는 경우로서 모순 관계, 반대 관계, 상대 관계 등의 여러 관계가 있다. 모순 관계는 중간 개념이 존재하지 않고 서로 상반되는 단어이며('남자', '여자'), 반대 관계는 뜻의 정도 차이가 있어 중간 개념이 있는 경우를 말하며('흰색', '검은색'), 상대 관계란 대응되는 다른 개념을 통해서 이해되는 단어('부모와 자식', '남성과 여성', '기쁘다와 슬프다')로 그 의미가 정반대되는 경우를 말한다.

하의(상의) 관계는 한 어휘가 다른 어휘의 의미를 포함하는 관계인 공(축구공, 배구공, 야구공, 농구공) 등이다. 반대로 한 어휘가 다른 어휘를 포함하는 경우를 상의 관계라 한다.

셋째는 단어의 숙어적 의미, 즉 관용적 의미를 아는 것이다. 관용적 표현의 의미는 몇 개의 단어가 구를 이루었을 때 그 의미가 달라지는 경우를 말하는데, 이는 언중의 사회적·문화적 공유에 의해 새로운 의미가 파생된 것이다.

우리는 어휘의 개별적인 의미와 용법 외에도 문장 속에서 다른 어휘들과 결합했을 때의 문맥적인 의미 파악에 유의해야 하며 정확한 의미는 사전을 참고하여 이해하는 습관이 필요하다.

📄 연습 문제

1. 다음 낱말들의 뜻과 문장을 써 보세요.

　① 문명(文明)　뜻 :
　　　　　　　　문장 :

　② 맹위(猛威)　뜻 :
　　　　　　　　문장 :

　③ 감시(瞰視)　뜻 :
　　　　　　　　문장 :

　④ 강조(强調)　뜻 :
　　　　　　　　문장 :

　⑤ 위엄(威嚴)　뜻 :
　　　　　　　　문장 :

2. 다음의 단어들은 뜻이 유사하다. 그 단어의 뜻을 쓰고 문장을 만들어 보세요.

　① 가택(家宅)　뜻 :
　　　　　　　　문장 :
　　가정(家庭)　뜻 :
　　　　　　　　문장 :

② 연세(年歲) 뜻 :
　　　　　　　文章 :

춘추(春秋) 뜻 :
　　　　　　　文章 :

 예시 답안

1	① 인지가 발달하여 인간 생활이 편리해진 상태 문명이 발달할수록 이웃간에 이기적인 생활을 하고 있다 ② 맹렬한 기세 100년 만의 한파가 연일 맹위를 떨치고 있다. ③ 경계하여 지켜봄 경비원의 감시가 매우 심하다. ④ 역설함, 강력히 주장함 일의 중요성을 강조하다. ⑤ 의젓하고 엄숙함 한 나라의 중요한 인물이 되려면 위엄이 있어야 한다.
2	① 사람이 사는 집 나는 정치범으로 몰려 가택연금을 당한 적이 있다. 가족이 함께 생활하는 곳 결혼을 하여 한 가정을 이루는 일을 인륜지대사라고 한다. ② 나이의 높임말 자당의 연세가 어떻게 되시는가? 나이의 높임말 올해 춘추가 어떻게 되십니까?

(2) 단어의 갈래

① 일반어와 특수어

㉮ 개 념

단어에는 상위 개념과 하위 개념이 있다. 어떤 단어가 있을 때, 그 단어보다 상위 개념의 단어를 일반어라 하고, 하위 개념의 단어를 특수어라 한다. 설명문, 논설문, 논술문 등, 실용적 산문에는 일반어가 주로 쓰이고, 구체적인 표현을 할 경우 뜻이 분명한 특수어로 표현한다.

〈예문 ①〉 예술은 우리 인간의 삶을 표현한 것이다.

인생을 담지 않은 문학이 있는가? 음악도 미술도 무용도 모두 마찬가지이다.

→ 일반적인 말(예술)을 하다가, 특수한 사례(문학, 음악, 미술, 무용)를 예시하고 있다.

〈예문 ②〉 현재 그는 축구 선수이며, 농구도 보통 수준이 아니다. 테니스도 물론 잘한다.

구기에 관한 한 그는 만능이다.

→ 특수한 사례(축구, 농구, 테니스)를 예시하다가 일반적인 말(구기)을 하고 있다.

ⓒ 특징 및 용도

　ㄱ 구체어인 경우, 일반어보다 특수어가 더 분명한 심상(心象)을 떠올리게 한다.

　〈예〉 울타리에 꽃이 피었다. → 울타리에 나팔꽃이 피었다.

　ㄴ 일반어와 특수어의 구별은 상대적이다.

　〈예〉 '나무'는 '식물'에 대해서는 특수어이고, '감나무'에 대해서는 일반어이다.

　ㄷ 일반어에 수식어를 쓰면 특수어가 되어, 뜻이나 인상이 선명해진다.

　〈예〉 '아이'보다는 눈이 큰 아이가, '폐수'보다는 '공장 폐수'가 특수어이다.

　ㄹ 부득이 일반어로 글을 써야 할 때도 많지만, 되도록 특수어를 써서 뜻과 인상을
　　 분명히 할 필요가 있다.

② 구체어와 추상어

　ⓐ 개 념

　　• 구체어 : 그것이 가리키는 대상이 구체적 사물의 존재로서, 단어 중에서 그 의미하
　　　　　　는 바가 사물의 모양이나 빛깔, 움직임 등을 지시하고 있어서 감각적으로
　　　　　　(시각, 청각, 촉각 등) 파악할 수 있는 것이다.

　　　　　　(하늘, 산, 꽃, 물, 나무, 짐승, 푸르다, 먹다)

　　• 추상어 : 단어 중에서 그 의미하는 바가 관념이나 성질 등을 지시하고 있어서 생
　　　　　　각을 통하여 분리되어 감각적으로 파악하기가 어려운 것이다. 가장 추상
　　　　　　성이 높은 단어인 모양, 성질 등이다.

　　　　　　(민주주의 윤리, 사상, 교양, 예의, 훌륭한)

　ⓑ 특징 및 용도

　　• 구체어 : ① 문학 작품에서 많이 사용된다.

　　　　　　② 감각적인 체험을 독자에게 직접 전달하는 데 용이하다.

　　　　　　③ 명확하고 한정된 지시 대상을 가진다.

　　　　　　④ 묘사, 서사의 글에 효과적이다.

　　• 추상어 : ① 논설문이나 설명문처럼 추상적 개념을 다루는 글에 사용된다.

　　　　　　② 정보나 지식을 전달하는 글에 쓰인다.

📄 연습 문제

1. 다음의 일반어를 특수어로 바꾸어 보고, 이것을 가지고 〈보기〉와 같은 문장을 만들어 보시오.

> 〈보기〉
> 산 : 나는 올해 관악산에 올랐던 기억이 생생하게 난다.
>   나는 단풍이 아름답게 물든 산에 가 보고 싶다.

① 학교 :

② 친구 :

③ 사회 :

2. 다음 글을 읽고 구체어와 추상어를 가려내시오.

나의 시는 할아버지 기침 소리에 묻어 나오는 소금기의 하얀 바람이었다. 육지로 건어물 장사를 떠났던 당신의 젊은 시절 그 바람은 언제나 당신을 따라 나섰다.
  • 구체어 :

  • 추상어 :

3. 다음 말들이 구체어로 쓰일 경우의 뜻을 쓴 다음, 추상어로 사용된 문장의 예를 들어 보시오.

① 수렴 가. 구체어의 뜻 :
        나. 추상어의 문장 :

② 승화 가. 구체어의 뜻 :
        나. 추상어의 문장 :

예시 답안

1	① 학교 : 나는 초등학교 때에 반장을 해 본 경험이 있다. 　나는 운동장도 넓고 교육 시설이 잘 갖추어진 학교에서 공부하고 싶다.
	② 친구 : 나는 오랜만에 고향 친구를 만났다. 　나는 의리 있고, 어려울 때 도움을 줄 수 있는 그런 친구가 되겠다.
	③ 사회 : 나는 오늘 국어 시간에 전통 사회의 미덕에 대해서 배웠다. 　나는 인간성이 메말라 가고 이웃간의 교류가 전혀 없는 사회에서 살고 있다.
2	구체어 : 나, 시, 할아버지, 기침 소리, 소금기, 바람, 육지, 건어물, 장사, 당신 추상어 : 시절
3	① 수렴 : 가. 광선의 묶음이 한 점에 이른 것 　　　　나. 국회는 국민의 여론을 수렴하여 국정에 반영해야 한다.
	② 승화 : 가. 고체가 열을 받아 액체가 되는 일 없이 직접 기체로 되는 현상 　　　　나. 영수는 자신의 신체적인 결함에 좌절하지 않고, 이를 농촌 개발 　　　　　의 고귀한 이상으로 승화시켰다.

(3) 단어 사용의 실제

뜻이 정확하고 알맞은 단어란?

글의 분위기에 맞고 독자의 지적 수준과 감정을 적절히 표현할 수 있는 단어이다.

✿ 단어를 쓸 때 주의할 점

① 뜻이 정확하고 구체적인 단어를 사용해야 한다.

② 글쓴이가 이해할 수 있는 수준의 단어를 사용하되, 자신의 생각을 표현하기에 가장 적당한 단어를 선택하여 쓴다.

③ 같은 단어는 여러 번 반복해서 사용하지 않는다.

④ 문장 내의 다른 요소와 호응을 이루어야 하며, 어법에 맞는 단어를 선택해야 한다.

⑤ 불필요한 외래어나 은어, 비어, 상투어 등은 문맥에 맞게 참신한 고유어로 고친다.

> 📄 **연습 문제**
>
> ✿ 다음 단어들을 사용하여 문장 하나씩을 쓰시오.
>
> (1) 개인, 존재, 가치, 무시, 사회
>
> (2) 개인, 사회, 바람직한 관계, 인도적
>
> (3) 대립적, 의견, 변증법적, 견해, 독창성

📖 예시 답안

(1)	개인의 존재와 가치를 무시하는 사회가 되어서는 안 된다.
(2)	개인과 사회의 바람직한 관계는 서로가 서로를 위하는 인도적 관계이어야 한다.
(3)	상반되는 대립적 의견에 대하여는 변증법적으로 제3의 견해를 제시하는 것이 독창성의 점수에 보탬이 될 것이다.

04 문장 쓰기

(1) 문장의 개념
① 단어가 모여서 만들어지며 문장 종결 부호(. ! ?)를 통해 구분된다.

② 한 편의 글 속에서 완결된 생각이나 느낌을 표현하는 가장 작은 단위이다.

③ 단어, 어절, 구, 절 등이 문장에서 얼마나 질서 있게 배열되어 있는가에 따라, 좋은 문장과 좋지 못한 문장으로 구별된다. 여기서 질서 있게 배열된다는 것은 문장의 주술 관계, 호응, 연결 등이 어법에 맞고 자연스럽다는 것을 뜻한다. 문장은 간결하고 정확해야 하며, 그 의미가 신속하게 전달될 수 있도록 쓰여져야 한다.

(2) 좋은 문장의 요건
① 독창성 : 소재의 선택에 있어서 자신의 경험을 바탕으로 하고 결론은 일반적인 것보다는 새롭게 생각되는 해결 방안을 바탕으로 제시하는 것이다.

② 평이성 : 쉬운 말, 부드러운 말투를 사용한다. 관념어, 추상어, 학술 용어 등은 쉽게 풀어서 쓴다.

③ 개성적 표현 : 관용어나 상투어, 불필요한 의문문, 탄식 등은 피한다.

④ 간결성 : 한 개의 문장에는 한 가지 내용만을 쓰며 문장은 짧게 쓴다.

⑤ 정확성 : 어법, 문법을 지키며 모호성을 띠지 않도록 하며, 비문이 되지 않도록 한다.

(3) 비 문
문법에 맞지 않은 문장이다.

① 대중 매체를 통해 말하는 것들은 절대적으로 맞는 것이 아니다.

'~ 하여지는, ~ 되어지는' 등의 표현은 자연스러운 우리말 표현이 아니라 일본어의 영향으로 생긴 것이므로 '~한, ~ 된' 등으로 고쳐 쓴다.

② 물질 만능주의가 팽배하고 있는 지금 현대 사회를 사는 현대인들에게 행복이란 어

떤 의미일까?

'지금 : 현대' '현대인 : 현대'의 의미 중복이 이루어졌다.

⇨ '물질 만능주의가 팽배하고 있는 사회의 현대인들에게 행복이란 어떤 의미일까?' 로 고친다.

③ 요즘 계속 증가하고 있는 대중 매체는 우리 생활의 대부분을 차지하고 있으며 우리 들의 가치관 형성에 많은 역할을 하고 있다.

'우리'라는 어휘가 문장 내에서 반복되고 있다. 뿐만 아니라 유사한 의미들을 연관 성 없이 제시하고 있다. 그러므로 다음과 같이 고친다.

⇨ '요즘 계속 증가하고 있는 대중 매체는 우리 생활의 대부분을 차지하고 있을 뿐 만 아니라 가치관 형성에도 큰 비중을 지닌다.'

④ 말만 바꾼 불필요한 반복 문장이다.

모든 경기는 시간에 틀림없이 맞추어 진행되어야 한다.

⇨ '모든 경기는 시간에 맞추어 진행되어야 한다.'로 고쳐 쓴다.

⑤ 불필요한 동의어(同義語)를 사용한 문장이다.

훌륭한 지도자의 가장 중요한 요건은 사람을 감동시키는 능력과 수완이다.

⇨ '훌륭한 지도자의 가장 중요한 요건은 사람을 감동시키는 능력이다.'로 고친다.

⑥ 쓸모없는 단어를 사용한 문장이다.

나는 영어 공부를 했다는 사실로 인하여 전쟁 중에 통역을 맡을 수가 있었다.

⇨ '나는 영어 공부를 했기 때문에 전쟁 중에 통역을 맡을 수가 있었다.'로 고친다.

⑦ 돌려 말하기를 한 문장이다.

두 낱말 사이에 있어서의 차이점을 논함에 있어, 그 구별은 함축적 의미에 관하여 행해져야 한다.

⇨ '두 낱말의 함축적 의미를 구별해야 한다.'로 고쳐 쓴다.

⑧ 지나치게 복잡한 문장이다.

나는 축구를 하고 있는 동안 나는 내가 강가에 낚시하러 갈 것이라는 것을 마음먹 었다. ⇨ '나는 축구를 하면서 강가에 낚시 갈 생각을 하였다.'로 고쳐 쓴다.

📄 연습 문제

✿ 다음 문장을 간결하게 고쳐 쓰시오.

1. 기아에 허덕이는 굶주린 사람이 호화롭고 근사한 집을 구한다면, 그것은 아주 어 리석기 짝이 없는 일일 것이다.

   ⇨

2. 학문이라고 하는 것을 말한다면, 그것을 인간에 대하여서 알고 싶어하는 본성에서 솟아 올라오는 지식에 대한 사랑이면서 동시에 그 결과이다.
   ⇨

3. 내게 성공의 비결이 있는데, 늘 불평을 말하고 남을 욕하는 것이 아니라 쓸데없이 불평하지 않고 어느 한 가지 일에 정진하는 것이 아닌가 한다.
   ⇨

4. 토요일은 휴일을 하루 앞둔 여유를 가져다주고, 무엇보다도 한가한 토요일 오후에 추억에 담긴 음악을 듣노라면 그 음악을 애청하던 시절의, 꿈속에 빠져들 듯 아름다운 선율과 함께 되살아나는 분위기에 취하는 것은 더할 수 없는 즐거움이다.
   ⇨

 예시 답안

1	굶주린 사람이 호화로운 저택을 구한다는 것은 어리석기 짝이 없다.
2	학문이란 인간을 알고 싶어하는 본성에서 솟아나는 지식애이며 그 결과이다.
3	성공의 비결은 남을 욕하거나 불평하는 대신 묵묵히 한 가지 일에 정진하는 데 있다.
4	토요일은 휴일을 하루 앞둔 여유를 가져다준다. 무엇보다도 한가한 토요일 오후에 추억에 담긴 음악을 들으며 그 시절의 분위기에 취하는 일은 더할 수 없는 즐거움이다.

05 문단(단락) 쓰기

(1) 문단이란?

한 개 혹은 여러 개의 문장이 하나의 주제 아래 모인 집합체이다. 문단은 문장과 문장의 상호 관계를 나타내고, 글 전체를 적절한 부분으로 나누어 주는, 곧 주제를 뒷받침해 주는 논점이나 제재를 진술하는 수단이다.

한 편의 글이 중심 생각인 주제를 갖듯이, 한 문단도 중심 생각을 갖는다. 이것을 화제 또는 소주제(小主題)라 한다. 이 소주제를 하나의 문장으로 나타낸 것을 소주제문이라 하며, 이 소주제문을 뒷받침하기 위하여 동원된 문장들이 뒷받침 문장들이다. 한 문장만으로 구성된 문단도 있지만, 대개 여러 문장이 유기적으로 결합되어서 이루어진다.

한 개 이상의 문장으로 되어 있는 것은 연속성이고, 작은 주제를 가지고 있는 것을 강조성이라 한다. 또한 주제가 하나로 수렴되어야 하는 것은 일관성이고, 문장 전체, 그리고 다른 문단과 상호 관계를 지니고 있는 것을 상관성이라고 한다.

(2) 문단의 갈래

형식 문단(행이 바뀌면서 표시되는 형식상으로 분명히 나누어진 문단)과 내용 문단(의미의 연관성이 밀접한 몇 개의 형식 문단을 함께 묶은 문단)이 있다.

단락 나누기를 더 세분화하면 주지 단락(글의 주제와 직접 관계되는 중심 단락)과 보조 단락(주지 단락의 내용을 드러내기 위해 구성되는 보조적 기능의 단락), 도입 단락(글을 쓰는 목적, 과제 등을 제시하는 보조적 기능의 단락)과 전개 단락(앞 단락의 내용을 보다 넓게 펼쳐가는 단락), 요약 단락(결론을 맺거나 글을 마무리하는 단락)과 전제 단락(주장을 이끌어 내기 위한 논거 따위를 조건으로 제시), 상술 단락(앞 단락의 내용을 보다 자세히 풀어 말하는 단락)과 예시 단락(예를 들어 보여 주는 단락), 첨가 부연 단락(앞에 진술된 내용을 보충하는 단락), 연결 단락(두 단락 사이의 내용을 자연스럽게 이어 주는 단락), 강조 단락(내용을 특히 강조하기 위해 의도적으로 나누어 놓은 단락) 등이 있다.

(3) 문단의 성격

한 편의 글이 하나의 주제를 이룬다면 문단은 그보다 작은 소주제를 이루고 있다. 행을 바꿈으로써 표시가 되고, 여러 가지 생각을 정리해 준다. 글 전체의 짜임 관계를 분명하게 해 주며 글의 일관성을 유지시켜 준다.

(4) 문단의 구조

하나의 문단에는 소주제문과 뒷받침 문장들로 구성되어 있다. 소주제문은 추상적 진술(일반적 진술)에 해당되며, 뒷받침 문장은 구체적 진술(특수 진술)에 해당된다.

(5) 문단의 구성

① 중심 문장 : 문단에서 말하고자 하는 핵심 내용을 나타내는 문장으로 주어와 서술어를 갖춘 완전한 문장
② 뒷받침 문장 : 중심 문장의 내용을 좀더 구체적으로 풀이하는 문장으로 중심 문장에 대한 이유나 근거·사실·사례 등을 나열하여 독자의 이해를 도와주는 역할을 하는 문장

(6) 문단의 구성 방법

① 시간적 배열 : 어떤 사건이나 사실을 일어난 시간적 순서에 따라 배열하는 방식으로 서사문에 적합하다.

② **공간적 배열** : 필자의 눈에 비치는 것을 눈의 이동에 따라 진술, 배열하는 방식으로 눈의 이동은 일정한 순서와 방향으로 전개되는 것이 좋다.

③ **귀납적 배열** : 구체적 사실들을 진술하고 문단의 마지막에 이를 종합 분석하여 주제나 의견을 제시하는 방식

④ **연역적 배열** : 주제나 결론을 먼저 진술하고 이를 뒷받침하는 내용을 진술하는 방식

(7) 쓰는 과정

① **중심 내용 결정** : 그 문단에서 나타내고자 하는 중심 내용을 결정한다.

② **중심 문장 쓰기** : 중심 내용을 나타낼 수 있는 문장으로서, 그 문단 전체를 포괄하는 내용을 짧고 간결한 문장으로 쓴다.

③ **뒷받침 문장 쓰기** : 중심 문장과 관련된 예시, 근거나 이유, 설명이나 구체적 사실 등을 자세하게 쓴다.

④ **문단 완성** : 중심 문장을 어디에 놓을 것인가를 결정한 후, 뒷받침하는 문장들을 적절한 순서로 배치하며, 알맞은 접속어를 사용하여 완성한다.

(8) 뒷받침 문장의 알맞은 분량

한 문장의 뒷받침 문장은 그 수효가 정해져 있지 않으나 여러 필자들이 쓴 문단을 살펴보면 평균 5개에서 8개를 쓰고 있다. 다소 복잡하거나 중요한 소주제이면 그보다 많은 수효를 뒷받침 문장으로 쓸 수도 있겠으나 너무 길게 쓰는 것은 오히려 문단이 바람직하지 않을 수도 있다.

(9) 좋은 문단의 요건

① 문단의 통일성

여러 개의 문장이 모여서 하나의 통일된 생각을 나타내는 글의 단위이다. 문단의 중심 내용과 직결되지 않은 문장은 글의 초점을 흐리게 하여 문단의 통일성을 깨뜨린다. 그러므로 한 문단을 이루고 있는 문장들은 그 문단의 중심 내용과 직접적인 관련이 있어야 한다. 따라서 글을 쓸 때에는 문단의 중심 내용에 어긋나거나 직결되지 않은 문장은 삭제해야 된다. 만약에 그 문장의 내용이 버리기 아까운 중요한 것이라면 문단을 따로 만들어 독립시켜야 한다.

통일성의 종류에는 세 가지가 있다. 논지의 통일성(전체의 논지가 하나의 흐름으로 전개되어야 한다)과 관점의 통일성(글쓴이의 입장이나 시각이 바뀌어서는 안 된다), 목적의 통일성(글 쓰는 목적이 처음부터 끝까지 일관성 있게 유지되어야 한다)이 있다.

🌸 다음의 문단들을 살펴보자.

(가) 컴퓨터와 전화기는, 서로 다르지만, 그 작용에는 많은 공통점이 있다. 그 둘의 작용은 입력, 처리 과정, 출력의 세 단계로 구분된다. 컴퓨터의 경우, 기계 내부로 넣는 정보 즉 자료가 입력이다. 그 기계의 내부 작용이 처리 과정이며, 그 결과 (들어 있는 정보를 인쇄해 내는 것)가 출력이다. 전화기 또한 주어진 정보에 작용하여 결과를 산출한다. 입력은 전화번호를 돌리는 것이다. 상대방의 전화기가 울려서 호출이 완료되었음을 알리는 것이 출력이다.

(나) 한(韓)민족이 다른 민족에게 동화되지 않았다는 것은 배타적이기 때문이 아니고, 고유한 특성을 가지고 있기 때문이었으며, 이웃의 문화를 흡수하여 자기의 것으로 삼는 데 게으르지 않았기 때문이다. 한민족의 이웃에 있으면서 고도의 문화를 가진 것은 중국이었다. 한국과 중국과의 왕래 접촉은 아득한 옛날부터 시작되어 한국은 적극적으로 중국의 문화를 받아들여 이를 더욱 발전시켰다는 것은 한민족의 문화가 중국 문화에 예속되어 있지 않다는 단적인 증명이 될 것이다.

(다) 주남저수지의 백조들은 우아한 기품을 자랑하고 있다. 올 겨울 주남저수지에는 약 1만여 마리의 백조가 유유히 헤엄치며 무리를 이루고 있다. 보통때엔 목을 S자로 굽히지만, 경계할 만한 대상이 나타나면 목을 곧게 세우고 한 곳으로 모여든다. 주남저수지에는 왜가리와 큰 기러기가 상당히 있으며, 희귀종으로 알려진 재두루미도 12마리나 날아와 학계의 비상한 관심을 끌었다. 백조가 한쪽 다리로 서서 머리를 등과 깃털 사이에 넣고 잠을 자기도 하고, 긴 목을 물 속 깊숙이 넣고 수초의 뿌리를 먹는 모습이 재미있다.

(라) ① 랑케는 오로지 실재했던 사실만을 기술하고자 했다. ② 사료(史料)에 대한 비판적 검증을 통해 그는 문헌 안에서 역사적 사실만을 가려내려고 했던 것이다. ③ 랑케의 모든 저작에는 역사적 객관성을 향한 강한 의지와 동력이 엿보인다. ④ 그는 언제나 무한히 풍부한 사건들로부터 객관적·역사적 연관을 찾되 형이상학적인 역사 구성의 우를 범하지 않는, 실증적인 탐구 방법을 추구했다. ⑤ 즉 사실을 있는 그대로 파악하기를 원했던 것이다. ⑥ 랑케는 자신의 현재에서 눈을 떼고, 불편부당하고 객관적인 과학으로서의 역사학을 정립하려고 노력했다.

글 (가)는 '컴퓨터와 전화기의 차이점과 공통점'에 대하여 말하고 있으며, 글 (나)는 '한민족이 다른 민족에게 동화되지 않았다는 것은 이웃의 문화를 흡수하여 자기 문화로 삼는 데 게으르지 않았기 때문이다'라는 소주제에 통일되어 있지만, (다)의 밑줄 친 부분은

'주남저수지의 백조들은 우아한 기품을 자랑하고 있다'는 소주제와 관계가 없는 부분이다. 따라서 (가), (나)는 통일성이 있는 문단이라고 할 수 있으며, (다)는 통일성이 없는 문단이라고 할 수 있다. (라)는 문단의 주제인 ①을 중심에 놓고 직접적으로 연관된 ②~⑤까지의 뒷받침 문장을 배열했으며 마지막 ⑥으로 정리하고 있다.

문단의 통일성을 지키기 위해서는 화제를 명확하게 하나로 한정시켜야 한다. 문단을 구성하는 모든 문들의 내용을 한정된 화제를 향하여 집중시켜야 한다. 화제의 내용에 적합한 내용이어야 한다.

통일성이 없는 문단이란
㉠ 한 단락에 두 개 이상의 주제가 들어 있는 글이다.
㉡ 주제와 관계없는 내용이 들어 있는 글이다.
㉢ 서로 모순되는 내용이 들어 있는 글이다.

📄 연습 문제

1. 다음 글은 내용이 통일되어 있지 않다. 그 이유를 쓰시오.

> 나는 얼굴이 잘생기지도 못하고 키도 남보다 크지 않다. 그러나 내가 부모님께 물려받은 것이 있다면 낙천적인 성격이다. 나는 매사를 쉽게 생각하면서도 사고는 비교적 날카롭게 하고, 한 가지 문제를 여러 각도로 볼 줄 안다. 다른 사람이 나에게 볼 수 있는 것은 항상 웃는 얼굴뿐이다. 아버님의 생각도 항상 그렇다. 어렵고 슬픈 일이 생겼을 때 슬프고 심각해져서 잘되는 일은 없다.

2. '인간 관계의 중요성'을 주제로 글의 통일성을 고려하여 한 문단의 글을 쓰시오.

 예시 답안

| 1 | 이 글의 주제는 '내 성격은 낙천적이다'이다. '아버님의 생각도 그렇다'라는 이 글의 주제와 관계가 없는 문장이 끼어들어서 글의 통일성을 해치고 있다. |
| 2 | 사람이란 누구나 인간 관계 속에서 태어났고, 인간 관계 속에서 성장하며, 그 속에서 일하고 생활하고 늙어 가다가 또 다른 인간 관계를 확대시켜 놓고 그 속에서 죽어간다. 따라서 사람에게 인간 관계란 처음이자 끝이다. 사람에게서 인간 관계를 빼놓으면 생명 없는 박제처럼 화석화된 인간이 있을 뿐, 다른 것은 하나도 없다 하여도 지나친 말이 아니다. 사람의 희로애락의 하찮은 감정이나 정서로부터 정치, 경제, 문화, 사회의 고상한 이념이나 목표에 이르기까지 인간 관계를 벗어나서는 그 참된 길을 찾을 수 없다. |

② 문단의 긴밀성(또는 응집성)

문단을 구성하는 문들의 배열 관계가 필연적이고, 논리적이며, 명료한 것이다.

❀ **다음의 예문들을 살펴보자.**

---

(1)컴퓨터와 (2)전화기는, 서로 다르지만, (1, 2)그 작용에는 많은 공통점이 있다. (1, 2)그 둘의 작용은 (3)입력, (4)처리 과정, (5)출력의 세 단계로 구분된다. (1)컴퓨터의 경우, 기계 내부로 넣는 (6)정보, 즉 자료가 (3)입력이다. (1)그 기계의 내부 작용이 (4)처리 과정이며, (4)그 결과(들어 있는 (6)정보를 인쇄해 내는 것)가 (5)출력이다. (2)전화기 또한 주어진 (6)정보에 작용하여 결과를 산출한다. 먼저 전화번호를 돌리는 것이 (3)입력이다. 다음으로 (2)그 번호를 전화국의 교환기에 설정하는 것이 (4)처리 과정이다. 끝으로 상대방의 (2)전화기가 울려서 호출이 완료되었음을 알리는 것이 (5)출력이다.

문단의 긴밀성을 유지시키기 위한 방안으로는 접속어나 연결어미(또는 접속어미)를 사용해야 한다. 대명사를 사용해야 한다. 동일어구를 반복 사용해야 한다.

접속어의 사용 시 생각을 덧붙일 때는 그리고, 더욱이, 또한, 정말, 즉, 첫째, 둘째 등을 쓴다. 사실을 설명하거나 확대할 때는 예컨대, 예를 들면, 이를테면, 비유컨대, 마치, 그와 비슷하게, 마찬가지로 등을 쓴다.

앞의 서술을 요약하여 결론으로 이끌어 갈 때는 그러므로, 결국, 따라서, 이리하여, 그래서, 다시 말하면, 대체로, 요컨대, 결과적으로 등을 쓴다.

제한 사실이나 제한 설명을 덧붙일 때는 특히, 특별히, 보통, 흔히, 일반적으로 등을 쓴다.

반대 사실을 인정하거나 필자의 기본 방침에 벗어난 사실을 인정할 때는 물론, 확실히, 의심할 것 없이 등을 쓴다.

앞의 생각을 뒤집거나 바꾸어서 자기 쪽으로 되돌릴 때는 그러나, 그렇지만, 그래도, 반대로, 그와는 달리, 오히려 등을 쓴다.

어떤 주장에 이유를 붙일 때는 왜냐하면으로 쓰고, 화제를 다른 방향으로 옮길 때는 그런데를 쓴다.

③ 문단의 완결성

하나의 문단이 이상적으로 이루어지려면 중심 내용과 이를 뒷받침하는 내용이 결합되어야 한다. 또한 뒷받침 문장들이 충분히 제시되어서 그 문단의 소주제를 독자가 잘 납득할 수 있을 때, 그 문단은 완결성을 지니게 되는 것이다. 뒷받침 문장이 부족하다든지 별다른 내용 없이 앞의 내용을 반복한다든지 할 경우, 그 문단은 완결성이 결여된 것이다.

문단의 완결성을 이루는 뒷받침 문장으로는 여러 가지가 있다. 소주제문을 좀더 구체적이고 알기 쉬운 내용으로 풀이하는 부연의 방법과, 보기를 들어 알기 쉽게 풀이하는 예증, 독자가 알고 있는 사실에 견주어 풀이하는 비유 등이다.

완결성 있는 글을 쓰기 위한 유의점으로는 소주제문은 앞으로 전개될 내용을 요약하여 진술한다. 뒷받침 문장은 문단의 긴밀성을 살릴 수 있도록 알맞은 순서로 배열한다. 소주제문을 뒷받침하는 문장들은 구체화(상세화), 예시, 인용, 이유 제시 등의 방법을 동원하여 기술한다.

❀ **다음의 문단들을 살펴보자.**

> (가) 최근에 발생한 몇몇 자살 사례는 자살 유형의 전형적인 모습을 담고 있다. 최근 여대생 2명이 극약을 먹고 자살하였다. 경찰 조사 결과 죽기 불과 닷새 전 인터넷 자살 사이트를 통해 알게 된 이들은 죽기 전날 밤 처음 만나 민박집에서 극약을 탄 소주를 함께 마신 것으로 밝혀졌다. 한 가장은 카드빚 등으로 생활고에 시달리자 가족을 동반하고 자살하였다. 이 가장은 자신의 아내와 아이들을 태운 승용차를 몰고 그대로 호수로 돌진하였다. 한 회사원은 회사 공금 수억 원을 빼돌려 도박으로 모두 잃고 극약을 마시고 스스로 목숨을 끊었다. 한 농민 운동가는 WTO 협상을 반대하며 시위 도중 자신의 왼쪽 가슴을 흉기로 찔렀다. 그는 세계 여러 나라에서 온 1만여 명의 시위대와 함께 WTO 각료회의 회의장 진입을 시도하다가 자살하였다.
>
> (나) 제주도에는 이국적인 풍물이 많다. 가로수로 서 있는 종려나무며 협죽도부터가 이국적이요, 집이며 밭을 둘러싼 까만색의 돌담 또한 여간 이국적이지 않다. 구멍이 숭숭 뚫린 돌이며, 새끼로 꽁꽁 인 초가집 지붕을 보면 꼭 다른 나라에 온 듯한 착각을 일으킨다.
>
> (다) 철수는 집이 환하라고 불을 켰다. 현관에도 켜고 마루에도 켠다. 엄마는 불을 끈다. 현관도 끄고 마루도 끈다.

(가)는 중심 문장인 첫 번째 문장을 중심으로 자살 유형의 전형적인 사례를 구체적인 예를 통해서 뒷받침하고 있다. 완결성이 잘 이루어진 문단이다. (나)는 제주도의 이국적인 풍물이 구체적으로 제시되어 있기 때문에 완결된 글이라고 할 수 있다.

(다)는 내용의 불충분으로 인해 완결성이 결여된 글이다. 왜냐하면 철수가 불을 켜는 이유는 나와 있으나, 엄마가 불을 끄는 이유는 나와 있지 않기 때문이다. '엄마는 전기료를 절약하기 위해 불을 끈다.' 정도로 고쳐야 할 것이다.

완결성을 지키지 못한 글은

㉠ 뒷받침 문장이 충분하지 못한 글이다.

㉡ 같은 이야기가 반복되어 있는 글이다.

㉢ 화제문에 대한 전개가 없는 글이다.

㉣ 이유가 제시되어 있지 않은 글이다.

📄 **연습 문제**

1. 다음 글은 완결성이 결여된 글이다. 완결성의 원리에 의거하여 고쳐 쓰시오.

　　산업에 있어서의 전문화 경향은 많은 장점을 지니고 있으나, 동시에 그에 못지않은 결점을 내포하고 있다. 마치 로마 신화의 야누스와 같이 두 얼굴을 가지고 있는 것이다. 전문화로 인하여 커다란 발전이 이루어지긴 했으나, 전적으로 그것을 받아들이기에는 많은 문제점이 있는 것을 알아야 한다.

2. 다음의 빈 곳을 ( ) 속의 지시대로 각각 완성하시오.

　　(가) 사람은 하루에도 여러 종류의 관계 속에서 생활을 하게 된다. 즉, **(구체화)**

　　(나) 인간의 욕망은 무한하다. 그러나 인간은 자신의 욕망에만 매달려 살 수 없으며, 항상 인간된 도리에 알맞게 자기 욕망을 조절하면서 살아가야 한다. 왜냐하면, **(이유 제시)**

 예시 답안

1	예시 문제의 글은 산업에 있어서의 전문화 경향이 장점 못지않게 결점을 지니고 있다는 것을 중언부언(重言復言)하여 진술하고 있을 뿐, 장점과 단점이 실제로 어떠한 것들인지를 전혀 밝히고 있지 않다. 따라서 다음과 같이 고쳐 써야 한다. ⇨ 산업에 있어서의 전문화 경향은 많은 장점을 지니고 있으나, 동시에 그에 못지않은 결점을 내포하고 있다. 마치 두 얼굴을 가지고 있는 로마 신화의 야누스와 같다. 전문화로 인하여 일의 능률이 향상되고, 기술의 혁신이 이루어진 것은 사실이다. 그러나 하나의 작업이나 과정에 골몰한 나머지 다른 것에는 무지한 결과를 낳게 되고, 자기가 현재 하고 있는 일의 전체적인 윤곽이 어떠하며, 어떤 성격을 지니고 있는지 전혀 알 수 없게까지 된다. 　어떤 부분의 일을 담당하고 있는 사람은 그것밖에는 할 수 없으며, 그 일의 결과가 사회에 어떤 영향을 미치는지 알 수도 없는 것이다. 결국, 한 가지 일에만 얽매이는 무책임한 반문어치의 인간을 양산(量産)하는 것이니 심각한 문제가 아닐 수 없다.
2	(가) 사람은 누구나 가정에서는 가족의 일원으로서, 학교에서는 학생의 일원으로서, 그리고 지역 사회에서는 지역 사회의 일원으로서 생활하게 되어 있다. (나) 인간은 혼자 사는 것이 아니라 사회와 더불어 살아가고 있기 때문에, 개인의 행동은 사회에 영향을 끼치게 마련이다.

④ 문단의 일관성

하나의 단락을 이루는 여러 문장들은 서로 긴밀히 결합되어 일관된 질서와 논리에 맞아야 한다. 한 문장에서 다음 문장으로 매끄럽게 넘어가지 못하고 각 문장들이 똑똑 끊어져 있다는 느낌을 준다든가, 앞부분과 논리적 연관이 없는 문장이 돌출되는 것은 그 문단에 일관성이 결여되어 있기 때문이다. 통일성이나 완결성이 결여되어 있으면 그 문단은 자연히 일관성을 잃게 된다. 그러나 완결성이나 통일성을 구비하고 있어도 일관성이 결여되는 경우도 있다.

문단별 전개 과정에서 각 뒷받침 문장들을 이어 갈 때도 일관성의 원리에 따라 문장을 전개함으로써 소주제를 효과적으로 드러낼 수 있다. 문단을 만들 때의 중요한 원칙인 일관성은 한 문단 내부에서도 지켜야 할 원칙이지만, 문단 상호간의 연결 관계에서도 매우 중요하다.

✿ **다음의 문단들을 살펴보자.**

> 한 나라의 소프트 파워는 주로 세 가지 형태의 자원에 좌우된다. 즉 그 나라 문화, 정치적 가치관, 그리고 대외 정책이 그것이다. 어느 나라의 문화가 보편적 가치를 지니고 또 제반 정책을 통해 다른 나라들이 공유하는 가치와 이익을 증진시킨다면, 그 나라가 바람직한 성과를 얻을 가능성은 커지게 된다. 그런 문화가 만들어내는 매력과 의무 간의 연관성 때문이다. 편협한 가치와 지역에 한정된 문화는 소프트 파워를 생성하기 어렵다. 미국은 문화적 보편성 때문에 많은 이익을 본다. 독일 언론인 요세프 요페(Josef Joffe)는 미국의 소프트 파워가 경제적·군사적 자산보다 훨씬 더 크다고 주장했다. "저급이건 고급이건 미국의 문화는 로마제국 시대에 마지막으로 보았던 것처럼 맹렬한 기세로 퍼져 나가고 있다. 그런데 미국의 문화는 로마제국 시대의 문화와는 다른 면을 갖고 있다. 로마와 소련의 문화적 영향력이 군사적 영역을 한 치도 벗어나지 못한 반면, 미국의 소프트 파워는 해가 지지 않는 거대한 제국을 지배하고 있다." 기업들도 '경쟁력의 핵심은 인력'이라는 인식이 퍼지면서 우수 인력 찾기에 총력을 기울이고 있다. 새로운 수요를 창출할 아이디어도, 혁신적인 비즈니스 모델도 결국 사람의 머리에서 나오기 때문이다. 한국 기업들이 가장 필요로 하는 인재상은 어학 실력과 컴퓨터 활용 능력은 물론, 다양한 실무 능력까지 겸비한 인재라고 할 수 있다. 요즘 상당수 대기업은 필요한 인력을 '직무별'로 뽑는다. 자사 직무를 수행할 능력을 갖춘 '준비된 인재'를 선발한다는 의미다.

일관성이 결여된 문단이다. 앞부분은 소프트 파워를 좌우할 수 있는 세 가지 요소 중 문화에 관한 내용이고 뒷부분은 기업들의 인재 선발에 대한 인식을 다룬 내용이다. 두 이야기는 서로 한 문단 안에서 양립할 수 없는 내용들이며 마땅히 글 전체의 맥락에 비추어 바람직하지 않은 부분을 삭제해야 한다.

일관성을 유지하는 방법에는

㉠ 접속어를 사용한다(접속어구를 써서 앞뒤 문장을 연결하면 앞문장에 대한 뒷문장의 관계를 밝혀 줄 수 있고, 뒷문장이 나아갈 방향을 예고해 준다.)

㉡ 동일어를 반복한다(주로 그 문단의 핵심어구를 거듭 사용하여 일관성을 유지하는 방법이다. 똑 같은 어구를 반복하는 경우도 있고, 같은 뜻을 지니는 동의어로 바꿔 표현할 수도 있다).

㉢ 지시어를 사용한다(지시대명사를 사용하여 앞서 나온 어구를 대신하는 방법이다).

📑 연습 문제

※ **다음 글을 완결시키고자 한다. 나머지 부분을 써 넣으시오**

우리 주변에는 소일거리를 찾아 방황하는 노인들이 많다. 가족에게 버림받아 걸식을 하다시피하는 노인들도 많으며, 심한 경우에는 외로움과 소외감으로 자살하는 노인들도 있다. 이렇게 최소한의 인간적인 삶조차 누리지 못하는 노인들이 빠른 속도로 늘어나고 있는데도 우리 사회는 속수무책이다. 현실적으로 65세 이상의 노령 인구가 전체 인구에서 차지하는 비율이 점점 늘어나고 있는데, 우리 사회에는 이들을 수용할 시설이 턱없이 부족하다.

 예시 답안

또한, 서구 산업 사회의 영향으로 핵가족화가 가속화되고, 개인주의 문화가 팽배하여 경로 효친의 전통적인 가치관이 붕괴됨으로써 노인들이 가정과 사회에서 소외되고 있다. 이렇게 볼 때, 노인 문제의 해결을 위해서는 복지 시설의 확충과 함께 전통적 가치관을 회복해야 한다.

제3편

글의 구성 방법

구성이란 글쓰기의 과정에서 주제를 드러내기 위해 선택한 소재들을 체계적으로 조직하는 과정이다.

01 단락간의 관계에 의한 구성

(1) 자연적 구성(추보식 구성)

사물의 모습을 있는 그대로 살펴 나가는 전개적 구성이다.

① **시간적 구성** : 어떤 사실이나 동작을 시간의 추이에 따라 구성하는 방법이다. 시간의 흐름에 그대로 따르는 순행적 구성과 현재를 말하다가 과거로 돌아가는 역행적 구성이 있다. – 시, 소설, 수필, 희곡 등

② **공간적 구성** : 위에서 아래로, 왼쪽에서 오른쪽으로, 가까운 데서 먼 데로, 여정의 순서 등과 같이 공간의 이동에 따르는 구성이다. – 기행문

(2) 논리적 구성

제재들의 자연적인 순서에 상관없이, 쓰는 이의 의도대로 논리적인 일관성을 유지하도록 배열하는 종합적 구성이다.

① 단계식 구성

㉠ 3단 구성
- 서론 : 주제 제시, 독자의 관심 끌기, 동기와 목적을 밝힘, 문제 제기
- 본론 : 주장 전개, 견해 서술, 논거 제시, 해결 방안, 논리적 반박
- 결론 : 주제 요약, 본론 정리, 행동 촉구, 전망 제시, 새로운 과제

㉡ 4단 구성
- 기(도입) : 문제 제기, 주의 환기
- 승(발전) : 논지 전개, 논지 해명
- 전(전환) : 논지 전환, 논지 보충
- 결(정리) : 논지의 마무리, 요약·정리

② **포괄식 구성** : 글의 결론에 해당하는 부분을 앞이나 뒤, 또는 양쪽에 두고, 뒷받침하는 부분들을 효과적으로 배열하는 구성 방법이다. 미괄식, 두괄식, 양괄식(쌍괄식)이 있다.

③ **열거식 구성** : 중요하다고 생각되는 점을 첫째, 둘째 등으로 임의로 배열하는 방법이다. 순서를 바꾸어도 상관이 없다.

④ **점층적 구성** : 비교적 덜 중요한 것에서부터 중요성이 더 큰 순서대로, 또는 비중이 작은 것에서부터 큰 순서대로 배열해 가는 방법이다. 예를 들면 '맑던 하늘 ⇨ 먹구름이 끼고 ⇨ 소나기가 내렸다.'

반대로, 중요한 것에서부터 중요성이 덜한 것으로 배열하여, 점층적 구성과 반대 방향으로 나아가는 구성을 점강식 구성이라고 한다.

02 중심 내용의 위치에 따른 구성

단락은 두괄식, 양괄식, 미괄식, 중괄식, 무괄식(병렬식)이 있다. 주제문과 뒷받침 문장을 어떤 순서로 어느 위치에 두고 배열하느냐에 따라 단락의 짜임새가 달라진다. 주제문은 각 단락의 소주제를 나타내는 핵심적인 문장으로 일반적이고 추상적인 표현을 사용한다. 뒷받침 문장은 소주제를 논리적으로 뒷받침하기 위한 문장으로 구체적인 표현을 사용한다.

(1) 두괄식 단락 [주제문＋뒷받침 문장]
주제문을 맨 앞에 놓고 그 뒤에 뒷받침 문장을 두는 방식이다.

(가) 첨단 과학이 우리 인간에게 제공해 줄 수 있는 것은 물질적인 풍요와 편리함이다. 컴퓨터 통신의 발달로 우리는 머지않아 안방에 앉아 직장의 모든 일을 할 수 있게 될 것이다. 안방 근무 시대가 열리는 것이다. 귀찮고 힘든 일은 모두 로봇에게 맡기고, 우주 저쪽에 또 다른 인간 세상이 건설되는 것도 시간 문제이다.

이처럼 과학 기술의 발달은 세상을 온통 바꿔 놓고 있으며, 그 속도는 더욱 빨라지고 있다. 그러나 첨단 과학이 그 무한한 가능성에 비하여 인간과 인간 사이의 관계를 개선하는 데에는 거의 이바지하지 못한다는 것은 비극이 아닐 수 없다. 아니, 오히려 과학 기술이 발달해 갈수록 사람과 사람 사이는 멀어질 가능성이 크다.

과학 기술의 발달은 더욱더 인간과 인간의 사이를 멀어지게 하고 있다. 그 사이에 기계가 끼어들기 때문이다. 예를 들어, 컴퓨터의 발달로 인간이 안방 근무 시대에 들어간다고 해서 편하고 좋다고만은 말할 수가 없다. 매일 회사에 나가 함께 차도 마시고, 부딪치며, 경쟁해 가며 사는 데에 인간다운 맛이 있는 것이라면, 안방 근무는 이런 본능적인 인간 관계의 수정을 강요하기 때문이다.

컴퓨터 범죄가 크게 걱정되는 것도 같은 이유에서이다. 인간의 죄의식이란 오랜 인간 사회의 발달 과정에서 생겨난 것으로, 우리는 한 사람이 다른 사람에게 직접적인 피해를 주었을 경우에는 죄의식과 가책을 느끼게 된다. 그러나 컴퓨터 조작으로 큰돈을 훔칠 경우, 그 피해자는 어떤 개인도 아니며, 그 피해의 성격이 전통적인 사고의 틀로는 쉽게 가늠되지도 않는다. 이웃의 돈은 10원도 훔치지 않을 사람이 눈도 꿈쩍하지 않고 컴퓨터 조작으로 10억 원을 날치기할지도 모른다. 첨단 과학이 발달하여 인간과 인간 사이에 기계 장치가 많이 끼어들수록 사람 사이는 벌어질 수밖에 없다.

사람 사이가 가까워지는 것은 사람 사이의 마음의 거리가 가까워지는 것이다. 과학 기술의 발달로 기계와 도구가 더욱더 사람 사이에 끼어들고 사회가 더욱 조직화될수록 사람들은 피부와 피부를 서로 맞대고 살 기회를 잃게 되는 것이다. 마음의 거리가 점점 멀어져만 가고 있는 현실을 걱정해야 할 때이다.

(나) 독서를 할 때에는 수동적이기보다는 능동적인 자세로 읽는 것이 보다 나은 독서의 태도이다. 능동적인 독서에서는 글을 읽기 전에 독자가 먼저 글 속의 내용을 예측하여 본다. 책 목차의 내용을 훑어보면서 어떤 내용이 들어 있을까를 생각해 보기도 하고, 한 편의 글을 읽을 때에는 글의 큰 제목이나 소제목들을 보고 내용을 예측하여 볼 수도 있다. 즉, 황순원의 '소나기'란 단편 소설을 읽을 때, 먼저 '소나기'란 제목이 주는 의미를 곰곰이 생각해 보고, 이 소설 속의 사건이 어떻게 전개되고, 주제는 어떤 것일까를 미리 짐작해 보는 것이다. 읽을 글의 내용을 예측해 보는 것은, 읽는 사람으로 하여금 읽을 글에 대해 적극적인 관심을 가지게 하며, 읽은 후에도 글 속의 내용을 잘 파악하게 하고, 내용을 기억하는 데에도 도움을 준다.

(2) 양괄식 단락(쌍괄식) [주제문 + 뒷받침 문장 + 주제문]
주제문을 앞뒤 양쪽에 두는 방식이다.

(가) <u>청소년은 알고 있는 것을 실천할 수 있어야 한다.</u> 우리 주변에는 질서를 지켜야 한다는 것을 알면서도 지키지 않는 사람이 적지 않다. 또 이기주의가 나쁘다는 것을 알면서도 실제 생활에서는 이기적인 행동을 하는 사람도 있다. 이것은 생각과 행동이 일치하지 않는 데서 오는 현상으로, 사회가 급변하는 데에도 그 원인이 있다. 청소년 중에 생각과 행동이 일치하지 않는 사람이 많다면, 우리 사회의 미래는 밝지가 않다. 따라서 <u>청소년은 알고 있는 것을 실천에 옮기는 성실한 자세를 지녀야 한다.</u>

(나) <u>여성이 훌륭해야 나라가 훌륭해진다.</u> 어느 시대, 어느 지역, 어느 국가에서나 여성의 역할은 비슷하다. 여성은 아기를 낳고 기르고 교육시킨다. 만약 여성이 잘못된 생각이나 철학을 가진다면, 아기는 어떻게 자랄까? 말할 필요도 없이 비뚤어지게 성장할 것이다. 그러므로 <u>여성이 훌륭해야 나라가 훌륭해진다.</u>

(3) 미괄식 단락 [뒷받침 문장 + 주제문]
주제문(중심 문장)을 맨 끝에 제시하는 방식이다.

(가) 용성을 국경으로 삼으면 의롭지 못한 것이 하나 있고, 이롭지 못한 것이 둘이 있습니다. 선조의 땅을 줄이게 되어 의롭지 못하고, 험준한 산천이 없는 점과 방어하기 불편함이 이롭지 못합니다. 두만강을 국경으로 삼으면 대의(大義)가 하나 있고, 큰 이로움이 둘이 있습니다. 시조의 땅을 회복하는 것이 하나의 대의이고, 험준하고 큰 강을 의지하는 점과 방어하기 쉬운 점이 두 가지 이로움입니다. 그러하오니 <u>용성을 국경으로 삼고자 하는 것은 생각이 부족한 것입니다.</u>

(나) 행랑채가 퇴락하여 지탱할 수 없게끔 된 것이 세 칸이었다. 나는 마지못하여 이를 수리하였다. 그런데 그 중의 두 칸은 앞서 장마에 비가 샌 지 오래되었으나, 나는 그것을 알면서도 이럴까 저럴까 망설이다가 손을 대지 못했던 것이고, 나머지 한 칸은 비를 한 번 맞고 샜던 것이라 서둘러 기와를 갈았던 것이다. 이번에 수리하려고 본즉 비가 샌 지 오래된 것은 그 서까래, 추녀, 기둥, 들보가 모두 썩어서 못쓰게 되었던 까닭으로 수리비가 엄청나게 들었고, 한 번밖에 비를 맞지 않았던 한 칸의 재목들은 완전하여 다 쓸 수 있었던 까닭으로 그 비용이 많지 않았다.
나는 이에 느낀 것이 있었다. 사람의 몸에 있어서도 마찬가지라는 사실을. 잘못을 알고서도 바로 고치지 않으면 곧 그 자신이 나쁘게 되는 것이 마치 나무가 썩어서 못

쓰게 되는 것과 같으며, 잘못을 알고 고치기를 꺼리지 않으면 해(害)를 받지 않고 다시 착한 사람이 될 수 있으니, 저 집의 재목처럼 말끔하게 다시 쓸 수 있는 것이다.

뿐만 아니라 나라의 정치도 이와 같다. 백성을 좀먹는 무리들을 내버려 두었다가 백성들이 도탄에 빠지고 나라가 위태롭게 된다. 그런 연후에 급히 바로잡으려 하면 이미 썩어버린 재목처럼 때는 늦은 것이다. 어찌 삼가지 않겠는가.

(4) 중괄식 [뒷받침 문장＋주제문＋뒷받침 문장]

주제문을 가운데 두는 방식이다.

가치 곧 진선미를 향해서 우리 마음은 움직이게 마련이다. 아름다운 것, 착한 것 그리고 참된 것을 발견하였을 때에 우리의 마음은 본성적으로 끌리고 세차게 움직인다.

이처럼 사람은 누구나 가치를 사랑한다. 아름다운 꽃이나 그림을 보고 기뻐하지 않을 사람은 드물며, 착한 어린이의 순진한 행동을 보거나 남을 위해서 희생을 하는 이들을 대하고 흐뭇한 마음을 가지지 않는 이는 거의 없다.

누구나 모든 일에서 거짓보다는 참다운 것을 천성적으로 좋아하고, 특히 탐구심이 강한 이들은 진리를 향해서 자기도 모르게 마음이 움직이고 그것을 위해서 자기를 오롯이 바치는 일조차 있다.

(5) 병렬식(병괄식)

주제문이 전체적으로 나열되어 있는 방식이다.

(가) 나는 사과를 좋아하고, 호두와 잣과 꿀을 좋아하고, 친구와 향기로운 차를 마시기를 좋아한다. 군밤을 외투 주머니에다 넣고 길을 걸으면서 먹기를 좋아하고, 겨울날 찰스 강변을 걸으면서 핥던 아이스크림을 좋아한다.

(나) 내가 아는 사람 가운데 균 할머니로 통하는 분이 있다. 가난한 농사꾼의 몸으로 아들을 잘 가르쳐서 고시 패스까지 시켜 그 아들로 하여금 서울에서 호화 주택에 자가용까지 놓고 살기에 이르도록 하였다고 한다. 부잣집 따님을 며느리로 맞이한 덕분이기도 했으리라. 어느 날 금이야 옥이야 하는 손자 놈의 돌을 맞아 늙은 내외분이 나의 어머니처럼 보퉁이를 들고 아들네 집을 찾아갔다고 한다. 행여나 옷에서 먼지라도 떨어지면 어쩔까 싶어 숨을 죽이며 발을 옮겨 딛어야 할 저택, 늙은이들의 어깨가 얼마나 으쓱했을까. 아장아장 손자 놈이 걸어 나왔다. 얼마나 보고 싶던 핏

덩이인가. 무심결에 "아이구 내 새끼야." 외치는 소리에 앞서 어느덧 손자는 할머니의 품속에 안겨 있었다. 뒤늦게 나오다가 이를 본 며느리가 질겁을 했다. 시부모님께 대한 인사는 저만 두고 "저런, 균이 옮으면 어쩔라고." 신경질을 부리며 아기를 빼앗아가더라는 것이다. "닭 쫓던 개"란 이를 두고 한 말이렷다.

03 문단간의 연결 관계

(1) 접속어와 지시어

① 접속어 : 문장과 문장, 문단과 문단을 긴밀하게 연결시켜주는 단어이다.

접속 관계	접속어	사용하는 경우
순접 관계	그리고, 그리하여, 그러니, 이와 같이, 그래서, 따라서, 그러면	앞의 내용을 그대로 이어줄 때
역접 관계	그러나, 그렇지만, 하지만, 다만, 그래도, 반면에	앞의 내용과 내용이 반대로 이어질 때
인과 관계	그러므로, 따라서, 그래서, 그런즉, 그러니까, 왜냐하면	앞뒤를 원인과 결과의 관계로 이어줄 때
첨가 관계	그리고, 뿐만 아니라, 더욱, 또, 뿐더러, 게다가, 아울러, 더욱이, 또한	앞의 내용에 새로운 내용을 덧붙일 때
전환 관계	그런데, 그러면, 아무튼, 한편	뒤의 내용이 앞과 달라지는 경우에
예시 관계	예컨대, 이를테면, 가령, 예를 들면	앞의 내용의 예를 들어 이어줄 때
대등 관계	또는, 혹은, 및, 한편, 그리고	앞 내용과 뒤의 내용을 대등하게 이어줄 때
환언 요약 관계	곧, 즉, 결국, 바꾸어 말하면, 요컨대, 다시 말하면	앞의 내용을 바꾸어 말하거나 간추려 짧게 요약해 줄 때

학문의 목적은 진리의 탐구 그것에 있다. 이렇게 말하면 또 진리의 탐구는 해서 무엇하나 할지 모르나, 학문의 목적은 그로써 족한 것이다. 진리의 탐구로써의 학문의 목적이 현실 생활과 너무 동떨어져 우원(迂遠)함을 탓함직도 하다. 그러나 오히려 학문은 현실 생활로부터 유리(遊離)된 것처럼 보일 때, 가끔 그의 가장 풍부한 축복을 현실 생활 위에 내리는 수가 많다.

학문이 유용하고 즐거운 까닭은 학문이 진리를 탐구하는 것이기 때문이다. 또한 현대인이 편리한 생활을 누릴 수 있게 된 것도 학자들의 연구가 있기 때문이다. 학자들의 상아탑 속의 연구 생활이 현실을 도피한 것이라는 비난이 있기는 하지만, 학

문에 진리 탐구 이외의 다른 목적이 개입할 때, 그 학문은 자유를 잃고 왜곡될 염려가 있다. <u>요컨대, 학문의 본질이 합리성과</u> 실증성에 있고, 학문의 목적이 진리 탐구에 있을 때, 학문은 학문으로써 권위를 갖게 되는 것이다.

- 박종홍, '학문의 목적'

② **지시어** : 사물이나 장소, 방향 등을 대신 가리키는 말이다. 앞에 나온 단어나 문장, 또는 앞에 제시된 글 전체를 대신해서 쓸 때 사용한다.

갈래	지시어	사용하는 경우
인칭대명사	나, 너, 우리, 당신, 이이, 그이, 저이, 이분, 저분, 그분	사람을 대신해서 가리킬 때
지시대명사	이것, 저것, 그것, 여기, 저기, 거기	장소를 가리킬 때
지시형용사	이렇다, 저렇다, 그렇다	상태를 가리킬 때
지시부사	장소-이리, 그리, 저리 모양, 방법-이렇게, 저렇게, 그렇게	장소, 모양, 방법을 가리킬 때
지시관형사	이, 그, 저	명사를 꾸며주며 지시성을 띨 때

　　모든 사람들이 성자와 같은 인품을 만들어 가며 살아야 한다는 말은 할 수 없으며, <u>그렇게 살 수도 없다.</u> 그렇다고 해서, <u>그러한 삶에 대한 꿈을 버려서는 안 된다.</u> 왜냐하면, <u>그런 꿈을 가지고 있는 동안은</u> 자신의 삶도 방향을 잃지 않게 되어 가치 있는 생활을 할 수 있기 때문이다.

제4편

글의 전개 방법

글의 전개 방법이란?

중심 문장을 뒷받침하기 위한 세부 내용을 일정한 방법에 따라 체계적으로 제시하는 것이다.

01 글의 네 가지 전개 방식

글의 전개 방식은 시간의 흐름을 중시하는 서사, 과정, 인과 방식과, 시간의 흐름을 중시하지 않는 설명, 묘사, 논증의 방식이 있다. 논술을 쓸 때에는 서사, 설명, 묘사, 논증 방식이 주로 쓰인다.

(1) 서사의 예문

일정한 시간 내에 일어나는 사건이나 행동의 변화를 나타내는 전개 방법으로 소설이나 전기, 기행문에 주로 쓰인다.

> 어떤 배가 항해를 하고 있는 도중에 심한 폭풍우를 만났다. 그 배는 그만 뱃길을 잃고 말았다. 이튿날 아침이 되었다. 바다는 다시 잠잠해졌고 배는 아름다운 포구가 있는 어느 섬에 닿아 있었다. 사람들은 포구에 닻을 내리고 잠깐 쉬기로 하였다. 그 섬에는 온갖 울긋불긋한 꽃들이 피어 있었다. 또 곳곳에 과일이 달린 나무들이 아름다운 녹음을 드리우고 있었으며, 새들이 정답게 지저귀고 있었다. 배의 승객들은 다섯 명씩 짝을 지어 행동하기로 했다.
> 첫 번째 사람들은 꼼짝도 하지 않은 채 배에 남아 있었다. 그들은 '배에서 내려 섬을 돌아보는 사이에, 순풍이 불어 배가 떠나 버리면 어떡하나.' 하는 걱정을 하였다. 또 섬이 비록 아름답지만 목적지에 빨리 가는 것이 더 급했기 때문에 배에 남아 있기로 했던 것이다.

(2) 설명의 예문

어떤 일의 내용이나 이유, 의의 따위를 알기 쉽게 밝혀서 쓰는 방식이다.

> 줄기세포란 신체 내에 있는 모든 세포나 조직을 만들어 내는 기본적인 세포를 말한다. 줄기세포 자체는 아직 분화가 결정되지 않은 '미분화 세포'다.
>
> 즉 난자와 정자가 수정돼 처음 생긴 수정란은 분열을 거듭하고 세포 수가 많아지게 되는데 이 과정에서 어떤 세포가 다리가 되는지, 뇌는 어떤 세포인지 등이 정해지지 않은 시기를 말한다. 이게 결정돼 특정한 세포로 진행될 때 이를 분화라고 한다.
>
> 우리 몸의 근육·뼈·내장·뇌·피부 등 신체 각 기관 조직으로 전환될 수 있는 분화 능력을 가진 줄기세포는 사람의 배아를 이용해 만들 수 있는 '배아줄기세포(복수 기능 줄기세포)'와 혈구세포를 끊임없이 만드는 골수세포와 같은 '성체줄기세포(다기능 줄기세포)'로 나뉜다.

(3) 묘사의 예문

눈으로 보거나 마음으로 느낀 것 등을 그림을 그리듯이 객관적으로 쓴 방식이다.

> 봄꽃 중에서도 앵초는 독특한 자태와 아무도 흉내낼 수 없는 고운 빛깔로 한순간에 바라보는 이의 마음을 빼앗아 버린다. 들판에 아지랑이가 한창 피어오를 무렵, 주로 물가에 피어나는 앵초는 주름진 잎새와 진분홍색의 작은 꽃송이들이 보는 이의 마음을 설레게 한다.
>
> 앵초는 이렇게 고운 모습을 하고서도 어린 잎을 산나물로 내어 주고, 뿌리를 포함한 식물 전체가 기침, 천식, 기관지염, 종기 등에 약으로 쓰인다 하니 참으로 기특한 식물이 아닐 수 없다.

(4) 논증의 예문

사물의 도리에 증거를 들어서 증명하거나, 주어진 판단의 정당성이나 확실성의 이유를 들어 증명하는 방식이다.

> 금속활자의 발명과 사용에 있어서 역사상 고려가 가장 앞섰다는 것은 이미 세계적으로 알려진 사실이다. 12세기경 고려에서 놋쇠로 금속활자를 만들어 썼다는 사실이 국립박물관에 보관되어 있는 '복'자 활자로 증명되고 있다. 개성 근처의 고려 왕릉에서 발견되어 1913년 일본인 골동품상이 구왕궁박물관에 팔아넘긴 것으로, 그 크기는

1.1×1.0cm 정도이며, 불균형하나 등면(背面)에 구슬 모양으로 찍은 자국이 나 있다. 생김새로 보아 찰흙을 빚은 뒤에 글자 면(面)에 구슬같이 생긴 나무 끝으로 둥글게 찍고, 반쯤 말린 다음 글자를 새겨서 흙 활자를 만들어 견본자로 하고, 해감모래 거푸집을 만들어 놋쇠를 부어낸 것임을 알 수 있다. 이 방법은 해감모래 거푸집으로 해동통보(海東通寶)를 주조해 낸 방법과 같은 것이다.

📋 연습 문제

❖ 다음 글의 진술 방식을 각각 쓰시오.

1. 소년은 무명 겹저고리를 벗어 소녀의 어깨를 싸 주었다. 소녀는 비에 젖은 눈을 들어 한번 쳐다보았을 뿐, 소년이 하는 대로 잠자코 있었다. 그리고는 안고 온 꽃 묶음 속에서 가지가 꺾이고 꽃이 일그러진 송이를 골라 발밑에 버린다.

2. 길 오른편은 적이 가파르고 경사진 개간지요, 왼편은 소나무 숲이었다. 이 사이로 외발자국 오솔길이 나 있었다. 여름이면 쑥과 뱀딸기 덩굴로 해서 덮이다시피 되는 길이었다.

3. 철학은 본래가 현실과 유리될 수 없는 학문이다. 19세기 초엽, 프랑스군 점령하의 베를린에 있어서 '독일 국민에게 고하노라' 하는 피 끓는 애족의 공개 강연을 감행하여 독일 국민의 기백을 고무시킨 것은 바로 철학자 피히테가 아니었던가?

4. 이제현은 고려 충렬왕 13년 12월에 경주에서 정승 문정공 진의 아들로 태어났으니, 신라 시조 때의 좌명 대신이었던 이알평의 후예였다. 그는 충렬왕 27년에 나이 15세의 어린 몸으로 성균시에 장원하고, 또 대과에서 병과에 합격하였다.

 예시 답안

1. 서사   2. 묘사   3. 주장   4. 설명

02 논 거

명제를 뒷받침해주는 자료들을 논거라 한다. 논거에는 사실 논거와 소견 논거가 있다.

(1) 사실 논거

사실 논거는 구체적이고 현실적인 사실로 추론의 근거를 삼는 것인데, 이에는 일반적인 지식이나 정보, 통계적 수치나 사실, 사료(史料), 체험, 목격담 등이 쓰인다. 사실 논거는 그 진실성을 생명으로 한다. 사실 논거를 이용할 때는 다음의 사항을 지켜야 한다.

① 출처를 밝혀 주어야 한다.
② 논증에 관계되는 사실만을 이용한다.
③ 이용되는 사실들은 그 가치가 유용한 것이어야 한다.
④ 주어진 자료를 함부로 변형 · 왜곡한다든지, 어느 한 부분만을 떼내어 아전인수 격으로 해석한다든지 해서는 안 된다.
⑤ 체험을 논거로 이용할 때는 독자가 공감할 수 있는 일반적인 것일수록 좋다.
⑥ 목격담을 논거로 사용할 때는 그 정직성 여부를 확인한 뒤, 될수록 간결하게 사용한다.

(2) 소견 논거

소견 논거는 어떤 방면의 권위자의 의견을 빌려 자기 주장의 근거로 삼는 것인데, 소견 논거의 신뢰성은 그 권위자의, 그 방면에 있어서의 권위에 의존하게 된다. 소견 논거를 인용했을 때에는 그 인용한 사실과 의견의 출처를 반드시 밝혀야 한다. 그리고 소견 논거의 유효성의 근거가 되는 권위는 시대에 따라, 또한 사람에 따라 변한다는 것을 알아둘 필요가 있다.

(3) 논거를 수집하고 이용할 때의 주의 사항

① 너무 많거나 불필요한 논거의 제시를 삼간다.
② 논거는 논증을 전개하고 있는 필자 나름대로의 해석을 거쳐야 한다. 아무런 설명이나 해석 없이 그냥 제시되는 논거는 무의미하다.
③ 불충분한 몇 개의 논거로부터 일반적인 사실을 도출하려 해서는 안 된다.
④ 구체적이고 명료한 논거를 이용한다.
⑤ 자기의 주장을 관철시키기 위해 논거를 과장 · 왜곡 · 조작해서는 안 된다.

📄 연습 문제

1. 다음 글에 사용된 논거의 종류를 쓰시오.

한 번 청소했다고 언제까지나 방 안이 깨끗한 것은 아니다. 우리의 마음도 한 번 반성하고 좋은 뜻을 가졌다고 해서 그것이 늘 우리 마음속에 있는 것은 아니다. 어제 먹은 뜻을 오늘 새롭게 하지 않으면 그것은 곧 우리를 떠나고 만다.

2. 다음 논거를 보고 그에 알맞은 결론을 쓰시오.

논거 1 : 우리 나라는 자원이 없고, 국토가 좁으며, 인구 밀도는 매우 높다.
논거 2 : 그러나 우리는 피나는 노력을 기울여 세계 10대 무역국으로 부상하였다.
결 론 :

3. 다음 결론의 근거가 되는 논거를 두 가지 이상 쓰시오.

논거 1 :
논거 2 :
결 론 : 수질 오염과 공기 오염은 반드시 막아야만 한다.

📖 예시 답안

1	소견 논거
2	그러므로 객관적 여건보다 더 중요한 것은 의지와 노력임을 알 수 있다. 이로 보건대, 우리 한민족은 강인한 민족임을 알 수 있으며, 앞으로 세계적인 국가가 될 것이라고 생각한다.
3	논거 1 : 수질 오염과 공기 오염은 인간과 자연을 파괴한다. 논거 2 : 현재 우리의 지구는 수질 오염과 공기 오염으로 큰 병을 앓고 있다.

03 논술과 논증

국어사전에서 '논술(論述)'을 찾아보면, "논하여 의견을 진술함."이라고 풀이되어 있고, '논하다'의 뜻은 "① 이론을 따져 말하다. ② 말이나 글로 다투다."로 적혀 있다.

또, 논증의 뜻은 "① 사물의 옳고 그름을 사리에 맞도록 논술하여 증명함. 또는 그러한 증명. ② 〈논리학〉 주어진 판단이 진(眞)이라고 하는 것의 이유를 밝히는 일."이라고 풀어 놓았다. 이를 종합하여 '논술'은 '논증'의 진술 방법이며, 사물의 이치와 일의 옳고 그름을 따지는 글이라 할 수 있다. 다시 말하면 논술의 목적은 논증에 있다.

04 설명의 방법

(1) 설명의 뜻

설명은 일정한 사물 또는 문제를 쉽게 풀어서 그것이 '무엇'인가를 알게 하는 진술의 방식으로 이해를 목적으로 하는 경우에 주로 쓰인다.

설명은 ① 사실과 생각의 이해 ② 인물의 특징이나 어떤 사태의 분석 ③ 용어(술어)의 뜻풀이 ④ 길거리의 안내서 ⑤ 공장 설비 구조의 해설 ⑥ 역사적 사건의 이해 ⑦ 어떤 행동을 하게 된 동기 등 광범위한 문제에 걸쳐서 사용된다. 요컨대, 설명은 '무엇인가?', '어떠한 것인가?'에 대하여 응답하는 형식의 글이다.

설명은 논증과 함께 주관적 진술, 희로애락(喜怒哀樂)의 감정적·정서적 반응을 피하고, 지적(知的)인 진술에 의거한다. 따라서 설명이나 논증의 글에서 "나는 견딜 수 없이 가슴이 아팠다."거나 "그는 형언할 수 없는 황홀감에 도취되었다."는 등의 정감적인 문장 표현은 금물이다.

(2) 설명의 갈래

설명의 방법에는 ① 지정 ② 정의 ③ 예시 ④ 비교 ⑤ 대조 ⑥ 분류 ⑦ 분석 등이 있다.

① 지정(확인)

지정은 사실을 확인하는 진술이므로 단순한 설명의 방식이다. '무엇이냐, 누구냐?'에 대한 대답으로서 '무엇이다, 아무개다'에 해당하는 진술이다.

> • 서울 숭례문은 우리 나라 국보 제1호이다.
> • 이 충무공은 우리 나라 역사상 우리 민족이 가장 자랑할 만한 위인이요, 숭배할 분이다.
> • 박지성은 잉글랜드 프로 축구 명문 맨체스터 유나이티드 구단에서 한국인 최초 프레미어리거 선수이다.

② 정 의

정의는 단어의 뜻을 밝히는 설명의 방식이다. 어떤 대상 또는 어떤 용어의 뜻을 '무엇은 무엇이다'의 형식으로 나타내는 설명 방식이다.

> • 대한민국은 복지 국가이다.
> • 사물놀이는 북·장구·징·꽹과리 등 네 가지 민속 타악기로 연주되는 음악이며, 그 음악에 의한 놀이이다.

- 고전은 예전에 만들어진 것으로 시대를 초월하여 높이 평가되는 문학 예술 작품이다.

③ 예 시

설명 대상에 대해 구체적인 예를 들어 설명하는 방법이다.

- 문자의 기원으로는 크게 '히에로클리프'라는 이집트의 문자, 중국의 '갑골 문자', 그리고 메소포타미아의 '쐐기 문자'를 들 수 있다. 이러한 초기 형태의 문자들은 모두 다 그림에 뿌리를 두고 있는 것이 특징이다.
- 그림 문자는 '의미'를 나타내는 것에서 '소리'를 나타내는 것으로 바뀌는 과정은 이집트의 문자를 예로 살펴볼 수 있다. 초기의 이집트 문자는 앞의 표에서 살펴보았듯이 일정한 대상의 형태를 모방한 그림 문자였다. 그러나 이집트 문자는 점차 발전하면서 의미가 아닌 소리의 기호로 바뀌기 시작했다.
- '한자'가 표의 문자이고, 우리의 '한글'이나 영어의 '알파벳', 일본의 '가나'는 모두 표음 문자이다. 한자에서 '火'는 하나의 문자이며, '불'이라는 일정한 의미를 나타낸다. 그러나 표음 문자인 한글에서 'ㅂ'이나 'ㅜ', 'ㄹ'과 같은 각각의 문자는 어떠한 의미도 가지고 있지 않다. 영어는 불과 26개의 알파벳을 문자로 가지고 있지만, 이를 조합하여 무한 개의 단어를 만들 수 있다. "표의 문자가 수없이 많은 문자를 필요로 하는 데 비해, 표음 문자는 불과 수십 개의 문자로 모든 것을 표현할 수 있어 효율적이다."(표의 문자와 표음 문자의 차이점) 표음 문자가 발달하면서 비로소 사람들은 수없이 많은 문자의 형태와 그 문자가 지니는 복잡한 의미를 외워야 하는 부담에서 벗어날 수 있게 된 것이다.

④ 비 교

둘 이상의 대상에 각기 다른 대상을 견주어 공통점이나 유사점을 밝혀내는 설명 방법이다.

- 희곡은 서사 문학과 마찬가지로 인생의 여러 문제에 관련된 사건을 다룬다.
- 고려 가요란 주로 민중 사이에 널리 전해진 속요를 뜻한다. 넓은 뜻으로는 고려시가 모두를 포함하며 '고려가사' '고려가요', 줄여서 '여요' 또는 '고려장가'라는 이름으로 통한다. 그러나 좁은 뜻으로는 '한림별곡' '관동별곡' '죽계별곡' 등 한문계이다. 시가는 경기체가 또는 별곡체라 하고, '청산별곡' '서경별곡' '만전춘' '가시리'

등의 시가를 흔히 속요라 부른다.
• 모기와 각다귀는 주둥이가 길고 윗입술이 비늘 모양이다.

⑤ 대 조

둘 이상의 각기 다른 대상에 견주어 차이점을 밝혀내는 설명 방법이다.

옛날의 부모들이 취했던 방식이 모두 옳다고 생각하지는 않는다. 옛날의 아버지들은 너무 엄했던 까닭에 자녀들이 친근감을 느끼기가 어려웠다. 옛날의 부모에게는 독선(獨善 : 자기만 옳다고 생각하는 것)의 경향이 있었고, 젊은이의 입장에서 자녀를 이해하려는 노력이 부족하였다. 그러나 인생에 대하여 확고한 신념(信念)을 가지고 자신만만하게 자녀를 가르칠 수 있었던 그들의 태도에는 분명히 본받을 만한 장점이 있었다.

오늘의 부모들의 태도에도 좋은 점이 없지는 않다. 자녀들에게 친구가 되어 줌으로써 그들로 하여금 친근감을 느낄 수 있게 하는 것은 좋은 일이다. 그러나 중요한 것은 자녀들이 부모를 감성적으로 좋아하도록 가까이 하는 것이 아니라, 그들이 훌륭한 사회인(社會人)으로 성장하도록 키우는 일이다. 이러한 관점에서 교육자로서의 부모의 지혜(智慧)가 요구되는데, 오늘의 부모들은 그 임무를 망각하는 경우가 많다.

⑥ 분 류

어떤 대상들을 종류별로 나누어 설명하는 방법이다.

• 생물분류학의 일부인 곤충분류학(昆蟲分類學)은 곤충을 대상으로 이들의 소속과 종명을 결정하며, 유연 관계를 확인하는 데 필요한 기초 원리, 방법, 규칙 등을 이론적으로 연구하는 학문이다. 형태, 습성 등의 형질을 이용하여 동물을 나눈 아리스토텔레스 이후 이명법(二名法)을 제창한 린네를 거쳐 발전해 온 현대의 곤충분류학은 곤충생태학(昆蟲生態學), 생리학(生理學), 방제(防除) 등 제반 곤충 연구의 기초가 되는 학문이다.
• 언어 활동은 기본적으로 말하고 듣고 읽고 쓰는 네 가지로 분류된다. 이 중에서 말하기와 듣기는 음성 언어 활동에 해당하고, 읽기와 쓰기는 문자 언어 활동에 해당한다.

⑦ 분 석

어떤 사물이나 사실을 그 구성 요소나 역할에 따라 나누어 풀이하는 전개 방법이다.

- 시계는 태엽, 톱니바퀴, 시침, 분침 등으로 이루어져 있다. 태엽은 시계가 움직일 수 있도록 동력을 공급하고, 톱니바퀴는 시침과 분침으로 동력을 전달한다. 또, 시침은 시 단위의 시각을, 분침은 분 단위의 시각을 가리킨다.
- 소화계는 체강을 가로로 달리는 소화기관과 이것에 관계하는 부속샘으로 이루어져 있다. 소화관은 앞쪽으로부터 입, 외배엽기원 전장, 중배엽에서 유래한 중장, 외배엽기원의 후장, 항문으로 연결되어 있다. 부속샘으로는 소화에 관계하는 침샘이 있고 배설기관인 말피기관이 소화관의 전장과 후장의 경계 부위에 개구되어 몸속에 생긴 노폐물을 장 속으로 배출한다.
- 곤충의 순환계는 사람처럼 심장을 중심으로 동맥, 모세혈관, 정맥으로 이어지는 혈관 시스템이 없고 그냥 곤충 몸 전체에 피가 퍼져서 돌기 때문에 개방혈관계로 혈관이란 것이 없다. 그리고 포유류에서는 혈액과 세포외액인 림프가 있는데 곤충은 이 두 가지가 합하여진 형태의 혈림프(hemolymph)가 있다. 또한 사람의 피에는 헤모글로빈이라는 색소가 있어 붉은색을 띠지만 곤충의 피는 헤모글로빈 대신 헤모시아닌이 있기 때문에 투명한 녹색을 띠고 있으나 예외적으로 깔따구 애벌레 등은 헤모글로빈 색소를 가지고 있어 피가 빨간 경우도 있다.

📄 연습 문제

1. 다음 설명의 방법 중 '지정'인 문장을 모두 고르시오.
   ① 대한민국은 민주 공화국이다.
   ② 서울은 특별시이고, 부산, 대구, 인천, 광주, 울산은 광역시이다.
   ③ 저 사람에게 기쁜 일이 한 번만이라도 있어야 한다.
   ④ 대한민국의 영토는 한반도와 그에 딸린 섬으로 한다.
   ⑤ 놀부는 흥부의 형이고, 제비 다리를 생으로 부러뜨린 사람이다.
   ⑥ 곤충은 몸뚱이가 머리, 가슴, 배로 되어 있고, 다리가 세 쌍인 동물이다.

2. 다음의 단어들을 각각 정의하시오.
   ① 학교 :
   ② 경찰관 :
   ③ 기상 재해 :

3. 다음 글들을 읽고, 그에 사용된 주된 설명 방법을 쓰시오.

① 판소리 예술의 기본적 구성 요소에는 창, 아니리, 발림의 세 가지가 있다.

② 고려 사회와 조선의 정책은 그 근저부터 상이한 양면을 보여준다. 먼저, 고려 사회는 태조 이래 줄곧 숭불 정책을 지향한 데 반하여, 조선은 억불 숭유로 치달았다.

③ 전항에서 본 바와 같이 황진이뿐만 아니라 천편일률적인 도학자들의 작품보다는 오히려 기생들의 작품에서 더욱 걸작을 찾을 수 있다. 이를테면, 소백주·한우·구지·송이·매화 등의 작품이 각각 한두 편씩 전하고 있다.

④ 인간은 사회학적 관점과 철학적 관점, 그리고 예술적 관점에서 조명될 수 있다. 사회학적 관점에서는 인간은 사회를 이루고 사는 동물이라고 볼 수 있고, 철학적 관점에서는 인간은 규범적 가치적으로 신이나 동물과는 대립되는 존재로서의 사람이라고 말할 수 있으며, 예술적 관점으로는 인간은 아름다움을 감상하고 창조할 수 있는 능력을 가진 존재라고 말할 수 있다.

4. 다음의 각 항목들을 설명하려고 한다. 각 항목의 설명에 가장 알맞은 설명 방법을 쓰시오.

① 가사(歌辭)의 발달
② 인공위성의 구조
③ 품사의 종류
④ 긍정적 사고와 부정적 사고
⑤ 논술이란 무엇인가?

 예시 답안

1	①, ②, ④, ⑤ ※ ⑥은 정의임.
2	① 학교 : 일정한 방안과 설비를 갖고 교사가 학생에게 계속적으로 교육을 시키는 기관이나 그 건물이다.
	② 경찰관 : 사회의 공공 질서를 유지하기 위한 경찰상의 임무를 수행하는 공무원이다.
	③ 기상 재해 : 풍해·홍수·눈사태·가뭄·벼락 등 기상으로 인하여 일어나는 재해를 말한다.
3	① 분석 ② 대조 ③ 예시 ④ 구분
4	① 예시 ② 분석 ③ 구분과 예시 또는 분류 ④ 대조 ⑤ 지정 또는 정의

05 논증이란 무엇인가?

논증은 분명하지 않은 사실이나 원칙을 놓고 그 진실의 여부를 증명하는 동시에 독자로 하여금 필자가 증명하는 바를 시인하여 믿게 한다. 입증이라고도 하며 자신의 주장이 옳음을 근거로 이용하여 논리적으로 증명하는 전개 방법이다.

06 논증의 특징

다음 논증의 특징은 논술을 할 때에 기본적으로 알아두어야 할 것들이므로, 여러 번 읽어서 확실하게 이해해야 한다.

(1) 논증과 설득

설명의 목적이 어떤 대상에 관한 정보나 지식을 독자에게 이해시키는 것에 있는 데 비해, 논증은 필자의 견해에 의혹을 품거나 반대의 의견을 갖는 상대방을 설득시키고자 하는 것이다. 이러한 논증은 독자의 이성적 본성인 이해력에 호소하여 대개 그 효과를 얻지만, 때로는 감정에 호소하기도 한다. 그런 감정에 호소하는 논증도 시종일관 감정에만 의지하여서는 별다른 효과를 거둘 수 없다. 사실에 합당한 논리와 증거가 뒷받침되어야 한다.

(2) 논증과 대립, 갈등

논증은 그것이 출발하는 상황에 있어서 다른 진술 방식들과 구별된다. 논증은 필자와 독자 사이에 갈등 또는 그 가능성이 존재한다는 것을 내포하고서 출발한다. 자기와 의견이 같은 사람에게 논증할 필요는 없다. 이러한 대립의 갈등을 자기 나름대로 해소하고자 하는 것이 논증의 과정이며, 논증의 결말은 필자 나름의 갈등의 해소인 것이다. 따라서 논증은 차분한 논리 전개의 바탕 위에서 확실한 증거를 가지고 행해져야 한다.

07 명제의 종류와 요건

판단이란 어떤 사실의 진위를 판정하는 사고 작용이고, 판단을 언어로 표시한 것이 명제이다. 따라서 명제는 판단에 대한 찬성, 불신, 회의 등이 된다.

(1) 명제의 종류

① 사실 명제 : 어떤 것이 진실이라고 주장하는 것
　〈예〉 삼각형의 내각의 합은 180도이다.

② **정책 명제** : 어떤 상태나 행동이 바람직하다고 주장하는 것

〈예〉 인간의 자유는 폭력으로 억압되어서는 안 된다.

③ **가치 명제** : 인간, 사상, 윤리, 예술 작품 등에 대해 가치 판단을 내리는 것

〈예〉 '태평천하'는 채만식의 탁월한 현실 인식을 보여주는 뛰어난 작품이다.

(2) 명제의 요건

① **단일성** : 명제는 단일한 명제라야만 논증이 가능하다. 물론, 한 편의 논술문이 하나의 명제만으로 이루어져 있는 경우는 드물다. 그러나 그 경우에도 각각의 명제는 한 가지 문제만을 다루어야 한다.

② **명료성** : 막연하거나 모호한 어휘, 또는 비유적인 어휘가 쓰여서는 안 된다.

③ **공정성** : 선입견이나 편견이 명제 속에 개입돼서는 안 된다.

위의 요건에 의하여 명제가 작성되었으면 그것을 전개시켜 나간다. 이 전개 과정, 즉 명제에서 출발하여 결론에 이르기까지의 과정이 곧 추론이다. 추론에 있어서는 명제의 진실성을 뒷받침해 줄 근거 자료와 논리적인 방법이 필요하게 된다. 근거의 확실성을 보장하는 것이 바로 논거이다.

📄 연습 문제

1. 다음의 명제들이 잘못된 이유를 말하고, 바르게 고쳐 쓰시오.

① 공무원의 관존민비적 사고는 불식되어야 한다.

② 사형 제도의 존속이 흉악한 범죄를 근절시키지는 못한다.

③ 후진국의 저개발은 그들의 열등한 민족성에 기인한다.

2. 다음의 문장을 명제 형식으로 바꾸어 쓰시오.

① 우리 서로 이해합시다.

② 여러분은 이웃을 사랑합시다.

③ 여자가 남자보다 더 슬기롭습니까?

3. 다음의 사항들에 관계되는 명제를 하나씩 만들어 보시오.

① 텔레비전
② 식량

예시 답안

1	① '관존민비적'이 구체적으로 어떤 것인지 명료하지 못하다. '공무원이 자기 편의를 위해, 각종 증명서의 발급에 태만한 태도는 불식되어야 한다.' 정도로 고친다.
	② '흉악한'이란 말이 명료하지 못하다. '사형 제도의 존속이 살인 범죄를 근절시키지는 못한다.' 정도로 고친다.
	③ '열등한 민족성'이란 선입견이 개재되고 있다. '열등한'을 생략하든지 새로운 명제를 세우든지 해야 한다.
2	① 우리는 서로 이해해야 한다.
	② 여러분은 이웃을 사랑해야 한다.
	③ 여자는 남자보다 현명하다. 여자는 남자보다 현명하지 않다.
3	① 텔레비전의 범죄 수사극은 청소년의 범죄 심리를 자극한다.
	② 식량의 자원 무기화 경향에 대비하기 위해 식량의 자급자족이 시급하다.

08 추론 방법

명제가 결정되고, 이를 뒷받침할 논거를 발견하면 실제로 그것을 정리하여 논술하는 단계에 접어든다. 이 방법의 대표적인 것으로 귀납적 방법과 연역적 방법이 있다.

(1) 귀납적 추론

귀납적 추론은 충분한 수효의 특수한 사실들을 검토하여 일반적인 사실을 그 결론으로서 이끌어 내는 방법이다. 귀납적 추론에는 충분한 수효의 개별적인 사례에 비추어, 같은 종류의 나머지 모든 사례도 같으리라는 결론에 이르는 일반화와, 두 사례가 일정수의 면에 있어서 비슷하므로 다른 나머지 면에 있어서도 비슷하리라고 추측하는 유추가 있다.

① 일반화의 예

식물은 영양을 섭취해야 한다.

동물도 영양을 섭취해야 한다.

식물과 동물은 생물이다.

그러므로 모든 생물은 영양을 섭취해야 한다.

② 유추의 예

정철 선생은 위대한 문호로서 창작에 힘썼으며 술을 좋아하며 작은 일에 매임이 없는 호방한 분이었다. 나도 문학 창작에 힘쓰고 있으며 성품도 호방한 편이다. 그러므로 나

도 훌륭한 문학가가 될 수 있을 것이다.

(2) 연역적 추론

연역적 추론은 일반적인 원리를 전제로 하여 특수한 사실들을 결론으로 이끌어 내는 방법이다. 이 추론은 확실성을 보일 수 있는 장점이 있으며, 삼단 논법의 가장 전형적인 방법이다.

〈예〉 모든 생물은 영양을 섭취해야 살 수 있다.

　　　사람은 생물이다.

　　　그러므로 사람도 영양을 섭취해야 살 수 있다.

(3) 추론 시 유의해야 할 사항

① 비약이나 모순이 있어서는 안 된다.

② 귀납적 추론이 설득력을 가지려면, 일반성을 지닐 만큼 대표성이 인정되고, 충분히 납득할 수 있는 사례들이 풍부해야만 한다.

③ 연역적 추론이 가능하려면, 대전제가 반드시 참이어야 한다.

 연습 문제

1. 다음의 추론이 잘못된 이유를 쓰시오.

　① 소년들은 축구를 좋아한다. 창수는 축구를 좋아한다. 창수는 소년이다.
　② 영수는 부유한 생활을 하고 있다. 그는 학생 시절에 고학을 했다. 학생 시절에 고학을 하면 부유한 생활을 누리게 된다.

2. 귀납적 추론과 연역적 추론의 예를 각각 하나씩 만들어 쓰시오.

예시 답안

1	① 소년들은 축구를 좋아하지만, 축구를 좋아하는 것은 소년들만이 아니다. 일부의 진실을 전체의 진실로 간주하게 되면 추론은 오류에 빠지게 된다.
	② 비약이 심한 데서 온 오류. '학생 시절의 고학'에서 '현재의 부유한 생활'에 이르는 중간 단계가 온통 생략되어 그릇된 인과 관계가 성립되었다.
2	연역적 추론 : 우리 학교 축구 선수는 누구나 축구를 잘한다. 영호는 우리 학교 축구 선수이다. 그러므로 영호는 축구를 잘할 것이다.
	귀납적 추론 : 초등학교에 다니는 내 동생은 야구를 좋아한다. 내 친구 영호의 동생도 야구를 좋아한다. 그러므로 야구를 좋아하는 어린이가 많음을 알 수 있다.

제5편

논술의 절차

01 논술의 절차란?

논술은 먼저 주제를 확정한 다음 주제문을 작성함으로써 그 방향이 결정된다. 주제문은 추상적이기 마련이므로, 그러한 주제문을 뒷받침할 만한 근거가 있어야 한다. 논증의 근거를 '논거'라 하며, 글의 뜻이 분명해지려면 이 논거를 중심으로 한 여러 가지 이야깃거리를 모아야 하는데, 이 이야깃거리를 '제재(題材)'라 한다.

주제를 확정한 다음 주제문을 작성하고, 또 여러 제재의 수집이 끝났으면, 바로 글의 개요 작성에 들어간다.

작성한 개요에 따라 집필하여 초고(草稿)가 이루어지면 퇴고(推敲)의 과정을 거쳐 글을 완성한다.

실제 논술고사에서는 퇴고할 시간이 충분치 않을 수 있으므로 구상을 잘 한 다음 써야 하며, 평소에 많이 써 보아 논술에 익숙해 있어야 한다.

02 제재의 수집과 정리

(1) 제재란 무엇인가?

필자의 의도를 독자에게 충분히 표현 · 전달하기 위해서는 주제를 뒷받침하는 이야깃거리가 있어야 한다. 이 이야깃거리가 곧 '제재'이다. 제재와 소재를 구별하여, '제재'는 주제가 되는 재료, '소재'는 주제를 논술하거나 형상화하기 위한 모든 재료라고 정의를 내리기도 한다. 그러나 이 양자의 구별이 모호할뿐더러 구태여 구별할 필요가 없기 때문에 여기에서는 이 두 가지를 통틀어 '제재'라 하기로 한다.

(2) 제재가 갖추어야 할 요건

① 주제를 뒷받침해야 한다. 이것은 글의 통일성과 관계되는 것으로 주제에 어긋나거나 관련없는 제재가 끼어들지 않도록 해야 한다.

② 풍부하고 다양해야 한다. 그러나 그 풍부함과 다양성의 도가 지나쳐서 글의 통일성

을 해쳐서는 안 된다.

③ 내용이 확실해야 한다. 확실한 취재를 위해서는 출처가 명백한 제재, 사실과 추론이 분명하게 구별된 제재, 합리적이고 공평하게 해석된 제재, 주제에 어울리는 제재가 선택되도록 노력해야 한다.

④ 독자가 관심을 가질 만한 것이어야 한다. 필자가 잘 알고 관심을 가지고 있는 것이어야 한다. 대체로 독창성, 신기성, 구체성, 필요성, 친근성, 긴장감, 극적 요소, 해학성, 기지(機智) 등이 드러날 때에 독자의 관심도는 높아진다.

(3) 제재의 정리

이상의 요건을 갖춘 제재가 발견되면, 집필할 때 편하도록 정리해 놓아야 한다. 내용과 중요성의 정도에 따라 각각 다르게 구분해 놓는다.

① 내용이나 관점이 동일한 것과 그렇지 않은 것을 구분해 놓는다.

② 주제에 밀접히 연관되어 그것을 직접 뒷받침하는 것과 보충적인 역할을 하는 것을 구분해 놓는다.

제재의 정리는 그냥 머릿속에서 하는 것보다 간략하게 메모를 해 두는 것이 좋다. 빠진 것을 보충한다든가, 필요 없는 것을 삭제한다든가 하는 데 편리할뿐더러, 구성과 개요 작성에도 도움이 되기 때문이다.

📄 **연습 문제**

1. '일제 식민 통치의 잔학상'을 주제로 할 때, 다음에서 부적당한 제재를 고르고, 그 이유를 설명하시오.

   ① 창씨 개명의 강행   ② 교육 기관의 신설
   ③ 토지 조사 사업   ④ 어문 말살 정책
   ⑤ 공공 의료 기관 설치   ⑥ 사상 운동의 탄압
   ⑦ 영국·미국·프랑스와의 반목 관계

2. 다음은 술이 인간에게 미치는 장점에 대한 글을 쓰기 위하여 모은 소재이다. 이것을 적당한 기준을 세워 분류하시오.

   ① 기분 전환   ② 괴로움의 망각
   ③ 상상력의 촉진   ④ 혈액 순환의 촉진
   ⑤ 사교 및 향연의 흥취 ⑥ 긴장된 신경의 이완

📖 **예시 답안**

(1)	②, ⑤, ⑦ '교육 기관의 신설, 공공 의료 기관 설치, 영국·미국·프랑스와의 반목 관계'는 '일제 식민 통치의 잔학상'이라는 주제와 어긋날뿐더러 주제를 뒷받침하지 못하기 때문이다.
(2)	정신면 — ①, ②, ③ 생활면 — ⑤ 생리면 — ④, ⑥

03 주제 설정과 주제문 작성

(1) 주제란 무엇인가?

글을 쓸 때, '무엇을 쓸 것인가?'를 정하는 것은 중요한 일이다. 그것은 '무엇', 곧 '쓰고자 하는 내용'이 없이는 글을 쓸 수 없기 때문이다. 여기서 '무엇'에 해당하는 것이 '주제'이다. 이처럼 '주제'란, 제재에 의미 부여 내지 가치 평가를 내려 글의 동기 및 통일적인 기본 이념으로 삼은 것으로써, 글 전체를 통하여 필자의 생각이나 의견이 하나로 묶여 나타난 글의 중심이 되는 내용, 곧 필자가 글을 통하여 나타내고자 하는 중심 생각이다.

주제의 설정은 글쓰기의 출발점이다. 주제가 결정되어야 그 다음에 재료를 수집하고 정리하여 하나의 글을 완결지을 수 있다. 주제가 결정되지 않은 상태에서 글 쓸 자료부터 준비한다면 헛된 노력을 하기 쉽다. 주제 설정 시 고려하여야 할 사항을 정리하면 다음과 같다.

- 주제는 그 범위가 좁아 구체성을 띨수록 좋다.
- 글 쓰는 이가 관심을 갖고 있으며 잘 알고 있는 것이 좋다.
- 주제는 주어진 글의 분량에 알맞아 내용을 충분히 전달할 수 있는 것이 좋다.
- 주제는 여러 사람이 공감하는 것이어야 좋다.
- 읽는 사람의 관심과 흥미를 끌 수 있는 것일수록 좋다.

(2) 주제문의 작성

주제를 완결된 문장으로 진술한 것이 주제문이다. 주제는 대체로 주제문의 주어부에 해당된다. 따라서 주제문을 작성하지 않으면 글의 결론 부분이 모호해지기 쉽다. 왜냐하면 글의 결론 부분은 주제에는 나타나지 않기 때문이다. 주제문을 작성하면 다음과 같은 이점이 있음을 알아두자.

- 글이 전개될 방향을 예고해 준다.

• 글의 내용과 길이를 예측할 수 있게 해 준다.

• 글이 주제에서 벗어나는 것을 막아 준다.

다음은 주제문을 작성할 때의 주의점을 형식면과 내용면으로 나누어 살펴보기로 하자.

① 형식면

　　㉠ 완전한 문장이 되도록 진술하여야 한다.

　　㉡ 의문문의 형태는 피한다.

　　㉢ 비유적인 표현은 피한다.

　　㉣ '나는 ~ 이라고 생각한다'의 표현은 피한다.

② 내용면

　　㉠ 너무 넓은 범위를 다루지 않도록 한다.

　　㉡ 서로 다른 둘 이상의 개념을 다루지 않아야 한다.

　　㉢ 불명료하고 모호한 표현은 피한다.

　　㉣ 일관성이 없거나 모순되는 표현은 피한다.

(3) 주제와 제목과의 관계

　글의 제목을 정하는 일은 매우 중요하며, 제목은 그 글의 내용과 성격을 직접적으로나 간접적으로 드러낼 수 있는 것이어야 한다. 또한 제목은 무엇에 대하여 썼는지 제시해야 하며, 글에 대한 흥미를 불러일으켜야 한다. 아울러 제목은 가능한 한 간단해야 하고, 참신하고 인상적이어야 한다. 논설문, 설명문 등은 주로 주제나 중심 과제로 구체적인 제목을 정하는 경우가 많고, 그 외의 글은 제목이 주제를 드러나게 할 수도 있고, 여운을 풍기게 할 수도 있다.

📋 연습 문제

　1. 다음의 주제문들은 어떤 점이 잘못되었는지 지적하시오.

　　① 언론은 사회의 목탁(木鐸)이다.

　　② 후진국 국민의 건강 상태에 대하여

　　③ 침략자에 대한 한민족의 저항과 투쟁 정신은 유사 이래 면면히 발휘되어 왔다.

　2. 다음의 주제문들은 별로 바람직하지 못하다. 올바로 고쳐 쓰시오.

　　① 소년은 봄이요, 노년은 가을이다.

② 대도시의 생활에는 여러 가지 어려움이 뒤따른다.

③ 인구 증가의 억제는 오늘날 가장 시급하고 중요한 과제라고 생각한다.

예시 답안

1	① 비유적인 표현이다.
	② 완전한 문장이 아니다.
	③ 너무 넓은 범위를 다루고 있다.
2	① 비유적인 표현으로 되어 있을 뿐 아니라, 서로 양립되는 두 개의 내용이 한 주제문 안에 들어 있다. → 노년기의 급작스런 노쇠화를 막기 위해서는 차분한 자기 반성과 적당한 일거리의 모색이 필요하다.
	② '여러 가지 어려움'이 구체적으로 어떤 것들인지 밝혀지지 않은 불명료한 표현이다. → 대도시 생활에는 주택난, 교통난, 공해 등의 어려움이 뒤따른다.
	③ '~고 생각한다'는 불필요한 군더더기이므로 빼 버려야 한다. → 인구 증가의 억제는 오늘날 가장 시급하고 중요한 과제이다.

04 개요 작성

(1) 개요란 무엇인가?

구성이 다 되면, 그것에 따라 실제로 글을 써 나가면 된다. 그러나 구성을 머릿속에서 완성하고, 그대로 써 내려간다는 것은 매우 어려운 일이다. 완벽한 구성을 머릿속에서만 해낸다는 것도 어렵거니와, 처음에 구성했던 대로 글이 일관성 있게 나간다는 것도 힘들기 때문이다. 그래서 구성을 하는 과정에서 그 구성을 도식화하여 메모로 만든다. 이 메모를 개요(槪要)라고 한다.

(2) 개요 작성의 이점(利點)

개요를 치밀하게 작성해 놓으면 다음과 같은 이점이 있다.

첫째, 집필 과정에서 일어나기 쉬운, 글이 다른 방향으로 빗나간다든지, 엉뚱한 이야기가 끼어든다든지, 중요한 내용을 빠뜨린다든지, 쓸데없이 앞의 이야기를 다시 중언부언한다든지 하는 잘못을 미리 막을 수 있다. 개요가 일종의 설계도 역할을 해 주기 때문이다.

둘째, 머릿속에서 짜여진 구성이 잘 되었는지를 점검할 수 있다. 주제문의 의도가 충분히 반영되었는지, 항목 간의 균형은 맞았는지 등을 확인할 수 있다. 이런 의미에서 개요는 X선 촬영 사진과 비슷하다고 할 수 있다. 구성의 잘잘못 여부를 쉽게 알아볼 수 있으며, 용이하게 고칠 수 있기 때문이다.

셋째, 작문 과정 중에서 얻어지는 직접적인 이점은 아니지만, 잘 짜여진 개요는 그 자체만으로 한 편의 글을 대신할 수 있으며, 또한 필요한 서적을 읽으면서 그 내용을 간결하게 개요를 작성해 두면, 그 책을 다시 읽을 때에 큰 도움이 된다.

(3) 개요 작성의 일반적 방법

첫째, 주제의 내용을 두 가지 이상의 주요 논점으로 나누어 대항목을 정한다.

둘째, 대항목을 두 가지 이상의 종속 논점으로 나누어 중항목 또는 소항목으로 세분화한다.

셋째, 각 상위 항목과 하위 항목을 일관성 있게 부호나 숫자로 표시한다.

제 목

주제문 : ——————————————————————————

Ⅰ. ——————————————————————————

  A. ——————————————————————————

    1. ——————————————————————————

      a. ——————————————————————————

      b. ——————————————————————————

    2. ——————————————————————————

    3. ——————————————————————————

  B. ——————————————————————————

    1. ——————————————————————————

    2. ——————————————————————————

Ⅱ. ——————————————————————————

  A. ——————————————————————————

  B. ——————————————————————————

  C. ——————————————————————————

3

📋 연습 문제

✿ '과학의 발전과 인간성 회복'이라는 제목으로 글을 쓰려고 한다. 다음의 제재를 가지고 개요를 작성하시오.

- 과학과 철학의 관계
- 철학의 회복과 과학의 통제
- 정신 문화의 진작
- 비인간적인 측면의 발전
- 인간성의 상실
- 인간성의 회복 강조
- 과학의 발견이 가져온 폐해
- 인간성 회복을 위한 대책

 예시 답안

제목 : 과학의 발전과 인간성 회복
주제문 : 과학의 발전이 가져온 인간성 상실을 회복하려면 철학과 정신 문화가 회복되어야
　　　　한다.
　Ⅰ. 과학과 철학의 관계
　Ⅱ. 과학의 발견이 가져온 폐해
　　A. 비인간적인 측면의 발전
　　B. 인간성의 상실
　Ⅲ. 인간성 회복을 위한 대책
　　A. 철학의 회복과 과학의 통제
　　B. 정신 문화의 진작
　Ⅳ. 인간성의 회복 강조

제 6 편

글의 서론, 본론, 결론 쓰는 방법

01 서론 쓰기

　서두는 글의 도입부로 첫인상을 좌우하는 부분이다. 첫인상이 논술 시험의 여부를 결정짓는다. 읽는 이가 흥미를 느껴야 나머지 부분까지 다 읽게 되고, 서두가 잘 풀려야 그 다음 문장을 이어 나가기가 쉽다.

　글을 꼭 써야 하겠는데 말문을 어떻게 열 것인가를 놓고 고민을 하는 경우가 있다. 멋있고 인상적으로 쓰려는 욕심을 버리고, 침착하고 차분하게 주제를 음미하며 써야 한다. 글의 내용과 긴밀하게 연관되어야 하고, 독자의 관심을 불러일으켜야 한다.

(1) 서론의 구실
　① 무엇에 대하여 쓸 것인가에 대한 목표를 제시한다.
　② 본론에서 다룰 문제점을 제시한다.
　③ 그 문제에 대한 위치를 설정한다.
　④ 본론에서 다룰 범위를 설정한다.

(2) 논술 작성 시 서론의 원고지 분량

원고 분량	500자		600자		800자		1000자		1200자		1600자	
수	글자	문장	글자	문장	글자	문장	글자	문장	글자	문장	글자	문장
서론	100	2~3	120	2~3	190	3~4	180	3~4	220	3~5	300	4~6

　* 내용의 진술에 따라 약간 차이가 날 수도 있다.

(3) 서론 작성의 다양한 기법
　① 남의 말이나 격언, 속담 등을 인용하며 시작한다.
　② 최근의 상황이나 사건을 이야기하며 시작한다.
　③ 논제를 제시한 명제로 시작한다.
　④ 글의 윤곽을 제시하며 시작한다.

⑤ 나의 주장과 상반되는 주장을 끌어들이며 시작한다.

* 서론 자체만으로도 앞으로 전개될 글의 논지가 무엇인지 분명하게 드러나야 한다.

(4) 서론 쓰기의 예문

① 격언, 속담 등을 인용하며 시작하기

(예문 ①)

보람 있는 삶이란, 리처드 바크의 '가장 높이 나는 새가 가장 멀리 본다.'는 말이 암시하듯, 우선 높은 이상을 지향하는 삶이라고 할 수 있다. 높은 이상을 지향한다는 것은 일상적 삶에 만족하지 않고 보다 고귀한 가치를 지향한다는 것이며, 이는 곧 창조적 정신과도 통한다.

여기서 창조적 정신은 자유 의지의 표상이라고도 할 수 있다. 새로운 목표의 설정은 기존의 틀을 벗어나고자 하는 자유 의지의 소산이며, 자유란 주체적이고 창조적인 삶을 위한 기회일 뿐 아니라 행복에 이르는 필수 조건이기 때문이다.

창조 정신의 구현, 자유 의지의 실현은 물론 부단한 노력을 필요로 한다. 때로는 사회로부터의 비난과 저항에 부딪힐 수도 있다. 그러나 현실과의 적당한 타협은 자유 의지의 실현도, 창조적 정신의 구현도 불가능하게 한다. 이러한 갈등과 모순을 극복할 때 개인의 창조적 삶은 성취될 수 있는 것이다.

주제문	어떻게 사는 것이 보람 있는 삶인가?
서론	보람 있는 삶이란 어떤 삶인가?
본론	1. 개인적 차원에서의 보람 있는 삶 　－자유 의지에 따라 높은 이상을 향해 부단히 노력하는 삶 2. 사회적 존재로서의 보람 있는 삶 　－개인의 노력으로 이룩한 창조적 결실을 사회 전체와 나누는 삶
결론	자유 의지에 따라 부단한 노력을 통해 높은 차원의 이상에 도달하고, 그것을 사회 전체로 확산시켜 사회 발전에 기여하는 삶이 가치 있는 삶이다.

(예문 ②)

㉠ 대가족 제도하에서는 보통 3대 이상이 한 집에 살았다. ㉡ 이렇게 부모, 자식, 손자가 조석으로 얼굴을 맞대고 살 때에는 예의와 형식이 강조되었다. ㉢ 그러나 앨빈 토플러의 '제3의 물결'이 밀어닥치면서 현대 사회에서 대가족 시대의 윤리가 그대로 적용되기에는 어려움이 따랐다.

㉮ 서론 전개 방식 : 글의 윤곽을 제시하며 시작하기

㉯ 서론의 문장 구조 : ㉠ 전제 ㉡ 상술 ㉢ 문제 제기

㉰ 개요 : • 현대 가족 제도의 문제점 지적(서론)

　　　　　• 대가족 제도의 장점(正 : 본론)

　　　　　• 현대 사회에 있어서의 대가족 제도의 문제점(反 : 본론)

　　　　　• 조화로운 현대 가족 제도의 정립(合 : 결론)

② 최근의 상황이나 사건을 이야기하며 시작하기

(예문 ①)

> '느림'이 미덕인 시대가 있었고, 뒤이어 '빠름'이 미덕인 시대가 이어졌다. 그리고 빠름이 미덕인 시대의 정점에 우리는 서 있다. 오늘날 기계와 인간은 잠시도 쉬지 않고 빠른 속도로 움직이고 있다. 현대의 문명 사회를 불확실한 미래를 향해 빠른 속도로 끌고 나가는 이 조급한 분위기 속에서 우리는 과연 어떠한 삶을 살아야 하는 것일까.
>
> 현대인들은 잠시라도 무엇인가를 하지 않으면 불안한 마음을 느낀다. 정보·통신 분야를 비롯한 문명의 비약적인 발전에 적응해야 한다는 위기감을 그들은 느끼고 있다. 가정이나 직장에서 그들은 자신의 쓸모와는 상관없는 빠른 컴퓨터와 새로운 모델의 자동차를 구입하기 위한 경쟁에 열중한다.
>
> 쉬지 않고 돌아가는 컨베이어벨트 앞에서 육체 노동자들의 손길은 분주하고, 사무직 근로자들 또한 남보다 앞서 목표를 달성하기 위해 촌각을 다툰다. 현대의 도시인들은 자신을 돌아볼 시간 없이 공허한 빠름을 추구하고 있다.

주제문	현대인들의 일상적 삶의 모습
서론	현대인이 처한 상황
본론	'빠름'의 문제점과 '느림'의 미덕 1. 현대인의 조급한 삶 2. 조급한 삶의 원인들 3. 자신의 삶의 주체가 되는 길
결론	진정한 성찰의 시간과 그 의미

(예문 ②)

> ㉠ 산업이 고도로 발달한 현대 사회는 광고가 홍수를 이루고 있다. ㉡ 신문이나 TV 매체는 말할 것도 없고 거리마다 광고가 없는 곳이 없다. ㉢ 이런 환경 속에서 살아가는 현대인들은 자기도 모르는 사이에 광고의 지대한 영향을 받아 가면서 살고 있다. ㉣ 특히 영상 매체의 발달로 그 영향은 날로 증대되고 있다. ㉤ 그러나 요즈음, 우리 사회에 나타나고 있는 광고의 현실은 많은 문제점을 보여주고 있다.
>
> ―시청자에 미치는 광고의 영향―

㉮ 서론 전개 방식 : 최근의 사건이나 상황을 이야기하며 시작하기

㉯ 서론의 문장 구조 : ㉠ 전제 ㉡ 상술(예시, 원인) ㉢ 상술(결과)
ㄹ 상술(첨가) ㉤ 문제 제기

㉰ 개요 : • 광고와 현대인(서론)
• 광고의 목적(본론)
• 광고의 이로움(正, 본론)
• 광고의 해로움(反, 본론)
• 광고의 공익성, 윤리성 회복(결론)

③ 논제를 제시한 명제로 시작하기

(예문 ①)

> 사람이 살아간다는 것은 타인과의 공존을 전제로 한다. 인간은 사회적 동물이라는 정의가 공존의 의미를 잘 대변해 주고 있다. 어떠한 개인도 혼자만의 능력과 생활 방식을 고집할 수는 없다. 서로 주고받는 삶의 관계성 속에서 하루하루의 삶이 연장되기 때문이다.
>
> 이러한 전체적인 시각은 독립된 인간 개인의 삶과는 상반되는 의미를 제공한다. 인간 개인의 독립된 삶의 양식과 사회적 공존을 어떻게 조화롭게 이해할 것인가가 반복되는 인간사의 문제점이다. 역사는 사회적 동물로서의 인간 행위의 결과이지만, 그 역사는 개인의 독립된 행위에서 출발했기 때문이다.

주제문	인간사와 개인의 행위에 관련성을 인식하고, 개인의 존재 가치를 발견해야 한다.
서론	인간 행동의 상호 연관성 ― 사회적 동물로서의 인간과 독립된 인간의 행위

본론	인간 역사 속에서의 개인의 가치 －인간사라는 절대적 가치 －인간사 속에서의 개인의 가치(개인적 인간의 존재 없이 인간사는 존재하지 않는다.) 전체 역사 속에서의 인간의 권리 －강요 속에서의 이비에타의 자의적 선택 －선택은 새로운 상황을 창조 －인간의 관계 속에서 선택과 결정은 순환의 관계를 가짐.
결론	인간 모두는 균등한 자유를 가짐. －본인의 존재 가치와 책임 －인간 선은 절망 속에 갇혀 있던 인간의 몸부림에서 시작됨.

(예문 ②)

> ㉠ 요즈음 들어 우리 사회에 나타나고 있는 현상 가운데 가장 경계해야 할 것 중의 하나가 바로 쾌락주의이다. ㉡ 사글세방에 살면서도 자가용을 타고 호텔에 가서 외식을 하고, 사회 지도층에 있는 사람들은 저 멀리 동남아까지 가서 골프를 즐기고 돌아온다고 한다. ㉢ 상하가 모두 그저 먹고 마시고 놀자판이다. ㉣ 사회가 이처럼 쾌락주의로 흘러가면, 근로 의욕은 급격히 둔화되고, 그에 따라 우리의 경제 사정도 큰 어려움을 겪게 되기 때문에 이를 경계하지 않으면 안 된다.
>
> －쾌락주의의 치유－

㉮ 서론 전개 방식 : 논제를 제시한 명제로 시작하기

㉯ 서론의 문장 구조 : ㉠ 주장(단정) ㉡ 상술(예시)

　　　　　　　　　　　㉢ 상술(예시 요약) ㉣ 문제 제기

㉰ 개요 :　• 쾌락주의 경계(서론)

　　　　　• 원인 1 : 황금 만능주의(본론)

　　　　　• 원인 2 : 입시 교육의 문제점(본론)

　　　　　• 원인 3 : 미래에 대한 불안감(본론)

　　　　　• 교육의 정상화, 가치관의 확립(결론)

④ 글의 윤곽을 제시하며 시작하기

(예문 ①)

> 알베르 카뮈가 제시하는 '시지프의 신화'는 인간이 처한 비극적 운명을 상징적으로 제시하고 있다. 정상에 돌을 올리기 위해 갖은 애를 쓰는 시지프의 모습은 이상이나 욕망의 실현을 위하여 고통을 인내하며 살아가는 우리네 삶의 모습과 닮아 있다.
>   그러나 시지프의 모습을 통해 카뮈가 제시하고자 한 것이 결코 인생의 허무함이나 인간의 자아 실현을 위한 노력이 헛될 수밖에 없다는 점은 아닐 것이다. 오히려 그는 이러한 신화를 통하여 삶의 참된 의미를 밝히고자 한 것이다.

주제문	현실에 좌절하지 않는 성실한 자세가 가치 있는 인간의 삶이다.
서론	이상과 현실의 괴리 속에서 좌절하는 인간의 삶
본론	1. 가치관의 부재 속에서 방황하는 현대인의 삶 비판 2. 좌절을 딛고 일어서서 자아 실현을 위해 노력하는 삶의 아름다움 3. 결과보다는 과정 속에서 의미와 가치를 찾는 삶의 태도
결론	성실과 희망의 태도를 통한 허무의 극복

(예문 ②)

> ㉠ 농경 중심의 정체된 사회에서 서양의 눈부신 물질 문명은 한국인에게 큰 충격을 주었다. ㉡ 이런 충격은 우리도 서양처럼 잘살아 보겠다는 생각과 함께 서구의 발달된 문물을 비판 없이 받아들이는 결과를 낳게 되었다. ㉢ 이런 사고 방식이 100여 년 지속된 결과, 서구 문화는 무조건 좋다는 맹목적인 선호 현상이 우리의 뇌리에 깊숙이 자리잡게 되었다. ㉣ 물론 풍부한 서구의 물질 문명이 바탕을 이룬 서구 문화는 한국의 발전에 크게 도움을 주어 왔음은 사실이다. ㉤ 그러나 앞으로 서구의 문화를 맹목적으로 받아들이기에는 문제점이 많다.
>
> －서구 문화의 수용 태도－

㉮ 서론 전개 방식 : 글의 윤곽을 제시하며 시작하기
㉯ 서론의 문장 구조 : ㉠ 전제(원인) ㉡ 상술(결과) ㉢ 상술
　　　　　　　　　　 ㉣ 상술 ㉤ 문제 제기
㉰ 개요 :　• 서구 문화 수용의 자세와 문제점(서론)
　　　　　• 우리의 현실(본론 : 예시)
　　　　　• 서구 문화의 긍정적인 면(正)과 부정적인 면(反 : 본론)

• 전통 문화와 서구 문화의 조화(결론)

⑤ 나의 주장과 상반되는 주장을 끌어들이며 시작하기

(예문 ①)

> 오늘날 인류는 과학 기술의 눈부신 발전으로 물질적인 풍요와 여유 있는 삶을 누리게 되었다. 그러나 과학 기술이 지극히 기계 중심적인 데다가 과학 기술에 대한 의존이 지나쳐서 오히려 인간이 과학 기술 체제의 지배와 조종을 받게 되기에 이르렀고, 이에 따라 인간이 소외되는 현상이 일어나고 있다.
>
> 이러한 과학 기술의 역기능으로 인한 소외 현상은 갈수록 심각해져서 마침내는 이로 인해 인류가 파멸할지도 모른다는 예측마저 나오고 있다. 그렇다면 이를 극복하기 위해서 개인, 과학 기술자, 국가는 각기 과학 기술에 대해 어떤 태도를 지녀야 할까?

주제문	과학 기술 발전에 따른 인간 소외 현실
서론	과학 기술의 역기능 극복 방안
본론	1. 과학 기술에 대한 긍정적 수용과 합리적 판단의 필요성 2. 자연을 정복 대상으로 여기는 서구식 자연관의 탈피 3. 과학 기술 대중화를 위한 정부의 지원
결론	과학 기술의 역기능 극복을 위한 노력

(예문 ②)

> ㉠ 200여 년 전 산업혁명으로 기계화가 이루어진 이후 인류는 급속한 과학과 기술의 발전을 이룩하여 오늘에 이르렀다. ㉡ 빠른 속도로 진행되어 온 산업화는 인간의 생활 방식, 사고 방식과 의식 구조 등을 급속하게 변화시켰으며 모든 환경도 합리화시키고 있다. ㉢ 바야흐로 인류는 산업화로 인하여 궁핍의 시대에서 풍요의 시대로 나아가고 있으며 물질적 속박에서 자유로워지고 있는 것이다. ㉣ 그러나 산업화의 긍정적인 측면 뒤에는 많은 부정적 요소가 존재하고 있다는 것을 간과할 수 없다.
>
> −산업 사회와 인간−

㉮ 서론 전개 방식 : 나의 주장과 상반되는 주장을 끌어들이며 시작하기

㉯ 서론의 문장 구조 : ㉠ 전제 ㉡ 상술 ㉢ 상술 ㉣ 문제 제기

㉰ 개요 : • 산업화에 나타난 부정적인 요소(서론)

　　　　• 산업화의 긍정적인 측면 : 편리한 삶, 생산성 증대, 효율성, 합리화 등(본론)

　　　　• 산업화의 부정적인 측면 : 개성적 자유와 문화적 가치의 말살, 도구화된

가치관 형성, 전통적 윤리 의식 및 도덕 의식의 몰락 등(본론)
- 이성적, 도덕적, 윤리적 가치관 정립(결론)

(5) 그 외 서두의 유형

① 사실의 직접 진술

예 어젯밤은 몹시 추웠고, 천둥 번개가 요란했다. 온 세상이 온통 변해 버릴 것 같은 그런 진동 같은 소리였다. 아침에 일어나니 날씨는 추워져 있었고, 나는 난로를 준비하지 않아 마음이 불안해졌다.

② 글의 과제에 대한 간략한 소개

예 이 논문은 현대 한국어를, 구조 언어학의 언어 연구 방법론에 입각하여 연구한 결과의 한 부분을 적은 것이다. 그러므로 과거에 정설 또는 정설처럼 되어 있던 국어학의 여러 문제들까지도, 이 방법론에 서서 다시 분석하였다.

③ 필자의 솔직한 고백

예 잘 모르는 분들은 혹 나를 특출한 인물로 볼는지 모른다. 하지만, 내겐 인간이면 누구나 하느님으로부터 받은 그 '존엄성' 외에는 위대한 점이라곤 추호도 없다. 재주나 외모가 남보다 뛰어난 것도 아니고, 성품이 남다른 것도 아니다. 지덕(知德)에 있어서 나보다 월등하게 높은 이들이 세상엔 허다하다.

④ 관련성 있는 어구나 삽화의 짧은 인용

예 "번영에 속하는 좋은 것은 바람직한 것이다. 그러나 역경에 속하는 좋은 것은 찬양할 만한 것이다."라는, 스토아 학파를 본뜬 것이긴 하지만 세네카의 의기에 찬 말이 있다. 확실히 기적이라는 것이 자연을 지배하는 것이라고 한다면, 그것은 역경 속에서 가장 잘 나타난다.

⑤ 의문형의 적절한 제시

예 인간은 언제부터 지구상에서 생활을 영위하였을까? 문화의 기원은 언제 어디서 어떻게 시작되었을까? 이러한 의문 속에 사람들은, 같은 영장류(靈長類)에 속하는 인간과 원숭이 사이에는 너무나도 큰 차이가 있음을 발견했다. 그래서 인간의 진화 발전상의 위치를 알기 위해서는 몇 개의 과도적 원인(猿人)이나 인원(人猿)이 존재했어야 된다고 느끼게 되어, 이 인간과 원숭이의 간격을 해결하는 길을 '잃어버린 고리'라고 명명한 것이다.

⑥ 관련 화제의 제시

예 우리 인간을 비롯하여, 이 지구 위에 널리 분포되어 있는 생물체들의 생명이란 참으로 신비한 것이다. 이 생명의 문제에 대해 예전부터 많은 사람들은 관심을 갖고 연구를 거듭해 왔지만, 오늘날에 있어서도 완전한 결론을 얻지 못한 상태에 있다. 그러나 현대 과학의 발전으로 그 신비의 베일이 완전히 벗겨질 날도 멀지 않으리라고 본다. 이런 상황에서 생명의 기원에 대해 현대 과학이 얼마만큼 해명의 빛을 비추고 있나 살펴보고자 한다.

⑦ 충격적인 사건이나 사실의 제시

예 한강이 죽어 가고 있다. 서울 시민들의 매일의 음료수, 생활 용수의 근원이 되고 있는 한강은 지금 빈사 상태에 있다. 오염도가 법정 기준치를 넘은 지는 이미 오래고, 등이 굽은 기형어들이 종종 잡히고, 기온이 높은 날에는 수표면(水表面)이 부글부글 끓어오르고, 물 속을 볼라치면 열 자는커녕 열 치 깊이도 안 보인다.

⑧ 글의 주제를 밝힘

예 근대적인 모든 사조(思潮) 중에서 우리 신문학 사상에 가장 큰 업적을 남긴 것은 자연주의였다. 자연주의는 우리 신문학의 사조 중의 사조였다. 그러나 이것은 유독 조선 신문학에서만이 아니고 본래 근대 문학의 운명의 문제리라. 근대 문학은 일언하여 산문 문학이요, 그 산문 문학을 건설한 것이 자연주의 문학자들이었던 것은 우리가 주지하는 사실이다.

📋 연습 문제

1. 다음 글은 어떤 방식으로 씌어진 서두인가?

> 희망—이는 얼마나 밝은 말이며, 사람으로 하여금 활기에 넘치게 하는 말인가! 희망은 칠흑과 같은 밤의 도표가 되는 광명이며, 고난 가운데에서 일어설 수 있게 하는 원동력이며, 또한 일상생활의 확고한 굴대[軸]가 되는 것이다.

① 글의 주제를 밝히는 방식
② 사실을 직접 진술하는 방식
③ 관련 화제로 시작하는 방식
④ 자기 자신을 솔직하게 고백하는 방식
⑤ 글의 목적이나 내용, 방법을 소개하는 방식

2. 다음 글이 서두로서 바람직하지 못한 이유를 쓰시오.

> 이번에 나는 대한출판사로부터 '성탄절의 의미'에 관한 원고 청탁을 받았다. 그런데 나는 기독교인이 아닌데다가, 평소부터 기독교에 관해 좋지 않은 편견을 가지고 있어서 성탄절의 의미에 관해 글을 쓸 만한 적임자가 아니다. 그뿐 아니라, 마감 시한이 다 된 다른 원고들 때문에 도저히 시간을 낼 계제가 아니다. 그러나 독촉에 못 이겨 내 의견을 몇 자 적어 보려고 한다.

3. '관련 화제로 시작하는 방식'을 사용하여, 서두를 간략하게 써 보시오.

(주제는 각자 선택한 것으로 할 것)

📖 예시 답안

1	
2	이 글은 글을 쓰게 된 동기나 과정에 대하여 사사로운 변명이나 자기 합리화로 일관하여 독자의 흥미를 유발시키지 못하고 있다.
3	생명의 시작과 끝을 정하는 것은 여간 어려운 문제가 아니다. 의학, 종교, 윤리적 관점이 고려되어야 하고 심사숙고가 있어야 한다. 최근 의학의 발전과 함께 사람의 장기를 병든 사람의 몸에 이식하는 기술이 비약적으로 발달하고 있다. 　그러나 죽음의 시기 판정과 관련하여 장기의 제공이 사실상 불가능할 때가 많아, 이 문제에 대한 새로운 법규 제정이 필요하다고 본다.

02 본론 쓰기

본론이란 논술문의 중심 내용이 담기는 부분이다. 즉, 필자가 주장하고자 하는 핵심 내용이 여기에 집중되며, 분량도 전체 구성 요소 중에서 가장 길다. 그러므로 논술문의 내용 평가가 이루어지는 부분이다.

(1) 본론의 구실
① 글의 내용을 본격적으로 다루어 펼쳐낸다.
② 서론에 제시된 문제점들을 짜임새 있게 논술하여 결론을 이끌어 낸다.
③ 문제점별로 주어진 자료를 분석, 종합하여 조리 있게 나타낸다.
④ 문제 해결의 방안을 제시한다.

(2) 논술 작성 시 본론의 원고지 분량

원고 분량	500자		600자		800자		1000자		1200자		1600자	
수	글자	문장	글자	문장	글자	문장	글자	문장	글자	문장	글자	문장
본론1	150	3~4	180	3~4	210	3~5	210	3~5	250	4~5	330	5~7
본론2	150	3~4	180	3~4	210	3~5	210	3~5	250	4~5	330	5~7
본론3	·	·	·	·	·	·	210	3~5	260	4~5	340	5~7

* 내용의 진술에 따라 약간 차이가 날 수도 있다.

(3) 본론 작성의 다양한 기법

① 서론에서 제시한 목표나 문제점, 다루기로 한 범위들을 전개한다.

② 사실을 제시하고, 그 견해를 진술한다.

③ 논거 제시를 통해 자기 견해의 정당성을 입증한다.

④ 자신의 견해를 뒷받침해 줄 사실이나 예시를 덧붙인다.

⑤ 자신과 다른 견해나 주장을 열거하고, 그 차이점을 논한다.

(4) 본론 쓰기의 예문

① 두괄식 전개 방식(연역적 전개 방식)

    ㉠ 결론을 앞에 놓고 그 다음에 타당성을 증명해 나가는 구성 방식으로 일종의 두괄
식 구성에 해당한다.

    ㉡ 중심 문장(주제문)+구체화 연역적 진술이 이루어지는 과정은 구체화의 순서로
이루어진다.

(예문 ①)

> ㉠ 첫째로 효(孝)에 대한 경시 풍조이다. ㉡ 효는 예로부터 전통 사회에서 인간이
> 지켜야 할 가장 중요한 덕목으로 여겨 왔다. ㉢ 그러나 요즈음은 그렇지 못하다. ㉣
> 얼마 전, 자식이 아버지를 무참히 살해한 사건이 보도되어 충격을 안겨 주었다. ㉤
> 이러한 경우는 극히 드물다. 그러나 물질 만능주의를 추구하는 현대 사회에서는, 부
> 모를 외면하는 자식의 수가 많다는 것을 누구도 부인할 수 없다.

㉮ 본론 전개 방식 : 대책론(문제점 지적 − 해결 방안)

㉯ 본론의 문장 구조 : ㉠ 주지(단정) ㉡ 상술 ㉢ 상술(반론)

                                      ㉣ 상술(예시) ㉤ 상술(요약)

㉰ 개요 : 현대 사회의 실정 − 효의 경시 풍조

(예문 ②)

> ㉠ 대학은 무엇보다도 학문의 전당이다. ㉡ 대학은 본디부터 학문 연구를 목표로 출발하였다. ㉢ 곧 대학은 일찍부터 세계 각국에서 모여든 사람들이 배우고 연구하는 학문의 집이었던 것이다. ㉣ 여러분은 이제 이런 대학의 구성원이 되었다. ㉤ 오늘 여기서 처음 입학의 첫 영광을 누리는 수천의 젊은이들은 바로 이 학문의 전당에 발을 들여놓은 것이다. ㉥ 따라서, 여러분이 해야 할 가장 큰 사명은 학문 연구이다. ㉦ 무엇보다도 여러분은 학문을 닦아야만 대학인의 기본 바탕이 이루어진다. 말할 것도 없이 대학에서 할 일은 학문 말고도 많다. ㉧ 기능 연마, 인격 도야 등의 인간적 성장이 고루 이루어져야 마땅하다. ㉨ 그렇지만 그것들은 2차적인 것이요, 1차적인 사명은 학문 연구에 있다. ㉩ 학문을 저버린 대학생은 대학 자체의 기능을 스스로 깨뜨리는 자가 될 수밖에 없다.

⇒ 실제 글에서는 대전제나 소전제들이 풀이되거나 논증되면서 전개된다.
- ㉠ 대전제 : "대학은 학문의 전당이다."
  - (㉡ ~ ㉢) 대전제에 대한 논증의 문장
- ㉣ 소전제 : "여러분은 대학인이 되었다."
  - (㉤) 소전제의 부연 설명
- ㉥ 결론 명제 : ㉠과 ㉣을 바탕으로 한 주장
  - (㉦ ~ ㉩) 결론 명제에 대한 풀이와 뒷받침

② 미괄식 전개 방식(귀납적 전개 방식)
- 증명 과정을 거쳐 결론을 끝에 제시하는 방식으로 설득을 통하여 독자의 공감을 끌어내는 전개 방식이다.
- 2개 이상의 개별 사실과 각 개별 사실의 포괄적 일반화를 통한 결론이다.

(예문 ①)

> ㉠ 우리 사회는 급속도로 근대화, 산업화, 공업화를 체험하고 있으나, 그것이 서구화와 동일시되는 경향이 팽배하고 있다. ㉡ 그리하여 우리 고유의 전통 문화와 풍습이 헌신짝처럼 버려지는 경우가 종종 있다. ㉢ 우리 고유의 문화 유산인 널뛰기, 윷놀이 등은 이제는 민속촌이나 전시적 홍보 행사에서나 그 자취를 볼 수 있을 뿐이다. ㉣ 반면 서구 문화의 표피적 현상들인 팝송, 디스코 등이 우리 청소년 문화의 주류를 형성하고 있다. ㉤ 적어도 청소년 문화에서는 철저하게 우리 전통 문화의 부

재를 체험하고 있는 것이다. ㉫ 그것이 근대화의 명분 속에서 만연될 때, 우리는 우리의 주체를 상실해 가는 것이다.

㉮ 본론 전개 방식 : 대책론(문제점 지적 – 해결 방안)
㉯ 본론의 문장 구조 : ㉠ 전제(원인) ㉡ 상술(결과) ㉢ 상술(예시)
　　　　　　　　　　㉣ 상술(대조) ㉤ 상술 ㉥ 주지(요약)
㉰ 개요 : 현대 사회의 실정 및 주체성이 상실된 청소년 문화

(예문 ②)

㉠ 인간을 권력으로부터 해방시키는 데 앞장섰던 세계 종교가 인간의 생활 전체를 종교를 위해 있게 하였으며, 마침내 인간의 존엄성마저 위협하게 하였다.

㉡ 이러한 종교로부터 인간을 해방시키고 인간의 존엄을 회복하려는 것이 르네상스 이후의 인본주의 운동이었다. 인본주의와 합리주의는 인간의 생활을 편리하게 하기 위한 물질 문명과 과학 기술을 발전시켰다.

㉢ 그러나 과학 기술의 발달이 가속화하더니 인간을 과학 기술의 노예로 만들었고, 인간의 존엄성이 아니라 인간의 존재 자체를 위협하기에 이르렀다.

㉣ 이제 인간은 과학 기술의 압박으로부터 해방되어야 하는 어려운 문제를 안고 있다. 이에 직면하여 인간이 생각할 수 있는 것의 하나는, 인류의 오랜 역사 속에서 비록 그 대상은 다르지만, 몇 차례의 위험하였던 고비를 무사히 넘긴 경험을 가지고 있다는 사실이다. 그러므로 인간은 현재 직면하고 있는 인간 해방의 문제를 해결할 슬기를 가진 동물이라는 데 의심의 여지가 없다.

⇒ ㉠~㉣까지는 인류가 지금까지 겪어 온 문제와 극복의 과정을 연쇄법으로 설명한 것이다. 이 모든 문제를 슬기롭게 극복해 왔듯이 현대인이 당면하고 있는 문제도 잘 극복하리라는 필자의 주장을 귀납적으로 제시하고 있다.

③ 양괄식 전개 방식

(예문)

㉠ 둘째, 산업에 대한 종래의 선입관을 버려야 한다. ㉡ 그동안 잘살아 보자는 목마른 구호하에 공장 굴뚝에서 나오는 연기를 항상 뿌듯한 마음으로 지켜보았었다. ㉢ 우리 나라도 드디어 선진 공업 대열에 끼었구나 하면서, 공장이 우리의 생활을 윤택하게 해 준다는 생각에만 급급하여 공장이 내뿜는 폐수와 연기에 한없이 관대했

었다. ㉣ 이러한 사고 방식은 자기 살을 스스로가 파먹는 결과를 초래하므로 마땅히 버려야 한다.

㉮ 본론 전개 방식 : 대책론(문제점 지적 – 해결 방안)
㉯ 본론의 문장 구조 : ㉠ 주지(주장) ㉡ 상술(예시) ㉢ 상술(예시) ㉣ 주지(주장)
㉰ 개요 : 공해에 대한 바람직한 자세

④ 미괄식 + 양괄식 전개 방식

(예문)

(가) ㉠ 농경 중심의 정체된 사회에서 서양의 눈부신 물질 문명은 한국인에게 큰 충격을 주었다. ㉡ 이런 충격은 우리도 서양처럼 잘살아야겠다는 생각과 함께 서구의 발달된 문물을 비판 없이 받아들이는 데 자극제 역할을 했다. ㉢ 또한 산업 사회의 도래와 함께 많은 사람들은 물질적 풍요로움 속에서 여유 있는 삶을 누리게 되었다. ㉣ 그러나 한편으로는 도시 사회, 조직 사회, 대중 사회 등으로 특정지어지는 현대 산업 사회 속에서, 인간은 환경의 변화로 인해 생활 양식과 사고 방식이 많은 변화를 가져왔다. ㉤ 물질적 만족에 도취되어 인간 경시와 이기주의적 풍조, 가치관의 혼란으로 인한 도덕적 타락 현상이 두드러지게 나타나고 있다. ㉥ 더구나 '풍요 속의 빈곤'이라는 인간 소외를 느끼면서 살아가고 있다.

(나) ㉦ 이러한 현대 사회에서 현대인들이 인간답고 가치 있는 삶을 누리기 위해서는 첫째, 인간성 회복이 필요하다. ㉧ 더불어 사는 것이 인간 존재의 근원적인 삶의 조건이다. ㉨ 경쟁 의식과 이기주의, 물질 만능주의는 인간성을 상실하는 독소이다. ㉩ 따라서 현대인들은 서로가 따뜻한 정을 나눌 수 있도록 서로의 마음을 열어야 한다.

(다) ㉪ 둘째, 도덕성 회복이 필요하다. ㉫ 현대인들은 정신적이나 목적적인 가치보다는 물질적 가치나 수단적 가치를 더 숭상한다. ㉬ 여기서 나타나는 도덕적 타락 현상은 실로 심각한 상태에 와 있다. ㉭ 이와 같은 현상을 바로잡기 위해서는 모두가 도덕성을 회복하기 위한 윤리 의식을 확립해야 한다.

(라) ㉮ 셋째, 자기 소외를 극복해야 한다. ㉯ 소외란 그가 서야 할 자리를 상실하고 어떤 집단으로부터 거리감을 느끼는 현상이다. ㉰ 이를 극복하기 위해서는 자신의 지성과 양심의 판단에 따라 자아를 실현할 수 있도록 힘써야 한다. ㉱ 특히 조직 사회 속의 타율적 생활로부터 벗어나 인간 본연의 자리를 되찾을 수 있도록 노력해야 한다.

㉮ 본론 전개 방식 : 대책론(문제점 지적 – 해결 방안)

㉯ 본론의 문장 구조 :

    (가) 문제점 : ㉠ 전제(원인) ㉡ 상술(결과) ㉢ 상술 ㉣ 반론(원인)

               ㉤ 상술(결과) ㉥ 상술(첨가)

    (나) 해결책 : ㉦ 주지(주장) ㉧ 상술 ㉨ 상술 ㉩ 주지(주장)

    (다) 해결책 : ㉪ 주지(주장) ㉫ 상술 ㉬ 상술 ㉭ 주지(주장)

    (라) 해결책 : ㉮ 주지(주장) ㉯ 상술 ㉰ 주지(주장) ㉱ 주지(주장)

㉰ 개요 : (가) 문제점 제시(정(正)과 반(反)), 미괄식

           (나) ~ (라) : 치유 방안(해결책), 양괄식

⑤ 인과 관계 전개 방식

(예문)

> ㉠ 먼저, 복잡한 사고 과정을 거치려 하지 않고 부담 없이 즐거움을 얻으려고 하는 독서 태도를 가지고 있다는 것이다. ㉡ 이러한 태도는 인격을 수양하는 고전이나 지식을 전달하는 전문 서적을 등한시하게 하여 독서력과 사고력을 저하시킨다. ㉢ 이렇게 형성된 사고의 단순화는 청소년으로 하여금 인생을 가볍게 생각하게 함으로써 인생에 대한 진지한 태도를 잃게 한다.

㉮ 본론 전개 방식 : 인과(원인 – 결과)

㉯ 본론의 문장 구조 : ㉠ 주지(원인) ㉡ 상술(결과, 원인)

                  ㉢ 상술(결과)

㉰ 개요 : 청소년의 독서 경향

⑥ 정(正) – 반(反) 전개 방식

(예문)

> ㉠ 풍부한 정보 통신망은 편리함 그 자체이다. ㉡ 집안에서 물품을 구입하고 재택 근무가 가능하다면 여러 가지 비용이 절약되고 편리해질 것이다. ㉢ 하지만 사람은 편리함만으로 기쁨을 느낄 수 없는 존재이다. ㉣ 예를 들어, 옷을 살 때 자신이 입을 옷을 샀다는 결과만이 중요한 것은 아니다. ㉤ 옷을 사기 위해 버스를 타고 시장에 가는 동안 구상을 하고, 이곳 저곳을 돌아보며 마음에 드는 것을 고르면서 시장의 흥청거림, 혹은 백화점의 호화로운 분위기를 즐기고, 일변 가격을 깎으면서 싸게 샀다는 기쁨을 누리기도 한다. ㉥ 이와 같이 옷을 사는 과정에서 오는 모든 즐거움

을 몰수당한 채, 기계적으로 집에서 옷을 구입한다면 그 옷에 애착감이 생기지 않을 것이다.

⑦ 본론 전개 방식 : 찬반론(전제－주장－논거 제시)
⑭ 본론의 문장 구조 : ㉠ 전제(正) ㉡ 상술 ㉢ 반론(反) ㉣ 상술(예시)
                              ㉤ 상술(예시) ㉥ 상술(요약)
⑭ 개요 : 정보 통신망의 편리함

⑦ 정(正)－반(反)－합(合) 전개 방식(변증법적 전개)

(예문 ①)

㉠ 물론 서구의 문화가 풍부한 물질 문명을 바탕으로 고도로 발달했다. ㉡ 그것이 또한 한국의 발전에 크게 도움을 주어 왔음은 사실이다. ㉢ 이에 반하여, 우리의 전통 문화는 오랜 역사를 가진 훌륭한 것으로 보존의 가치가 많다. ㉣ 이러한 우리 문화를 고이 지킬 수만은 없다. ㉤ 그러면 전통 문화와 서구 문화가 함께 공존할 수 있는 방법을 찾아야 한다. ㉥ 그 방법 중 하나가 우리의 것에 눈을 돌리는 것이다. ㉦ 즉, 우리 전통 문화에서 장점을 찾아내어 그것을 중심으로 서구 문화를 받아들여 토착화하는 길이다. ㉧ 이렇게 되면, 서구의 문화는 우리의 것과 변증법적으로 통합되어 보다 발전된 새로운 문화를 발굴하게 될 것이다.

⑦ 본론 전개 방식 : 찬반론(전제－주장－논거 제시)
⑭ 본론의 문장 구조 : ㉠ 전제(正) ㉡ 상술(첨가) ㉢ 반론(反) ㉣ 상술
                              ㉤ 전환 ㉥ 상술 ㉦ 주지(合) ㉧ 상술
⑭ 개요 : 서구 문화를 받아들이는 올바른 태도

(예문 ②)

(가) 농경 중심의 정체된 사회에서 서양의 눈부신 물질 문명은 우리에게 큰 충격을 주었다. 이런 충격은 우리 나라도 서양처럼 잘살아 보겠다는 생각과 함께 서구의 발달된 문물을 비판 없이 받아들이는 결과를 낳게 되었다. 이런 사고 방식이 100여 년 지속된 결과, 서구 문화는 무조건 좋다는 맹목적인 선호 현상이 우리의 사고 속에 깊숙이 자리잡게 되었다.

(나) 물론 서구의 문화가 풍부한 물질 문명의 도래하에 고도로 발달했고 그러한 것을 받아들이는 것이 우리 나라의 발전에 크게 도움을 주어 왔음은 사실이다. 하지

만 서구 산업 문명 사회가 만들어 놓은 서구 문화의 유입으로 사람들이 물질적 부를 즐기는 방향으로 흘러가게 되었다. 그 결과, 전통 문화 경시와 인간 소외의 사회를 만들게 되었다. 정신적 가치는 그 설 곳을 잃게 되었으며, 물질적인 것이 모든 것을 지배하기에 이르렀다. 이렇게 물질 문명이 모든 것을 지배하고, 우리 또한 효율성만을 추구하는 일방적인 가치와 사고 방식만을 택하게 되어 우리 사회의 평가가 생산과 부(富)를 표준으로 삼기에 급급했다.

(다) 그러나 사회가 물질 추구 사상이 아무리 팽배해 있더라도 전통 문화를 송두리째 바꿀 수는 없다. 또 아무리 고유한 것을 찬미한다 하더라도 새로운 문화를 받아들이지 않을 수 없다. 이런 현실에서 우리가 가진 전통 문화를 서구 문화와 조화 있게 발전시키는 것이 올바른 태도이다. 실례로 낡은 것으로 생각되어 온 우리의 전통인 유교의 가치관은 그 근검주의, 성실성의 존중(尊重), 효제(孝悌) 사상의 강조, 선비 정신 등이 우리 사회 발전에 저력으로 작용해 왔다. 즉 우리 한국인의 전통인 엄격한 사회적 규율, 교육열, 지도자에 대한 존경심 등이 우리 사회에 도움이 된 것은 사실이다.

㉮ 본론 전개 방식 : 찬반론(전제─논거 제시─주장)
㉯ 본론의 문장 구조 : 생략
㉰ 개요 : 서구 문화의 선호 사상과 가치관 전도에 대한 비판과 반성(문제점 구체화)
　　(가) 서구 문화 선호 사상의 문제점(원인)
　　　　과거 : 농경 사회의 충격─정체된 사회
　　　　현재 : 서구 문화 선호 사상─잘살아 보자는 사고
　　(나) 현재 물질 문명 가치관의 문제점(결과)
　　　　물질 추구, 정신적 가치관의 혼란 문제 발생
　　(다) 올바른 전통 문화의 가치관 정립

⑧ 문제점과 해결 방안(대책) 전개 방식

(예문)

(가) ㉠ 첫째, 해로운 바이러스의 외부 누출로 말미암은 감염의 위험성이다. ㉡ 사소한 부주의나 시설 미비로 인해서 이러한 누출(漏出) 사고가 일어날 수 있다. ㉢ 그래서 안전 캐비닛 속에서만 연구를 하는 것이 중요하며, 누출 가능성을 생각하여 생물체에 감염성이 적은 약한 균만을 배양해야 한다. ㉣ 특히 영장류의 DNA 재조합 시에는 완벽한 실험실 속에서 수행되어야 하며, 실험자의 자격 조건도 강화해야 한다.

(나) ⑩ 둘째, 생태계 파괴의 위험성이 있다. ⑪ 가까운 예로서 공장 폐수와 세척제에 쓰이는 처리균을 들 수 있다. ⑫ 그 처리균은 자연균의 균형을 깨뜨려 생태계(生態界)를 파괴할 수 있다. ⑬ 따라서 이 처리균의 사용은 신중해야 한다.

(다) ⑭ 마지막으로 유전자 공학의 응용은 심각한 사회 문제를 유발시킬 수 있다. ⑮ 즉 유전자 공학은 전쟁이나 범죄에 악용됨으로써 오히려 인류에게 재앙을 불러일으킬 수 있다. ⑯ 또한 일부 몰지각한 실업자나 기업가의 명예욕과 사업욕에도 악용될 수 있는 것이다. ⑰ 이런 점에서 윤리적, 이성적 사고가 무엇보다 중요함을 응용자나 모든 사람에게 주지시켜야 한다.

㉮ 본론 전개 방식 : 대책론(문제점 지적－해결 방안)

㉯ 본론의 문장 구조 :

    (가) ㉠ 전제(문제점) ㉡ 상술(원인) ㉢ 주지(해결 방안) ㉣ 주지(해결 방안)

    (나) ⑩ 전제(문제점) ⑪ 상술(예시) ⑫ 상술 ⑬ 주지(해결 방안)

    (다) ⑭ 전제(문제점) ⑮ 상술(예시) ⑯ 상술(예시) ⑰ 주지(해결 방안)

㉰ 개요 : 위험성과 대책

⑨ **점층법(점강법) 전개 방식**

(예문)

(가) ㉠ 외래 문화의 무분별한 수용 태도가 문제가 된 것은 어제오늘만의 일은 아니다. ㉡ 2000년대를 이끌어 갈 주인공인 청소년들이 이처럼 극도로 혼잡한 문화 공간 속을 아무렇지도 않은 표정으로 오가고 있다는 현실이다. ㉢ 더욱이 최근 들어 청소년을 중심으로 그러한 태도가 크게 확산되고 있다는 점이 많은 사람들의 우려를 낳고 있다.

(나) ㉣ 외래 문화 수용에 있어서 그 영향이 가장 큰 것은 TV, 영화 등의 시각 매체들이다. ㉤ 청소년은 이를 통해 외국의 문화뿐만 아니라 그 밑바탕이 되는 서구 사고 방식에도 자연스럽게 젖어들게 된다. ㉥ 심지어 외국 것이 최고라는 생각까지 하게 된다. ㉦ 민족 주체성을 상실한 채 무분별하게 외래 문화를 수용하는, 소위 문화적 사대주의에 빠져드는 것이다.

㉮ 본론 전개 방식 : 대책론

㉯ 본론의 문장 구조 :

(가) ㉠ 전제 ㉡ 상술 ㉢ 상술(강조)

(나) ㉣ 전제 ㉤ 상술 ㉥ 첨가 ㉦ 주지(요약)

㉰ 개요 : (가) 청소년의 무분별한 외래 문화 수용에 대한 우려(현실)

(나) 외래 문화 수용에 좋지 못한 영향을 주는 영상 매체

⑩ 대등의 방법(병렬식) 전개 방식

(예문)

(가) ㉠ 첫째, 공해 산업을 지양해야 한다. ㉡ 실례로 선박, 시멘트 산업은 선진 국가에서는 이미 심각한 공해 산업으로 간주되어 벌써부터 후진국으로 미루고 있는 실정이다. ㉢ 60년대 우리가 산업화를 꾀할 때 선진국이 하지 않는 일을 주로 떠맡아 왔음은 부인할 수 없는 사실이다. ㉣ 이제는 고도의 기술 축약 산업 등의 선진국형 산업으로 바꾸어야 할 때이다.

(나) ㉤ 둘째, 산업에 대한 종래의 선입관을 버려야 한다. ㉥ 그동안 잘살아 보자는 목마른 구호 아래 공장 굴뚝에서 나오는 연기를 항상 뿌듯한 마음으로 지켜보았었다. ㉦ 우리 나라도 드디어 선진 공업국 대열에 끼었구나 하면서 공장이 우리의 생활을 윤택하게 해 준다는 생각에만 급급하여 공장이 내뿜는 폐수와 연기에 한없이 관대했었다. ㉧ 이러한 사고 방식은 제 살을 파먹는 결과를 초래하므로 마땅히 버려야 한다.

㉮ 본론 전개 방식 : 대책론(문제점 지적 – 해결 방안)

㉯ 본론의 문장 구조 :

(가) ㉠ 주지(주장) ㉡ 상술(예시) ㉢ 상술(예시) ㉣ 주지(주장)

(나) ㉤ 주지(주장) ㉥ 상술(예시) ㉦ 상술(예시) ㉧ 주지(주장)

㉰ 개요 : 공해에 대한 해결책

03 결론 쓰기

결론이란 글의 종착점이고, 한 편의 글을 마무리하는 것이다. 서론에서의 문제 제기와 결론에서의 주장, 요약은 긴밀한 유기성을 가진다. 주제문과 밀접한 관계를 유지하는 곳으로 앞의 내용에 알맞도록 자연스럽게 글의 결말을 지어야 한다.

(1) 좋은 결론의 요건

① 적당한 곳에서 결론이 내려져야 한다.

② 앞서 말한 내용과 일관성이 있어야 한다.

③ 되도록 강한 인상을 남겨 독자의 기억에 남도록 해야 한다.

(2) 논술 작성 시 결론의 원고지 분량

원고 분량	500자		600자		800자		1000자		1200자		1600자	
수	글자	문장	글자	문장	글자	문장	글자	문장	글자	문장	글자	문장
결론	100	2~3	120	2~3	190	3~4	180	3~4	220	3~5	300	4~6

(3) 결론 쓰기의 다양한 기법

① 본문을 요약하고 정리한다.

② 독자의 결심을 촉구하고 행동으로 유도한다.

③ 앞으로의 전망을 비친다.

④ 새로운 과제를 제시한다.

(4) 결론 쓰기의 예문

① 본론 요약 – 부연 – 주지

(예문)

> ㉠ 위에서 살펴본 바에 의하면, 이제 산업화는 더 이상 우리에게 낙관적인 인간의 미래상만을 제시해 주지 못한다. ㉡ 산업화는 가능성의 영역을 넓힘으로써 인간에게 선택의 기회를 증대시켜 준 것뿐이다. ㉢ 따라서 산업화를 이룩하고 이용하는 주체가 바로 인간 자신이라는 자각을 지니고 능동적으로 대처할 때, 이러한 문제점들을 극복할 수 있다.

㉮ 결론의 문장 구조 : ㉠ 본론 요약 ㉡ 상술 ㉢ 주지

㉯ 개요 : 산업 사회에서의 윤리적 책임

② 본론 요약 – 주지 – 부연(전망, 제언)

(예문)

> ㉠ 이러한 문제점은 서구의 핵가족이 지닌 가족관을 무비판적으로 수용한 데서 오는 가치관의 혼란에 기인한다고 본다. ㉡ 따라서 우리는 우리의 전통적인 가족 제도의 장점을 살리면서 현대 산업 사회에 적용할 수 있는 가족관을 창출해 발전시켜야 할 것이다. ㉢ 그 하나의 방안으로, 3대가 한 집에 살되, 자녀의 출산을 제한하면서 전체적으로 규모 있는 가족 수를 거느리는 가족 제도를 형성하는 것도 고려해 볼 수 있는 것이다.

㉮ 결론의 문장 구조 : ㉠ 본론 요약 ㉡ 주지 ㉢ 부연
㉯ 개요 : 산업 사회에 있어서의 가족관 설정

③ 전제 – 상술 – 주지

(예문)

> ㉠ 인생의 참모습은 자아의 완성과 실현에 있다. ㉡ 물론 이타적으로, 무조건 베푸는 삶도 보람이 있겠지만 그것을 강요당한다면 그 인생은 불행해질 것이다. ㉢ 그런 의미에서 진정한 인간의 삶이란 측면에서 볼 때, 자신의 능력을 발휘함으로써 인정을 받고, 적극적인 참여가 오히려 미덕인 현대적 여성관이 바람직하다.

㉮ 결론의 문장 구조 : ㉠ 전제 ㉡ 상술 ㉢ 주지(주장)
㉯ 개요 : 현대적 여성관 옹호

④ 주지(주장) – 부연(이유 제시)

(예문)

> ㉠ 그러므로 우리는 보다 바람직한 오늘의 삶을 위하여 선조들이 물려준 정신적 유산을 소중히 간직해야 할 것이다. ㉡ 필요하다면 오늘의 삶에 알맞게 이를 적절히 다듬어야 할 것이다. ㉢ 전통이란 단순히 정지된 과거의 신념이 아니라, 앞으로 우리가 발전시켜야 할 문화 유산이기 때문이다.
>
> – 전통의 계승 –

㉮ 결론의 문장 구조 : ㉠ 주지 ㉡ 주지(첨가) ㉢ 부연(이유 제시)

㉯ 개요 : 전통적 가치의 발전적 계승

⑤ 주지(주장) – 상술 – 부연(전망, 제언)

(예문)

> ㉠ 따라서 우리 경제의 선진화를 위해서는 이전에 시행해 온 여러 방식을 지양하고, 한국인의 우수한 두뇌로 고도의 기술을 개발하여 질 좋은 생산품을 수출하여야 한다. ㉡ 예를 들면 광섬유, 컴퓨터 산업, 원자력 개발 등이다. ㉢ 그렇지만 이러한 개발은 과학 혼자만의 과업이 아니므로 국민 각자가 적극적으로 참여할 때만 가능할 것이다.

㉮ 결론의 문장 구조 : ㉠ 주지 ㉡ 상술 ㉢ 부연
㉯ 개요 : 경제 선진화의 자세

⑥ 주지 – 상술 – 주지

(예문)

> ㉠ 눈앞에 보이는 이익에만 급급해서 공해 방지를 간과해서는 안 된다. ㉡ 산업 시설은 생활의 윤택을 가져다줄지 모르나 그것으로부터 나오는 공해 물질은 생존에 위협을 주는 것이다. ㉢ 따라서 공해 방지를 위한 정책이나 범국민적인 대책이 절실하다. ㉣ 그것은 기업만의 문제도 아니고 국가만의 문제도 아니다. ㉤ 진실로 모든 국민이 힘을 합할 때 심각한 공해 문제가 해결될 수 있다.

㉮ 결론의 문장 구조 : ㉠ 주지(주장) ㉡ 상술(원인) ㉢ 상술(결과)
                    ㉣ 주지 ㉤ 주지(요약)
㉯ 개요 : 공해 문제 해결 방안

(5) 결론 쓰기의 여러 방식들

① 본문을 요약하는 방식

> 예 이상에서 언급한 바를 요약하면 다음과 같다. 만해 시의 중심을 이루는 '님'은 작품 자체에서 검출되는 바와 같이 '영원한 생명적 지주'라 볼 수 있다. 만해의 '님'은 조국이나 민족을 가리키는 것도 아니며, 불타나 중생을 가리키는 것도 아니며, 또한 조국과 불타의 복합적 의미도 아니다. 만해 시의 궁극적 지향점인 '님'은 영원한 생명적 지주이며, 따라서 자기 구제의 정서적 지주인 것이다.

② 본문을 요약하고 제언하는 방식

> 예 이상으로 국어 명사 표현의 일환으로 공대 명사 어휘 목록을 중심으로 고찰해 보았다. 위에서 살펴본 내용을 항목별로 요약하면 다음과 같다. (중략) 끝으로, 공대어의 어휘 체계와 의미 체계에 관한 본격적인 연구가 필요하리라 본다. '공대 체언류의 의미 기능'에 관하여는 별도 지면에 거론하기로 하겠다.

③ 요약하며 보충하는 방식

> 예 나는 위에서 말의 힘과 말에 따르는 책임에 관해서 간단히 말해 보았다. 이것은 이미 말한 바와 같이 우리의 삶을 위한 말의 창조적 역할을 이해하는 데 도움이 되고, 우리의 언어 생활을 반성하는 계기가 되기를 바라는 뜻에서였다.
> 우리가 말의 창조적 역할을 이해하거나 각자의 언어 생활을 반성하는 것은, 결국 우리의 생활을 더욱 아름다운 것으로 만들어 가는 데 큰 도움이 된다는 사실을 지적하고 이 글을 맺을까 한다.

④ 전망으로 결말을 짓는 방식

> 예 인류는 많은 어려움을 슬기롭게 극복하고 오늘의 문명을 이룩했다. 앞으로 닥칠 난관도 지혜를 모아 슬기롭게 대처하면 능히 헤쳐 나갈 수 있을 것이다. 우리가 미래를 밝게 긍정적으로 보고, 보다 밝은 미래를 얻고자 노력한다면, 우리의 앞날은 한결 더 희망적일 것이다.

⑤ 일반적인 진술로 결말을 짓는 방식

> 예 불을 모아 놓아야 합세해서 불길을 이루지, 흩어 놓으면 맥이 없다. 불은 불씨가 있어 어느 정도의 양이 일정한 열도에 화동될 때 비로소 무엇이나 태울 수 있는 모체가 된다. 여기에 정신 운동이나 국민 운동의 원칙이 엿보이는 것 같아 나는 네로가 아니면서 불태우는 것을 취미로 하고 있는 것인지도 모른다.

1. 다음 글을 읽고, 내용 전개에 따른 알맞은 결론을 쓰시오.

> 행복한 돼지가 되기보다는 불행한 소크라테스가 되고 싶다고 하는 말에는 매우 감동적인 데가 있다. 그러나 과연 소크라테스는 불행한 사람이었을까. '불행한 소크라테스'란 말은 소크라테스를 겉으로만 봤을 때의 말이다. 소크라테스는 아테네의 거리를 맨발로 걸어다니고 있을 때 틀림없이 불행하지 않았던 것처럼 옥중에 있어서도 그는 결코 불행하지 않았다. 만약 소크라테스가 옥중에서 불행하였다고 할 것 같으면, 소크라테스는 소크라테스가 될 수 없었을 것이다.

2. 다음은 '자유와 책임'이라는 글의 서두 부분이다. 본문의 내용을 생각해 보고, 알맞은 결론을 쓰시오.

> 현대 사회에 있어서의 자유에 관하여 이야기하자면, 그 원칙으로서 우선 사상의 자유, 의지의 자유, 그리고 행동의 자유를 들 수 있다. 즉, 자유는 인권의 가장 중요한 요소이며, 개인의 자유를 존중하는 사상은 근대 사상의 특색인 동시에 민주주의 본질의 하나이기도 하다.

3. 다음은 어떤 글의 결론 부분이다. 이 글에 대한 평으로 알맞은 것은?

> 이상에서 말한 바와 같이, 고구려의 경당은 학교의 기능을 다했을 뿐 아니라, 촌락 공동체 속에 존재하는 청소년 조직의 변용이라고도 할 수 있다. 따라서 국가의 목적을 위하여 개편되기는 하였으나 그것이 지니는 공동체적인 성격은 여전하였다고 본다. 이 점은 고구려의 경당이 신라의 화랑도가 지니는 기능과 일맥상통하는 점이라고 생각한다. 그런데 여기에 한 가지 덧붙이고 싶은 것은 선인들의 이와 같은 청소년 공동체를 더 깊이 연구하여 우리 청소년들의 민주 생활의 훈련 방식으로 원용하자는 것이다.

① 본론의 내용을 요약하며 끝맺고 있다.
② 본론을 요약하고 제언하고 있다.
③ 본론을 요약하고 보충하는 방식을 취하고 있다.
④ 일반적인 진술로 글을 마무리짓고 있다.
⑤ 전망을 제시하며 결말을 맺고 있다.

📖 예시 답안

1	현자란 불행을 알지 못하는 사람이다. 어떠한 불행한 생애에 있어서도 그 불행을 극복할 수 있는 정신력으로써 현자는 비로소 현자가 될 수 있는 것이다.
2	자유에 따른 책임이 지켜질 때에 비로소 사회의 질서가 유지되어 참된 민주주의가 건전하게 발전하게 된다. 우리들은 자유의 의미를 새롭게 이해하며, 사회 질서의 중요성을 인식하고, 우리 나라가 살기 좋은 나라가 될 수 있도록 노력하지 않으면 안 된다.
3	③

04 퇴 고

일단 완성된 글, 즉 초고를 다시 읽어 가며 다듬는 일을 '퇴고'라 한다. 퇴고는 한 편의 글을 더 매끈하고 충실한 글로 만들어 나가는 것이므로, 퇴고의 요령은 이제까지 우리가 배워 온 작문의 절차에 관한 갖가지 요령, 주의 사항 등과 거의 일치한다.

(1) 퇴고의 원칙

① 부가의 원칙 : 미비한 부분, 빠뜨린 부분을 첨가·보충하면서 표현을 자세하게 한다.

② 삭제의 원칙 : 불필요한 부분, 지나친 부분, 조잡하고 과장이 심한 부분 등을 삭제하면서 표현을 간단명료하게 한다.

③ 재구성의 원칙 : 글의 순서를 바꾸거나 어휘를 바꾸어 효과를 더 높일 수는 없는가를 살펴본다. 적절한 것으로 변경하여 주제 전개의 양상을 고쳐 나간다.

(2) 퇴고의 방법

① 전체의 검토

㉮ 주제는 처음에 글을 쓴 의도 및 동기와 일치하는가?

㉯ 주제 외의 다른 부분이 오히려 강조되어 주제가 흐려지지 않았는가?

㉰ 주제를 뒷받침하는 제재가 주제와 조화를 이루고 있으며, 쉽게 씌어져 있는가?

② 부분의 검토

㉮ 문단간의 연결이 잘 되어 있으며, 중요도에 따라 적절한 비율이 지켜지고 있는가?

㉯ 문단이나 문장간의 접속 관계에서 논리적인 모순은 없는가?

㉰ 비문이나 모호한 문장은 없으며, 효과적인 문장으로 되어 있는가?

③ 어휘의 검토

㉮ 글의 주제와 분위기에 알맞은 어휘를 선택했는가?

㉯ 적절하고 이해하기 쉬운 단어로 표현했는가?
④ 표기법 및 문장 부호의 검토
　㉮ 맞춤법 및 띄어쓰기가 바르게 되어 있는가?
　㉯ 문장 부호의 사용은 적절한가?
⑤ 자연스러움의 검토
　소리를 내어 읽어 보았을 때 어색하고 부자연스러운 곳은 없는가?
⑥ 최종적인 검토
　퇴고를 다 끝내고 나서 다시 한 번 부족한 곳이 없는지 살펴본다.

(3) 퇴고할 때의 유의할 점
① 될 수 있으면 다른 사람에게 읽게 하여 충고를 듣는다.
② 낭독해 가며 어색한 곳을 고친다.
③ 적어도 서너 번 정도 읽고 수정한다.
④ 참고 서적을 적절히 이용한다.

연습 문제

1. 다음 글에서 퇴고의 과정을 거치지 않아도 괜찮은 문장을 찾고, 어색한 문장은 어색한 부분을 바르게 고쳐 보시오.
　① 편지를 읽으니, 오늘 형님이 배 편으로 오신다는 사연이었다.
　② 철수는 이 소식을 듣고 무척 기뻐하였다.
　③ 나는 형님이 오시면 그동안 쌓이고 쌓인 내 생각을 털어놓으리라 마음먹었다.
　④ 아버지와 어머니께서도 무척 기뻐하시는것 같다.
　⑤ 말씀으로 하시거나 표정으로 나타내지는 않으셨지만 철수의 어깨를 쓰다 드므신다던지 형님의 사진을 바라보심을 보고 느낄 수 있었다.

2. 다음 중 문장 부호가 빠졌거나 잘못 쓰인 곳이 없는 문장은?
　① 춘향이가, 울면서 떠나는 이 도령을 배웅하였습니다.
　② 나는 이 사건이 세상 사람들의, 눈을 뜨게 하기에는, 너무나 많은 대가를 치르고 말았다고 생각했다.
　③ 옛말에 웃는 사람에겐 행복이 온다는 말이 있고, 또 웃는 얼굴에 침 못 뱉는다는 속담도 있다.
　④ 너 여름 방학에 춘천에 온다고 했지? 응. 꼭 와. 기다릴게, 수박 참외도 많이 사 놓았어?
　⑤ 옥에도 티가 있다는데 가을에는 얼 하나 없구나!

3. 다음 글을 읽고, 퇴고하여 고쳐 쓰시오.

> 버스를 타고 다리를 지나오노라니 시퍼런 하늘이 강물에 젖어 나는 흡사 가을 속을 달리는 것 같은 착각을 한다. 다리를 지나면 6차선의 넓고 깨끗한 페이브먼트 포도 위에 늘어선 가로수들은 어느새 뿌듯한 외로움을 새기고 있는데 지난 봄 그 누가 정성 들여 심었을 코스모스가 유리처럼 투명한 대기 속에 청초하게 피어 있었다. 버스 속의 내게도 한 아름의 가을을 안겨 주며……. 문득 기차를 타고 어디론가 멀리 여행하고픈 생각을 한다. 떨어지는 낙엽을 주워들고 보고 있으면 어디선가 훈훈한 차의 향내가 나는 것만 같다.

4. 다음은 내용이 분명하게 드러나지 않는 어색한 글이다. 이를 뜻이 명료하게 드러나도록 고쳐 쓰시오.

> 어린이를 밝고도 명랑, 건강하게 키우는 것, 이것이야말로 모든 가정을 가진 사람들의 꿈이요, 사회의 바람이라 하겠는데, 그러나 과연 지식과 정보의 홍수 속에서 어린이는 올바로 성장할 수 있겠는가? 하는 의문도 꾸준히 제기되곤 하는 오늘의 현실인 것으로 생각한다. 대중 문화를 분별없는 수용이 '무섭고 영악하고 버릇없는 아이들'을 낳게 하였다는 지적이 없지 않다. 어린이 언어 생활의 황폐화가 특히 눈에 띈다고 여기저기서 이야기된다. 가정에서의 말버릇이 그대로 사회에로 옮겨지고 있고, 사회에 있어서의 말버릇도 어린이의 세계를 더럽히니, 어린이의 바람직한 언어 문화는 어떻게 심어져야 하는가?

예시 답안

1	① 사연이였다 → 사연이었다. ② 기쁘 → 기뻐 ③이 자연스런 문장 ④ 기뻐하시는것 → 기뻐하시는 것 ⑤ 쓰다 드므신다던지 → 쓰다듬으신다든지
2	①이 어색함이 없는 문장임. ②는 쉼표가 남용된 문장임. ③은 따옴표가 들어갈 곳이 있음. ④는 쉼표가 있을 곳에 쉼표가 빠져 있고, 온점이 와야 할 곳에 쉼표와 물음표가 와 있음. ⑤는 쉼표가 빠져 있음.
3	버스를 타고 다리를 지나오노라니, 시퍼런 하늘이 강물에 젖어 나는 흡사 가을 속을 달리는 느낌이었다. 다리를 지나자 6차선의 넓고 깨끗한 포장도로가 펼쳐졌다. 그 도로에 늘어선 가로수들은 낙엽을 날리며 외로움을 새기고 있었고, 옆에는 코스모스가 유리처럼 투명한 대기 속에 청초하게 피어 있었다. 지난 봄 그것을 심은 이의 정성이 내게 한 아름의 가을을 안겨 주는 듯했다. 문득, 기차를 타고 어디론가 멀리 여행하고픈 생각이 들었다. 창 밖에 날리는 낙엽을 주워들어 보면 어디선가 훈훈한 차의 향내가 날 것만 같았다.
4	어린이를 밝고 건강하게 키우는 것은 가정과 사회의 공통된 소망이다. 그러나 현대와 같이 혼돈된 지식과 정보의 홍수 속에서 어린이가 바르게 성장할 수 있을까 하는 의문이 꾸준히 제기되곤 한다. 대중 문화를 분별없이 수용한 결과, 아이들이 '무섭고 영악하고 버릇없이' 되었다는 지적이 없지 않다. 특히 어린이의 언어 생활이 황폐해져 간다는 지적은 주목할 만한 것이다. 가정에서 익은 말버릇이 그대로 사회에 옮겨지고, 사회의 말버릇이 어린이의 세계를 더럽힌다. 이런 실정에서, 어린이를 어떻게 밝고도 건강하게 키울 수 있겠는가?

대학으로 가는 지름길 | 논술의 모든 것

오양심의

중·고등학생용

통합논술 총자료집(Ⅱ)

엮은이 **오양심**

도서
출판 **형민사**

차 례

📝 제1부 논술 실전

제2부 신문 활용 교육

부 록

[오양심의 논술·구술 총자료집 Ⅰ 차례]

제1부

[논술 실전]

대학 입시 논술고사의 유형

한국대학교육협의회가 발표한 '대학 모집 요강 집계'에 의하면 논술 문제는 그 출제 성격에 따라 다르다. (1) 통합 교과형 (2) 자료 제시형 (3) 단독 과제형 (4) 일반 논술형 (5) 요약형이 있다.

01 통합 교과형

구체적인 예시문을 주고 여러 교과목에 걸친 지식을 응용해 문제를 풀도록 하는 유형으로 서울대, 고려대, 이화여대 등에서 채택했다.

❀ [제시문 1]은 기계의 발달이 시장 체계를 발전시켰다는 점을 이야기하고 있고, [제시문 2]는 철도의 부설이 시간과 공간의 의미를 변화시켰음을 이야기하고 있다. 두 제시문의 논지를 발전시키고 그것들을 서로 연결하여 산업혁명 이후 오늘날에 이르기까지 기계의 발전이 인간의 ① 사회적 관계와 ② 문화적 양식을 어떻게 변화시켜 왔으며, 이러한 변화가 지니는 의미가 무엇인지를 논술하시오. [2500자(±300)]

[제시문 1]

정교한 기계는 매우 비싸기 때문에 대량의 상품 생산이 이루어지지 않는다면 거래되지 못한다. 그것은 상품의 판매가 적절하게 보장되고 기계에 투입할 원료가 중단 없이 공급될 수 있을 때에만 손실 없이 작동될 수 있다. 상인의 입장에서 보자면 이것은 모든 생산 요소가 구매 가능하다는 것, 즉 돈만 내면 얼마든지 이것들을 사들일 수 있어야 된다는 것을 의미한다. 이러한 조건이 충족되지 않는다면 대규모 전문화된 기계를 이용한 생산은 자기 자금을 투입하는 상인의 관점에서나 수입·고용·공급을 지속적 생산에 의존하게 된 사회 전체의 관점에서나 상당한 위험을 떠안게 될 것이다.

그런데 농업 사회라면 그러한 조건들이 당연하게 주어지지는 않는다. 그것들은 창조되어야만 할 것이다. 그리고 그 조건들이 비록 점진적으로 창조된다고 해도 거기에 포함된 놀랄 만한 변화의 본질은 여전히 같다. 이때의 변화는 사회 성원들의 행위 동기의 변화를 요구한다. 즉 생산의 동기가 이윤 동기로 대체되어야 한다. 모든 거래는 화폐 거래로 바뀌고 또 교환의 매개체가 경제 생활의 모든 마디 속에 끼어들 것을 요구한다. 모든 소득은 무엇인가의 판매로부터 나오게 된다. '시장 체계'라는 용어 속에는 이 말에서 느껴지는 단순한 의미 이상의 것이 함축되어 있다. 그러나 이 체계의 가장 놀라운 독특성은 일단 이것이 성립되면 외부 간섭 없이 기능하도록 내버려 두어야 한다는 사실에 있다. 이익은 더 이상 자동적으로 보장되지 않으므로 상인은 그의 이익을 시장에서 만들어내야 한다. 가격은 스스로 규제되도록 허락되어야 한다. 이 같은 시장의 자기 조정적(self-regulating) 체계야말로 우리가 '시장 체계'라는 용어로서 의미하고자 하는 것이다.

이전의 경제로부터 이러한 체계로의 전환은 지극히 완벽한 것이어서 지속적인 성장과 발전이라는 말로써 표현하기보다도 차라리 애벌레의 탈바꿈으로 표현하는 것이 나아 보인다. 여기에서 생산자의 행위를 생각해 보라. 그는 판매를 위해서 구매자를 직접 찾을 필요가 없다. 그는 단지 시장에 상품을 내놓으면 된다. 한편 그가 구매하는 것은 원료와 노동, 즉 자연과 인간이다. 이 역시 시장에서 얻을 뿐이다. 상업 사회에서 기계제 생산은 결과적으로 사회의 자연적·인간적 실체를 상품으로 전환시키는 것을 의미한다.

그러나 토지나 노동 같은 것은 분명 상품이 아니다. 매매되는 것들은 모두 판매를 위해 생산된 것일 수밖에 없다는 가정이 이 두 가지에 관한 한 적용될 수 없다. 다시 말해 상품에 대한 경험적 정의를 따르자면 이것들은 상품이 아니다. 노동이란 인간 활동의 다른 이름일 뿐이다. 인간 활동은 인간의 생명과 함께 붙어 다니는 것이며, 판매를 위해서가 아니라 전혀 다른 이유에서 생산되는 것이다. 게다가 그 활동은 생명의 다른 영역과 분리할 수 없으며, 비축할 수도 없고, 사람과 떼어 내어 동원될 수도 없다. 그리고 토지란 단지 자연의 다른 이름일 뿐인데, 자연은 인간이 생산할 수 있는 것이 아니다. 그러므로 노동과 토지를 상품으로 묘사하는 것은 전적으로 허구이다.

그렇다 하더라도 노동과 토지가 거래되는 현실의 시장들은 바로 그러한 허구의 도움을 얻어 조직된다. 이것들은 시장에서 실제로 판매되고 구매되고 있으며, 그 수요와 공급은 현실에 존재하는 수량이다. 어떤 법령이나 정책이든 그러한 생산 요소 시장이 형성되는 것을 억제한다면, 결과적으로 시장 체계의 자기 조정을 위태롭게 만든다. 따라서 이러한 상품 허구는 사회 전체와 관련하여 결정적인 조직 원리를 제공하는 셈이며, 이 원리를 사회의 거의 모든 제도에 매우 다양한 방식으로 영향을 미친다.

[제시문 2]

증기기관에 의해 인간과 세계의 공간은 단축되었다. 철도의 출현으로 이질적인 공간은 균질적인 공간으로 탈바꿈했다. 거리의 마찰이 극복됨으로써 각 지역의 고유성은 파괴되고 자본주의적 생산과 소비 공간으로 흡수되었다. 철도가 이동하는 곳마다 도시들이 솟아났다. 철도는 인간의 공간 지배력을 급속하게 넓혔다. 상품 유통이 촉진됨에 따라 자족적인 지역 경제는 국민 경제로 수렴되었다. 또 인간이 자연의 순환적 리듬에서 벗어나 인공의 기계적 리듬에 호흡을 맞추게 된 것도 철도 때문이었다. 철도는 인간에게 기계적 시간을 강제했다. 철도 시간표는 지역적 시간을 해체하고 통일적인 시간을 부여했다.

철도가 공간과 시간을 없앤다는 생각은 그때까지 우리 마음속에 각인되어 있던 교통 기술이 갑자기 완전히 새로운 것으로 대체되었다고 느끼는 인지(認知)의 현실 상실로 이해할 수 있다. 철도가 만들어낸 공간-시간 관계는 과거 수송 수단이 만들어냈던 공간-시간 관계에 비하면 추상적이고 방향성을 상실한 것처럼 보인다. 철도는 더 이상 이전의 마차와 길처럼 전경(前景)이라는 공간에 묶여 있는 것이 아니라 오히려 이 공간을 관통하고 있는 것처럼 보인다.

하이네는 전통적인 공간-시간 의식이 이렇게 혼란을 겪게 된 순간을 포착해 냈다. 1843년 파리에서 루앙과 오를레앙으로 가는 노선이 개통되었을 때 그는 "무시무시한 전율, 결과를 예상할 수 없고 예측할 수도 없는 엄청난 일, 혹은 전례없는 일이 일어났을 때 우리가 느끼는 그러한 무시무시한 느낌"을 언급하였다. 그리고 그는 철도를 화약과 인쇄술 이래로 "인류에게 커다란 변화를 가져오고, 삶의 색채와 형태를 바꾸어 놓은 숙명적 사건"이라고 불렀다. 나아가서 다음과 같이 적고 있다. "이제 우리의 직관 방식과 우리의 표상에 어떤 변화가 생길 것임에 틀림없다! 심지어 시간과 공간에 대한 기본적인 개념들도 흔들리게 되었다. 철도를 통해서 공간은 살해당했다……. 이제 사람들은 3시간 반 내에 오를레앙까지, 그리고 꼭 같은 시간 내에 루앙까지 여행한다. 이 노선들이 벨기에와 독일까지 연결되고 또 그곳의 철도들과 연결된다면, 어떤 일이 초래될 것인가. 내게는 모든 나라에 있는 산들과 숲들이 파리로 다가오고 있는 듯하다. 나는 이미 독일 보리수의 향내를 맡고 있다. 내 집 문 앞에는 북해의 파도가 부서지고 있다."

여기서 우리는 동일한 하나의 변화가 지니는 두 가지 모순적인 계기들을 분명히 볼 수 있다. 철도는 한편으로 이제까지 마음대로 할 수 없었던 새로운 공간들을 열어 놓았지만, 다른 한편으로 이러한 일을, 그 사이의 공간을 없앰으로써 가능하게 했다. 느리고 노동 집약적인 원시 기술적인 수송에서는 완전히 감내해야만 했던, 사이

공간 혹은 여행 공간이 기차 수송에서는 사라졌다. 기차는 단지 출발과 목적만을 안다. 1840년에 쓰여진 프랑스의 한 텍스트는 다음과 같이 쓰고 있다. "철도는 단지 장소로 드러나는 출발, 정지 그리고 도착만을 안다. 그리고 이들은 대부분 서로 멀리 떨어져 있다. 철도는 이들 사이를 가로질러 가고, 거기에서 단지 쓸모없는 구경거리만 제공하는 그 사이 공간들과는 아무런 연관도 갖지 않는다."

　전통적인 여행 공간이었던 목적지들 사이의 공간이 사라지면서, 이 목적지들은 서로서로 접근하고 충돌도 한다. 이 목적지들은 과거의 '지금'과 '여기'를 잃어버렸다. 이런 것들은 중간의 사이 공간을 통해 규정되어 왔다. 그 안에서 장소들이 서로서로에게 공간적 거리를 생겨나게 했던 고립이 지워져버린 것이다.

🌸 출전과 출제 의도

• 출 전

[제시문 1] : 칼 폴라니(Karl Polanyi), 거대한 변환 : 우리 시대의 정치적·경제적 기원, 민음사, 1991(박현수 역)

[제시문 2] : 볼프강 쉬벨부쉬(Wolfgang Schivelbusch), 철도 여행의 역사, 궁리, 1999 (박진희 역)

• 출제 의도

두 제시문은 우리 시대의 특징을 기계의 발전이라는 점과 연결짓고 있다. [제시문 1]은 '자기 조정적 시장 체계'의 발전이라는 현상을 설명하고 있다. 이는 단순히 사회 내에 시장이 존재한다는 것이 아니라, 시장이 모든 것을 통제하는 사회, 곧 인간과 자연이 각각 노동력과 원료 제공원으로 축소된 사회를 뜻한다.

[제시문 2]는 철도의 등장이 시간과 공간의 의미를 극적으로 변화시켰음을 말하고 있다. 걷거나 마차를 타는 정도의 속도에서는 인간이 이동하는 공간을 온전히 느끼지만, 기계의 힘으로 빠른 속도로 지나가게 되면 이동하는 '사이 공간'은 그냥 스쳐가는 대상이 된다. 그 결과 시간에 대한 인식 역시 변하고 만다. 이 두 제시문을 아울러서 정리하면 기계의 발전으로 인해 인간의 존재 양식 자체가 큰 변화를 겪게 되었고 자신이 놓여 있는 시공간에 대한 인식도 바뀌게 되었다는 것이다.

논제는 우선 이와 같은 두 글의 요지를 정확히 파악하고 그것을 더욱 발전시킬 것을 수험생에게 요구하였다. 기계의 발전이 새로운 경제 체제를 가져왔다는 점에서 더 나아가면, 새로운 경제 체제에서 인간의 사회적 관계가 어떻게 변모하였는가를 이야기해야 할 것이다. 또한 시간과 공간에 대한 개념이 바뀌었다는 점에서는 문화적 양식이 어떻게 변화했는가를 서술해야 한다. 이 두 가지 논점을 발전적으로 전개시켜 나갈 때 현대 사회의 특징을 비판적으로 파악하여 제시해야 한다. 따라서 이 문제에 대답하기 위해서는 두 제시문의 논지를 정확히 이해한 뒤, 그것을 독립적으로 병치시키지 말고 논리적으로 연결지어 공통의 주제를 도출해야 한다. 그러나 단순한 하나의 주제를 설정하고 여러 사례를 나열하는 수준에 그쳐서는 안 되며, 주제에 대한 다각도의 논리를 세우고 각각의 논리에 대해 반성적으로 살펴보면서 결론을 이끌어야 한다. 답안의 길이와 시험 시간이 길어진 이유도 이처럼 분석·종합할 수 있는 사고력을 유도하기 위함이다.

🌸 개요 작성

주제문	기계 문명의 발달은 물질적 풍요를 가져다 주었지만, 여러 가지 부작용을 일으키고 있다.
서론	원숭이가 결국 꽃신에게 속박당했듯이, 인간도 기계 문명에 속박당하고 있다.
본론	문명의 발달은 여러 가지 부작용을 낳았다.
본론 1	인간을 기계화, 상품화시켰다. 예) 카프카의 '변신'
본론 2	인류의 몰개성화를 야기시켜 인간 소외가 일어났다.
본론 3	소유 양식의 삶을 사는 사람이 많아졌고, 아노미 현상으로 자살과 반인륜적 범죄가 증가했다.
본론 4	인간을 자연으로부터 분리시켰고, 지역의 고유성이 파괴되었다.
결론	이익 사회의 부작용들을 어떻게 고쳐 가느냐에 따라 우리 사회의 미래가 달려 있다.

🌸 학생의 글(예시 답안)

옛 우화 중에 이런 이야기가 있다. 산에 원숭이 한 마리가 살고 있었다. 원숭이가 자연 속에서 자유와 행복을 누리며 살던 어느 날, 여우가 꽃신을 들고 찾아왔다. 이걸 신으면 발에 돌이 박히지 않고 더 자유롭게 돌아다닐 수 있다는 여우의 말에, 원숭이는 그 후로 계속 여우가 준 꽃신을 신고 다녔다. 처음에는 여우의 말대로 더 많은 자유를 얻은 것 같았지만, 여름이 되어 꽃신을 벗자 발바닥이 아파 더 이상 맨발로는 걸을 수 없는 자신을 발견했다. 그리고 원숭이는 뒤늦게 여우가 자신에게 준 꽃신이 더 큰 자유가 아닌 무서운 속박이었음을 깨닫게 된다. 원숭이와 꽃신의 관계는 인간과 기계 문명 사이의 관계와 같다. 산업혁명 이후로 계속된 교통과 통신 등 과학 기술의 발달과 공업의 발달은 인류에게 많은 물질적 풍요를 가져다 주었다. "아는 것이 힘이다."라고 말한 베이컨의 발전 지향적 사고에 따라 노력해 온 결과, 재화의 생산량은 증대되고 공간 거리는 단축되게 된 것이다. 하지만 원숭이가 더 이상 맨발로 걸을 수는 없었듯이, 문명의 발달에 따른 여러 가지 부작용이 나타났다.

[제시문 1]에서도 볼 수 있듯이 기계 문명은 인간을 기계화, 상품화했다. 카프카의

소설 '변신'에서 보면 주인공 그레고르는 회사에 한 번도 지각하지 않고 집안의 경제 또한 책임지는 성실한 사람이었다. 하지만 어느 날 아침, 일어난 그레고르는 거울 앞에서 두꺼운 등껍질을 가진 벌레로 변해 있는 자신을 발견하게 된다. 늦게까지 일어나지 않는 그레고르를 이상하게 여긴 가족들은 닫힌 문 밖에서 그레고르를 걱정한다. 이에 아직 사회와 자신의 유대 관계는 끊어지지 않았다는 기쁨으로 닫힌 문을 열려고 노력한다. 하지만 문이 열리자 그의 모습을 본 가족들은 기겁해서 도끼로 그를 위협하며 다시 문을 닫는다.

일할 수 있는 손 대신 징그러운 많은 다리를 가지게 되어 경제적 능력을 상실한 그레고르는 가족에게 외면받은 것이다. 이는 사회의 최소 구성 단위인 가정마저도 인간의 기계화와 상품화란 현대 문명의 영향력 속에서 자유롭지 못함을 상징하는 것이다. 문명에 의한 사회적 관계의 변화는 이뿐만이 아니다. 기계의 발달로 인한 시장 체계의 성립은 대량생산으로 인한 인류의 몰개성화를 야기했다. 그렇다면 결국 이러한 사회적 변화들은 인간의 본연성으로부터의 이탈, 즉 인간 소외를 의미한다고 볼 수 있다. 시장 자본주의에서 인간은 단지 한 단위의 노동 요소로 간주된다. 소설 '변신'에서 그레고르가 벌레로 변한 날만 결근했음에도 불구하고 전화를 걸어 그레고르를 몰염치하고 불성실한 무뢰한으로 몰아붙이는 회사의 태도를 보면 인간 소외 현상을 볼 수 있다. 일말의 인간애도 없이 결근의 대가로 해직을 선고하는 회사의 행동은 인간 자체보다 그 인간의 노동적 가치를 중시하는 사회의 모습을 그대로 보여 준다.

기계 문명의 발달은 문화적 측면에서도 여러 가지 변화를 가져왔다. 교통과 통신의 발달은 문화의 획일화를 가져왔다. 발달한 정보 매체와 운송 수단을 통해 중심지의 문화가 주변의 문화를 흡수하기 시작한 것이다. 또한 문명의 발달은 행위 동기를 이윤 동기로 변화시켰다. [제시문 2]에서도 볼 수 있듯이 기차는 단지 출발과 목적만을 아는 것이다. 자신의 목표, 즉 이윤 이외의 중간지들과는 아무런 연관성이 없는 것이다. 문명의 발달은 사람들의 전통적인 가치관과 의식에도 혼란을 가져왔다. 문명 사회는 인류에게 생각의 변화도 요구하는 것이다. 이러한 문화적 변화는 다음의 두 가지를 의미한다고 볼 수 있다. 첫째는 이윤 동기가 판단의 주요한 요소가 됨에 따라 소유 양식의 삶을 사는 사람이 많아졌다는 것이다. 헤르만 헤세의 '데미안'에서 보면 주인공 싱클레어는 가정에서 어머니의 무조건적이고 따뜻한 사랑을 받으며 산다. 언제나 화목한 이 독실한 크리스트교 가정은 존재 양식적 삶을 대변하고 있다. 반면에 싱클레어가 사회에서 접하게 되는 아이인 크로머는 소유 양식적 삶을 살고 있다. 자신의 이익을 위해서 싱클레어가 사과를 훔쳤다고 거짓말한 것을 빌미로 싱클레어를 협박하여 돈을 갈취한다. 자신의 이익만을 고려하는 이기주의적이고 모든 것을 가지려고 하는 소유 양식의 삶을 살고 있는 것이다. 현대 사회도 기계 문명 아래 오로지 성장과 발전만을 목표로 자연과의 생태학적 관계나 다른 구성원과의 유대는 고려하지 않으며 달려 나가고 있다. 결국 이것은 현대 사회 역시 소유 양식적이라는 것을 반증한다. 둘째는 전통 의식의 혼란에 따른 아노미 현상을 들 수 있다. 증가하고 있는 자살이나 반인륜적 범죄는 아노미 현상을 의미한다.

그간 인류는 기계의 발달을 통해 물질적 풍요라는 혜택과 시공간의 단축이라는 혜택을 향유해 왔다. 하지만 이러한 변화는 인간을 자연으로부터 분리시켰고 지역의 고유성을 파괴하는 부작용을 가져왔다. 결국 이것은 현대 사회가 자본주의를 기반으로 한 이익 사회라는 것을 알려준다. 이익 사회는 소유 양식의 삶을 의미한다. 요즈음 불고 있는 슬로 푸드, 느리게 살기 운동은 이익 사회가 반드시 좋은 것만은 아니라는 것을 알려주며 미래의 우리 사회, 문화적 모습은 이익 사회의 부작용들을 어떻게 고쳐 가느냐에 달려 있다.

02 자료 제시형

논술을 하는 데 필요한 자료를 미리 제시하는 형식이다. 제시된 자료를 해석하고 논점을 찾아서 이에 대한 자신의 견해를 논술하거나, 이를 비판 또는 설명하는 형식의 글을 써야 한다.

자료 제시형에는 단일 자료 제시형과 복수 자료 제시형, 완성형 등이 있다. 주어진 제시문을 근거로 해서 채점할 수 있으므로 많은 대학에서 이 유형의 문제를 선호하고 있다. 포괄적 주제에 대한 일반적인 사고력을 묻는 유형이다.

• 자료 제시형의 논술을 잘 쓰기 위해서는

① 자료를 세심하게 읽어 핵심 논점을 정확하게 파악한다.
② 중요하다고 생각되는 단어나 어구에는 밑줄을 긋는다.
③ 논지와 논거에는 괄호를 하는 등 구별하여 파악한다.
④ 제시문이나 유의 사항에는 글이 나아갈 방향이나 제한하는 의미가 들어 있는 예가 많으니 주의한다.
⑤ 여러 논점이 제시된 경우 무엇이 핵심 논점인가를 파악하여 거기에 초점을 맞추어 쓴다.

1. 다음 제시문을 읽고 개인과 사회의 필연적 갈등 양상과 이를 극복할 수 있는 개인과 사회의 바람직한 관계에 대하여 1200자로 논술하시오.

(가) 니부어는 도덕적인 인간으로 구성되는 사회일지라도 그 사회는 비도덕적일 수 있다고 했다. 한 개인은 동정심도 있고 자기를 희생하면서 다른 사람을 도우려는 이타심이나 이해심을 가질 수 있으며, 또 개인으로서는 양심적이고 이성적일 수도 있다. 그러나 사회 집단은 그렇지 않다는 것이다. 그것은 몹시 이기적이다. 그래서 한 국가나 계급이 자기들의 이익을 위해서는 부도덕한 일도 감행한다.

니부어는 인간 사회를 현실적으로 분석해 보면, 사회의 필요와 개인의 양심의 명령 사이에는 항상 겉으로 보아서는 융화하기에 어려운 모순이 있다는 것을 알게 된다고 했다. 가장 간단하게 윤리학과 정치학 사이의 모순이라고 규정할 수 있는 이 모순은 도덕 생활의 이중적인 초점에 의해서 필연적으로 생기는 것이다. 그 초점의 하나는 개인의 내적 생활이고, 다른 하나는 인간의 사회생활의 필요에 있는 것이다.

— 니부어, '도덕적 인간과 비도덕적 사회를 바탕으로'에서

(나) 19세기 중엽에 탄생된 여러 계통의 사회 과학을 보면, 우리들의 생활이 급속도로 사회 중심 체제로 변한 것을 실감케 된다. 그러므로 옛날에는 개인이 중심이고 사회가 그 부수적인 현상같이 느껴졌으나, 오늘에 이르러서는 사회가 중심이 되고 개인은 그 사회의 부분들인 것으로 생각되기에 이르렀다. 특히 사회가 그 시대의 사람들을 만든다는 주장이 대두되면서부터 그 성격이 점차 굳어졌다. 실제로 현대를 살고 있는 우리들의 생활을 살펴보면, 내가 살고 있다기보다는 '우리'가 살고 있으며, 이때의 '우리'라 함은 정치, 경제 등의 집단인 사회를 가리키고 있는 것이 오늘의 현실이다.

현대가 그렇게 되었다고 해서 그것이 그대로 정당하며, 또 그렇게 되어야 하는가 함은 별개의 문제이다. 일찍이 키에르케고르나 니체 같은 사람들은, 개인의 존엄성과 가치를 강하게 호소한 바 있다. 오늘날까지도 사회와 개인에 대한 대립된 견해는 여전히 지속되고 있다. 그렇다고 해서 사회가 전부이며 개인은 의미가 없다든지, 개인의 절대성을 주장한 나머지 사회의 역할을 약화시키는 것도 정당한 견해가 되지 못한다. 오히려 오늘날 우리는 개인 속에서 그가 소속되어 있는 사회를 발견하며, 그 사회 속에서 개인을 발견한다. 사회와 개인은 지속적으로 상호 작용을 일으키고 있다. 개인이 없는 사회는 존재할 수 없으며, 사회에 속하지 않는 개인을 생각한다는 일 자체가 불가능하다.

(다) 개인의 자주성과 인간의 사회성에 관한 지금까지의 고찰을 우리는 다음과 같이 요약할 수 있을 것이다.

(1) 인간 개인은 사회를 떠나서 단독의 힘만으로 살아갈 수 있을 정도로 완전히 독립된 존재는 아니다. 그러나 인간 개인은 소속 집단을 떠나서는 하루도 살기 어려운 꿀벌과 같은 정도로 집단 의존적은 아니며, 특히 현대의 개인은 기왕의 소속 집단을 떠나더라도 새로운 집단의 성원이 됨으로써 생활을 계속할 수 있다는 뜻에서 상당한 정도의 독립성을 가졌다.

(2) 인간 개인에게는 다른 동물에게서는 찾아볼 수 없는 자주 의식, 즉 자기에 대한 주인 의식이 강하다. 인간 개인에게 자주 의식 내지 개인적 자아 의식이 강하다는 사실은 개인이 자기 자신을 자주적 존재로 만드는 데 크게 기여한다. 우리는 인간의 의식을 정신적 존재로서의 인간에 있어서 본질적 속성이라고 보지 않을 수 없기 때문이다.

(3) 인간에게는 개인적 자아 의식과 아울러 집단적 자아 의식도 있다. 자아 의식을 가진 집단이 있는 것이 아니라, 개인이 집단을 자아로 의식하는 마음을 가지고 있는 것이다. 현대인에게 개인적 자아 의식이 강하다는 사실은 현대인에 있어서의 사생활의 비중을 크게 했으며, 현대인을 포함한 모든 사람에게 집단적 자아 의식이 있다는 것은 모든 사람들의 삶을 위한 공동의 광장인 '공공 생활'의 건설을 위한 중요한 심리학적 구실을 한다.

(4) 인성에 관한 이상의 고찰은 경험에 토대를 두고 있다. 따라서 이것을 인간성의 '본질'에 관한 불변의 명제들이라고 생각하는 것은 아니다. 그러나 생물인 인간에게 불변의 본질이 있다고 가정하지 않더라도 윤리학은 가능할 것으로 보이며, 이상의 고찰도 큰 테두리에 있어서는 그리 쉽게 변할 것으로는 생각되지 않는다.

집단을 떠나서 혼자의 힘만으로는 살 수 없다는 사실은, 생존에 대한 욕구를 버리지 않는 한, 집단 생활이 불가피하다는 결론을 뒷받침한다. 그러나 개인은 기왕 속해 있는 집단을 떠나더라도 다른 집단으로 소속을 바꿈으로써 생존을 계속할 수 있으며 또 개인에게는 자유를 갈망하는 강한 자주 의식이 있다는 사실은, 개인과 집단의 관계는 일방적 예속의 관계가 아니라 평등한 참여의 관계로 보는 것이 옳다는 또 하나의 결론을 정당화한다. 개인은 생존을 위해서 어떤 집단에 '참여'할 필요는 있으나 아무 집단에도 '예속'할 필요는 없으며, 집단의 성원 각자는 평등한 자격으로 집단에 참여할 자유가 있으며, 또 그렇게 하는 것이 자주 의식이 강한 현대인을 위해서 바람직하다. 어떠한 개인도 정상적 심리 상태에서 집단에 예속되기를 자원하지 않을 것이며, 타인에게 예속되기는 더욱 바라지 않을 것이다. 그리고 원하지 않는 예속을 강요할 수 있는 권리를 가진 사람은 아무도 없으며, 그러한 강요를 정당화할 만한 이유도 전혀 없다.

그러나 만족스러운 삶의 광장의 구실을 할 사회를 건설하고 유지하는 일은 만인을

위해서 바람직한 일이며, 모든 개인은 자기가 받아들였거나 선택한 집단의 바람직한 건설과 유지에 참여할 권리와 의무를 갖는다. 그리고 한 개인의 삶의 전 과정 가운데에서 바람직한 사회의 건설과 유지를 위하여 할애하는 부분이 그 개인의 공공 생활의 영역에 해당한다. 바람직한 사회를 위하여 요구되는 원리가 무엇이며, 그 사회 안에서 성원 각자의 권리와 의무가 무엇인가는 앞으로 고찰해야 할 중대한 문제라고 할 수 있다.

[유의 사항]
1. 적절한 예시를 통하여 자신의 견해가 드러나는 한 편의 글이 완결되도록 할 것.
2. 원고지 사용법과 한글 맞춤법 규정을 지킬 것.

(1) 논제 분석

이번에 주어진 논제는 개인과 사회와의 관계이다.

개인과 사회는 필연적 불가분의 관계이면서도 대립과 갈등을 일으킨다. 이처럼 상호 작용 속에서 일어나는 갈등 양상은 무엇이며, 이를 극복할 수 있는 바람직한 관계는 무엇인지를 논하라는 것이다.

위 제시문을 잘 활용한다면 좋은 글이 될 수 있을 것이다. 다만, 요약 문제가 아니기 때문에 제시문의 내용을 군데군데 빼내어 짜깁기를 한다면 좋은 점수를 얻을 수 없다. 제시문을 바탕으로 자신의 견해와 입장이 참신하게 개진되어야 할 것이다.

(2) 구상하기

① 개인과 사회의 갈등 양상
   - 서로가 추구하는 가치의 차이에서 발생
   - 정신적, 물질적 보상의 차이에서 발생
   - 집단 이기주의의 팽배
   - 도덕적 인간과 비도덕적 사회
   - 사회의 필요와 개인 양심의 모순
   - 개인의 이익과 사회 전체의 이익 대립
   - 전체로서의 사회가 개체로서의 개인의 자유와 가치를 억압
   - 개인들이 스스로 속해 있는 사회에 반항을 하며 대립을 일으킬 때
② 개인과 사회의 바람직한 관계(갈등의 극복 방안)
   - 올바른 개인주의의 가치관 정립
   - 개인의 도덕적 품성 고양
   - 규범 준수를 위한 양보(공익 우선의 정신)

　－상대 자유 의사의 존중
　－공익(公益)은 사익(私益)을 초월하며, 공익이란 사익의 집합체임.
　－존재와 생성(生成)의 과정을 거치는 창조적·변증적 관계
　－개인과 사회가 동질적 내용을 위해 조화와 협력
　－사회는 개인을 위하며 개인은 사회를 위하는 지양(止揚)의 인도적 관계

✿ 개요 작성

주제문	개인과 사회는 조화와 협력을 통한 인도적 관계를 정립해야 한다.
서론	개인과 사회의 필연적 상충 관계
본론 1	서로가 추구하는 가치의 차이 －서로 다양한 욕구를 인정하는 상대주의적 태도
본론 2	정신적, 물질적 보상 차이－민주적인 대화의 장 마련
본론 3	집단 이기주의의 팽배－공동체 의식과 연대 의식의 고양
본론 4	공공 생활 질서와 규범의 준수
결론	갈등 해소의 상호 노력

✿ 학생의 글(예시 답안)

　　사회적 갈등은 사회와 사회, 또는 개인과 개인간의 이해관계가 상충되면서 나타나는 현상이다. 홉스는 만인의 만인에 대한 투쟁으로 갈등 양상을 규정짓고 개인 위에 국가가 존립해야 한다고 했고, 공자는 사회적 갈등을 인과 예로써 극복할 것을 주장했지만, 이는 현대적 관점에서 재조명해 보아야 할 일이다. 현대 사회에서는 사회 구조가 복잡화, 다양화됨에 따라 갈등의 요소가 더욱 증대되고 있기 때문이다. 얼마 전의 약사와 한의사간의 분쟁, 노사 관계의 첨예화가 그 예라 하겠다. 따라서 여기서는 이러한 사회적 갈등 양상과 해소 방안을 규명하고자 한다.

　　첫째, 갈등은 주로 서로가 추구하는 가치의 차이에서 발생하므로 서로의 다양한 욕구를 인정하는 상대주의적 태도가 필요하다. 사회 구성원 각자가 자신의 욕구만을 따라 극단적인 자세를 취하고 타인의 이익은 무시해 버린다면, 사회는 파국으로 치달을 수 있기 때문이다. 국제화 시대를 맞이한 우리들이 이 맹목적 경쟁을 지양하고 선의의 경쟁으로 나아가야 하는 이유도 여기에 있다. 자신의 독단과 편견을 버리고 넓은 세계를 수용할 수 있는 마음을 가져야 하는 것이다.

　　둘째, 갈등은 정신적, 물질적 보상의 차이에 따라 생기므로 이를 해소하기 위해서는 민주적인 대화의 장이 열려야 한다. 갈등은 서로에 대한 괄시와 무조건적인 비판

으로 해결되는 것이 아니라, 진정한 토론과 합리적인 이해를 통해 합(合)으로 나아가야만 사회 발전의 원동력이 될 수 있는 까닭이다.

셋째, 갈등은 집단 이기주의의 팽배에도 그 원인이 있으므로, 공동체 의식과 연대 의식을 고양해야 한다. 구성원간의 신뢰와 개개인의 사회 전체에 대한 관심이 없다면 갈등은 갈등의 단계에서 머무르고 말 것이기 때문이다. 두레, 향약 같은 전통 향촌의 공동체 의식을 현대적 양식으로 계승시키는 것도 갈등 해소의 한 방법이 될 수 있겠다.

그리고 내가 남에게 바라는 협력이 공공 생활의 규범을 적용하기 어려운, 순전히 사생활의 영역에 속하는 행위일 경우에는 상대편의 자유 의사를 전적으로 존중해야 할 것이다.

사회적 갈등은 광범위한 것이어서 완전한 해소는 불가능하다. 하지만 갈등의 역기능을 극복하고 민주적인 화합으로 나아가는 것은 사회가 더욱 발전할 수 있는 밑바탕이 될 수 있다. 프랑스 혁명이 지배, 피지배자간의 갈등으로 일어났지만, 그 결과 인류에게 인권이라는 소중한 선물을 안겨 주었듯이 우리도 무엇인가를 사회에 환원할 수 있도록 갈등의 해소를 위해 여러모로 노력해야 할 것이다.

2. 다음 글을 읽고 국한문 혼용과 한자 교육에 대한 자신의 견해를 밝히고, 띄어쓰기를 포함하여 1200자 내외로 서술하라.

국한문 혼용론이 또다시 고개를 들고 있다. 한글의 의미 전달을 돕기 위해 한자를 섞어 써야 한다는 주장 자체는 전혀 새로운 것이 아니지만 최근의 주장은 과거의 논지 외에 국제화에 대비한다는 명분을 추가하고 있어 눈길을 끈다.

일부 언론과 학자들은 21세기에는 아시아, 태평양 시대가 열릴 것이므로, 한국도 동양 문화권의 공동 문자인 한자를 지금보다 훨씬 더 많이 익히고 사용하여 이에 대비해야 한다고 주장하고 있다. 특히, 세계 경제의 중심 국가로 떠오른 일본과 무한한 잠재력을 지닌 중국이 한자를 쓴다는 점에서 이들 나라와의 경제 협력에는 한자 사용이 불가피하다는 것이다.

어느 기업체의 직원이 베트남에서 한자 필담으로 거래 상담을 했다는 사례도 있다고 한다. 그러므로 중·고등학교에서 한자 교육을 더욱 심화시키고, 초등학교 저학년부터 한자를 가르쳐야 하며, 도로 표지판에도 한자를 병기해야 한다는 것이다.

[유의 사항]

1. 제목은 붙이지 말고 본문부터 시작할 것.
2. 자신의 견해가 분명히 드러나는 한 편의 글이 완성되도록 할 것.
3. 자신의 독서 체험과 생활 체험을 토대로 쓸 것.
4. 주제와 관련하여 찬성 또는 반대의 논지 중 하나를 선택할 것.

〈찬성하는 글〉

🌼 개요 작성

주제문	한글과 한자의 혼용이 가장 이상적인 표기 형태이다.
서론	한글 사용과 한자 사용의 논쟁이 다시 대두되고 있다.
본론 1	한자 사용의 필요성 국제화 흐름에 부합하기 위해서이다.
본론 2	조어력이 강하므로 한자를 배워야 한다.
본론 3	한자 문화권 나라를 이해하기 위해서이다.
결론	어느 한 문자의 사용만을 고집하지 말고 한자나 한글을 혼용하여 사용하는 것이 바람직하다.

🌼 학생의 글(예시 답안)

　　우리 겨레는 우리만의 고유어인 한글을 가지고 있다. 한글이 창제될 당시인 세종 때부터 한글을 쓸 것인가, 한자를 쓸 것인가에 대한 논쟁이 있었다. 이러한 논쟁이 최근에 다시 화젯거리가 되고 있다. 한글 전용론자들은 우리만의 글인 한글이 있는데 왜 불편하고 어려운 한자를 섞어 쓰느냐는 것이다. 이들의 주장을 들어보면 어느 정도의 일리는 있다. 한글만을 사용하게 되면 민족성을 다시 되찾을 수 있다느니, 일부 지식인 계층의 한자 사용은 권위주의의 소산이라느니, 한자 사용은 과거 왕조 시대부터 우리 나라의 사대주의에 의한 표상이라느니 하면서 자신들의 주장을 합리화시키고 있다. 그들이 주장하는 한글 전용은 과연 바람직하기만 할까?

　　앞에서 소개한 한글 전용론자들의 의견을 전부 수렴하면서 한자 사용의 필요성을 한번쯤은 생각할 필요가 있다.

　　한자 사용은 국제화의 흐름에 따르는 것이다. 최근 중국은 세계 경제 중심 국가인 일본과 나란히 경제 강국으로서의 면모를 다져가고 있다. 과거 공산권 치하의 중국은 매우 가난한 나라였지만, 오늘날은 공산권 내에서도 개혁의 바람이 불어 '흑묘백

묘', 즉 어떻게 해서든지 인민들을 잘살게 하자는 주장이 대두되고 있다. 중국의 이러한 정책으로 인해 중국은 개방하기 시작했고, 우리 나라도 중국을 최대의 소비시장으로 기대하고 있다. 이러한 시국에 한자 사용은 국제화에 꼭 필요한 것이다.

한자의 조어력은 강하다. 외래어를 사용하는 이유는 의미를 전달할 적합한 한글이 없기 때문이다. 이러한 상황에서 일찍이 사용해 와서 어느 정도 익숙한 한자어를 사용함은 필요한 신조어를 창출해 내는 데 큰 도움을 줄 것이다.

한자 문화권에 속한 우리 나라가 여러 한자 문화권 나라들을 이해하는 데 도움이 된다. 우리 나라 어휘의 60% 정도가 한자라는데, 그러한 어휘가 지칭하는 사물들이 우리 주위에 존재하고, 그러한 사물들도 광범위한 의미의 문화이다. 다양한 문화를 이해하고 보존하기 위해서라도 중·고등학생은 물론 초등학교의 저학년부터 한자 교육은 필요하다.

한자 사용의 필요성에 대해 세 가지를 언급했다. 그렇다고 한자만을 사용할 수는 없다. 이제 방법은 단 한 가지이다. 한글과 한자를 혼용하는 것이 바로 그것이다. 지금까지, 그리고 현재의 가장 보편적 표기 형태는 한글과 한자 혼용이다. 여기서 우리는 어느 한 문자만을 사용해야 한다고 티격태격할 것이 아니라 한글이 가지고 있는 장점, 그리고 한글에는 없는 한자만의 독특한 장점을 발견하고 서로 조화를 이루도록 해야 할 것이다. 즉, 한글과 한자 혼용이 가장 바람직하고 이상적인 표기 형태임을 믿어 의심치 않는다.

〈반대하는 글〉

❀ 개요 작성

주제문	민족 문화적 관점에서 볼 때 한글 전용을 하는 것이 바람직하다.
서론	국한문 혼용의 문제를 논하기 위해서는 올바른 관점을 선정할 필요가 있다.
본론 1	특정한 경우를 제외하고는 일상생활에서 한글 전용으로 인한 문제점은 거의 없다.
본론 2	국제화를 위한 한자 혼용 주장은 논리적 타당성이 결여되어 있다.
본론 3	한자 혼용은 일본 식민 사상에서 벗어나지 못한 발상이다.
결론	한자의 필요성은 전문 인력 양성으로 해결해야지 국민 전체가 한자 교육에 매달릴 필요가 없다.

🌸 학생의 글(예시 답안)

국한문 혼용 또는 한자 조기 교육 및 중·고등학교에서의 한자 교육 심화가 바람직한가 그렇지 아니한가를 논하기 위해서는 먼저 올바른 관점을 설정할 필요가 있다.

문자는 국민 문화의 아주 중요한 구성 요소이기 때문이다. 그러나 다분히 경제적인 성격이 강한 국제화 문화와 관련하여 문자 생활 또는 언어 교육의 방향을 정한다고 한다면 그 민족 문화적 언어학적 관점에서 접근해야 한다.

우선 우리 나라 국민들이 문자 생활을 함에 있어서 한글 전용만으로 얼마나 많은 불편이 따르는가를 점검해 보기로 하자. 실제로 수많은 청소년들이 한글만으로 문자 생활을 하면서 별 어려움을 느끼지 않고 있다. 현대의 문화는 오히려 서구적인 것이 많은 비중을 차지하고 있어서 한자보다는 영어를 위시한 구미 언어에 대한 지식이 더 요구되고 있는 형편이다. 특정한 용어나 구절의 의미가 불분명하게 될 염려가 있을 때는 의미를 명료하게 드러내기 위해 괄호 속에 영어를 병기하기도 한다. 한자 사용의 필요성도 이런 수준을 넘어선다고 볼 수 없다. 그것도 어디까지나 특별한 경우이고 대부분의 문자 생활에서는 별 문제가 없음을 이미 한글 전용으로 발행되는 신문들이 아무런 거부 반응 없이 계속 만들어지고 있다는 사실에서도 확인할 수 있다.

국제화를 위해 한자 사용을 확대하고 한자를 조기 교육해야 한다는 주장도 논리적 타당성이 부족하다. 현재 우리 나라에서 사용되고 있는 정자체는 일본의 약자나 중국의 간체자와 달라서 통용의 가능성이 그다지 많다고 할 수 없을 뿐만 아니라, 실제로 베트남 같은 나라의 사정으로 미루어 보아도 그것이 의심스럽다고 할 수 있다.

외국인과의 의사 소통을 위해서라면 당사자가 애초에 그 나라 언어를 익히는 것이 더 효과적일 것이다.

도로 표지판의 한자 병기 문제도 일본인 관광객들의 끈질긴 불만 사항이었다는 것을 안다면 고소를 금치 못할 것이다. 남의 나라에서 그 나라 언어를 몰라 겪게 되는 불편은 당연한 것인데, 아직도 우리 나라를 식민지로 여기는 것과 같은, 그런 오만무례한 요구에 부응하기 위해 우리가 범국민적으로 한자를 익히고 사용할 필요는 없는 것이다.

따라서, 한자 혼용이나 한자 조기 교육 내지 심화 교육보다는 외국 사정에 정통한 사람과 우리 나라 말을 능숙하게 구사할 수 있는 전문 인력을 따로 많이 길러 내는 것이 바람직할 것이다. 우리 국민 전체가 한자 익히기와 사용에 매달릴 일은 아닌 것이다.

3. 다음 글은 사회 계층화 현상이 왜 어떻게 일어나는지에 대한 상충되는 두 관점이다. 그 중 한 견해를 택하여 정당성을 논하고 다른 견해를 비판하거나 또는 제삼의 견해를 1200자 내외로 서술하시오. (제한시간 90분)

> "사회 계층화 현황에 대한 관점은 크게 기능론적 계층론과 갈등론적 계층론으로 나눌 수 있다. 기능론적 계층론이란, 구조화된 불평등 현상으로서의 사회 계층은 사회와 인간의 본질에서 연유하는 자연 발생적인 현상이라고 본다. 즉, 계층 현상은 사회 발달에 따라서 이루어지기 마련인 사회 분화와, 분화된 각 부분부분에 대해서 이루어지기 마련인 인간의 차별적인 평가가 상호 작용함으로써 필연적으로 나타나는 현상이라고 본다.
>
> 이에 비하여 갈등론적 계층론이란, 불평등 제도는 잉여 가치의 생산에 따르는 사유 재산 제도의 성립에 기원이 있으며 그것은 지배 계급의 힘과 강압에 의해서 유지되어 온 현상이라고 말한다. 따라서 불평등 제도는 인간의 이상에 배치되는 것으로써 마땅히 부인 또는 배제되어야 할 성질의 것이라고 본다.

[유의 사항]
1. 적절한 제목을 붙일 것.
2. 독창적으로 표현할 것.

✿ 개요 작성

주제문	사회 계층화를 바라보는 올바른 관점
서론	기능론적 계층론의 의미와 문제점은 갈등론적 계층론과의 비교 속에서 찾을 수 있다.
본론 1	기능론적 계층론은 사회 계층화 현상을 당연시하며 사회 변동을 비정상적 상황으로 여긴다.
본론 2	인간의 위치 상승 욕구 때문에 갈등이 야기되며, 갈등은 새로운 사회를 창출시킨다.
결론	갈등은 새로운 사회로의 전환에 원동력이 되므로 인식의 전환이 이루어져야 한다.

✿ 학생의 글(예시 답안)

사회 계층화를 바라보는 올바른 관점

우리는 가끔 '스스로 맡은 일에 충실하라.'는 말을 듣는다. 즉, 우리 스스로가 자신의 일을 열심히 하면 사회가 발전한다는 말로 우리의 맡은 일 하나하나가 상호 의존관계에 있으며 사회 전체의 유지와 통합에 기여하고 있다는 것이다. 이것이 바로 두가지 계층론 중 우리에게 더 익숙한 기능론적 계층론의 관점이다. 그렇다면 이렇게 우리의 생각 속에 뿌리 박혀 있는 기능론적 계층론은 어떤 것이며 그에 따른 문제점은 또 어떤 것일까? 우리는 그것을 갈등론적 계층론과의 비교 속에서 찾을 수 있을 것이다.

기능론적 계층론과 사회 계층화 현상을 불가피한 것으로 이해하고 있다. 즉 개개인의 능력과 특징이 다르기 때문에 사회 집단 내에서의 위치가 달라지고, 사회의 희소가치가 차등 분배되므로 필연적으로 사회 계층화 현상이 발생한다는 것이다. 또한 이관점에 따르면 사회 가치의 차등 분배는 사람들이 더 열심히 노력하는 동기가 되고이에 따라 개개인의 능력이 신장되어 사회가 발전된다는 결론이 나온다. 그래서 이러한 기능론적 계층론은 사회 변동을 비정상적 상황이나 병리적 형태로 파악한다.

그래서 그것은 의도적이든 아니든 결과적으로는 사회의 변화를 방해한다고 생각된다. 그런데 자신의 능력에 따라 위치가 정해져 있다면 왜 갈등이 일어나는 것일까? 그것은 인간의 위치 상승 욕구 때문이라고 볼 수 있다. 기득권층은 자신의 부나 권력을 계속 유지하기 위하여 현 사회를 지속시키기 원할 것이요, 하위 계층은 더 나은 사회적 지위를 바라기 때문에 사회의 변동을 원하는 것이다. 그래서 기득권층은 사회적 지위의 변동을 막으려 할 것이고, 그럴수록 하위 계층의 불만은 커지게 되는 것이다. 즉 좀더 나은 위치를 바라는 욕구는 결과적으로 갈등을 야기시키고 그런 갈등의 심화가 새로운 사회를 창출해 낸다고 볼 수 있는 것이다.

결국 물질적이든 이념적이든 이 사회의 갈등은 사라지지 않아 왔다. 그러나 그것은 다른 새로운 사회로의 전환에 원동력이 될 수 있는 것이다. 따라서 우리에게 필요한 것은 갈등을 감추고 사회를 안정적으로 유지하려고만 할 것이 아니라 새로운 인식의 전환이 이루어져야 할 것이다.

03 단독 과제형

자료나 지문 없이 문제만 단독으로 주어져 "~에 대해 논술하라."는 식으로 출제되는 형식이다. 주제의 범위와 논의의 방향이 제한되어 있지 않아 주제에 대해 자유롭게 사유하여 스스로 주제를 한정하고 논의의 방향을 잡아 나가는 등의 자율적으로 전개할 수 있다.

(1) 스스로 논의의 방향을 세워야 한다

단독 과제형은 문제의 요구 사항이 그리 많지 않기 때문에 비교적 자유롭게 자신의 생각을 전개할 수 있다.

(2) 자신의 관심과 능력에 비추어 주제를 확정하여 서술한다

단독 과제형에서 일반론만 서술하면 글의 생동감이 없으므로 특정 분야나 사례를 선정하여 글에 구체성을 부여한다. 특히 어느 한 분야로 논의를 한정할 때는 학생이 가장 잘 알고 있는 자신 있는 분야를 선정해야 한다. 그래야 논의를 깊이 있고 풍부하게 전개할 수 있다.

- 출제되는 형식

  ① '~에 대해 설명하라.'
  ② '~을 비판하라.'
  ③ '~에 대한 의견을 밝혀라.'
  ④ '~을 비교, 분석하라.'

(예문)

2006년 5월부터 교통법규를 위반하면 2007년 9월 이후 자동차보험 계약 때부터 보험료가 할증된다. 무면허 운전을 하거나 뺑소니 사고를 내면 적발 횟수에 관계없이 20% 할증된다.

음주 운전은 1회 적발 때 10%, 2회 이상 적발 때 20% 할증된다. 과속(제한속도 시속 20km 초과), 신호 위반, 중앙선 침범은 2, 3회 적발되면 5%, 4회 이상 적발되면 10% 할증된다. 이 제도는 금융감독원의 승인을 거쳐 시행이 확정될 예정이다.

🌸 교통법규 위반자 보험료 할증제도는 교통 사고율을 낮추고 교통법규를 준수하는 운전자의 보험료를 낮춰주기 위해서는 반드시 필요하다는 주장과 이와 반대로 아직 사고를 일으키지도 않은 운전자에게 범칙금과 별도로 이중 처벌을 하는 것은 부당하다는 주장에 대해 알맞은 제목을 쓰고, 자신의 견해가 드러나도록 1500자로 논술하라.

[유의 사항]

1. 자신의 주장에 맞는 한 가지를 선택하여 쓸 것.

2. 맞춤법 띄어쓰기 규정을 준수할 것.

〈찬성하는 글〉

🌼 개요 작성

주제문	교통법규 위반자 보험료 할증은 교통사고를 줄이기 위해 필요하다.
서론	교통법규 위반자 보험료 할증에 대한 비판의 목소리가 나와 안타깝다.
본론 1	이 제도의 핵심은 교통사고를 줄이려는 보험의 기능을 강화하자는 것이다.
본론 2	일부 중대 법규 위반자의 불만이 확대되어 알려지고 있다.
본론 3	보험료 할증은 이중 처벌이 아니라, 위법자들이 보험료를 떠넘기는 것을 막기 위한 장치이다.
본론 4	일각에서는 '보험료 인상'이라고 비판하지만 그것이 보험사의 이익이 되는 것이 아니라, 공평하게 분담하기 위한 것이다.
결론	교통사고를 줄이기 위해서는 적절한 제도가 필요하다.

🌼 예시 답안

교통사고 줄이기 위해 필요

자동차보험제도는 보험으로서의 기능뿐 아니라 안전한 교통 문화 정착에 중요한 역할을 담당하고 있다. 이 때문에 보험제도는 교통사고 감소를 위해 다양한 제도를 도입해 운영하고 있다. '교통법규위반경력요율제도'도 그 중 하나다. 이 제도는 1992년부터 범정부적 차원에서 추진된 '교통사고 줄이기 운동'의 일환으로 법적 근거를 보험업법에 마련하고 2000년부터 시행됐다.

그러나 지금까지는 법규 준수자와 위반자간의 사고 발생 위험률의 차이를 보험료율에 제대로 반영하지 못했다. 자연히 사고 방지 효과도 거의 없었다. 2004년 10월 이를 보완하기 위해 법규 위반별 보험료율 차등을 강화하는 방향으로 제도가 정비됐다. 하지만 최근 여론의 반발이 일어나자 과속이나 신호 위반, 불법 U턴, 중앙선 침범에 대한 보험료 할증을 상당폭 완화하는 것으로 변경됐다. 선진 보험제도 구축과 성숙한 교통 문화 정착으로부터 다소 멀어져 가는 느낌이어서 아쉽다.

이 제도의 핵심은 교통법규 준수 여부에 따른 운전자의 위험도에 맞춰 보험료를 공정하게 만드는 데 있다. 대부분의 교통사고가 교통법규 위반에서 발생함을 감안한다면 교통법규 위반 경력은 운전자의 운전 습관이나 태도 등의 성향을 반영하는 중요한 요소다. 법규 준수 의식을 고취함으로써 교통사고를 줄이려는 보험제도의 기능

은 최대한 발휘되어야 한다. 물론 법규 위반자의 보험료 부담 증가에 따른 불만이 제기될 수 있으나 이는 결코 제도의 문제점으로 비난받을 성질은 아니다.

그럼에도 불구하고 보험료 부담이 늘어날 일부 중대 법규 위반자의 불만만을 확대하여 '여론'이라는 이름으로 포장하는 것은 무엇보다도 보험의 원리에 반하는 태도다. 또 대다수 선량한 법규 준수자는 고려하지 못한 오도된 시각이다.

이중 처벌이라는 주장도 법리에 대한 오해다. 범칙금이나 벌점은 위법 행위에 대해 국가가 처벌하는 것이다. 반면 보험료 할증은 사고율이 높은 위법자가 교통법규를 잘 지키는 사람에게 보험료 부담을 떠넘기는 것을 차단하기 위한 경제적 장치이다.

제도 변경에 대해 일각에서는 '보험료의 인상'이라고 비판한다. 그러나 법규 위반자가 부담하는 할증 보험료가 그대로 보험사의 이익이 되는 것은 아니다. 더 걷힌 보험료는 법규를 성실히 준수한 운전자의 보험료 할인 재원으로 사용된다. 보험 계약자간 보험료 부담의 공평성을 높이는 것이다. 특히 보험료는 통계에 기초해 산출돼 감독 당국의 승인을 거쳐 시행되며 보험회사가 과도한 이익을 취하도록 감독 당국이 놔두지도 않는다.

최근 발표된 '경제협력개발기구(OECD) 회원국 교통사고 비교'에 따르면 한국의 자동차 1만 대당 사고 건수는 137건으로 회원국 중 최고 수준이다. 이처럼 높은 사고율은 교통 여건 및 시민의 안전 의식이 차량 증가 속도를 따라잡지 못하는 탓으로 판단된다.

자동차를 이용하는 한 자동차 사고에서 자유로울 수 없다. 하지만 그릇된 운전 습관에서 비롯된 사고는 줄일 수 있다. 이를 위해서는 그에 상응하는 제도를 만들고 비용도 부담해야 한다. 교통 문화 선진국은 절로 이루어지는 것이 아니다.

- 나해인(보험개발원 자동차보험본부장)

〈반대하는 글〉

✿ 개요 작성

주제문	교통법규 위반자 보험료 할증은 보험사 주머니를 불리기에 불과하다.
서론	보험사들은 여론의 반대에도 불구하고 할증료를 노리고 개정안을 밀어붙인다.
본론 1	교통사고 줄이는 데에 도움이 되지 않는다.
본론 2	사고를 내지 않았는데 보험료를 인상하는 것은 보험 원리에 맞지 않는다.
본론 3	이중 처벌 금지 원칙에도 위배된다.
본론 4	시민의 기본권(사생활)을 침해한다.
결론	교통사고를 줄이려면 근본적인 원인을 해소해야 한다.

🌸 예시 답안

보험사 주머니 불리기에 불과

개정안의 주된 내용은 뺑소니와 무면허 운전의 경우 현행 10% 할증에서 20%로, 음주 운전은 1회 적발되면 10%, 2회 이상 적발되면 20% 할증해 보험료를 200% 인상하겠다는 것이다.

단순 계산이라는 한계를 무릅쓴다면 2004년 자동차 대수는 1500만 대이고, 2004년 보험료 할증 대상 법규 위반 단속 건수는 1350만 건으로 결국 전체 운전자의 90%가 법규 위반으로 보험료 할증 대상인 셈이다. 이것이 손해보험회사들이 여론의 반대에도 불구하고 개정안을 밀어붙이는 진짜 이유이다.

첫째, 뺑소니, 무면허, 음주 운전 등은 엄청난 불이익이 뒤따르는 중대 법규 위반 행위이다. 이런 잘못을 저지르는 사람이 '다음해의 보험료 인상'이 무서워 그 행위를 그만두리라고 가정하는 것은 우리의 상식에 맞지 않는다. 한마디로 '교통사고 줄이기'라는 취지에 합당하지 않은 것이다.

둘째, 사고를 내지도 않았는데 교통법규를 위반했다고 해서 사고 발생 가능성이 높을 것이라고 추측해 대충 보험료에 반영하는 것은 보험 원리에 맞지 않는다. 꼭 보험료에 반영하려면 1회 법규 위반자의 사고 발생률 또는 2회 법규 위반자의 사고 발생률 또는 손해율을 산출해서 통계에 근거한 합리적인 보험료를 부과해야 한다. 1회 위반 시 10%, 2회 위반 시 20% 식의 주먹구구식 보험료 할증은 통계에 근거한 보험료 산출 방법이 아니다.

셋째, 이중 처벌 금지 원칙에도 위배된다. 교통법규를 위반하면 범칙금 부과와 벌점 강화에 보험료 할증까지 3중으로 처벌하고, 교통사고가 발생했다면 40~50%의 특별 할증이 또 부과되어 4중으로 처벌하게 된다. 손보업계에서는 국가가 부과하는 것과 보험사가 하는 것은 주체가 다르기 때문에 이중 처벌이 아니라고 주장한다. 하지만 당사자로서는 분명히 1회의 위반으로 2중, 3중의 처벌을 받는 것이다.

넷째, 시민의 기본권을 침해하는 것이다. 개인의 교통법규 위반 정보는 개인의 프라이버시다. 비록 공익 목적이라지만, 국가기관인 경찰청이 민간 보험사를 위해 개인 정보를 제공하는 것은 개인의 사생활 보호와 정보 인권에 대한 침해 행위이다.

교통사고를 줄이려면 교통신호 체계가 잘못된 곳, 불법 U턴이 자주 발생하는 곳, 속도 위반이 빈발하는 장소를 찾아내 신호 체계를 바꾸고 위험한 도로를 보수하는 등 법규 위반과 사고의 근본적인 원인을 해소하는 것이 오히려 타당하다.

또한 불이익을 주는 방식으로 사고를 줄이려면 국가가 범칙금 인상, 벌점 강화 등

으로 접근해야지 민간 보험사가 먼저 나서서 보험료를 인상하는 것은 다른 목적이 있는 것으로밖에 볼 수 없다.

어느 인터넷 카페에 소비자들이 뭉쳐 보험의 대안인 '자가용공제조합'을 만들자는 모임이 최근 생겼다. 손보사의 자동차보험료 인상과 서비스 부실, 우량 계약자 인수 거부 등 비정상적인 영업 행태에 대한 불만이 표출된 것이다. 손보사는 이러한 인터넷 모임이 생긴 이유를 생각하고 반성의 기회로 삼아야 한다.

– 김광배(보험소비자연맹 정책개발팀장)

04 일반 논술형

일반 논술형이란 학문의 각 분야에 있어서의 중요 이론이나 사회적, 정치·경제적, 문화·예술적 문제 상황을 제시하고 그에 대해 합리적이며 논리적인 설명이나 해결을 시도해 볼 것을 요구하는 문제 유형이다.

🌸 **인간과 자연의 바람직한 관계에 대하여 1000자 내외로 논술하라.**

[유의 사항]
1. 자신의 주장이 분명하게 드러나도록 할 것.
2. 구체적인 사례를 제시할 것.

🌸 **개요 작성**

주제문	인간과 자연의 바람직한 관계
서론	인간과 자연의 관계를 살펴보고 그 바람직한 관계
본론 1	자연스런 인간과 자연의 관계는 자연 우위의 입장
본론 2	자연 우위의 자연관에 대한 자연 의존적과 수동적인 자세
본론 3	인간 중심의 자연관과 그 문제점
결론	인간과 자연의 조화로운 공존 관계 모색

✿ 학생의 글(예시 답안)

인간은 자연과 밀접한 관계를 맺으며 살아왔다. 자연은 인간에게 삶의 터전을 제공해 주었고 인간은 자연을 이용하면서 삶을 영위해 왔다.

그러나 오늘날의 인간과 자연은 서로에게 해를 끼치는 존재가 되었다. 인간은 자연을 크게 손상시켰고 자연은 인간의 건강과 생명을 위협하고 있는 지경에 이르렀다. 그러면 지금까지 역사적으로 전개되어 온 인간과 자연의 관계를 살펴보고 그 바람직한 관계에 대해 생각해 보자.

인지가 발달하지 않은 시대에 인간은 자연을 경외와 숭배의 대상으로 여겼다. 원시적인 도구의 사용을 통해 자연을 이용하려는 모습도 있기는 했지만 내면적으로는 자연에 내재하는 섭리를 믿고 따르려는 신앙적 차원의 의식이 훨씬 강하였다. 자연은 초월적이고 신비한 대상이었기 때문이다. 자연스런 인간과 자연의 관계는 자연 우위의 입장으로 설정되었던 것이다.

이러한 관계는 기우제와 같은 의식을 통해 뚜렷이 드러난다. 또한 조선시대의 풍수지리 사상도 자연이 인간을 지배하고 커다란 영향을 미친다는 생각에서 비롯되었다. 이러한 자연 우위의 가치관은 자연이 인간 생활을 지배하고 지켜준다고 믿게 하였다. 그러다 보니 인간들은 자연의 재해가 닥쳐왔을 때 과학적으로 탐구하고 적극적으로 극복하려는 노력보다 소극적이고 수동적인 자세로 일관하였다. 이로 인해 인간들은 대처할 수 있는 재난조차도 그대로 당해야만 하는 모습을 보여주었다. 자연의 섭리에 순종하면서 자연과 조화로운 공존을 꾀하려 했다는 점에서 긍정적이나 자연 의존적이고 수동적인 자세는 인류 발전의 커다란 장애가 되었다.

인간들은 과학 기술의 발달과 함께 자연을 적극적으로 개발하고 이용하기 시작하였다. 자연은 인간의 욕구 충족을 위한 하나의 대상물로 간주되기 시작한 것이다. 인간들의 필요에 의해 자연은 무분별하게 개발되고 이용되기 시작했다. 그 결과 오늘날의 심각한 환경 오염과 생태학적 위기를 초래하고 말았다. 이러한 결과는 인간과 자연을 모두 파멸의 길로 이끌고 말 것이라는 데에 문제의 심각성이 있다.

지금까지 인류의 역사는 크게 인간에 대한 자연 우위 또는 자연에 대한 인간 우위의 어느 한쪽에 치우친 입장을 가지고 전개되어 왔다. 그 어느 한쪽만을 중시하는 입장은 인간과 자연의 바람직한 관계가 될 수 없다는 것을 알 수 있다. 진정 인간과 자연의 바람직한 관계는 동등한 입장에서 조화로운 관계를 유지하는 것이어야 한다. 자연과 인간은 하나라는 생각이 중요하다. 특히 인간들은 자연을 개발함에 있어 최적 입지와 최적 규모를 고려함으로써 인간과 자연의 조화로운 공존이 모색될 수 있다는 점을 유념해야 한다.

05   요약형

긴 글을 읽고 그 중심 내용을 살려서 글쓴이의 의도를 담아낼 수 있게 줄여 쓰는 문제이다. 요약을 잘하기 위한 순서이다.

① 핵심어나 주제어 찾기

② 내용 단락 나누기

③ 개요 파악하기

④ 주제 파악 및 주제문 작성하기

⑤ 요약하기

❀ 다음 글을 읽고 세 단락으로 구성할 것을 전제로 하여 각 단락별 소주제문과 요지를 쓰고 각 단락의 요지를 바탕으로 하여 600자로 요약하시오.

① 신문을 사회의 축소라고 보는 이가 있다. 사회의 실태나 풍경이 사진에 나타나는 균형을 가지고 신문에 나타난다는 것이다. 신문에 나쁜 일이 보도되고 좋은 일이 게재되지 않는 것은 실사회에 나쁜 일만 있고 좋은 일이 발생하지 않기 때문이라고 한다. 이런 생각은 신문이 사회를 여실히 반영하는 것이라는 미신의 소치인 것이다. 사람의 능력으로 사회 실태를 그대로 표시하기란 거의 불가능한 일임을 모르는 말이다.

② 사회에 나쁜 일이 더 많이 있다든지 모두가 나쁜 짓만 한다는 인상을 받게 된다면, 저도 나쁜 일을 해도 된다거나 또는 제가 나쁘기는 하지만 그래도 딴 사람보다는 착하다고 자처하게 되어 악을 미워하는 마음이 줄게 되고, 참말로 선량한 사람까지 무엇이 무엇인지 모르게 되든가, 감히 바른말을 할 용기가 꺾이든가, 의욕이 일지 않게 된다.

③ 나쁜 일을 매일같이 접하게 됨으로써 그런 일이 보통인 듯한 느낌을 갖게 되면, 정의를 위하여 무슨 일을 하겠다는 의욕이 약해지고, 성장하는 젊은이들의 교육에 치명적인 결함이 생긴다. 젊은이들은 선악에 대한 비판력이 마비되고 가치 있는 것을 알아낼 힘을 얻지 못하고 만다. 남을 누르고 제가 남보다 나아지고 사회적으로 알려지는 것만이 가치 있는 것으로 믿게 된다. 그러니까 어떠한 수단을 써서라도 남을 이기고 제가 잘되고 편히 목적을 달성하기만 원한다. 고상한 취미나 이상에 대한 동경이란 전혀 알지 못하고 만다. 값있는 것이 어떻게 이루어지는지 남이 좋다는 것이 어째서 그런지 모른다.

④ 숭고하고 아름답고 귀한 것이 어떤 것인지 모르는 것이 사람으로서는 가장 슬픈 일인데, 젊은이들이 이 지경까지 이르게 된다면 그것은 비참한 일이다. 사람은 어째서인지는 몰라도, 가치 있는 것을 알면 가치 없는 것은 저절로 알게 되어 있지만,

가치 없는 것을 안다고 해서 가치 있는 것을 짐작하지는 못하는 듯하다. 나서부터 보고 듣는 것이 험악하고 망측하고 기괴한 것뿐이라면 그가 커서 착하고 곱고 좋은 것을 어찌 알 수 있을 것인가.

⑤ 남의 좋은 점을 알지 못한다는 것은 모르는 그 사람에게 큰 불행이다. 남의 결점을 지적할 수 있는 것이 똑똑하다는 증거가 될 수는 없다. 동물도 제 마음에 안 드는 것은 의식하는 듯하다. 남의 결점이라 해도 그것이 어떤 공통된 기준에 어긋남으로써 결점이라는 것이 아니고 자기 마음에 맞지 않으니 나쁘다는 생각은 판단이 아니라, 감정의 발로에 불과하다.

⑥ 우리는 지금 남의 좋은 점을 발견해 내는 습관을 길러야 하겠다. 열 가지 결점보다 한 가지 장점을 찾아내는 데 힘써야 하겠다. 이것이 쉬운 일이 아님은 물론이다. 가치 있는 것이 어떤 것인가를 아는 사람만이 할 수 있는 일이다. 가치를 안다는 것은 자기가 가치를 체득하지 않고는 또 안 될 터이니, "성인(聖人)이라야 성인(聖人)을 능히 안다."는 옛말은 옳은 말인 동시에, 실제에 있어서는 크게 어려운 일임을 알 수 있다. 모두가 제각기 성인인 체할 수도 있다. 저만이 가치를 안다고 할 수도 있지만, 그 중에 누가 참으로 성인이며 가치를 아는 사람인가 단정하기는 어렵다.

⑦ 그래도 일의 시작은 사람이나 사물의 좋은 면을 찾아내려고 노력하는 데에 있어야 하겠다. 남이나 사물의 안된 면만을 보는 습관으로는 아무것도 시작할 수 없다. 거기서 시작하면 악순환을 거쳐 결국 최악으로 달음질칠 뿐이다. 최고의 가치가 어떻게 생기는지는 분명치 않다 하더라도 그런 것이 생기는 지반(地盤)이 중상(中傷)과 비방과 선전과 허위에 있지 않는 것만은 사실이다. 어떤 이는 어떤 점이 남만 못하지만 이런 장점이 있고, 어떤 사태는 이렇게 보면 올바르지 못하지만 관점을 달리하고 약간 개선을 하면 희망적이라는 판단을 할 만한 여유와 식견과 통찰력(洞察力)이 있어야 할 것이다.

⑧ 한 가지 나쁜 점을 보고 사람 전체나 사건 전체를 검게 먹칠하여 버리는 버릇은 공정하다 할 수 없다. 한 사람 한 사건을 전체의 균형에서 보고 장래와 가치를 비교하는 시야에서 관찰하는 태도가 생겨야 할 것이다. 개인적인 주관으로 속단하는 조급성, 눈앞의 것은 크게 보고 먼 데 것은 낮게 보는 유치함을 벗어나야 전체의 조화 있는 성장이 이루어질 것은 의심할 바 없다.

– 권중휘, '보는 각도(角度)'

[유의 사항]

1. 단순히 요지만 나열하지 말고 재구성할 것.
2. 본문의 말을 그대로 옮겨 쓰지 말고 가능한 한 자신의 용어로 표현할 것.

🌸 학생의 글(예시 답안)

[과제 1] 소주제문 및 요지

①단락	소주제문	신문이 사회를 축소라고 보는 생각은 신문이 사회를 여실히 반영하는 것이라는 미신의 소치다. 〈넷째 문장이 주지 문장〉
	요지	실사회에서 나쁜 일만 있고 좋은 일이 없기 때문에 신문에 부정적인 사건들만 보도된다는 생각은 사람의 능력이 사회의 실태를 그대로 반영하기 어렵다는 것을 모르는 그릇된 사고다.
②단락	소주제문	사회 현상에 대하여 부정적인 인식을 하게 되면, 그 자신도 선과 악에 대한 구별 의식이 없어지고 정의에 대한 용기와 의욕이 일지 않게 된다.
	요지	사회 현상을 부정적으로 인식한다면 정의에 대한 용기와 의욕을 상실하게 된다.
③단락	소주제문	나쁜 일을 매일같이 접하게 되면 의욕이 저하되어 젊은이들의 교육에 큰 결함이 생긴다.
	요지	사회 현상에 대한 부정적 인식이 습관적으로 반복되면 정의에 대한 의욕이 약해지며, 이기적으로 되어 이상에 대한 동경도 갖지 못하는 등, 청소년 교육에 결정적 영향을 준다.
④단락	소주제문	젊은이가 숭고하고 아름답고 귀한 것을 모르게 되면 참으로 비참한 일이다.
	요지	고상하고 귀한 것을 모르는 사람은 슬플 수밖에 없으며, 젊은이가 이렇게 되면 참으로 비참한 일이다.
⑤단락	소주제문	남의 좋은 점을 알지 못하는 것은 모르는 그 사람에게 큰 불행이다.
	요지	감정적인 평가로 인하여 부정적 인식만 늘어나고, 남의 좋은 점은 모르게 된다면, 그 당사자는 불행할 수밖에 없다.
⑥단락	소주제문	우리는 지금 남의 좋은 점을 발견해 내는 습관을 길러야겠다.
	요지	우리는 이제 남의 결점보다는 남의 장점을 발견하는 습관을 길러야 한다. 이것은 참된 가치를 아는 사람만이 가능하다.
⑦단락	소주제문	일의 시작은 사람이나 사물의 좋은 면을 찾아내려고 노력하는 데 있어야 한다.
	요지	사람이나 사물을 긍정적으로 보려는 노력으로 일을 시작하되, 희망적인 판단을 할 만한 여유와 식견과 통찰력을 가져야 한다.
⑧단락	소주제문	한 사람 한 사건을 전체의 균형에서 보고 장래와 가치를 비교하는 시야에서 관찰하는 태도가 생겨야 한다.
	요지	한 사람 한 사건의 조화로운 성장이 이루어질 것이다.

[과제 2] 요약문

　사람들은 신문에 나쁜 일만 연일 보도되고 있는 것은 실사회에 나쁜 일만 있기 때문이라고 단정한다. 신문이 사회를 그대로 반영한다고 믿는 그릇된 사고에서 비롯된 것이다.

　모든 사람들이 사회에는 나쁜 일만 있다고 부정적으로 생각한다면, 선과 악의 구분이 모호해지고 정의를 향한 용기와 의욕 또한 상실될 수 있다. 이것은 자라나는 청소년의 교육에도 좋지 못한 영향을 미친다. 청소년들이 날마다 나쁜 면만을 접한다면, 그들은 목적 달성을 위해서 수단 방법을 가리지 않게 될 것이고, 가치 있는 것이 어떤 것인지도 알 수 없게 된다. 마침내 그들은 숭고하고 아름답고 귀한 것이 어떤 것인지도 모르는 비참한 지경까지 이르게 될 것은 불을 보듯 뻔한 일이다. 또 나서부터 보고 듣는 것으로 악영향을 끼친다면 그들은 성장해서도 선과 악이 어떤 것인지 분별하지 못하게 될 것이다. 남의 장점을 알지 못한다는 것은 큰 불행일 수밖에 없다.

　우리는 남의 열 가지 단점보다 한 가지 장점을 찾아내려고 노력해야 한다. 사람이나 사물의 좋은 면을 찾으려는 노력에서 올바른 판단을 할 만한 여유와 통찰력을 가질 수 있다. 사람이나 사물을 대하는 조급함과 유치함에서 벗어나 전체의 균형에서 보고 장래의 가치를 비교하는 관찰의 태도로 장점을 발견한다면 개인과 사회 전체의 조화 있는 성장이 이루어질 것이다.

01 논술고사 답안에 대한 문제

지금까지 논술고사 채점을 해온 많은 이들이 이구동성으로 지적하는 문제점들은 학생들이 대체로 상투적인 답안을 작성한다는 것이다. 마치 미리 준비해 온 답안을 서로 옮겨 적기라도 한 것 같은 천편일률적인 답안이 너무 많다고 한다. 이렇게 된 이유는 수험생들이 논술에서 필요한 기본 정신을 배우기보다는 급조된 논술의 기술만을 익힌 데 있다.

(1) 논술 형식에 관한 것

서론, 본론, 결론이라는 형식에 지나치게 매달려서 서론에서는 제시문의 내용을 길게 반복하고 결론에서는 본론에서 이야기한 내용을 다시 한 번 요약하는 글들은, 이러한 잘못된 기술 습득의 결과이다. 서론과 본론과 결론을 엄격하게 구분하기 시작하면 논의의 반복이 심하고 전혀 자신의 생각을 발전적으로 펼치지 못한다. 서론과 결론은 전체의 분량에 비해서 비교적 짧게 서술하는 것이 좋다.

결론에서는 자신의 견해를 짧게 핵심만을 요약, 서술하고 본론에서 자신의 논지를 깊이 있게 펼치는 연습이 필요하다. 결론을 쓸 때, 서론이나 본론에서 제기되지 않은 문제를 새롭게 제시하는 경우나 서론과 본론을 단순히 요약하는 것으로 끝맺음을 하는 것은 바르지 못하다.

(2) 논증력에 관한 것

또한 대부분의 학생이 주어진 논제에 대해 치밀하게 분석하여 분명한 자신의 견해를 서술하기보다는 몇 가지 유사한 예들을 늘어놓거나, 상반된 두 입장을 단순히 절충하면서 논의를 펼친다.

자신의 주장을 서술할 때 그 논거가 박약할 수가 있는데, 하나의 사례를 가지고 전체로 확대 해석하는 경우나 확실하지 않은 사실을 그 근거로 설정하는 경우가 그러하다.

적어도 논리학에서 들고 있는 오류론을 한 번쯤 읽어 보아서 논리적인 오류를 피하는 것이 좋다.

따라서 논술 답안을 작성할 때 무엇보다도 유의해야 할 점은, 일반적이거나 관습적인 견해가 아니라 깊은 성찰과 분석을 통해 도출해 낸 자신의 견해를 객관적으로 서술해야 좋은 논술이 될 수 있다는 사실이다.

(3) 표현력에 관한 것

학생들이 개성 있는 문장을 써 주기를 원한다. 흔히 논술 지도에서 문장을 길게 쓰지 말라, 복합 문장을 쓰지 말라는 등의 지도를 하지만 문장은 자신의 개성을 드러내는 것이다. 다만 문장이 되지 않는 글이나, 번역 문장을 인용하듯이 어색한 문장을 쓰는 것은 좋지 않다. 다른 사람의 문장을 흉내내다 보면 상투적인 표현을 그대로 옮기기 쉽기 때문이다.

(4) 창의력에 관한 것

창의력은 종합적인 능력이다. 논술문 전체에 나타나는 창의성이다. 통찰과 판단의 창의성, 표현의 창의성, 결론에서 제시하는 대안이나 관점의 창의성을 말한다. 진부해진 시사적인 관심사에 자신의 논지를 억지로 끌어 맞추는 방식으로 답안을 작성한다거나 다른 사람들의 견해를 그대로 원용하다 보니 그 귀결이 자신의 주장과 맞지 않아서 적당한 선에서 결론을 내리는 것도 모두 창의성의 결여에서 나온 현상이다. 이러다 보니 비슷비슷한 답안들만 쌓이게 되는 것이다.

내 주변의 문제나, 세상의 모든 사물과 사태에 대해서 탄탄한 지식을 가지고 있어야 한다. 이 지식 위에 체계적인 논리로 자신의 신선한 눈으로 문제를 분석하고 평가하는 능력은 비단 논술에서뿐만 아니라, 대학에서 학문을 하는 데도 꼭 필요한 능력이다.

02 논술고사를 어떻게 준비해야 하나

고전 텍스트를 바탕으로 한 논술고사를 준비하는 가장 좋은 방법은 동서고금의 고전을 많이 읽어서 풍부한 지식을 쌓고 자신의 삶의 세계와 문제를 보는 눈을 깊게 가지는 것이다.

또 글 읽기만큼이나 글쓰기가 짝을 이루어야 한다. 그 수준에 이르기까지 오랜 준비 기간이 필요하다. 그러나 앞으로 얼마 남지 않은 논술고사까지 할 수 있는 일이 무엇인지를 알아보는 것이 중요하다.

고전을 바탕으로 한 논술이라 해서 지금 당장 모든 고전을 읽을 수는 없다. 그리고 고전 해설서를 읽어서 고전 논술을 준비하겠다는 것도 잘못이다. 마치 암기 시험을 공부하듯 많은 고전 작품의 주제와 줄거리를 단순히 외워서는 결코 좋은 논술 답안을 쓸 수 없기 때문이다.

이제부터 단 한 권의 책을 읽더라도 고전 텍스트의 의미를 깊이 생각해 보는 연습이 무엇보다 필요하다. 논술고사를 통해 측정하려는 능력은 고전을 얼마나 많이 알고 있는 가가 아니라, 제시문으로 주어진 고전 텍스트의 핵심을 정확하게 파악하고 그것의 의미를 창의적으로 분석하여 그것을 잘 개괄하여 요약한 다음, 언젠가 자신이 읽었던 책과 자신이 생각해 보았던 문제들을 연결시켜 자신의 견해를 사고의 체계에 맞추어, 논리정연하게 서술하는 훈련이 필요하다.

다시 한 번 강조하자면, 논술고사를 통해서 평가하려는 능력은 글 읽기 능력에 해당하는 독해력, 통찰력 등과 글쓰기 능력에 해당하는 표현력, 논증력, 창의력 등이다. 앞으로 남은 기간 동안 논술고사를 준비할 때 바로 이 점에 유의하여 우선 텍스트를 깊고 철저하게 읽는 연습을 많이 하자.

텍스트의 내용을 파악하는 것을 넘어서서 그것을 다양한 각도에서 분석·평가해 보고, 더 나아가서 그것의 현재적 의미와 자신에게 주는 의미를 추적해 보는 연습도 중요하다. 또한 고전을 우리의 문제 의식에 맞추어 읽으면 오늘의 문제를 바라보는 새로운 시각을 얻을 수 있기 때문이다.

이렇게 얻어진 분석 결과나 자신의 생각을 논리적으로 표현하는 연습도 필요하다. 논리적 글쓰기에는 글쓴이의 생각이나 주장을 짜임새 있고 설득력 있게 구성하여 개진하는 능력, 즉 논증력이 바탕에 놓여 있어야 한다.

특히 답안의 분량이 늘어났기 때문에 논리가 정치(精緻)한가 아니면 상투적 말들을 중언부언하고 있는지 체계와 구성 능력이 분명히 드러날 것이다. 논증력은 적절한 어휘 선택과 앞뒤의 연결이 일관된 문장 구성 그리고 객관적 서술 능력인 표현력이 함께 어우러질 때 더욱 빛을 발할 수 있다.

03　고전 논술의 의의

대학에서 학문을 연구하는 데 필요한 능력은 무엇보다도 사물과 사태의 문제를 여러 각도에서 진지하게 관찰하고 통찰하여 그 특징을 찾아내며, 거기서 일반적 원리와 법칙을 유추해 내는 통찰력, 판단력, 창의력 등이다.

이러한 능력은 하루아침에 길러지지 않고, 어렸을 때부터 꾸준히 연습해야만 비로소 획득할 수 있다. 대학교에서 논술고사를 실시하는 이유도 바로 여기에 있다. 논술의 궁극적 목표가 당면한 문제를 깊고 넓게 바라보고, 그 문제에 대한 자신의 성찰 결과를 사고의 순서에 따라서 논리적 방식으로 표현해 내는 능력을 키워 주려는 것이므로 중·고등학교에서부터 논술고사를 준비하면서 자연스럽게 스스로 문제를 찾아 서로 다양한 의견을 제시하고 토론하는 습관을 길러야 한다.

중·고등학교 시기에는 학생들이 접하는 세계가 제한되어 있다. 교과서 학습과 일반 시험의 한계에서 벗어나야만 삶의 폭이 넓어진다. 비록 직접적인 경험 세계는 아니더라도 더 넓은 세계로의 사유(思惟)를 확장시켜 주는 것은 독서를 통하는 길이 있다. 고전을 읽는 것은 바로 이런 세계 경험의 확장과 직접 관련된다. 글 읽기가 논술고사를 위해서라기보다는 자신의 삶을 더욱 깊이 있게 하기 위한 것이라는 것을 알고 책을 많이 읽어야 한다.

고전 텍스트를 중심으로 논술고사를 출제하겠다는 의도의 중심에는 학생들로 하여금 책읽기를 습관들여야겠다는 판단에 의해서 실시된 것이다. 이것은 대학에 들어와서도 전공 공부를 위해서 반드시 요청되는 능력이다.

-고전 논술에 대하여, 연세대학교 박순영 교수

1998학년도 입시부터 대학들은 고전(古典) 텍스트의 제시문에서 논술 문제를 출제하기 시작하였다. 이러한 기본 방향은 해마다 논술고사에서 그대로 유지될 것이다. 고전을 중심으로 한 논술이라 하여 지금까지 일관된 논술고사의 흐름과 완전히 다른 것은 아니다. 논술의 목적이나 논술을 통해 측정하려는 능력은 변함이 없고, 다만 고전 텍스트에서 제시문을 택한다는 점에서 차이가 있다.

이때 고전(古典)이라 함은 중·고등학교 교과 내용과 관련되거나 청소년이면 반드시 읽어야 할 '한국 및 동서고금의 중요한 텍스트', 즉 우리 나라와 동·서양의 과거와 현재의 중요한 정신적 유산을 일컫는다.

고전을 바탕으로 논술 문제를 내는 이유는 이미 앞에서 밝힌 바 있듯이, 중·고등학생들이 평소에 고전을 많이 접하도록 권장하기 위해서이다. 고전 문헌 속에는 선인(先人)이나 동 시대인들의 지혜와 경험이 용해되어 있으므로 그것을 읽으면 우리의 시야가 넓어지고 사고의 폭이 깊어지며 풍부한 정신을 함양할 수 있다.

고전을 제시문으로 활용한다 해서 고전 작품을 모조리 읽어야 하는 것은 아니다. 출제된 고전 텍스트의 제시문에 대한 사전 지식이 없더라도 주어진 글의 내용을 충분히 이해하고 분석하면 거기에 대한 자신의 생각을 답할 수 있는, 고등학교에서 충실히 학습한 학생이라면 누구나 이해할 수 있는 문제가 출제될 것이므로 텍스트를 꼼꼼히 읽고 생각하는 능력이 가장 중요하다.

제3편

논술 실전

01 구상 (시작이 반이다)

구상 단계는 '출제 의도 파악 → 주제문 작성 → 개요 작성'으로 이루어진다. 출제자가 무엇을 묻고 있는지 모른다면 옳은 답을 쓸 수 없다는 것은 누구나 잘 알고 있다. 그러나 대부분의 논술 채점자들이 이구동성으로 문제의 의도를 잘 파악하지 못한 답안이 많았다고 밝히고 있다. 이것은 문제를 제대로 살피지 않은 학생이 많음을 뜻한다. 물음과 제시문을 차분히 살펴보는 자세가 필요하다. 특히 자료 제시형 문제의 경우 제시문에 대한 상세한 분석은 필수적이다.

문제의 의도를 파악한 다음에는 그에 대한 글쓴이의 생각을 정리해서 하나의 문장으로 나타내는 것이 좋다. 그래야만 글쓴이의 생각 방향이 분명하게 정리되며, 이것을 확장한 것이 개요가 된다.

개요는 글의 설계도이다. 개요를 보고 바로 글을 써 내려가야 하므로 개요는 상세할수록 좋다. 1000자 내외의 글은 3단 구성, 1600자의 경우 5단 구성도 무난하다. 이때 각각의 단계에 따라 그 비중에 어울리는 글자 수를 정해야 한다.

수	500자		600자		800자		1000자		1200자		1600자	
	글자	문장	글자	문장	글자	문장	글자	문장	글자	문장	글자	문장
서론	100	2~3	120	2~3	190	3~4	180	3~4	220	3~5	300	4~6
본론 1	150	3~4	180	3~4	210	3~5	210	3~5	250	4~5	330	5~7
본론 2	150	3~4	180	3~4	210	3~5	210	3~5	250	4~5	330	5~7
본론 3	·	·	·	·	·	·	220	3~5	260	4~5	340	5~7
결론	100	2~3	120	2~3	190	3~4	180	3~4	220	3~5	300	4~6
비율(서론 : 본론:결론)	1 : 3 : 1		1 : 3 : 1		약 1 : 2.5 : 1		약 1 : 3.5 : 1		약 1 : 3.5 : 1		약 1 : 3.3 : 1	

만약 본론 2까지 썼을 때 글자 수가 계획보다 많아졌다면 본론 3과 결론에서 조정하면
된다.

02 대학별 논술문을 작성할 때 주의할 점

대학명	출제 의도 파악
서울대	논술고사에서 어떤 논제가 제시되고 있는지 논점이 무엇인지를 제대로 파악하지 못한다면, 적절한 답안을 작성하지 못할 것은 당연한 일이다. 주어진 논제를 차분하게 읽어 보고 지시 사항에 따라 답안을 작성해야 한다.
연세대	제시문의 분량이 많아졌다 해서 제시문의 내용이 작성해야 할 논술문의 내용을 요약하거나 지시해 주는 것은 아니다. 따라서 제시문은 논술문의 내용을 규정해 주는 문제 제기로 읽어야 한다.
중앙대	답안을 채점하고 난 뒤 전체적인 문제점으로 지적하고 싶은 첫 번째 것은 문제의 의도를 정확히 파악하지 못한 답안이 많다는 점이다.
이화여대	가장 중요한 것은 논술 문제의 의도를 정확히 파악하는 일이다.
서강대	출제 의도를 정확히 알면 절반은 성공이다. 그러기 위해서는 문제를 꼼꼼히 읽는 것은 기본이다.
한양대	논술 답안을 작성할 때 가장 먼저 해야 할 것은 출제자의 의도가 무엇인지를 생각하는 것이다. 실제 학생들이 작성한 논술 답안들을 살펴보면, 문제의 핵심을 파악하지 못한 채 주변만 맴돌거나 엉뚱한 내용을 기술하는 일이 많다. 이러한 글은 아무리 많은 양을 써도 결코 좋은 점수를 받을 수가 없다.
경북대	객관적 처지에서 주제나 소재를 바라보고 관계되는 개념과 명제를 정확하게 분석하고 나아가서는 이를 잘 확장하면 우수한 논술문을 쓸 태세가 갖추어졌다고 할 것이다.
부산대	물음의 초점이 무엇인지를 정확하게 파악해야 한다. 무엇을 묻는가를 정확히 파악하지 못하면 무엇을 쓸 것인가에 관하여 정확한 방향을 설정하기 어렵다. 그 결과 주장의 일관성도 잃게 되고 논거의 타당성도 가지지 못하게 된다.
전남대	문제 파악에 실패하는 것은 마치 첫단추를 잘못 끼우는 것과 같아서 치명적인 결과를 초래한다.

대학명	계열, 대학, 기타 모집 단위	유형	출제 방식, 수준 및 경향	반영비율 (%)
가톨릭대	수시 1 – 교과 우수자	통합 교과형	• 논술고사는 고등학교 교과 과정을 충실히 이수한 자가 답할 수 있는 수준의 지문 제시형 문제가 출제됨. • 논술고사 답안의 분량은 900~1000자이며, 답안은 반드시 검정색 필기구로 작성해야 함. • 논술고사 성적 평가 방법 : 7등급으로 평가하며 기본 점수는 262.2점이고 실질 반영 점수는 37.8점(3.78%). 단, 최소의 요건을 충족시키지 못할 경우에는 '0'점 처리하며, 결시의 경우에는 불합격 처리됨.	30
건국대 (서울)	수시1 – 인문계 (학교장 추천 특별전형) 수시2 – 인문계 (담임교사 추천, 국가(독립)유공자(손)자녀, 사회적 배려 대상자, 특정 교과 우수자, 뉴프런티어 전형)	통합 교과형	• 지문을 주고 지문에 대하여 논리적, 비판적, 창의적 사고 능력을 평가함. 120분. 1200자	수시1, 2 : 30
	정시(다) – 인문사회			정시 : 3
건양대	수시 1, 2 – 의학과	통합 교과형	• 고등학교 교육 과정 중 자연과학 분야를 중심으로 학습 능력, 창의력, 사고력을 종합적 평가. 90분, 900자 이상 1000자 이내 • 평가 영역 및 배점 : 자연과학 분야 학습 능력 160점(80%)＋논리 전개 및 서술의 일관성 20점 (10%)＋주제에 맞는 구성과 단락짓기 20점 (10%)＝계 200점	1단계 : 50
경원대	수시 2 – 한의예	일반 논술형	고등학교 교육 과정을 정상적으로 이수한 학생의 논리적, 비판적, 창의적 사고 능력 평가	50

경희대 (서울)	수시 1−영예 학생, 교과 우 수자 I, 사회 공헌 배려 대 상자 수시 2−교과 우수자 II, 조 기졸업 예정자	통합 교과형	1. 인·적성검사 　가. 출제 계열 구분 : 계열별로 구분하지 않음. 　나. 시험시간 : 70분(150문항) 　다. 출제 경향 : 수험생이 갖추고 있는 기본 인 　　성과 분석 논리력 변별 평가 　　• 인성−긍정적 교육관, 가치관, 사회관 　　• 사고 분석−도형과 기호 등을 사용하는 　　　공간 문제 포함 　　• 논리 추론−언어 및 논리적 추론 2. 학업 적성 논술고사 　가. 출제 계열 구분 : 계열(인문/자연)별로 구 　　분하여 출제 　나. 원고 분량 및 시간 : 1200자 이내, 90분 　다. 출제 경향 　　• 학습 능력을 측정할 수 있는 통합 교과형 　　　문제로 출제함. 　　• 주어진 지문을 토대로 논술자 스스로가 　　　찾아낸 문제 의식과 주제를 중심으로 논 　　　지를 전개할 수 있는 방향으로 출제함.	수시 1,2: 인·적성 검사−40 학업적성 논술−20
	정시(가)− 인문 계열	통합 교과형	• 대학 수학에 필요한 기초 능력 검정을 목적으 로 주어진 주제에 대한 문제의 파악 능력, 창 의력, 논지 전개 및 논리적 표현을 평가하는 문제를 출제함. 90분, 1100~1200자 이내	정시 : 3
고려대 (서울)	수시 1,2− 전 모집 단위 (예체능 제외)	통합 교과형	• 언어 논술−지문 3~5개. 각 지문을 110~140자 로 요약하고 지문간의 연관 관계, 공통 주제, 자신의 의견을 인문계는 750~850자, 자연계는 130~160자로 논술함(시간 120분). • 수리 논술−총 문항수 4~7개(서술형 1~2, 풀이 형 3~5). 범위 : 인문은 국민공통수학(10가, 10 나), 수학 I에서 출제하고 자연은 국민공통수학 (10가, 10나), 수학 I, 수학 II, 미적분에서 출제 (시간 120분)	70 인문계− 언어논술 45%＋수리 논술 25%, 자연계− 언어논술 25%＋수리 논술 45%
	정시(가)− 인문	통합 교과형	• 고등학교 교육 과정의 범위와 수준에 맞추어 타당하고 신뢰도가 높은 문제를 추출하며, 대 학수학능력시험과는 가능한 보완적인 관계가 되도록 하며, 고등학교 교육의 정상화를 유도 할 수 있도록 출제. 120분, 1600자 내외	10
단국대 (천안)	수시 2−의예	일반 논술형	• 대학 지정 논제에 의한 서술	2단계 : 40
상지대	수시 1, 2−1	일반	• 문제는 고등학교 수준의 자연과학 관련 배경	2단계 : 15

	−한의예과	서술형	지식과 시사적인 논점들에 대한 이해력을 판단할 수 있는 수준으로 출제됨. • 문제는 2개 이상의 제시문이 주어짐. • 논술은 제시문을 분석적 이해력과 비판적인 사고력을 동원하여 이해한 후 자신의 견해를 창의적이고 논리적으로 서술하는 능력을 평가함. • 논술은 원고지에 1200자 내외로 작성하면 되고 시험시간은 120분	
서강대	수시 1,2−학교장 추천 전형 수시2−학업 우수자 전형	통합 교과형	• 인문·사회 계열, 경제·경영 계열, 자연 계열로 나누어 각각 3문항이 주어짐. • 고사시간 : 90분. 각 문항별 답안 분량은 400~500자	수시 1, 2 학교장 추천 : 1단계 40 수시 2 학업 우수자 : 50
	정시(나)− 인문 사회		• 답안 분량 : 1600자 내외. 작성시간 : 120분 • 보편적인 주제를 대상으로 출제. 동서양 고전에서 발췌한 제시문을 바탕으로 주어진 주제를 오늘날의 시각에서 논술토록 함.	정시 2유형(모집 정원의 80%) : 10
서울대	수시 2−특기자 전형 인문 (사범계 인문 포함)	통합 교과형	• 대학 교육을 이수하기 위해 기본적으로 요구되는 이해력, 분석력, 논증력, 창의력, 표현력 등을 평가. 중등 교육 과정과 관련된 다양한 소재(우리 나라 및 동서고금의 고전 포함)의 제시문을 바탕으로 출제	2단계 : 30
	정시(나)−인문 사회계, 음악대학 작곡과(이론 전공)		• 자료 제시형(복수 지문)으로 제시문에 한자가 혼용될 수 있음. 제시문을 바탕으로 주어진 논제에 대해 기술. 분량이 지나치게 부족한 경우는 과락 처리될 수 있음. 180분, 2500자(±300자)	2단계 : 10 작곡과 : 5
선문대	수시 2− 순결학과, 통일신학부, 언론광고학부 정시(나)−통일신학부	일반 논술형	• 순결학과 : '순결 및 청소년 문제'와 관련된 지문과 1000자 내외의 자신의 의견 서술 • 언론광고학부 : 영상 프로그램 또는 광고물 시청 후 1000자 이내의 감상문 작성 • 통일신학부 : 원리 강론(전·후편)의 전체적인 분석과 이해에 주안점을 두어 평가함.	순결 : 10, 통일신학·언론광고 : 30 정시 : 10
성균관대	수시 2−II 일반전형/특별전형의 전 모집단위	통합 교과형	• 통합 교과형 논술고사(국어, 영어, 사회/과학) : 기초 수학 능력, 논리력, 표현력, 창의력 측정 • 인문계 수시의 경우는 철학, 혹은 사상, 문학, 예술, 정치, 사회, 문화, 경제 현상, 현행 사회적 이슈 등 다양한 분야에서 출제됨.	수시2−II : 50
	정시(가)− 인문(야간 제외)		• 자연계 수시의 경우는 수업시간에 배운 수학·물리·화학·생물·지구과학·컴퓨터 과목 내	정시 : 3

			용만 이해하고 있으면, 쉽게 독해가 가능한 과학·기술 전반에 걸친 제시문이 출제됨. • 고사시간 : 150분, 분량 : B4 용지 양면 분량, 글자 수 제한 없음.	
숙명여대	수시 1−일반 학생 및 학교장 추천자 전형의 전 모집 단위 수시 2−일반 I	통합 교과형	• 계열 공통 3문항[정서법 : 맞춤법, 띄어쓰기, 원고지 사용법, 한자 읽기 등을 포함하는 1문항/ 지문의 이해와 요약 능력 등을 평가하는 300~400자형 1문항/공통 논술 : 인문계·자연계 공통으로 비판적 사고 능력 등을 평가하는 600자형 1문항], 계열별 문항 1문항[관련된 지식의 이해와 응용 능력을 평가하며, 인문계·자연계별로 각각 출제하는 400자형 1문항] 시간 : 120분 • 각 문항에 제시된 평가 척도를 기준으로 창의적 내용, 긍정적 사고, 논리적 전개, 요구사항 반영(분량, 정서법 등) 등을 평가	수시 1−2 단계 : 30 수시 2−2 단계 : 60
	정시(가) − 인문, 자연 전 모집 단위	통합 교과형	• 고교 교육 과정을 정상적으로 이수한 학생이면 누구나 이해할 수 있는 수준. 고사시간 : 120분, 분량 : 1,500자(±100자)	3
연세대 (서울)	정시(가) − 인문, 사회 계열	일반 논술형	• 고전에서 발췌한 제시문을 바탕으로 150분 내에 1800자 내외로 작성함. 여기서 고전이라 함은 중등교육 과정의 교과 내용과 관련이 되는 한국 및 동서고금의 중요한 텍스트를 의미함.	선발 인원의 50%는 논술 미반영 총점 순. 나머지 50%는 논술 35점 반영한 총점 순
이화여대	수시 1−일반 우수자 전형 수시 2−I 성적 우수자 전형	통합 교과형	• 시험시간 : 언어 논술(인문/자연 공통) 90분, 수리 논술(인문/자연 계열별) 90분 ※ 간호과학과와 생활환경학부는 지원자가 인문 또는 자연 계열을 선택하여 응시할 수 있다.	50 인문계− 언어 논술 70%＋수리 논술 30%, 자연계− 언어 논술 30%＋수리 논술 70%
	정시(가) − 인문		• 고교 교육 과정을 정상적으로 이수하고 일정한 기본 상식을 갖춘 학생이라면 누구나 이해하고 답할 수 있는 수준으로 출제. 150분, 1500자	2단계 : 4 사범대 2단계 : 3

중앙대 (서울, 안성)	수시 1, 2- 전 모집 단위	학업 적성 논술 고사	• 자료 제시형+통합 교과적 문제 해결형. 계열 별 출제. 고등학교 교육 과정의 내용과 수준에 맞추어 출제하며, 전문 학문 분야에 적합한 사 고력과 논리적 이해력 측정. 시간 120분	2단계 : 70
	정시(나)-서울 인문 계열 (예술대학 문예 창작학과 제외)	통합 교과형	• 인문 사회과학의 주제 일반 논술, 시간 120분, 1600자	정시 : 3
한국외대 (서울)	수시 1, 2- 외대 프런티어 I, II	일반 논술형	• 현행 교육 과정을 정상적으로 이수하고, 일정 한 상식을 갖춘 학생이 자신의 주장을 합리적 으로 서술하는 고교 졸업 수준의 학생이 이해 하고 답할 수 있는 수준을 고려하여 출제 • 문장 구성력, 논리력, 창의적 사고력, 합리적 설득력을 측정하는 문제. 120분, 1200자	수시 1, 2 : 1단계 100 (※ 2단계 에서 1단 계 성적 50% 반영)
	정시(나)- 전 모집 단위			정시 : 3
한양대 (서울, *안산)	수시 1, 2- 인문 계열 (*안산 캠퍼스 도 동일)	통합 교과형	• 이해력, 사고력 등 종합적인 문제 해결 능력을 평가하기 위해 고교 교과 과정을 정상적으로 이수한 학생이 풀 수 있는 수준의 문제 출제 • 평가 영역 : 전공 수학 능력 평가. 국문 논술 1200~1400자, 시간 120분	수시1 및 수시2-I 2단계 : 40 수시2-II 2단계 : 50
	정시(가)-인문 과학대(연극연 기 제외), 사회 과학대, 법과대, 경제 금융 대, 경영대, 사범대 (컴퓨터 교육, 응용 미술교육 제외), 자연 계열(공과대학, 건축대학)	통합 논술형	• 통합 교과형으로 전 교과 과정과 관련된 내용 에 대해 분석 요약하고 완성하거나 논쟁적인 사안에 대한 자신의 견해를 펼치는 방식으로 출제 • 고사시간 : 150분, 답안 분량 : 1700자 이내	인문, 2단계 : 5 자연(공과 대학, 건축대학) 2단계 : 5 연극영화 (일반) : 5
서울교대	정시(나)-전 모집 단위	통합 교과형	• 자료 제시형. 창의적, 논리적, 비판적 사고 능 력과 폭 넓은 독서를 요구하는 문제 • 시간 및 분량 : 120분, 1400자 내외	5
경인교대	정시(나)- 전 모집 단위	일반 논술형	• 교사로서의 기본 자질을 평가. 1문항, 900~ 1200자, 60~90분	10
춘천교대	정시(나)- 전 모집 단위	일반 논술형	• 교사로서의 기본 자질을 논술 방법으로 평가. 1문항 90분, 1000자 내외	2단계 : 10

04   논술문 작성

어떻게 생긴 사람이 잘생긴 사람인지 한마디로 나타내기 어렵듯이 좋은 논술문의 요건을 한마디로 나타내기는 매우 어렵다. 여기서는 꼭 알아야 할 몇 가지 사항을 살펴보는 것으로 좋은 논술문 작성의 지름길로 삼자.

(1) 솔직하게 쓰자

좋은 글의 첫째 요건은 솔직함이다. 잘 모르는 것을 아는 것처럼 쓰면 금방 탄로난다. 자신이 아는 범위 내에서 최선을 다한다는 마음가짐이 필요하다.

(2) 논술의 핵심은 논리력과 독창성이다

매끄러운 문장도 좋지만 생각이 논리적이지 못하다면 아무 소용이 없다. 화려한 문장을 쓰려 하지 말고 치밀한 논리를 드러내는 것이 더 중요하다. 독창적인 사고의 가치는 너무 많이 강조되어 왔다. 그러나 무리하게 독창성을 획득하기 위해 말도 안 되는 주장을 하지 않도록 유의해야 한다.

(3) 유의 사항을 지키자

대부분의 논술 문제의 끝에는 '제목과 이름은 쓰지 말 것', '반드시 흑색 혹은 청색 펜을 사용할 것', '논술문의 형식을 갖추되, 본론은 반드시 두 문화의 장단점을 비교하는 내용으로 쓸 것' 등 다양한 유의 사항이 첨부되어 있는데, 이러한 유의 사항은 반드시 지켜야 한다. 학교에 따라서는 유의 사항을 지키지 않은 답안을 0점 처리하는 경우도 있다.

(4) 제시문을 옮겨 쓰지 말자

자료 제시형의 경우 제시문을 옮겨 쓰는 학생이 의외로 많다. 유의 사항에 '위의 자료로 제시된 문장을 그대로 옮겨 쓰지 말 것', '본문의 내용을 한 문장 이상 그대로 옮겨 쓰지 말 것' 등을 제시하는 경우도 있을 정도이다. 제시문을 그대로 옮겨 쓰면 옮겨 쓴 만큼 감점당한다.

(5) 간결체가 유리하다

문장이 길수록 호응 관계 등이 잘못될 가능성이 크다. 반면에 문장이 짧으면 생각을 분명하게 드러내기 쉽고 틀릴 확률도 적다.

(6) 글씨가 깔끔하면 유리하다

글씨 잘 쓰기를 강조하는 대학은 없다. 그러나 단정한 글씨가 채점자에게 더 호감을 주는 것은 확실하다. 적어도 성의없어 보이는 글씨, 해독이 어려운 글씨는 곤란하다.

05 답안 분량은 반드시 지켜야 한다

　논술문의 내용만 좋으면 분량은 별로 문제되지 않는 것으로 생각하는 학생이 많이 있다. 그러나 답안 분량은 반드시 지켜야 한다.

　고려대의 경우 실험 평가 채점에서 분량 하한선인 1400자에서 한 글자만 모자라면 무려 15점을 감점했다. 100점 만점 중 15점이라는 점수는 내용상의 뛰어남만으로는 거의 극복 불가능한 점수이다.

　대학마다 답안 분량을 제시하는 방법이나 제한 기준이 다르다는 점도 유의해야 한다.

　보통 '1000자 내외'로 표기한 경우 ±10%까지 감점이 되지 않으며, 그 자수를 넘으면 감점이 된다. '+200자, −100자'(중앙대) 등으로 표기하는 경우도 있다.

　답안 분량을 지키지 못하는 첫 번째 이유는 시간 배분을 잘못했기 때문이며, 또 하나는 구상 단계, 특히 개요 작성 단계에서 글자 수를 염두에 두지 않기 때문이다.

대학명	원 고 분 량
서울대 (1600자)	채점 기준에서 우선 문제 삼는 것은 미완성 답안이다. 900자 미만의 글은 모두 답안을 완성하지 못한 것으로 인정하여 0점 처리하였다.
고려대 (1600자)	분량과 관련해 다음과 같이 감점이 된다. 1399자~1200자의 경우 : 15점 감점 1199자~1000자의 경우 : 30점 감점 999자~800자의 경우 : 45점 감점 799자~600자의 경우 : 60점 감점 599자 이하의 경우 : 75점 감점
동국대 (1000자)	500자 미만의 답안은 채점 대상에서 제외하고 각 항목 0점 처리함.
경북대 (1500자)	일정 분량을 채우지 못한 글은 채점 대상에서 제외한다.
성균관대 (1000자)	글의 길이가 100자 이상 부족하거나 넘치면 감점됨.
이화여대 (1500자)	하한선을 1200자에서 1400자로 올렸지만 이에 부담을 느끼는 학생의 비율은 예비 모의시험 때보다 훨씬 줄었다.
부산대 (1300자)	답안지 분량이 일정량 이하일 경우 채점 제외함.
전남대 (1200자)	100분에 1200자 논술을 요구한 것은 다른 대학의 경우들과 비교해서 과중한 것이 아닌데도 분량을 채우지 못한 답안이 적지 않았다. 요구된 분량을 소화하지 못한 학생이 뛰어난 내용을 담아낸 경우란 예상할 수 있듯이 찾아볼 수 없었다.

인하대 (1000자)	논술에서 가장 중요한 것은 원고 분량을 지키는 일이다.
한양대 (800자)	원고 분량이 부족하거나 넘치는 정도에 따라 감점을 당하게 될 것이다.

06 시간 배분을 잘 해야 한다

교과서에는 글쓰기의 과정을 '주제의 설정과 주제문의 작성 → 재료의 수집과 선택 → 구성 및 개요의 작성 → 집필 및 퇴고'로 제시하고 있다.

이 과정을 논술문 작성에 적용하면, '구상 → 집필 → 퇴고'로 나타낼 수 있다. '집필' 부분에 대부분의 시간을 할애하는 것은 당연하지만 구상과 퇴고에도 일정한 시간을 배분해야 한다.

개인차가 있겠지만 구상에 전체 시간의 15%, 집필에 75%, 퇴고에 10% 정도를 할애하면 적절할 것이다.

07 대학별 논술문의 평가 기준 및 채점 소감

대학명	논술문의 평가 기준 및 채점 소감
서울대	논술고사에서는 수험생의 논술문이 어떠한 논리적인 구상에 바탕을 두고 있는가를 중요시하였다. 아무리 매끄럽게 쓴 글이라도 논리적인 사고력을 드러내지 못한다면, 논술로서의 의미를 인정받기 어렵다.
고려대	작성 요령에 의거하여 논술문을 썼을 경우 Ⅰ, Ⅱ 항목은 8점, Ⅲ, Ⅳ 항목은 12점을 기본 점수로 준다. 이때 기본 점수의 요건은 '제시문 속의 문장을 그대로 옮겨 쓰지 않은 것', '분량이 지나치게 부족하지 않은 것', '논제와 전혀 무관한 내용을 쓰지 않은 것'이다.
서강대	문제의 주어진 조건과 유의 사항을 절대적으로 존중해야 한다. 여기서 벗어나면 좋은 점수를 기대할 수 없다. 단락을 나누자! 서론 1단락, 본론 2~4단락, 결론 1단락으로 나누는 것이 좋다. 창의성과 풍부한 사고력이 돋보이게 작성하자! 논거들이 풍부하고 참신하면 좋은 점수를 받는다. 진부한 글이나 미사여구로 치장한 글은 좋은 평가를 받지 못한다. 어문 규범을 준수하라! 특히 주어와 술어가 일치하도록 해야 한다. 물론 맞춤법,

	띄어쓰기, 원고지 사용법은 당연히 지켜야 할 사항이다.
경희대	채점 과정에서 보면, 여러 매체에서 개발된 문제와 비슷한 주제, 비슷한 문제 유형으로 출제되면 그 규격에 꿰어 맞춘 듯한 답안이 무더기로 나온다. 규격화한 유형 속에 빠져들지 말고 '자기만의 목소리'를 낼 수 있는 독창성을 가져야 한다.
성균관대	학생들의 문장력은 채점자의 예상보다 훨씬 좋았으나 띄어쓰기가 크게 미흡했다는 점을 채점 소감의 하나로 덧붙여 두고자 한다. 이 띄어쓰기는 자체로도 평가의 한 기준이 되나, 이것이 제대로 지켜지지 못한 글은 출제자에게 산만하다는 느낌을 주어 논리력이나 창의성 등 다른 기준의 평가에도 부정적인 영향을 미칠 가능성이 있다. 채점자 역시 채점자이기 이전에 독자의 한 사람이라는 점에 유의하기 바란다. 답안 분량이 1000자 이내로 한정되는 논술 시험에서는 문장을 최대한 축약하여, 가능하면 다양한 논거를 제시할 수 있어야 한다. 논술문에서는 문어체의 문장을 사용하는 것이 바람직하다.
이화여대	문제를 차분하고 사려 깊게 풀어내는 진지한 자세와, 생각의 깊이를 돋지 않는 상투적인 글쓰기의 병폐가 가시지 않고 있다. 여러 학교의 학생들이 쓴 글이라면 논거로서 드는 예나 원리, 인용하는 책이름이 다양하게 나올 법한데도 겨우 몇 가지에 한정되는 편협성, 획일성을 보이는 것은 왜일까? 몇 년 전과 비교한다면 기본 형식(띄어쓰기, 맞춤법, 원고지 사용법, 단락 나누기, 서론·본론·결론의 구성)의 이해 수준이 눈에 띄게 향상되었다
부산대	문제의 지시 및 기타 유의 사항을 어긴 경우 감점 또는 채점 제외, 미리 암기해 둔 문구나 답안을 손쉽게 옮겨 적는 정도로는 좋은 점수를 받을 수 없다. 어떤 글이든지 읽는 사람에게 좋은 인상을 줄 수 있는 글은 구체적인 표현으로 쓰여진 글이다. 적지 않은 답안에서는 제시문에 나타난 문장을 반복해서, 그리고 조금씩 문투나 어감을 바꾸어 가면서 나열하고 있다. 이러한 답안은 좋은 점수를 받을 수 없다. 문장을 구성함에 있어서도 가능하면 너무 길거나 짧지 않도록 해야 할 것이다. 맞춤법은 문제되는 것이 없지만 띄어쓰기는 틀린 예들이 너무 많다. 똑같은 경우라도 앞에서는 띄어 쓴 것을 뒤에서는 붙여 쓴 것을 보면 확신이 없거나 대수롭지 않게 생각하는 경향이 있는 것으로 생각된다. 특히 많이 틀리는 것은 관형어 뒤에 오는 1음절의 의존 명사의 경우이다.
경북대	예시를 절제 없이 나열하거나 같은 내용을 거듭 반복하면 내용이 빈약하게 될 것이다. 정확한 어휘를 적절히 구사하고 또 정확한 문장을 다양하게 구사하는 노력도 요구된다.
인하대	여러 해에 걸친 논술고사의 지속적 시행으로 눈에 띄게 달라진 것이 있다.

08 퇴 고

✿ 이화여대

논술 답안을 쓰면서 적어도 두 번 이상 퇴고할 시간을 확보하도록 하자. 시험 감독을 하면서 보면 대부분 퇴고의 과정을 거치기는 하지만, 건성으로 훑듯이 읽어 치우고 마는 학생들이 대부분임을 발견할 수 있다. 퇴고는 단정한 글, 깔끔한 글을 만드는─따라서 보다 좋은 점수를 얻을 수 있는─가장 경제적이고도 효율적인 지름길임을 명심하도록 하자.

✿ 한양대

초고를 완성한 다음에는 이를 검토하여야 한다. 글로 쓰기 전에 생각했던 것이 쓰는 과정에서 제대로 표현되지 않은 경우가 얼마든지 있을 수 있기 때문이다. 따라서 다 쓴 것을 한번 읽어 보면서 글의 논지가 선명하게 드러났는지, 단락과 단락간의 연결에 무리는 없는지, 논리에 비약은 없는지 등등을 살펴보아야 할 것이다.

원고 교정 방식대로만 하면 전혀 문제가 되지 않는다. 답안지가 지저분해질 것을 염려하기보다는 채점자가 글을 쉽게 알아볼 수 있도록 교정 부호나 글씨를 정확하게 쓰는 데 주력해야 할 것이다.

현재의 논술 시험에서는 다 쓰고 난 후 고치기가 쉽지 않다. 특히 연필로 쓰지 못하게 되어 있는 경우 교정 부호를 쓰면 지저분해지고 고친 글을 쓸 공간도 충분하지 않기 때문이다. 그러나 잘못 쓴 것이 확실하게 발견되면 다소 지저분해지는 한이 있어도 고쳐야 한다. 이를 위해서 작문 교과서에 나오는 기본적인 교정 부호 정도는 알아두어야 한다.

어쩔 수 없이 여러 문장을 고쳐야 할 경우 글자 수에도 신경을 써야 한다. 글을 다 쓴 후 필요 없는 단락 하나를 삭제해 버렸는데 결과적으로 글자 수가 많이 모자라 큰 감점을 당하는 경우도 있다.

답안을 채점하다 보면 어이없는 실수를 가끔 발견한다. 흔히 우스갯소리로 '화장실/회장실', '철도청/절도청' 등 점 하나 잘못 찍어 전혀 다른 뜻이 되어 버리는 경우가 되므로 논술 답안을 쓸 때 신경 써야 한다. 한 번만 훑어보았다면 범하지 않았을 '사소하지만 큰 실수'이다.

09 논술 실제 쓰기

(1) (예문 1) 서울대 2005년 수시 2 논술고사(특기자 전형)

🌸 제시문 (가)와 (나)는 지식인 사회가 당면한 문제를 진단할 때 참고가 되는 글이다. 제시문 각각의 문제 의식을 분석하고 평가하시오. 이를 토대로 학문의 길로 들어서는 학생의 관점에서 한국의 지식인이 가져야 할 바람직한 탐구 자세에 대하여, 자신의 경험이나 구체적인 예를 활용하여 논술하시오. (2500자)

> (가) 19세기 말부터 학문들에 대한 일반적인 평가의 전환이 나타나기 시작했다. 이로부터 우리의 논의를 시작하자. 이 평가의 전환은 학문들의 학문적 성격에 관한 것이 아니라, 오히려 '학문 일반이 인간의 現存在에 무엇을 의미하였고 무엇을 의미할 수 있는가'에 관한 것이다. 19세기 후반에는 근대인의 세계관 전체가 오로지 實證科學에 의해 규정되고 實證科學에 의해 이룩된 '繁榮'에 전적으로 현혹되어, 진정한 인간성에 결정적 의미를 지닌 문제들에 대하여 무관심하게 되었다. 단순한 事實學은 다만 事實人을 만들 뿐이다.
>
> 특히 제1차 세계대전 이후 학문들에 대한 이와 같은 평가 전환은 불가피하였고, 그 결과 젊은 세대들 사이에서 과거 학문의 實證主義的 경향에 대한 적대적 태도가 형성되었다. 우리가 익히 들어서 알고 있듯이, 이러한 事實學은 우리 삶의 절박함에 대하여 아무것도 말해주지 않는다. 우리가 불우한 시대의 대격변에 내몰려 있음에도 불구하고, 事實學 자체에는 인간에게 화급한 질문—이러한 인간의 現存在 전체가 의미 있는가 혹은 의미 없는가—이 원리상 배제되어 있다. 이 질문이야말로 모든 인간에 관련된 普遍的이고 必然的인 것으로, 普遍的 省察과 理性的 洞察에 기초한 답변을 요구하는 것은 아닌가?
>
> 결국 그 문제는 인간 세계나 인간 이외의 주변 세계에 대해 자유롭게 자기 태도를 취하는 자로서의 인간, 즉 자기 자신과 자신을 둘러싼 세계를 이성적으로 형성하는 가능성을 지닌 자유로운 인간에 관한 것이다. 이성이나 비이성에 대해 그리고 자유의 主體인 우리 인간에 대해 학문은 도대체 무엇을 말해야 하는가? 단순한 物質科學은 분명히 이 점에 대해 아무것도 말하지 않으며, 더구나 주관적인 것 모두를 배제한다.
>
> 다른 한편 특수한 학문 분야와 일반적 학문 분야 모두에서 인간을 정신적 現存在로 다루는, 즉 역사성의 지평에서 인간을 고찰하는 精神科學*에 대해서 다음과 같이 말하는 사람도 있다. 精神科學이 엄밀한 학문이 되기 위해서 탐구자는 모든 평가적

태도—즉 주제가 되고 있는 인간성이나 인류의 문화적 資産들이 이성적인가 비이성적인가 하는 문제—를 철저히 배제해야 한다고. 학문적이고 객관적인 진리는 물리적 세계든 정신적 세계든 세계를 사실 그대로 파악하고 확정해야 한다고……

  그러나 만일 학문들이 이 같은 방식으로 객관적으로 확정 가능한 것만을 참이라고 간주한다면, 만일 정신적 세계의 모든 형태들, 즉 그때 그때 인간의 삶을 지탱하는 모든 理想과 規範이 일시적 파도와 같이 형성되고 다시 소멸하는 것이고, 이것들은 과거에도 항상 그랬으며 앞으로도 그럴 것이고, 따라서 이성은 不條理가 되고 善行은 災殃이 될 수밖에 없다는 사실을 역사가 가르칠 뿐이라면, 세계와 그 속에 사는 인간의 現存在는 진실로 의미가 있을까? 우리는 그러한 사실에 위안을 느낄 수 있을까? 역사적 사건이 환상적 飛躍과 쓰라린 幻滅의 끊임없는 連鎖 이외에 아무것도 아닌 세계에서 과연 우리는 살 수 있을까?

  *精神科學 : 自然科學에 대비되는 개념으로 대체로 오늘날의 人文社會科學에 해당함.

  (나) 18세기 중엽 이래 동양과 서양의 관계를 규정하는 두 가지 중요한 요소들이 있었다. 하나는 유럽에서 동양에 관한 체계적인 지식이 증대했다는 점이다. 이러한 지식은 식민지 침략에 의하여, 그리고 낯선 것과 색다른 것에 대한 폭 넓은 관심에 의하여 강화되었으며, 또한 民族學, 比較解剖學, 文獻學, 歷史學과 같은 새로이 발전하는 학문들에 의해 활용되었다. 나아가 소설가들, 시인들, 번역가들, 재능 있는 여행가들이 저술한 방대한 양의 文獻이 이러한 체계적인 지식에 덧붙여졌다.

  동양과 유럽의 관계에 나타난 또 다른 특징은 유럽이 支配者의 지위라고는 말할 수 없어도 언제나 강자의 지위를 차지했다고 하는 점이다. 이것을 완곡하게 표현할 방법은 없다. 밸푸어(A. J. Balfour)*가 동양 여러 문명의 '위대함'을 인정한 경우에서 볼 수 있듯이 강자와 약자의 관계를 僞裝하거나 緩和하여 표현할 수는 있다. 그러나 서양에서는 정치적, 문화적 차원에서, 나아가 종교적 차원에서조차 兩者의 본질적 관계가 어디까지나 대립하는 강자와 약자의 관계로 간주되었다.

  이러한 관계는 여러 가지 용어로 표현되었다. 밸푸어와 크로머(E. B. Cromer)**가 그런 用語들을 사용한 전형적인 예다. 예컨대 동양인은 非合理的이고, 저열하고, 유치하고, '이상하다', 그리고 유럽인은 合理的이고, 도덕적이며, 성숙하고, '정상적'이다. 동양은 異質的이긴 하나 명확하게 조직된 그 자신의 세계에 살고 있으며, 그 세계는 독자적인 민족적, 문화적, 인식론적 경계를 가지고 있고, 또 內的 整合性의 원리들을 갖추었다는 사실을 도처에서 강조함으로써 강자와 약자의 관계는 생명을 얻고 유지되었다.

  그런데 동양 세계의 理解可能性(intelligibility)과 正體性은 스스로의 노력의 결과로서가 아니라, 서양이 동양을 규정하기 위하여 사용한 일련의 복잡하고 교묘한 조작을 통해서 주어진 것이다. 그리하여 내가 논의해온 문화적 관계의 두 가지 특성들은 하나로 연결된다. 곧 동양에 대한 지식은 힘을 배경으로 하여 발생한 것으로서 동양과 동양인 그리고 동양 세계를 '창조한다'고 할 수 있다. 밸푸어와 크로머의 용어에 따르면, 동양인들은 (법정에서와 같이) 판단의 대상으로 묘사되며, (교과 과정에서처럼) 연구와 서술의 대상으로 묘사되며, (학교나 감옥에서처럼) 訓育의 대상으로 묘사되고, 또 (동물도감에서처럼) 圖解의 대상으로 묘사된다. 요컨대 동양인은 이런 모든 경우들에서 지배적인 틀에 의하여 '재단되며' '표상되는' 존재이다. 그렇다면 이 틀은 도대체 어디에서 오는가?

  *밸푸어(A. J. Balfour) : 영국의 정치가이자 철학자.

  **크로머(E. B. Cromer) : 이집트와 인도에서 활동한 영국의 식민지 행정관.

🌸 대학 측이 밝힌 문항 설명 및 출제 의도

① 문항 설명

  ㉠ 특기자 전형 논술고사는 주어진 논제와 제시문을 통하여 다각도에서 얼마나 깊이 있는 사고력을 갖추었는지를 측정한다. 특히 수험생 자신의 체험을 활용하여 자신의 생각을 2500자 내외의 논술문을 쓰게 함으로써, 암기한 내용이나 추상적인 논의를 배제시키고 종합적이고 창의적인 사고 능력과 논리적 표현 능력을 드러낼 수 있도록 하였다.

  ㉡ 이번 논술시험에서는 한국의 지식인 사회가 직면하고 있는 문제 상황을 진단하고 이에 대한 대처 방안을 강구하는 데 참고가 되는 고전적 저술을 제시문으로 채택하였다. 그리고 이들 제시문에 반영되어 있는 문제 의식을 한국 지식인 사회의 맥락에 접목시켜 분석·평가하고, 학생들 자신의 구체적 경험에 기초하여 이들 문제에 대한 대응 방안을 논술하도록 출제하였다.

② 출제 의도

  ㉠ 먼저 고등학생들이 폭 넓고 다양한 독서를 통하여 깊이 있는 사고력과 창의적인 글 쓰기 능력을 배양하였는지를 보고자 하였다. 예비 지식인이라 할 수 있는 수험생들에게 지식인의 학문하는 자세와 우리 학문의 나아갈 길에 대한 문제를 출제함으로써, 인문 정신 및 주체적인 탐구 자세의 중요성에 대한 사고의 깊이와 폭을 측정하고자 하였다.

  ㉡ 다음으로 추상적인 논의가 아니라 수험생 자신의 구체적인 경험을 활용하는 글쓰기를 요구하였다. 시험에 대비하여 기계적으로 암기한 내용을 나열하는 데 그치는 것이 아니라, 주어진 논제에 대한 자신의 창의적 생각을 체계적으로 조직하여 사고를 효과적으로 표현하는 논술 능력을 평가하고자 하였다.

  ㉢ 이렇듯 2005학년도 수시 모집 논술 문제는 수험생들의 고전적인 저술에 대한 분

석 및 이해 능력과, 이들 저술이 제시하는 교훈 및 시사점을 한국 사회의 구체적 맥락의 관점에서 정리하여 서술하는 표현 능력을 측정하는 것을 출제의 궁극적인 목적으로 삼았다.

③ 두 제시문은 각기 가치와 의미를 배제하고 세계를 이해하고자 하는 실증주의적 관점과 서구 중심주의적 관점을 비판하는 논지를 전개하고 있다.

㉠ 제시문 (가)는 독일의 철학자인 후설(Edmund Husserl, 1859~1938)의 저서 '유럽 학문의 위기와 선험적 현상학'에서 발췌한 것으로, 19세기 후반기부터 서구 지성계를 지배하기 시작한 실증주의의 대두와 제1차 세계대전을 기점으로 대두하는 반실증주의적 반응 사이의 긴장을 논의의 배경으로 하고 있다. 저자인 후설은 자연과학과 정신과학을 구분하고, 정신과학은 사실과학과 달리 여러 가능한 상황에서 주변 세계를 이성적으로 구성하여 나아가는 인간, 이와 관련하여 드러나는 인간의 역사성, 인간의 존재 의미 등의 문제를 핵심적으로 논의하여야 한다고 주장한다. 이러한 정신과학은 가치를 배제한 실증주의적 태도로는 불가능하다는 것이다.

㉡ 제시문 (나)는 중동 태생의 미국인 문화비평가인 사이드(Edward W. Said, 1935~2003)의 저서 '오리엔탈리즘'의 일부다. 저자는 우선 18세기 이후 서양에서 동양의 이해와 관련하여 나타나는 두 특징으로 동양에 대한 지식의 증가와 서양 우월주의적인 견해의 형성을 제시한 후 후자를 중점적으로 논의하고 있다. 때로 동양의 '위대함'을 언급하는 것은 수사적이고 정치적인 표현일 뿐, 서양을 강자로 보고 동양을 약자로 보는 서구 우월주의적 태도는 뿌리 깊으며, 이러한 태도는 동양이 나름의 정합성을 갖는 문화 주체임을 인정하는 등의 유화적 태도를 통하여 생명력을 갖고 유지되고 있음을 주장한다. 저자는 더 나아가 동양의 모습은 스스로 구성한 것이 아니라 서양에 의하여 구성되고 재단된 것임을 강조하여 문제를 극적으로 제시하고 있다.

(제시문에는 한자를 포함시켰다.)

🌸 학생의 글(예시 답안)

포스트모던(post modern) 시대를 살고 있는 우리는 무수히 많은 가능성과 다양성 속에서 살아가고 있다. 매순간 선택의 기로에 놓이게 되고, 그 선택에 책임을 지며 살아야 한다. 이러한 복잡한 시대에서 보다 옳은 선택을 하고, 바람직한 가치관을 형성하는 데 도움을 주는 이가 있다면 이 시대를 살아가는 사람들에게 있어 매우 반가운 일이 아닐 수 없다. 그렇다면 이 역할을 누가 해야 하겠는가?

당연 지식인들이 그 몫을 해야 한다고 생각한다. 소수의 올바른 생각을 가진 지식인은 수많은 사람의 그릇된 사고를 잡아주며, 그들이 겪을 수많은 시행착오를 줄여

줄 수 있다. 또한 바른 생각을 가진 지식인들은 자신의 나라를 위기에서 구할 수 있는 힘도 지닌다.

4·19 혁명 때의 대학생들과 교사 및 교수들을 생각해보자. 깨어 있는 지식인들의 힘은 독재 정권을 타파하고, 우리 나라를 민주주의 국가로 새로 태어나게 하는 데 충분했다. 이렇듯 지식인들의 역할이 매우 중요하기에 현시대의 지식인 사회를 분석해보고 그들이 지녀야 할 바람직한 탐구 자세에 대해 생각해 보기로 한다.

앞에서도 언급했다시피 우리는 포스트모던 시대에 살고 있다. 이 시대를 규정하는 수많은 개념과 사상이 있겠지만, 그 중에서도 가장 포스트모던 시대를 잘 설명할 수 있는 것은 상대성이라고 생각한다. 상대성은 획일성을 지양하고, 상황에 적합하게 이해하고 해석하는 자율성과 상통한다. 즉, 상대성은 주체적인 살아 있는 인간의 특성을 잘 나타내는 개념이기도 하다. 같은 맥락에서 볼 때, 지식인 사회가 지녀야 할 가장 기본적이고 중요한 탐구 자세는 주체성이다. 모든 학문을 함에 있어 주체적인 자세로 탐구하고, 해석해야 한다.

그렇다면 지식인 사회가 당면한 문제는 무엇인가? 먼저, 실험적으로 증명 가능한 것만을 참이라고 간주하고, 모든 주관을 배제한 편협한 객관적 사실만을 지식의 핵심으로 삼는 실증주의적 태도이다. 모든 상황에 대해 객관적인 태도로 증명하려 하고, 자신들이 세운 객관이란 기준에 부합하지 않으면 인정하지 않는 폐쇄적인 태도를 고집하였다. 이러한 실증주의적 태도를 제시문 (가)에서 언급하고 있다.

이러한 태도는 학문의 주체적인 태도에 어긋난다. 모든 학문은 실증주의적인 태도로 접근해야 할 문제가 있고, 경험주의적 태도로 접근해야 할 문제가 있다. 어떤 학문의 관점이든 한 가지의 관점으로 학문 전체를 설명하고 탐구한다는 것은 불가능하다. 그럼에도 불구하고 편협된 방식만을 고집했던 과거의 실증주의는 광범위하고 다양한 학문의 세계에서 여러 가능성을 배제시켜 버려 학문의 범위를 좁히는 부정적 영향을 미쳤다.

현대 사회에서 나타나는 인문사회학의 위기 현상은 이러한 실증주의의 부정적 결과라 할 수 있다. 또한, 실증주의는 '인간'이란 존재의 불명확하고, 주관적인 세계를 탐구하는 데 매우 부적합한 자세이다. 즉, 학문의 궁극적 목적인 인간 세계의 설명이 불가능하다. 뿐만 아니라 학문이란 인간에게 의미를 부여해야 하는데, 실증주의는 그러한 역할을 제대로 하고 있지 못하다. 따라서, 지식인은 주체적인 자세로 학문에 임해야 한다. 학문의 대상에 따라 그에 적합한 사상을 접목시켜 가장 바람직한 방향으로 탐구해야 한다.

다음으로, 제시문 (나)에서 언급한 서구 우월주의를 들 수 있다. 서구 우월주의는 인종 차별의 합리적 수단이 되는 사상이기도 하며, 약육강식의 사회에서 나타나는 부정적인 사상이다. 동양에 대한 서양의 우위를 모든 상황에 있어 전제하고 있는 이 사상 역시 지식인의 주체적 탐구 자세에 극명히 어긋난다. 모든 인간은 평등하게 태어났으며, 따라서 인간 존재에 대한 일방적인 비교는 어떠한 상황에서든 불가능한 것이다. 즉, 인간을 대전제로 하는 학문의 영역 역시 동양이든 서양이든 어느 한 곳이 일방적으로 우위를 지닌다는 것은 인정할 수 없는 사실이다. 그러나 과거 제국주의의 식민 정책에서 식민지의 문화가 강대국에 비해 열등한 것으로 인식되었듯 서구는 동양에 대한 서양의 우월성을 여러 측면에서 직·간접적으로 주장해왔다. 그 결과 학문에 있어서 비판적인 사고 이전에 무의식적으로 으레 서양의 것을 우월한 것으로 인식하게 하였다. 하지만 이것은 분명 우리 지식인 사회의 문제점이며 모든 학문은 절대적으로 평등한 위치에 있고, 그 우위는 객관적인 검증에 의해 결정된다는 것을 인식해야 할 것이다.

지식인 사회는 변화하는 이 시대를 이끌어 가는 선각자의 역할을 해야 한다. 그러기 위해선 시대의 특징을 먼저 파악하고 시대의 특징에 부합해야 한다. 포스트모던 시대를 특징짓는 상대성의 개념은 지식인 사회에 기본 원리가 되어야 할 것이다. 즉, '상대성'은 지식인 사회에 제시문 (가)의 편협한 객관성에 반대되는 주관성을, 제시문 (나)의 차별성에 대비되는 절대적 평등성을 지닐 것을 요구한다. 변화하는 시대에 절대적인 기준이란 있을 수 없다. 학문의 분야에 따라, 시대에 따라, 탐구하는 주체에 따라 각 상황에 가장 적합한 방식을 발견하고 가장 적절한 방법을 적용하는 것은 주체적인 인간이 해야 할 몫이며, 그것이 진정 바람직한 지식인 사회가 감당해야 할 의무이다.

(2) (예문 2) 1998년 한국외국어대 논술고사

✿ 다음 두 제시문은 인간적인 삶과 그 의미에 대한 소설가와 철학자의 통찰을 담고 있다. 일반적으로 부조리란 자기의 바람이나 기대가 현실과 어긋나는 것이 내포된 상황을 말한다. 두 제시문에 나타난 것과 같이 사람들은 때로 자신의 기대와는 달리 무의미하다고 느끼면서도 주어진 하루하루를 살아간다. 이것이 삶의 부조리이다. 글쓴이들이 지적한 인간의 본성적 특징과 이에 관련된 일상적 경향을 토대로 하여, (1) 사람들은 왜 때로 인생의 모든 것이 무의미하다는 생각을 가지게 되는지, (2) 어떻게 하면 그러한 생각들을 극복할 수 있는지에 대해 논술하시오.

〈제시문 1〉

신들은 시지프(고대 희랍 코린트의 왕)에게 바위를 쉬지 않고 산꼭대기로 밀어 올리는 벌을 내렸다. 산꼭대기에 올려놓은 바위는 자기 무게 때문에 저절로 굴러 내려온다. 신들은 어떤 이유에서인지 아무 희망도 가치도 없는 노동보다 더 무서운 처벌은 없다고 생각한 것이다. 여러분은 벌써 시지프가 부조리의 영웅임을 눈치챘을 것이다. 신들에 대한 경멸과 죽음에 대한 증오, 삶에 대한 정열이 무를 성취하는 데 혼신의 힘을 다하는 저 참혹한 처벌을 그에게 안겨준 것이다. 이것은 지상 세계에 대한 정열의 대가로 치러야 되는 것이다.

이 신화에는 혼신의 힘을 기울여서 저 커다란 돌을 들어올리고 굴려서, 수백 번이나 비탈길을 밀고 올라가는 이야기가 나올 뿐이다. 일그러진 얼굴, 바위에 찰싹 달라붙은 뺨, 흙 묻은 돌덩이를 떠받친 어깨, 바위를 버티는 발, 새 출발을 위해 한껏 내뻗은 두 팔, 흙투성이의 양손, 너무나 인간적인 모습, 가이없는 공간과 시간의 오랜노력 끝에 비로소 목적이 이루어진다. 그러자 시지프는 바위가 잠깐 만에 저 아래 세상으로 굴러 떨어지는 것을 목격한다. 그는 또다시 저 돌을 정상으로 밀어 올려야 한다. 그는 터덜터덜 평지로 내려간다.

저 잠깐 동안의 멈춤, 저 내려감. ― 그동안의 시지프가 나의 관심을 끈다. 그렇게나 바위 가까이에서 애쓴 얼굴은 이미 바위 그 자체이다. 결코 끝을 알지 못하는 고통을 향해 무겁지만 단호한 걸음걸이로 내려가는 저 사람을 보라. 고통과 마찬가지로 확실하게 돌아오는 휴식시간과도 같은 저 시간은 의식의 시간이다. 고지를 떠나서 신들의 소굴로 차츰차츰 내려오는 저 모든 순간에 그는 자기의 운명을 넘어선다. 그는 그의 바위보다도 단단하다.

이 신화가 비극이라면 그것은 이 신화의 영웅에게 의식이 있기 때문이다. 만약에 그의 걸음걸이마다 성공의 희망이 그를 뒤덮는다면 사실 어디서 그의 고뇌를 찾을 것인가? 오늘날의 노동자는 그 일생 동안 날마다 같은 일을 한다. 이 운명도 마찬가지로 부조리이다. 그러나 그것은 그들이 의식을 하게 되는 드문 순간에만 비극이다.

힘없는 반항자, 신들의 프롤레타리아 시지프는 자신의 장래가 얼마나 비참한지를 속속들이 알고 있다. 그는 내려오는 동안에 바로 이것을 생각한다.

―알베르 카뮈, '시지프의 신화'

〈제시문 2〉

> 왜 생쥐의 삶은 부조리하지 않은가? 물론 달의 운행 역시 부조리하지 않지만 그것은 달의 운행이 아무런 목적도 의도적 노력도 없기 때문이다. 이에 반해, 생쥐는 생존하기 위해서 일해야 한다. 그래도 생쥐의 삶은 부조리하다고 할 수 없다. 왜냐하면 생쥐는 자신이 결국은 한 마리의 쥐에 불과하다는 것을 깨닫게 해줄 자기 의식과 자기 초월(자기 자신을 떠나 영원 또는 신의 관점에 섬 – 역자 주)의 능력이 없기 때문이다. 만일 생쥐에게 이런 깨달음이 생긴다면 그의 삶도 부조리해질 것이다.
>
> 쥐가 자기 의식을 한다고 해서 다른 것이 되는 것도 아니고 생쥐 이상의 삶을 살 수 있는 것도 아니기 때문이다. 새롭게 자기 의식을 가지더라도 대답할 수 없는 의식들과 포기할 수 없는 여러 가지 삶의 목적들을 가득 안은 채 그는 여전히 미미하고 부산한 한 마리 생쥐로서의 삶으로 돌아가야만 하는 것이다.
>
> ················ (중 략)·················
>
> 부조리를 느끼는 것이 우리의 진정한 상황을 자각하는 한 가지 방법이라면(그 상황을 부조리하다고 느끼기 전에는 부조리한 것이 될 수 없겠지만), 그렇다면 그 부조리를 우리가 증오하거나 회피할 이유가 어디 있겠는가. 부조리를 느낄 수 있는 능력은 인간의 한계를 이해할 수 있는 능력에서 생기는 것이다.
>
> 영원이라는 관점에서 보아 세상에서 의미 있는 것은 아무것도 없다는 생각이 든다면 바로 그 생각조차도 아무런 의미가 없는 것이고 따라서 우리는 우리의 삶을 영웅주의나 절망 대신 아이러니의 관점에서 바라볼 수 있을 것이다.
>
> –Thomas Nagel, Mortal Questions

✿ 개요 작성

주제문	인식의 전환과 끊임없는 자기 성찰로 부조리를 극복할 수 있다.
서론	부조리는 희망이 없는 삶, 바람이나 기대가 현실과 어긋나는 삶이다.
본론 1	우리가 기쁘고 즐거울 때는 어떤 부조화도, 모순도, 부조리도 발견하지 못한다.
본론 2	우리는 어떻게 하면 목적과 의도를 갖는 삶에서 부조리를 없애는가 하는 마음에 봉착한다.
본론 3	인식의 대전환과 각성 없이는 끝없는 부조리를 겪게 될 것이다.
결론	마음을 관찰하고 중도를 벗어나지 않게 행동하면 바른 인식을 통하여 부조리를 극복할 수 있다.

소금 장수와 우산 장수 두 형제를 둔 늙은 어머니가 있었다. 그 어머니는 일생 고통 속에서 살았다. 비가 오면 소금을 팔지 못한 큰아들이, 날이 맑으면 우산을 팔지 못한 작은아들이 걱정되었다.

우리의 삶은 행복해도 괴롭고 불행해도 괴로운 데에 있다. 부조리는 조리에 맞지 않은 삶을 이야기한다. 조리에 맞지 않은 삶은 끝없는 부조리와 궤도를 같이한다. 희망이 없는 삶, 바람이나 기대가 현실과 어긋나는 삶이다.

고대 희랍의 신화에 등장하는 시지프는 신들의 형벌을 받아 끊임없이 바위를 산꼭대기로 밀어 올린다. 바위는 그 무게 때문에 다시 천길 낭떠러지로 굴러 떨어지는 것이다. 하지만 산 정상에 밀어 올린 바위는 찰나 동안 희열을 맛보게 해준다. 그 희열은 행복이고 기쁨이다. 그러나 그것들은 오래가지 못한다. 다시 곤두박질치는 어둡고 칙칙한 절망이다. 우리의 삶 속에 시시때때로 찾아오는 고난과 역경인 것이다.

모든 살아 있는 존재들에게 어김없이 되풀이되는 시지프의 바위 굴리기는 불가해한 삶의 모순이요 부조리이다. 신은, 우주는, 이 세계는 왜 이런 부조리한 수레바퀴를 끊임없이 굴리고 있는 것인가. 인생이란 무엇인가, 무엇을 위해 존재하는가? 우리가 기쁘고 즐거울 때는 어떤 부조화도, 모순도, 부조리도 발견하지 못한다. 깊이 있게 성찰한다고 해도 그것은 이성적이고 지적인 앎에 불과하다.

실제로는 육감적으로 즐거움이 주는 안락함과 풍요함의 정서가 지배하는 동안 세상에는 부족함이 없다. 그러나 우리의 일상도, 살아 있는 우리의 마음도 끊임없이 변화한다. 그 변화는 마음으로 보는 사물 또한 새롭게 변화된 모습으로 보이지 않을수가 없다. 이 변화는 예측할 수 없는 희로애락의 방황인 것이다. 희로애락이 있어서 다채로운 우리 삶의 변화는 또 다른 걱정과 우환의 빌미가 된다. 되풀이되는 희로애락, 원근 친소의 이 수레바퀴는 바로 시지프의 바위 굴리기가 된다.

〈제시문 1〉에서 알베르 카뮈는 시지프를 힘없는 반항자로 묘사하면서 나약한 우리들의 다람쥐 쳇바퀴 도는 삶을 비유한다. 힘없는 반항자라는 인식을 할 때 비참하다고 한다.

〈제시문 2〉에서는 생쥐나 달은 부조리하지 않다고 말한다. 목적도 의도적 노력도할 수 없기 때문이다. 우리는 어떻게 하면 목적과 의도를 갖는 삶에서 부조리를 없애는가 하는 물음에 봉착한다. 카뮈의 말을 역설하면, 인식하지 않을 수만 있다고 하면 비참하지 않게 된다. 하지만 인식이 없는 인간은 이 세상에 존재하지 않는다. 사고하지 않는 인간, 희망이 없는 인간은 생명이 없는 것과 같기 때문이다. 사고, 인식이 있는 한 모든 사람들은 의도와 목적과 희망이 있게 마련이다.

문제는 어떻게 인식을 전환시키는가이다. 소금 장수와 우산 장수의 어머니는 인식의 전환을 하지 않고 있는 것이다. 비가 오면 우산이 잘 팔려서 좋고, 날씨가 화창하면 소금이 잘 팔려서 좋겠다는 인식을 해야 한다.

일찍이 노자는 오르는 길이나 내려가는 길이 같다고 했다. 동양 사상에서 음 속에 양의 씨앗이 있고, 양 속에 음의 씨앗이 있다고 했다. 이 우주도 끊임없이 음양이 순환하는 법칙이 있어 존재한다. 행복과 불행, 기쁨과 슬픔, 있는 것과 없는 것, 소유와 무소유의 전변도 실상은 우주의 영원한 보편적 진리에 다름 아니다. 우리는 겉으로 나타난 현상에만 집착하여 그 순환하는 역동적인 생생한 존재의 법칙, 삶의 법칙을 깨닫지 못하고 있다.

비가 오면 비가 와서 좋고, 해가 뜨면 날씨가 맑아서 좋다는 인식의 대전환과 각성 없이는 끝없는 부조리의 수레바퀴를 멈출 수 없다. 사물과 외부에 부조리가 있지 않다. 모두를 인식하는 자신의 마음속에 있는 것이다. 그 마음은 본래 어디에도 속해 있지 않다. 자기 편리대로 이기적으로 집착한 욕심이 부조리를 만들어 낸다.

우리는 내관을 중시하고, 다음과 성품을 스스로 관찰하며 중도를 지켜야 한다. 마음의 기울어진 삿됨이 모든 부조리를 만들어내기 때문에, 마음을 관찰하고 중도를 벗어나지 않게 행동하면 바른 인식을 통하여 부조리를 극복하게 되는 것이다.

(3) (예문 3)

✿ 다음 자료 글에는 서로 다른 두 가지 입장이 함께 드러나고 있다. 이 두 가지 입장은 오늘날에도 여전히 논란을 불러일으키는 문제이다. 이 가운데 한 가지를 골라 인간의 사회적 삶과 관련지어 정당화하시오.

사군자 중에서 석담(石潭)이 특히 득의했던 것은 대나무와 매화였다. 그런데 그 대나무와 매화가 한일 합방을 경계로 이상한 변화를 일으켰다. 대원군도 신동(神童)의 그림으로 감탄했다는 석담의 대나무와 매화는 원래 잎이 무성하고 힘차게 뻗은 것이었으나 그때부터 점차 시들고 메마르고 뒤틀리기 시작한 것이었다. 그것은 후년으로 갈수록 심해 노년의 것은 대 한 줄기에 이파리 세 개, 매화 한 등걸에 꽃 다섯 송이가 넘지 않았다. 고죽(古竹)에게는 그것이 불만이었다.

"선생님께서는 어째서 대나무의 잎을 따고 매화의 꽃을 훑어버리십니까?"

이제는 고죽도 장년이 되어 석담 선생이 전처럼 괴팍을 부리지 못하게 되었을 때, 고죽이 그렇게 물었다.

"망국(亡國)의 대나무가 무슨 흥으로 그 잎이 무성하며, 부끄럽게 살아남은 유신

(遺臣)의 붓에서 무슨 힘이 남아 매화를 피우겠느냐?"

"정소남(所南＝정사초)은 난의 노근(露根)을 드러내어 망송(亡宋)의 한을 그렸고, 조맹부는 훼절(毁節)하여 원(元)에 출사(出仕)했지만, 정소남의 난초만은 홀로 향기롭고 조맹부의 송설체(松雪體)가 비천했다는 말은 듣지 못했습니다."

"서화는 심화(心畵)니라. 물(物)을 빌려 내 마음을 그리는 것인즉 반드시 물의 실상(實相)에 얽매일 필요는 없다."

"글씨 쓰는 일이며 그림 그리는 일이 한낱 선비의 강개(慷慨)를 의탁하는 수단이라면, 그 얼마나 덧없는 일이겠습니까? 또 그렇다면 장부로 태어나 일평생 먹이나 갈고 화선지나 더럽히는 것이 얼마나 부끄러운 일입니까? 모르긴 하되 나라가 그토록 소중한 것일진대는, 그 흔한 창의(倡義)에라도 끼어들어 한 명의 적이라도 치고 죽는 것이 더욱 떳떳할 것입니다. 그런데도 가만히 서실에 앉아 대나무 잎이나 떼어내고 매화나 훑는 것은 나를 속이고 물(物)을 속이는 일입니다."

"그렇지 않다. 물에 충실하기로는 거리에 나앉은 화공이 훨씬 앞선다. 그러나 그들의 그림이 서푼에 팔려 나중에는 방바닥 뚫어진 곳을 메우게 되는 것은 뜻이 얕고 천했기 때문이다. 너는 그림이며 글씨 그 자체에 어떤 귀함을 주려고 하지만, 만일 드높은 정신의 경지가 곁들여 있지 않다면 다만 검은 것은 먹이요, 흰 것은 종이일 뿐이다."

…… (중략) ……

그런데 그 가을의 어느 날이었다. 이미 가끔씩 노환으로 자리보전하던 석담 선생은 그날은 병석에서 일어나기 바쁘게 종이와 붓을 찾았다. 그것도 그 무렵에는 거의 쓰지 않던 대필(大筆)과 전지(全紙)였다. 벌써 몇 달째 종이와 붓을 가까이 않던 고죽은 그런 스승의 집착에 까닭 모를 심화를 느끼며 먹을 갈기 바쁘게 스승 곁을 물러나고 말았다. 어딘가 모르게 스승의 과장된 집착에는 제자의 방황을 비웃는 듯한 느낌이 드는 데가 있었던 것이다. 그러나 한동안 뜰을 서성이는 사이에 그는 문득 늙은 스승의 하는 양이 궁금해졌다.

방에 돌아오니 석담 선생은 붓을 연진에 기대놓고 눈을 감은 채 숨을 헐떡이고 있었다. 바닥에는 방금 쓰다가 그만둔 것인 듯 '萬毫齊力' 넉 자 중에서 앞의 석 자만이 씌어져 있었다.

"소제(蘇齊)는 일흔여덟에 참깨 위에 '天下太平' 넉 자를 썼다고 한다. 나는 아직 일흔도 차지 않았는데 이 넉 자 '萬毫齊力'을 단숨에 쓸 힘도 남지 않았으니……."

그렇게 탄식하는 석담 선생의 얼굴에는 자못 처연한 기색이 떠올랐다. 그러나 고죽은 그 말을 듣자 억눌렀던 심화가 다시 솟아올랐다. 스승의 그 같은 표정은 그에게는 처연함이 아니라 오히려 자신만만함으로 비쳤다.

"설령 이 글을 단숨에 쓰시고, 여기서 금시조(金翅鳥)가 솟아오르며 향상(香象)이 노닌다 한들, 그게 선생님을 위해 무슨 소용이겠습니까?"

고죽은 자신도 모르게 심술궂은 미소를 띠며 물었다. 이마에 송골송골 땀이 맺힌 채 기진해 있던 석담 선생은 처음 그 말에 어리둥절한 표정이었다. 그러나 이내 그 말의 참뜻을 알아들은 듯 매서운 눈길로 그를 노려보았다.

"무슨 소리냐? 그와 같이 드높은 경지는 글씨를 쓰는 이면 누구든 일생에 단 한 번이라도 이르러 보고 싶은 경지이다."

"거기에 이르러 본들 그것이 우리에게 무엇을 줄 수 있단 말입니까?"

고죽도 지지 않았다.

"태산에 올라보지도 않고, 거기에 오르면 그보다 더 높은 산이 없을까 근심하는구나. 그럼 너는 일찍이 그들이 성취한 드높은 경지로 후세에까지 큰 이름을 드리운 선인들이 모두 쓸모없는 일을 하였단 말이냐?"

"자기를 속이고 남을 속인 것입니다. 도대체 종이에 먹물을 적시는 일에 도가 있은들 무엇이며, 현묘(玄妙)함이 있은들 그게 얼마나 대단하겠습니까? 도(道)로 이름하면 백정이나 도둑에게도 도가 있고, 뜻을 어렵게 꾸미면 장인이나 야공(冶工)의 일에도 현묘함이 있습니다. 천고에 드날리는 이름이 있다 하나 나[我]가 없는데 문자로 된 나의 껍데기가 낯모르는 후인들 사이를 떠돈들 무슨 소용이 있겠으며, 서화가 남겨진다 하나 단단한 비석도 비바람에 깎이는데 하물며 종이와 먹이겠습니까? 거기다가 그것은 살아 그들의 몸을 편안하게 해주지도 못했고 헐벗고 굶주리는 이웃을 도울 수도 없습니다. 그들은 허망함과 쓰라림을 감추기 위해 이를 수도 없고 증명할 수도 없는 어떤 경지를 설정하여 자기를 위로하고 이웃과 뒷사람을 홀렸던 것입니다……."

그때였다. 고죽은 불의의 통증으로 이마를 감싸 안으며 엎드렸다. 노한 석담 선생이 앞에 놓인 벼루 뚜껑을 집어던진 것이다. 샘솟듯 솟는 피를 훔치고 있는 고죽의 귀에 늙은 스승의 광기 어린 고함소리가 들려왔다.

"내 일찍이 네놈의 천골(賤骨)을 알아보았더니라. 가거라. 너는 진작부터 저잣거리에 나앉았어야 할 놈이었다. 용케 천골을 숨기고 오늘날에 이르렀으니 이제 나가면 글씨 한 자에 쌀 됫박은 후히 받을 게다……."

결국 그 자리가 그들의 마지막 자리였다. 그 길로 석담 선생의 집을 나선 고죽이 다시 돌아온 것은 이미 스승의 시신이 입관(入棺)된 뒤였다.

벌써 30여 년 전의 일이건만 고죽은 아직도 희미한 아픔을 느끼며 이제는 주름살이 덮여 흉터가 별로 드러나지 않는 왼쪽 이마 어름을 만져보았다. 그러나 그와 함께 떠오르는 스승의 얼굴은 미움도 두려움도 아닌, 그리움 그것이었다.

— 이문열, '금시조(金翅鳥)'에서

[유의 사항]

1. 글의 분량은 띄어쓰기를 포함하여 1200~1600자 내외로 할 것.
2. 한 편의 완결된 글이 되도록 할 것.
3. 원고지 사용법과 한글 맞춤법 규정을 지킬 것.

[문제 분석]

1. 비교적 최근의 소설 작품에서 한 대목을 뽑아 자료를 제시하고 그 해석을 기반으로 결론을 제시하라는 문제이다. 이 문제를 가지고 논술하기 위해서는 '석담'과 '고죽'의 견해가 어떤 지향점을 지니고 있는가 하는 해석이 결정적인 열쇠가 된다.
2. 그 다음에는 이처럼 해석된 태도를 비교 대조해야 한다. 양자를 균형을 갖추어 비교 검토한 다음에는 그 선택으로서 결론이 제시되어야 한다.

✿ 개요 작성

주제문	예술의 사회적 기능과 미적 기능의 논의
서론	예술의 본질에 대한 두 가지 견해와 이에 대한 논의의 필요성
본론 1	석담-예술의 사회적 기능 강조 / 고죽-미의 창조 강조
본론 2	예술을 미의 창조라고 보는 견해의 긍정적인 면
본론 3	위의 견해가 지닌 맹점 : 예술과 사회 상황의 관계를 고려하지 않음
본론 4	예술의 사회성 부각
결론	예술의 본령은 인간의 삶을 더욱 나은 방향으로 이끄는 데 기여하는 것이다.

✿ 학생의 글(예시 답안)

예술의 본질이 무엇인가. 어디에 그 본령을 둘 것인가. 이를 바라보는 견해와 사회적 기능은 무엇이며 또 그 역할은 무엇인가에 대한 논의와 추구는 끊임없이 계속되고 있다. 이런 문제는 예술가 자신의 존재 이유와 정체성 확립에도 직결되는 문제로써 이에 대한 논의는 우리들의 가치 체계 정립에도 도움이 된다. 사회적 관계를 떠나서 존재할 수 없는 인간의 삶 속에서 여러 형태로 나타나고 있는 예술론의 대립각은 바로 우리 자신들이 품고 있는 삶의 화두가 아닐 수 없다.

이문열의 단편 '금시조'는 순수와 참여로 양분되는 두 예술관의 대립을 극명하게 보여주고 있다. 젊어서 힘차고 강하게 기운 생동하는 매화를 그렸다가 한일 합방을 맞아 후년으로 갈수록 앙상한 대를 그리고 다섯 송이가 넘지 않은 매화를 그리면서 현실 비판을 담고 있는 석담 선생과 일체의 사회적 통념이나 윤리적 비난에 구애받지 않고 오로지 순수한 내면의 미적 충동에 충실하고자 하는 고죽 선생의 예술관은 한때 우리 문화예술계 전반을 휩쓸었던 순수 예술과 사회 참여 예술의 대립이다.

예술이 주는 정서적 즐거움과 정화력은 분명 모든 사람들의 내면을 풍요롭게 하는 힘이 있다. 바흐의 'G선상의 아리아'를 들으면서 영혼을 울리고 힘을 교감하기도 하고 베토벤의 '월광곡' 속에서 한없이 맑아지는 내면의 평온을 찾기도 한다. 이효석의 '낙엽을 태우면서' 수필을 읽으면서 따끈한 커피 한잔을 마시며 아름다운 낭만적 감흥을 맛보는 자신만의 감흥들이 있음을 부인하는 사람은 아마 없을 것이다.

그러나 예술이나 그 행위자인 예술가들이 사회와 맺고 있는 불가분의 인과 관계를 생각할 때 인간과 사회를 떠난 예술은 존재할 수 없는 것이다.

유미주의, 순수 예술주의자들의 한계는 예술가의 삶을 작품 세계와 생활 세계로 양분하여 예술의 본질을 개인적인 형이상학으로 호도하는 것이다.

예술은 사회를 떠나서 실천할 수 없고 그 사회적 실천을 전제로 한다면 사회생활을 바르게 반영하고 인식하며 나아가서 인간의 보다 나은 방향으로 계몽 증진시키는 데 그 책무가 있다. 따라서 여기에는 신념과 인간 철학의 사회학적 순기능이 바르게 정립된 예술가만이 역사에 남는 예술 작품을 창작할 수 있을 것이다.

제2부

[신문 활용 교육(NIE)]

제1편

신문 활용 교육

신문 활용 교육(NIE)이란?

영어로 NIE(Newspaper In Education)라고 하며, 신문을 교재 또는 보조교재로 활용해 지적 성장을 도모하기 위한 교육이다.

01 NIE의 목적

신문에 실린 정보를 활용해 교육 효과를 높임으로써 궁극적으로는 스스로를 책임질 수 있는 교양 있는 민주 시민을 양성하는 데 있다. 이를 위해 신문의 기능과 역할, 제작 과정을 개론적 수준에서 이해하여 바르고 정확한 정보를 취사 선택하는 방법을 스스로 터득할 수 있도록 하는 학습에도 중점을 둔다. 따라서 NIE가 원활하게 이루어지려면 신문사와 학교 등 교육 주체 사이의 교육적 협력 관계가 꼭 필요하다.

신문에는 매일 다양한 분야의 새로운 정보가 실리므로 이를 활용하면 유익하고 실용적인 학습이 가능하다는 게 교육 전문가들의 일반적인 견해이다. 신문이 '살아 있는 교과서'로 불리는 이유도 바로 이 때문이다. NIE는 이러한 신문의 특성을 교육에 반영해 지적 성장을 꾀하고 학습 효과를 높이는 교육 방법을 통틀어 일컫는다. 세계신문협회(WAN)의 조사에 따르면 2002년 말 현재 세계적으로 52개국이 NIE를 도입했다.

02 NIE의 구성 요소

기사를 활용하는 방법, 사진을 활용하는 방법, 시사만화를 활용하는 방법, 광고를 활용하는 방법과 신문의 형식 자체를 활용하는 방법 등이 있다. 학습자의 지적 수준이나 학습 목표에 따라 다르지만 여기서 가장 주된 방법은 정보가 가장 많이 들어 있는 기사를 활용하는 것이다.

03 　NIE의 교육 효과

① 종합적인 사고 및 학습 능력을 향상시켜 준다.

② 독해 및 쓰기 능력을 향상시켜 준다.

③ 논리성과 비판력을 증진시킨다.

④ 창의력을 증진시킨다.

⑤ 문제 해결 및 의사 결정 능력을 배양한다.

⑥ 올바른 인성 함양을 고취시켜 준다.

⑦ 민주 시민 의식을 고취시킨다.

⑧ 공동체에 대한 관심 및 적응 능력을 제고시킨다.

⑨ 정보 및 자료의 검색·분석·종합·활용 능력을 제고시킨다.

⑩ 언론 출판의 자유에 대한 인식을 제고시킨다.

04 　각 나라의 NIE

(1) 한국의 NIE

우리 나라에서는 1994년 5월 한국신문편집협회가 교육부장관 앞으로 서한을 보내 학교 교육에 NIE(신문 활용 교육)를 도입할 것을 건의하면서 본격적으로 논의되기 시작하였다. 같은 해 처음으로 한국언론연구원이 고등학교 교사를 대상으로 NIE 연수를 하면서 주목을 받았다.

한편 대학수학능력시험과 논술 시험 도입 등과 같은 일련의 최근 조치들은 여태까지의 암기식·주입식 학습에 대한 교육 주체들의 의식 변화를 촉진하였다. 또한 21세기를 대비하자는 교육 개혁의 필요성을 절감하면서 마땅한 방법론을 적극적으로 모색하게 되었다. 특히 대통령 직속 자문 기구인 교육개혁위원회는 '신교육'을 주창하며 사고의 패러다임을 전환해야 한다고 촉구하였다. "열린 교수·학습은 주어진 교과서를 정해진 순서와 진도에 따라 고정된 장소에서 학습자들의 개인차를 고려하지 않고 획일적으로 이루어지는 교육을 탈피하고자 하는 교육이다."(교육개혁위원회의 각종 보고서와 홍보 자료)

이와 같은 상황 전개는 종래의 교과서 중심의 교육으로는 더 이상 새로운 시대에 맞는 교육을 할 수 없다는 판단에서 비롯된 것이다. 신문이 교과서를 대신하여 교육 과정의 충실한 구현 도구로써 제시될 수 있다는 생각에 많은 호응이 잇따랐다.

국내의 언론 매체로는 1997년 말 현재 중앙일보와 조선일보가 대표적이다. 특히 중앙일보는 1995년 봄, 국내 최초로 신문 활용 교육을 집중 보도하면서 NIE가 빠르게 보급·

확산되는 데 큰 역할을 하고 있다. 주로 국내 사례와 아이디어들을 발굴하고 외국 사례들을 소개하며, 1997년 8월 현재 교사와 학부모를 대상으로 하는 각종 연수와 행사를 실시해 왔다. 특히 교사 연수 참여자들 가운데서 전문 강사를 30여 명 정도 양성했으며, 1997년 3월에는 교사 연구 모임을 발족시켰다.

1997년 10월까지 발간한 자료들을 보면 입문서 격인 '신문, 살아 있는 교과서'를 비롯하여 '교사 연수 교재' '교사 연수 사례집' '학부모 연수 교재' '전문 강사 연수 교재와 사례집' '외국의 NIE 자료' 등으로 다양하다. 자료들의 내용 또한 해가 갈수록 점차 심화·발전되고 있으며 1997년 5월 전용 홈페이지를 개설하였다.

조선일보는 1996년부터 신문 활용 교육을 전개하기 시작했다. 처음에는 '어린이에게 인터넷을' 운동을 펼치다가 1997년 3월부터 인터넷 전자 신문 활용 교육으로 방향을 정리하고 있다. 역시 1997년 5월 '키드넷 NIE' 전용 홈페이지를 개설하였으며 관련 기사들을 주 1회 정도 보고하고 있다. 이 밖에도 대구의 영남일보 등이 NIE를 전개하고 있으나, 전반적으로 국내 신문사들의 NIE 참여도는 아직까지 낮은 편이다.

이와 같이 언론이 신문 활용 교육에 대해 소개하고 보급하는 데 앞장서자, 그동안 신문을 교육적으로 활용해 오던 교사들은 강력한 확신을 갖게 되었다. 그 결과 좀더 활기 있게 신문 교육 전반에 대해 고민하고 실천하게 하는 계기가 되었다. 또한 언론의 사회적 영향력으로 학교 현장과 가정에도 NIE가 널리 알려져 교육적 관심이 집중되었다.

그러나 아직까지 우리 나라의 신문 활용 교육에는 한계가 있다. 개별 신문사 중심으로 NIE가 진행됨으로써 전국적인 규모로 전개되는 데 어려움이 있다는 것이다. 이제 외국의 경우처럼 신문사의 대표들이 신문협회에 소위원회를 조직하고, 교육계·지역 사회와 협력하여 바람직한 신문 활용 교육을 본격적으로 전개해야 할 때이다.

(2) 미국의 NIE

1930년대 미국의 대표적 일간지인 〈뉴욕타임스〉가 신문을 교실에 배포하며 처음 시작되었다. 이후 청소년의 문자 기피 현상이 심화되고 학교 수업에 신문 활용의 중요성이 부각되자 1958년 미국신문발행인협회(ANPA)가 NIE의 전신인 NIC(Newspaper In the Classroom)를 주도하면서 본격 확산되었다.

1976년 NIC는 NIE로 바뀌는데, 이는 학교뿐 아니라 병원·감옥·기업체 등 다른 기관의 학습 활동에서도 폭 넓게 신문을 활용하던 캐나다 일간신문발행인협회의 제안을 미국신문발행인협회가 그대로 받아들여 지금까지 통용하고 있다.

미국에서는 모두 950여 개 신문사가 NIE를 실시하고, 10만여 개의 학교가 NIE를 실천하고 있다. 미국에서 신문은 18세기 영국의 식민지 시절부터 교육적으로 중요한 매체로 여겨 왔다. 예를 들면 메인 주에서 발간된 〈포틀랜드 이스턴 헤럴드〉지는 1795년 6월 8일자에서 "신문은 학교에서 사용할 수 있는 가장 값이 저렴하고도 정보가 풍부한 교재로서 학생들의 독해력과 지식을 높이는 데 유용하다."고 밝히고 있다.

이처럼 일찍부터 신문을 교육에 활용해 온 나라답게 미국에는 다양하고 체계적인 NIE 프로그램들이 많이 개발되어 오고 있다. 교사와 학생에게 신문 보급, 세미나와 워크숍을 통한 교사 연수, 수업 시간에 신문을 이용하도록 도와주는 안내 책자와 교재의 발간, 청소년을 위한 신문의 특별면 편집, 'NIE 주간' 행사, 학생들의 신문사 방문과 신문사 스태프들의 학교 방문, 학생들의 신문 제작 등 매우 다양하다. 그 외에도 NAA는 1970년 이후 매해 정기적인 NIE 회의를 개최해 NIE에 관한 정보를 제공하고, 또한 NIE 교사와 코디네이터들의 경험을 발표하고 서로 교환하도록 하는 등 NIE를 활성화하고 있다.

최근에는 인터넷을 통해 NIE 활동을 활발하게 펼치고 있다.

(3) 영국의 NIE

영국의 NIE는 지난 1984년 신문협회의 주도 아래 시작되었다. 미국에 비해 본격적인 신문 활용 교육의 역사는 길지 않지만, 1997년 8월 현재 약 700여 개의 신문사가 NIE 프로그램을 실시할 정도로 빠르게 보급되고 있다.

신문협회 안에 NIE 사업을 담당하는 NIE 소위원회가 조직되어 신문사로부터 재정적인 지원을 받아 각종 NIE 프로그램을 활성화하고 있다. 미국과 같이 학교와 신문사, 지역 사회 사이의 연계 체계가 잘 마련되어 있다. 하지만 영국의 NIE는 덜 상업화되어 있으며, 신문의 가치가 전 교과를 통하여 교실에서 입증되는 데 초점을 맞추고 있다는 점이 미국과는 다르다. 또한 인터넷에도 미국 다음으로 많은 NIE 사이트를 개설하여 정보화 시대에 발빠르게 적응하고 있다.

구체적인 NIE 활동 형태는 여러 가지이다. 가장 기본적인 형태로는 ① 지방 신문을 교육 자료로 활용하기 ② 지방 신문을 매체 학습에 활용하기 ③ 학교 신문 또는 학교 지면이나 부록 만들기 ④ 인터넷의 전자 신문 활용하기 등을 꼽을 수 있다.

또한 신문을 학습 자료로 사용하기 위해 필요한 각종 교재를 교사들과 함께 개발하는데 많은 노력을 하고 있다. 특히 과목별로 신문을 이용할 수 있도록 고안된 교재와 함께 신문 기사의 작성과 편집 등 실제 신문 제작을 위해 필요한 교재들이 다양하고 활발하게 발간되고 있다.

영국 신문협회는 교사들의 워크숍을 통해 신문과 관련된 갖가지 교육 자료를 만들고 새로운 NIE 활동을 위한 자료를 고안하며 다른 교사와 경험을 공유할 수 있는 워크숍이나 각종 회의를 마련하고 있다. 1989년 이후부터는 전국적 규모의 정기적인 NIE 회의를 매년 주최하고 있다. 1992년부터 매년 10월 초 일주일을 'NIE 주간'으로 정하고 NIE를 활성화하기 위한 전국적인 행사를 실시하고 있다. 특히 1993년 NIE 주간에는 '어린이들의 독서에 부모가 참여하자'는 주제의 행사를 열고 모두 네 권의 '독서 여권'을 개발·보급함으로써 교사와 학생들에게 많은 호응을 얻었다.

독서 여권이란 약 18쪽으로 구성된 여권 크기의 책인데 어린이들이 지방 신문을 이용해 가정이나 교실에서 쉽게 작성할 수 있는 15개의 독서 과제로 구성되어 있다. 최근에는 미국과 마찬가지로 인터넷을 통하여 NIE 활동을 활발하게 전개하고 있다.

(4) 일본의 NIE

일본은 주로 미국의 NIE 활동을 모델로 삼아 NIE 프로그램을 마련하고 있다. 지난 1947년에 설립된 일본신문협회가 중심이 되어 NIE의 도입을 추진해 왔으며 1988년에는 NIE 소위원회를 구성하였다.

주로 교육 현장에서 NIE를 실천할 때 필요한 가이드북 시리즈를 발간하고 초·중·고등학교의 교사들에게 의뢰해 실험 프로젝트를 실시하고 있으며 NIE에 참여하는 신문사들 간의 영업 경쟁을 방지하고 학교에 배부되는 신문의 판매와 배정을 책임지는 방향에서 전개되고 있다.

특히 1989년부터 NIE 교육의 토대를 쌓기 위해 5년간 실시한 실험 프로젝트는 일본의 문화적·교육적 환경에서 매우 적절한 것으로 평가되어 일본 전역에서 적용될 수 있는 실천적 모델로 채택되었다. 1992년 최초의 NIE 세미나가 신문협회 주최로 열렸다.

일본의 NIE는 '젊은 세대가 신문과 인쇄 매체에 흥미를 잃어 가는 경향에 대응하고 21세기를 향한 장기 프로젝트로서 새로운 세대의 신문 독자를 육성하는 것'을 목적으로 삼는다. 또 NIE를 새로운 현대 교육이 지향하는 '사회의 변화에 스스로 대응할 수 있는 능력을 갖춘 인간'을 육성하는 데 적절한 교육 활동으로 중요시하고 있다.

일본신문협회는 NIE가 교육적으로 추구하고 달성할 수 있는 목적들을 다음과 같이 제시하고 있다.

① 신문을 통해 사회에 관심을 갖고, 사회에서 문제가 되고 있는 일을 자신의 문제로 연관시켜 생각할 수 있다. (사회성)
② 사회에는 다양한 의견이 존재한다는 사실과 가치의 다양성을 깨달을 수 있다. (인간성)
③ 많은 사실과 의견 가운데서 자기 자신의 입장을 분명히 하고 의견이나 판단을 형성해 나갈 수 있다. (자주성)
④ 많은 정보 가운데서 자기에게 필요한 것을 선택하거나, 사실과 진실을 가려 낼 수 있다. (정보 처리 능력)
⑤ 미래의 '바람직한 독자', 즉 신문을 읽을 뿐 아니라 '비판적으로 읽을 수 있고' 신문으로부터 배울 뿐 아니라 신문을 '육성하는' 독자가 된다. (일본신문협회)

제2편

신문을 활용한 사례

01 신문 활용 퀴즈

글자 그대로 신문을 활용하는 각종 퀴즈이다. 미국이나 영국의 NIE 활동에서는 이러한 신문 퀴즈가 다양하게 고안되어 학생들의 동기 부여와 관심 유발을 위해 많이 활용되고 있다. 사회와 학교, 학부모들이 서로 연계하여 학생들의 NIE 활동을 돕는 모임에서 가벼운 오락 활동의 하나로 진행된다. 재미를 강조하는 유희적 성격이 강하다. 퀴즈 내용은 신문을 보며 만드는 것이 보통이나, 신문의 퀴즈 문제를 그대로 풀어보는 재미도 있다. 퀴즈 풀이의 결과보다 과정을 NIE 활동의 중심으로 활용하는 지혜가 필요하다.

(예문)

(1) 신문의 가로 세로 규격은?

(2) 전지 한 장의 무게는?

(3) 신문 한 부의 생산 원가는?

(4) 신문을 취재하는 신문은?

(5) 신문 광고의 가격은?

(6) 신문에 가끔 실리는 퀴즈

① (품은 마음이 사흘을 못 간다는 뜻으로) '결심이 굳지 못함'을 빗대어 이르는 말.

② 남을 업신여기는 태도가 있음. 거만(倨慢). 영국 작가 제인 오스틴의 소설 '○○과 편견'이 있죠.

③ 벌이 알을 낳고 먹이와 꿀을 갈무리하며 사는 집. 갑자기 소란스러워질 때 마치 ○○ 쑤신 듯하다고 표현하죠.

④ 글씨를 쓸 때 펜대 속에 들어 있는 잉크가 저절로 알맞게 흘러나오도록 만든 휴대용 펜. 예전엔 졸업ㆍ입학 선물로 각광받았었죠.

⑤ 풀 대신에 무엇을 붙이는 데 쓰는 밥알. 그냥 밥알을 일컫기도 하죠. 며느리○○이란 이름을 가진 꽃도 있다고 하네요.

⑥ 개똥벌레. 곤충 중 유일한 발광 생물. 반딧불이가 본딧말이죠. 형설지공의 '형'
이 바로 이 곤충이죠.

⑦ 조선의 제1대 왕. 위화도 회군으로 고려를 무너뜨리고 정권을 잡았죠.

⑧ (특히 어린아이가) 무엇이 마땅치 않거나 불만이 있을 때 떼를 쓰며 조르는 일.
반찬 ○○을 부리다.

⑨ 어느 한 환자의 의료팀 담당 책임자. (어떤 사람의 건강 상태나 병을) 주로 맡
아서 상담에 응하거나 치료를 해 주는 의사.

 ## 퀴즈 해답

①	작심삼일	②	오만
③	벌집	④	만년필
⑤	밥풀	⑥	반디
⑦	이성계	⑧	투정
⑨	주치의		

02 자기소개서

학년 초나 모임의 첫 만남에서 서로 서먹서먹하고 분위기가 잡히지 않을 때 신문을 활
용하여 자기소개서를 작성하면 효과적이다. 서로를 이해하는 구체적인 자료를 확보할 수
있을 뿐만 아니라 쉽게 가까워지는 기회로 삼을 수 있기 때문이다. 신문을 활용하는 자
기소개서 작성은 큰 부담 없이 흥미 있게 스스로를 깊이 있게 생각하게 하며 나아가 사
람들과의 인간 관계를 바람직하게 맺어 가는 귀중한 기회이다.

(예문)
① 자신의 성격이나 취미와 연관된 것들을 신문에서 찾아보자.
② 앞으로 자신이 희망하는 직업을 가진 사람들을 신문에서 찾아보자.
③ 인상적인 자기소개서 양식을 만들어 보자.
④ 20~30년 후의 신문에 자신의 활동 기사가 나왔다. 어떤 기사가 나왔으면 좋을지
간단히 써 보자.
⑤ 신문을 다양한 방법으로 활용하여 자신을 소개해 보자.
⑥ 신문에서 자기소개의 중요성과 연관된 기사를 찾아보자.
⑦ 신문의 사진이나 그림, 만화 등을 활용하여 재미있는 자서전을 만들어 보자.

03 신문 일기

일기 쓰기를 좋아하는 사람들은 거의 드물다. 이는 지나치게 고정된 틀에 맞춰 일기를 쓰라고 강요받은 데서 그 원인을 찾을 수 있다. 재미있게 일기를 쓰며 자신의 생각과 느낌을 알차게 표현할 수 있는 신문 일기는 신문의 다양한 내용과 형식을 창조적으로 활용하며 관심과 흥미를 북돋아 준다. 읽고 생각하고 쓰는 창조적인 능력을 자극하고 강화한다. 흥미 있는 분야를 골라 스크랩 일기를 만들 수 있다.

(예문)
① 오늘 신문을 읽으면서 인상적인 사진이나 그림을 골라 일기장에 붙이자.
② 골라 낸 사진이나 그림을 공책에 자유롭게 붙이고 글을 써 보자.
③ 오늘을 단적으로 드러내 줄 수 있다고 생각하는 기사를 골라 써 보자.
④ 매일 신문에 나온 그림을 붙이며 간단하게 하루를 정리해 보자.
⑤ 특정 분야만 꾸준히 모아서 전문 스크랩 일기를 만들어 보자.

04 광고 만들기

각 회사에서는 기발한 소재와 아이디어의 광고를 통해 구매자들의 관심을 끌고 구매 행위로 이어지도록 온갖 전략을 구사한다. 이들 광고를 자세히 분석하여 직접 제작하는 NIE 활동을 통해 관찰력, 분석력, 창조력 등을 기를 수 있다.

(예문)
① 광고의 사진이나 만화 그림 등을 오려서 연습장에 붙이고 자유롭게 써 보자.
② 광고의 사진이나 만화 그림 등을 활용하여 광고를 새롭게 만들어 보자.
③ 자신의 장래 희망을 광고로 만들어 보자. (예를들어 영화 '말아톤'의 배형진 군)

(③의 예문)

05 성교육

성은 청소년들에게 심각한 문제이다. 이는 성을 상품화하고 쾌락의 수단으로만 강조해 온 기성 사회의 책임이다. 성교육조차 제대로 하지 않고 입시 위주의 교육 현실에 영합해 온 학교 교육 또한 적잖은 책임이 있다. 청소년들의 성의식을 긍정적이며 건전하게 이끌어 주는 것이 급선무이다.

(1) 성에 관한 각종 기사 모으기

(예문 ①) 신체 변화기의 청소년 성교육 (blog.naver.com)

서울성의학 클리닉 설현욱 원장은 "'절대로 성기에 손을 대면 안 된다'는 식으로 윽박 지르면 죄책감을 갖게 되고 성을 무조건 부정적으로 보는 경향이 생겨 성인이 된 후 원만한 성생활에 지장을 초래할 수도 있다."고 말한다. 그는 결혼 전 자위행위 경험이 없는 30%의 여성이 원만한 성생활을 하는 경우는 50%에 불과하다는 주장을 폈다. 아이가 자위행위에 너무 빠지는 것 같다고 걱정하는 부모도 있으나 이는 일시적인 현상이다. 그냥 놔두면 저절로 빈도가 줄게 되므로 야단치기보다는 친구들과 어울려 운동 등으로 에너지를 분출할 수 있도록 도와준다.

또 자위행위는 그야말로 혼자 하는 행위이지 누구를 대상화하는 행위가 아님을 일러줘야 한다. 손을 청결히 하며, 도구를 사용하는 행위는 좋지 않다는 등 자위에도 에티켓이 있음을 가르치라는 것. 정액이 분출 기회를 못 찾을 경우 몽정을 하게 되는데 이 역시 방 안에 말없이 휴지통과 화장지를 놓아 줌으로써 깨끗한 처리를 도와준다. 속옷도 옷장에 넉넉히 준비해 주도록 한다.

여자아이들은 빠른 경우 초등학교 3학년 때부터 초경을 시작하기도 하므로 미리 이에 대한 상식을 알려주고 얇으면서도 흡수력이 강한 초대형 생리대를 준비해준다. "생리 중 불결하다는 생각에 음부를 자주 씻기도 하는데 이때는 감염을 막아주는 질 내부 산성도가 떨어지지 않도록 겉부분만 물로 닦아주도록 가르칠 것"을 강북삼성병원 한종설 박사(산부인과)는 권한다.

특히 시중에서 판매하는 청결제를 사용해 깊숙이 닦는 일은 질 내의 유익균을 죽이게 되므로 피하라는 것. 또 생리 때 생리대 대신 이용하는 질내 삽입 물질은 청결하게 관리하지 않을 경우 오히려 세균 감염 등의 부작용이 있을 수 있으므로 초경기의 자녀에게는 피하는 것이 좋다고 말한다. 세척 시나 용변 후 휴지를 쓸 때 안에서 바깥쪽으로 닦아 나가는 것이 대장균에 성기가 오염되는 것을 줄여준다.

또 한 박사는 "남녀의 성관계가 어떤 결과를 초래하는가 구체적으로 일러주고 만약에 임신 등의 문제가 생겼을 때 엄마에게 제일 먼저 도움을 요청할 수 있는 분위기를 만들

어야 한다."고 말한다.

젖가슴이 처음 생기기 시작하면 가슴 부위에 통증이 오게 되고 대인관계를 회피하게 되는데 이 역시 자연스러운 현상이고 조만간 통증이 사라짐을 말해준다. 양쪽 가슴이 처음에는 불균형하게 자랄 수 있는데 곧 크기가 같아지게 되므로 걱정할 필요는 없다. 다만 계속 문제가 될 때는 여성호르몬 투여 등 의사의 도움으로 해결할 수 있다고. 브래지어는 가슴 보호를 위해 해주는 것이 좋은데 너무 압박하는 것은 곤란하다. 처음 착용한 모습이 남의 눈에 띌까 아이들이 신경 쓰지 않도록 속옷 형태로 된 청소년용 브래지어를 사 주는 것이 좋다.

(예문 ②) 포경 수술은 꼭 해야 하나요? (성문제 청소년 세계 상담실)

Q 포경 수술은 꼭 해야 하는 건가요? 왜 포경 수술을 하는 거지요?

A 포경 수술을 반드시 해야 하는 것은 아닙니다. 하지만 수술을 하면 귀두부가 예민해져서 자극을 쉽게 받으므로 자극에 대한 힘이 길러져서 조루를 예방할 수 있습니다. 또한 포경 수술을 하지 않으면 귀두에 피지가 끼면서 염증이 생기기 쉬운데 포경 수술은 그러한 염증을 예방하는 역할을 합니다.

반면 포경 수술을 하지 않으면 귀두가 예민하게 반응하여 작은 성적 자극에도 쉽게 흥분이 될 수 있습니다. 이러한 것은 성생활에서 장점으로 활용될 수도 있습니다. 하지만 대개 위생상 포경 수술을 권합니다. 성생활의 문제는 두 번째고 위생 문제가 첫 번째라고 할 수 있으니까요.

포경 수술이 아프다고 무조건 받지 않을 것이 아니라 자신의 건강을 생각해서 조금 참아보는 것은 어떨까요? 그것도 하나의 성인식이라고 할 수 있으니까요.

(예문 ③) 가수 박진영, 이대 학보사 토론회서 선정성 부인 (동아일보)

"…두려워 마 창피해 마 뭐가 쑥스러운 거야/ 괜찮아 사람들 다 이렇게 다/ 노는 거야 숨길 뿐야 그런 거야/ 더 늙기 전에 모두 해보는 거야/ 철들기 전에 시험해보는 거야…"

(박진영 '놀이')

노골적인 성적 표현과 청소년 유해성 여부로 사회적 논란을 일으키고 있는 가수 박진영 씨가 시민단체에서 주최한 토론회에 참석해 "내 노래와 비디오는 선정적이지 않다."고 주장했다.

(2) 신문 광고나 기사에서 선정적인 부분 찾아보기

① 성적 소구 광고의 영향

성적 소구 광고는 오랫동안 성적 표현이 예술이냐 외설이냐의 문제로 사회적 물의를 일으켜 왔으며, 그와 함께 광고할 자유의 보호라는 차원과 문제성 있는 광고에 대한 광고 규제라는 차원의 문제가 제기되어 왔다. 광고에서 성적 소구 방법이 많이 쓰이고 있는 이유는 광고에 사용되고 있는 성적 표현이 소비자의 주의를 끌고 구매 의도를 높일 것이라는 광고주의 기대 때문이다.

② 성적 광고의 사회적 영향

광고가 공급하는 가치는 우리들의 의식 체계, 사고 및 가치관 형성에 영향을 마친다. 소비자는 광고로부터 소비자 행동을 배우고 소비자 역할을 배움으로써 사회화 과정을 경험하고 광고에 배어 있는 우리 사회의 이데올로기를 내면화시키게 된다. 광고는 알게 모르게 광고 수용자들의 성적 취향을 저속화시키고 성적 스테레오 타입을 강화시킨다. 광고에서 부적절하게 사용되는 성적 표현에 대해서 사회적인 통제를 강화해야 한다.

바이오 리듬이 주기적으로 찾아와 내 몸속에서 나를 지배 해다오

바이오 리듬속으로

성 광고의 영향

(3) 생명의 존엄성에 대하여 성교육이 제대로 되어 있지 않다.

생명의 존엄성과 신비성을 정확하게 알 수 있게 만화로 표현해 보자.

(예문 ③)

(4) 성행위에는 어떤 책임이 따를까?

(5) 태아의 성 감별 방지법을 어떻게 생각하는가?

(6) 임신과 출산에 따른 각종 정보와 유의 사항들은 충분한가?

(7) 성폭행 사건이 일어났다. 비슷한 사건이 다시 일어나지 않도록 하려면 어떻게 해야 하는가?

(8) 가정집에 들어가 주부를 성폭행한 범인을 흔히 신문에서는 가정 파괴범이라고 부른다. 이러한 용어는 과연 적절한가?

06 자원봉사

자원봉사란 스스로 남을 돕는 행위이다. 어렸을 때부터 자원봉사 활동에 힘쓰면 인간에 대한 따스한 사랑, 사회에 대한 구체적인 이해, 능동적이고 헌신적인 생활 태도 등을 고루 자연스럽게 체득할 수 있다. 신문을 활용하여 자원봉사 활동을 더욱 효과적으로 할수 있는 방법들을 알아보자.

① 자원봉사 관련 기사를 적극적으로 찾아보자.
② 자원봉사를 하고 싶은 곳에 봉사를 허락해 달라는 편지를 직접 써 보자.
③ 특정한 사진이나 기사를 택하여 그에 걸맞은 자원봉사 역할을 해 보자.
④ 평생 동안 자원봉사를 한다면 무슨 일을 어떻게 하고 싶은가?
⑤ 세계 각지에서 필요한 자원봉사 일을 찾아보자.

(예문 ①) 2006년 동계 단기 해외 봉사 캠프

2006년 동계 단기 해외 봉사 캠프를 다음과 같이 실시합니다. 단기 해외 봉사 캠프에 관심 있는 분들의 적극적인 지원 바랍니다. 다음의 접수기간을 확인하시고 본인에게 맞는 캠프를 선정하셔서 지원하시면 됩니다.

아래의 내용을 꼼꼼히 확인하신 후 접수하시고 문의 사항은 프로그램 문의 게시판을 이용해 주기 바랍니다. 감사합니다.

2006년 동계 단기 해외 봉사 캠프 모집

여러분의 적극적인 참여로 2006년 동계 단기 해외 봉사 캠프가 성황리에 모집되었습니다.

단 국가별로 정원에 미달된 약간 명을 다음과 같이 모집합니다.

필리핀 0명, 캄보디아 0명, 라오스 0명, 파키스탄 0명
- **접수 방법** : 지원서, 가족 동의서 다운로드 후 작성하여 이메일 또는 우편 접수
- **이메일** : OOOOOOOOOOOOOOOOOOOOOO
- **주소** : 서울시 강남구 신사동 58−1 강남빌딩 9층 (사)청소년봉사단사무국
- **문의** : 해외사업 단기팀 OOO
- **전화** : OO−OOO−OOOO
- **제출서류** : 참가 지원서(사진 첨부), 부모 동의서(중·고생 참가자 전원 제출), 가족
   동의서(일반인 참가자 전원 제출)

① 목 적
- 청소년 해외 봉사 체험과 해외 비영리 기관에 대한 이해 증진
- 지역 주민들과의 문화 교류 및 문화 유적 답사 등으로 다양한 현지 문화 체험
- 국제 봉사 학습을 통한 세계인으로서의 인성 함양

② 사업 개요
- **참가 인원** : 한 팀당 15~30명(팀당 15명 이상이 되어야 출발 가능함)
- **참가 기간** : 7~10일(지역과 기관의 특성에 따라 조정됨)
- **참가 대상** : 중·고, 대학생 및 주부·회사원 등 남녀노소 누구나 가능
   (단, 해외여행에 결격 사유가 없는 자)
- **선발 과정** : 선착순 모집 → 서류 심사 → 개별 선발 통지 → 참가비 납부(선발 공지
   3일 내) → 최종 명단 확정
- **교육 과정**
  1. 전체 사전 교육
     −1부 : 단기 청소년 해외 봉사 캠프의 목적 및 취지 설명
     −2부 : 인솔자, 단원 소개 및 참가국 이해, 조 편성
  2. 팀별 모임 : 프로그램 진행 준비(교육, 문화 교류 등 준비), 유의 사항, 준비물 확
     인, 팀별 조장 선정
  3. 합숙 교육 : 파견 국가 및 현지 일감 등에 대한 자세한 안내, 파견 전 일정 설명,
     국제 봉사 학습 교육 등
- **파견 및 귀국** : 현지 활동(8~10일) → 보고서 및 소감문 제출, 홈페이지에 게재 → 귀
   국 파티(해단식)
- **기타 생략**

07 신문 사설, 칼럼

(1) 특정한 학생들만의 학습이 아닌 누구나 쉽게 접근할 수 있다.

(2) 다양한 자료를 조사하여 논술 과정에 적극적으로 응용한다.

(3) 사설, 칼럼을 활용하여 글의 짜임새, 즉 개요를 잡아 글을 쓰는 학습을 반복하여 글의 구성을 탄탄하게 한다.

① 사설, 칼럼을 활용하여 개요 작성을 해 본다.

② 어려운 말을 찾아 정리해 본다.

③ 현재 사회적 쟁점이 되는 신문 기사를 문제의 발생 원인, 문제의 경과, 여론 동향, 전문가의 시각, 외국의 사례, 문제의 해결 방안 등의 순서로 정리한다. 각각을 스크랩하여 핵심 부분을 형광펜으로 밑줄을 친다. 밑줄 친 부분을 원고지에 옮겨 쓰고 한 편의 글과 정보가 되도록 정리한다.

④ 서론, 본론, 결론의 일부분을 삭제한 뒤에 남은 부분을 토대로 빠진 부분을 쓰고 글의 얼개를 확인한다.

(예문 ①)

吳良心論述 459 - 9824	사설 및 칼럼	중앙일보 2006.1.20.
	지적 성장 단계 무시한 논술	
내 용	대학별로 논술시험이 한창이다. 올해는 예년과 달리 교육인적자원부의 제약 조건 때문에 논술의 형태가 좀더 다양하게 변화한 것 같다. 그러나 문제는 아직도 이 시험이 제대로 된 방향을 잡고 있지 못하며, 무엇보다 현 고등학교 교육 과정을 성실하게 이수한 학생들이 적절하게 대처할 수 있는 시험인지 의심스럽다는 것이다. 　논술시험은 그 자체가 사고력과 읽기 · 쓰기 능력을 모두 포함하고 있다. 문제는 이런 형태의 시험이 내포하고 있는 타당성이다. 현재 우리 대학입학제도는 대학수학능력시험이라는 것을 가지고 있다. 그 시험을 자구대로 해석하면 대학에서 공부할 수 있는 능력이 있는지 평가하는 시험이다. 이 시험에도 언어 · 수리 · 사회 탐구 영역들이 있고, 다양한 방식으로 학생들의 지식과 사고 및 읽기 능력을 평가하고 있다. 그렇게 생각하면 수능시험에서 부족한 점은 학생들의 글쓰기 능력에 대한 평가다. 　대학의 논술시험은 이 측면을 고려할 필요가 있다. 여기저기서 정체불명의 시험을 참조할 것이 아니라 대학에서 공부하는	

데 필요한 여러 가지 능력 중 중요한 부분인 글쓰기 능력을 평가하면 된다. 실제로 프랑스 바칼로레아 철학 시험이나 미국 대학 수학능력시험의 에세이 시험은 글쓰기 능력을 평가하기 위한 부분이 크다.

문제는 어떤 형태의 글쓰기 평가를 선택할 것인지다. 현 논술시험은 고등학교 졸업생의 글쓰기 능력을 평가하기 위한 시험으로 적절하지 않다. 글이라는 것은 다양한 형식이 있고, 지적 성장도 단계와 과정이 있다. 각 대학에서 제시하고 있는 논술시험은 학문적으로 분류하면 '종합 글쓰기(Synthesis Writing)'에 가깝다. 이러한 글쓰기는 가장 고도의 지적 사고 능력을 평가하기 위한 형식으로, 대학이나 대학원에서 논문을 작성하는 과정에서 요구된다. 소위 학문적 글쓰기에서 관련 문헌을 참조하고 통합한다는 것이 이러한 글쓰기의 전형적인 모습이다. 이러한 과정은 대학에서 본격적으로 훈련돼야 하며 우리 나라 대학 실정에서 보면 대학원 과정에서나 겨우 훈련이 가능하다. 대학에서 실시하는 논술시험은 이러한 형식의 글쓰기를 고등학교를 갓 졸업하는 학생들에게 요구하고 있는 꼴이다. 그만큼 시험의 타당성이 뜰어질 수밖에 없다.

논술시험에서 지문을 제시하는 것은 아직도 지식의 양 위주로 평가하겠다는 것으로 보인다. 하지만 미국이나 프랑스의 에세이 시험은 읽기 지문이 존재하지 않는다. 글은 자신의 경험이나 그동안 읽은 책, 또는 주변의 사례를 통해 논지를 전개하면 된다. 물론 독서를 많이 한 학생이면 자신이 읽으면서 깨닫고 고민한 내용을 담을 것이며, 경험을 통해 인생의 진리를 고민하고 깨달은 학생이면 그것을 토대로 논지를 전개할 것이다. 그렇지 않은 학생이라면 논리 전개나 내용 구성이 빈약할 수밖에 없다. 자연스럽게 학생들이 가지고 있는 배경 지식, 사고의 깊이, 그리고 글을 통해 얼마나 일관성 있고 명확하게 표현할 수 있는지 평가할 수 있다.

어떤 주제에 대한 사고는 반드시 어떤 특정 글에 기반해야 할 필요는 없다. 사색의 결과가 중요하지 되뇔 수 있는 지식의 양이 중요하지 않다. 오히려 책은 사고를 일정한 틀 안에 가둬둘 수 있다. 보다 중요한 것은 글을 쓰는 자신이 어떻게 보고, 어떻게 사색하고, 어떻게 느끼는가 하는 점이다. 그것이 글 속에 잘 전개돼 있으면 그 글은 읽을 만한 가치가 있는 것이다.

결과적으로 현재의 논술시험은 또 다른 사교육을 조장하고 있을 뿐 학생들의 지적 성장 단계와 교육 과정에 비추어 타당성이 결여된 시험이다. 더 이상 대학이 이런 시험을 통해 지적 횡포를 부리지 말고 본분에 충실했으면 한다.

−이병민 서울대 교수, 영어교육 및 비교수사학

✿ 신문 칼럼 개요 작성하기

주제	지적 성장 단계 무시한 논술
주제문	논술 시험이 제대로 방향을 잡지 못하고 있다.
요약	대학별로 논술시험이 무르익고 있지만 뚜렷한 방향을 잡지 못하고 있다. 고교 교육 과정을 이수한 학생들이 대처할 수 있는 시험인지 의심스럽다. 논술시험은 사고력과 판단력의 평가이고, 글쓰기 능력에 대한 다양한 평가이기도 하다. 대학 논술시험은 이 면을 고려하여 평가해야 하는데, 현 논술시험은 적절하지 못하다. 논술시험에서 지문을 제시하는 것은 지식 위주의 평가를 하려는 것이겠지만, 다른 나라에서는 읽기 지문이 존재하지 않는다. 자신의 경험이나 주변 사례를 통해 논지를 전개해야 한다. 글을 쓰는 자신이 어떻게 보고 느끼는가 하는 것이 잘 전개되어 있으면 글은 읽을 만한 가치가 있는 것이다. 논술시험은 사교육을 조장하고 있을 뿐이다. 대학 시험은 주어진 본분에 충실해야 한다.
서론	대학별로 치르는 논술시험의 질이 의심스럽다.

본론	1	논술시험은 사고력과 판단력 글쓰기의 평가이다.
	2	대학 논술시험은 다양한 글쓰기를 고려하여 평가해야 한다.
	3	현 대학이나 대학원에서 치르는 논술시험은 고등학교 졸업생의 글쓰기 능력을 평가하기에는 적절하지 않다.
	4	논술시험은 학생들이 가지고 있는 배경 지식, 사고의 깊이, 글을 통해 알고 있는 일관성 있고 명확한 판단을 평가해야 한다.
	5	글을 쓰는 자신이 어떻게 보고 느끼는가에 따라 가치가 달라진다.

결론	현 논술시험은 사교육을 부추기고 타당성이 결여되어 있다. 대학 논술시험은 주어진 본분에 충실해야 한다.

(예문 ②)

다음은 어느 학생의 신문 자료 읽기 기록장이다. 제시된 자료를 읽고, (1)의 빈칸에는 어려운 단어 및 시사 용어의 뜻을 사전에서 찾아 적고, (2)의 빈칸에는 그 어휘들을 활용하는 예시 문장을 쓴다.

신문 자료 읽기 기록장

제 목	뿌리 깊은 풍수(風水) 맹신	출전	○○일보 (2006년○월○일)
			단어 풀이
신 문 자 료	최근 일련의 사건들을 보노라면 21세기를 앞둔 과학의 시대에 많은 사람들이 '풍수 망령'에 사로잡힌 것이 아닌가 하는 착각 속에 빠져든다. 얼마 전에는 롯데 신격호 회장 부친의 시신과 이회창 총재 선영 등 출세를 하고 재복이 넘친 후손을 둔 조상들이 차례로 수난을 당했다. 이제는 민족이 우러러 받드는 충무공 이순신 장군 묘소와 세종대왕릉에 날이 시퍼렇게 선 수십 개의 식칼과 쇠말뚝을 꽂는 어처구니없는 일이 벌어졌다. 두 분 묘에다 식칼과 쇠말뚝을 꽂는 행위는 한마디로 비정상적인 사이비 무당의 광란이라고 볼 수밖에 없다. 어떻게 이와 같이 해괴 망측한 발상이 가능할까. 유골 도둑이나, 묘에 쇠말뚝을 박거나 식칼을 꽂은 일련의 행위는 별개의 사건으로 보일지 모르나 실은 풍수의 화복(禍福)설을 맹신한 데서 일어난 일이다. '풍수는 미신이다'라며 치지도외(置之度外)하는 대신에 풍수에 대한 인식을 바꾸어야 한다. 먼저 일부 부유층의 호화 분묘를 불식시키지 않으면 안 된다. (중략) 어느 도시를 가나 스카이라인을 무시하고 푸른 숲으로 바꿔버린 도시를 보노라면 저절로 얼굴이 붉어진다. 나만의 생각은 아닐 것이다. 풍수설을 결코 맹신해서도 안 되지만 그렇다고 무시해서도 안 된다. 풍수는 쇠말뚝과 식칼을 남의 무덤에 꽂는 따위의 황당무계한 미신을 조장하는 잡술(雜術)이 아니다. 자연과 인간에 대한 전통의 사고를 체계적으로 연구하는 진지한 작업이 필요하다.		(1)
어휘활용	(2)		

[유의 사항]

1. 지문은 신문 사설이나 칼럼에서 자료를 준비한다.

2. 단어가 적절하게 활용되고 있는지 평가한다.

3. 평소 사전을 찾는 습관을 기른다.

4. 신문 사설이나 칼럼 등을 주 1회 정도 자료를 모아 활용한다.

🌸 단어 풀이 및 어휘 활용

제 목	뿌리 깊은 풍수(風水) 맹신	출 전	○○일보(2006년○월○일)
			단어 풀이
신문 자료			• 풍수 : 중국 후한 말에 일어난 음양오행설에 기초하여 집, 무덤 같은 것의 방위, 지형의 학설 • 맹신 : 옳고 그름을 가리지 않고 맹목적으로 믿음 • 망령 : 죽은 사람의 영혼 • 사이비(似而非) : 겉으로는 비슷하나 본질적으로는 완전히 다름 • 치지도외(置之度外) : 생각 밖에 내버려두고 문제를 삼지 아니함 • 황당무계(荒唐無稽) : 허황하고 터무니없음
어휘 활용			

어 휘 활 용	1. 도시에 건설하는 큰 빌딩도 **풍수**를 보고 건축한다고 한다. 2. 종말론을 **맹신**하는 사람이 부쩍 늘고 있다. 3. 히틀러의 **망령**이 되살아나기라도 한 듯 유대 민족에 대한 공격이 시작되었다. 4. 세상이 어수선할수록 **사이비** 종교가 기세를 부린다. 5. 청소년에게도 확산되는 마약 실태를 **치지도외**해서는 안 된다. 6. 그의 주장은 늘 **황당무계**한 이야기다.

(예문 ③) 신문 사설의 개요표 작성하고 요약하기

🌸 다음 글은 '가정 해체 개탄만 할 것인가?'라는 제목으로 된 어느 일간 신문의 사설이다. 이 글을 읽고 3단계로 개요표를 작성하고, 각 부분의 요지를 파악하여 요약하시오.

> 통계청이 내놓은 자료집 '우리 나라의 가정 현황'에 따르면 92년에 우리 나라에선 평균 7쌍 결혼에 1쌍이 이혼한 것으로 나타났다. 이는 72년도에 비해 다섯 배가량 늘어난 숫자이다. 그런가 하면 가족 없이 사는 독신 가구는 전체 가구의 9%, 자녀나 부모 없이 부부만 사는 가구는 10.7%, 노인 단독 가구 3.7%로 나타났다. 이 밖에 소년 소녀 가장이나 적만 농촌인 고향에 두고 도시에 나가 살고 있는 가구까지 합치면, 전통적 의미의 가족이라는 개념에서 볼 때 '결손' 가정의 숫자는 전체 가구의 3분의 1가량 되리라는 추측이 가능하다.
>
> 부모, 부부, 자녀로 구성된 3세대 가정 형태가 부모, 자녀의 핵가족으로 바뀐 것이 불과 20년 안팎인 것을 생각하면, 전통적인 의미의 가족 형태가 해체되고 붕괴돼 가

는 과정이 놀랄 만큼 빠름을 알 수 있다.

　오늘 우리가 가정이 주는 의미나 가족의 의의를 새롭게 되새겨 보아야 하고, 시대 변화에 따른 대비책을 시급히 마련해야 하는 까닭은 사회를 구성하는 최소 단위인 가정의 변모가 필연적으로 사회 정책의 변화를 요구하고 있기 때문이다. 충효 사상이나 가족간 결속을 강조한 전통적 가정의 형태를 그대로 고수할 수는 없는 것이 현실이므로, 효의 정신을 이어받도록 노력하는 가운데 현대적 의미의 가정관을 정립하고 전반적인 정책을 마련하여 미래 사회에 적극적으로 대응하는 것이 '바른 길'일 것이다.

　앞으로 우리는 노인 가구와 이혼에 따른 여성 세대주, 부모의 무책임한 결별로 인해 버려진 자녀와 소년 소녀 가장의 증가를 보게 될 것이다. 이들이 이 사회의 절대 빈곤층을 형성할 수밖에 없으리라는 점에서 이들에 대한 사회 복지 차원의 대책도 시급히 마련해야 할 것이다.

① 개요표

서론	통계청 자료에 의하면 전통적 의미의 가족 개념상 결손 가정이 전체의 3분의 1가량 된다.
본론	현대적 의미의 가정관을 정립하고 정책 마련을 해야 한다.
결론	사회 복지 차원의 대책이 시급하다.

② 요 약

　통계청의 자료 '우리 나라의 가정 현황'에 의하면 전통적인 가족의 의미에서 볼 때 결손 가정이 대략 전체 가구의 3분의 1가량 된다고 한다. 이처럼 우리의 전통적인 가구의 형태가 해체되고 붕괴돼 가는 과정이 놀랄 만큼 빠르므로 이에 대한 대비책을 마련해야 한다. 이 문제는 과거의 전통적인 관습과 가치관 붕괴에 대한 우려나 개탄, 또는 과거에 대한 동경에 의해서가 아니라, 가정에 대한 새로운 가치관 정립과 사회 전반적인 정책을 마련함으로써 해결할 문제이다. 따라서 앞으로 결손 가정에 대한 사회 복지 차원의 대책을 시급히 마련해야 한다.

08　신문을 활용한 구술 면접

(1) 신문을 활용하는 방법

① 자신이 지원하고자 하는 학과(부)에 관련된 기사를 스크랩한다.

② 스크랩한 내용을 읽고 지원자가 아닌 평가자의 입장으로 세 가지 정도의 질문 문항을 만든 다음 본인 스스로 묻고 대답을 한다.

③ 스크랩 속의 모르는 용어나 내용은 인터넷 검색이나 사전을 통하여 알아본다.

④ 스크랩한 내용을 정리하여 파일로 만든다.

⑤ 거울 앞에서 자신의 표정을 살피거나, 말투, 억양 등을 연습한다.

(2) 시사 잡지를 통하여 쟁점의 논의를 집중적으로 파악하는 방법

① 인문, 사회, 자연과학별로 자신이 지원하고자 하는 영역의 최근 잡지를 구입하여 현재 쟁점 논의의 핵심을 파악한다.

② 인문, 사회 분야는 신문사에서 발행하는 월간지 등을 참고한다.

③ 자연과학 분야는 중·고생이 쉽게 접할 수 있는 월간 과학 잡지인 뉴턴, 과학 동아 등을 참고한다.

(3) 전공 기초 소양을 위한 준비

① 개론서를 읽는다.

② 지원하고자 하는 대학의 교재를 활용한다. 원론 과정을 예습하는 효과와 함께 그 학과(부)에 관한 기초를 쌓는 시발점이 된다.

③ 최소한의 내용은 요약 정리하여 암기할 것이 아니라 이해를 한다.

(4) 평소의 준비

① 클리어 파일을 준비한다.

② 신문 스크랩 자료와 시사 잡지 복사본, 전공 관련 개론서의 요약분은 파일을 지속적으로 정리한다.

③ 독백 훈련을 지속적으로 실시한다.

④ 3명 1조로 집단 토론 과정을 성실히 수행한다.

⑤ 다른 사람이 발표하는 내용을 메모하거나 머릿속에 정리하여 잘된 부분과 어색한 부분은 찾아낸다.

09 신문 읽기와 짧은 글쓰기

신문을 활용하여 현실 이해를 도모하면서 자기 주장, 비판력, 계획성, 정보를 정리하는 힘을 키우기 위함이다. 주제는 보통 600자 정도의 글쓰기가 적당하다.

(1) 나도 공익 광고를 만든다!

- 신문의 상업 광고를 재구성하여 공익 광고를 만들고, 공익 광고를 만든 배경을 적는다.

(예문 ①)

책 안 읽는 사회?

(예문 ②)

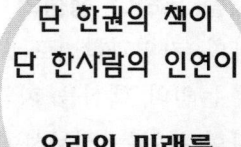
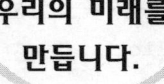

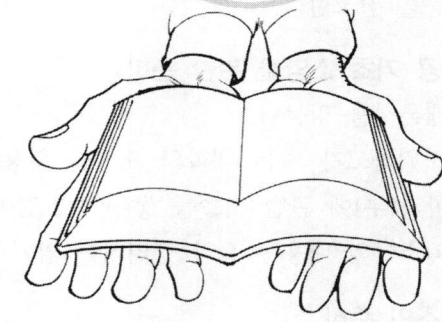

(2) 신문으로 신문 만들기

- 자신이 관심 있는 분야를 스크랩하여 특정 분야의 독특한 신문을 만들고, 그 신문의 사설, 기사, 칼럼 등은 본인이 직접 적는다.

(예문)

🌸 소설 최인훈의 '광장'에서 주인공이 죽음을 맞는 상황을 한 편의 완결된 신문 해설 기사로 서술해 보시오.

20세기 전반기인 세계대전은 지구의 대재앙이었다. 자본주의와 공산주의 두 이념 간의 냉전 대립에 의한 인류 역사상 가장 많은 육체적, 정신적 피해를 낳았던 전쟁이었다. 이런 현상은 예를 들어 동서독 대립과 삼팔선을 경계로 남과 북의 이념 대립으로 나타나 있다. 우리 나라는 특히, 6·25를 전후로 두 이데올로기의 대립이 극대화된 것이다.

　지난 수요일, 인도의 한 해변에서 우리 나라 교포에 의해 한국 사람으로 추정되는 사람이 인도 타고르행 배의 파편과 함께 발견되었다. 이 배는 8·15 해방 이후부터 6·25 종전 이전 사이에 한국에서 인도로 가는 배로 추측되고 있다. 6·25 전쟁의 피해 유가족들을 위해 실종된 피해자들의 신원을 찾고 있는 작업이 한창인 때에, 이번 사건은 남과 북의 극심한 사상 대결이 낳은 폐해라고 지적되고 있다.

　한편 경찰은 실종된 피해자가 한국인 이명준인 것으로 밝혀냈다. 사건 현장 조사와 함께 이와 연루된 사람들과의 면담을 통해 사건의 진상을 밝혀 가고 있다. 그는 남한에서 철학을 전공했으며, 아버지가 월북해서 대남방송을 했다는 이유로 경찰에 연행되어 고문을 당했다고 한다. 그의 사촌 여동생 영미 씨의 증언에 따르면 당시 남북간의 이데올로기 사이에서 무척 힘들어했고, 윤애라는 여인과 한때 사랑하는 연인 관계였으나 결국은 헤어졌다고 한다.

　남한 어디에서도 안식처를 정하지 못한 그는 북한에는 자유와 공동의 '광장'이 있다고 믿고 월북했다. 그러나 북한에서도 평등을 앞세운 철저한 공동의 '광장'만 있을 뿐, 개인의 자유는 허락되지 않는 것을 체험한 그는 결국 중립국을 찾아 인도 타고르행 배에 탑승했다고 한다. 배를 타고 가는 도중 그에게 중요한 건 이념이 아니라 따뜻한 인간애라는 것을 깨닫고, 자살을 선택했다고 한다.

　남과 북의 두 이념 갈등이 결국은 이러한 비극을 낳았고, 아직도 밝혀지지 않은 많은 피해가 속출하고 있다. 이번 사건을 계기로 남북 관계에 진전이 있었으면 한다.

(3) 나도 구성 작가다!

· 신문의 영화 광고를 토대로 상상력을 동원하여 영화의 내용을 구성한다.

(예문)

1922년 일제 강점기

　강태영 : 조선의 신여성, 같은 독립군 동지인 기주를 사랑하지만, 존경하는 동료인 기주에 대한 사랑을 숨기고 멀리서 바라볼 뿐이다.

　한기주 : 아사코를 사랑하지만 독립군과 일본인과의 사랑이라는 엇갈린 운명의 사랑에 갈등한다.

　윤수혁 : 한기혜의 아들이지만, 아사코를 사랑하고부터 최 이사와 손을 잡고 친일 행적을 한다. 예전부터 아사코를 사랑했지만, 정작 아사코는 독립군 기주와의 사랑을

택하고, 배신감에 수혁은 그런 아사코를 파멸로 이끈다.

문윤아(아사코) : 아버지 일본인(다나카)과 어머니 한국인의 혼혈인으로 어릴 때 아버지한테 버림받고, 종로 술집에서 일한다. 수혁이 자신을 사랑한단 사실을 알지만, 기주와의 운명적인 사랑에 빠져 자신을 파멸로 이끈다.

한 회장 : 한 장군(독립운동가)

한기혜 : 한 장군의 딸이자 독립운동가

최 이사 : 최 대령(독립운동가지만, 10년 전부터 총독부의 스파이로 활동, 수혁과 손을 잡고 독립군의 정보를 빼낸다)

다나카 : 총독부 간부, 아사코의 아버지

양미 : 독립운동가로 태영과 같은 동료

승준 : 기주의 비서

정학 : 기주 친구

(4) 신문 활용 문제 풀이

내년부터 중학교 무상 의무교육이 전국적으로 확대 시행된다.

이돈희(李敦熙) 교육부장관은 18일 오후 교육부 대회의실에서 기자회견을 갖고 일반시, 광역시, 특별시 지역의 중학교 무상 의무교육을 2002학년도 신입생부터 3년에 걸쳐 단계적으로 실시, 2004학년도에 3학년까지 전면 확대 실시하기로 했다고 발표했다.

2004학년도에 중학교 무상 의무교육이 완성되면 지난 1959년 초등학교 무상 의무교육이 완성된 이후 45년 만에 초등학교 6년, 중학교 3년 등 전 국민 9년간 의무교육이 완성된다.

또 독일(12년), 영국(11년), 미국(10년), 프랑스(10년), 일본(9년) 등 경제협력개발기구(OECD) 국가의 의무교육 실시 수준에도 접근하게 된다.

중학교 무상 의무교육은 85년 도서·벽지 지역을 대상으로 실시된 이후 94년 읍·면 지역까지 확대됐으나 재정 부족으로 도시 지역까지는 확대하지 못해 지난해 4월 1일 현재 186만 6334명인 전체 중학생의 19.5%인 36만 3639명만 혜택을 받아왔다.

이에 따라 현재 초등학교 5학년 자녀를 둔 학부모 약 50여 만 명(기존 무상 의무교육 대상 지역 거주자 제외)이 내년에 자녀를 중학교에 입학시키면 연간 수업료와 입학금 약 50만 원, 교과서 값 2만 원 등 모두 52만 원을 절약할 수 있게 된다.

단, 학교 운영 지원비(육성회비)와 급식비 등은 학부모가 부담해야 한다.

중학교 1, 2, 3학년을 모두 무상 의무교육을 실시할 때 소요되는 예산은 7620억

원으로, 교육부는 1차 연도인 내년에는 2540억 원(1학년분), 2003년에는 580억 원(1, 2학년분), 2004년에는 7620억 원(1, 2, 3학년분)을 추가 조달할 계획이다.

추가로 소요되는 예산은 기존의 교육 예산을 건드리지 않고 순수 증액될 예정으로 기획예산처로부터 증액 교부금을 받아 조달하게 된다.

교육부는 "지난 98년 2월 개정된 교육기본법 제8조에서 3년의 중등교육에 대한 의무교육은 재정 여건을 고려해 대통령령에 의해 순차적으로 실시하도록 돼 있다."면서 "상반기 내로 초·중등교육법 시행령, 지방교육재정교부금법 등 관련 법령 개정 작업을 마칠 방침"이라고 밝혔다.

이에 앞서 김대중(金大中) 대통령은 이한동(李漢東) 총리, 이돈희(李敦熙) 교육부 장관, 전윤철(田允喆) 기획예산처 장관으로부터 보고를 받는 자리에서 "중학교 의무교육을 내년부터 전면 실시해 헌법에 보장된 국민의 의무교육권이 시행되도록 하라."고 지시했다.

〈2001.1.18 조선일보〉

문제 풀이

① 의무교육이란 무엇인가?

② 무상교육이란 무엇인가?

③ 전국 초등학교 전 학년 무상 의무교육은 몇 년에 완성됐는가?

④ 전국 중학교 1학년 무상 의무교육은 몇 년도부터 실시했는가?

⑤ 전국 중학교 전 학년 무상 의무교육은 몇 년도부터 실시했는가?

⑥ 중학교 무상 의무교육으로 1년 동안 절약되는 입학금과 수업료, 교과서 값은 얼마나 되나요?

⑦ 중학교 무상 의무교육이 실시되어도 꼭 내야 하는 돈이 있다. 무엇과 무엇인가?

⑧ 무상 의무교육을 실시하는 수준이 가장 높은 나라는 어느 나라인가?

예시 답안

①	의무교육 : 국가가 제정한 법률에 따라 일정한 연령에 이른 아동이 의무적으로 받아야 하는 보통 교육
②	무상교육 : 교육을 받는 학생에게 일체의 부담을 주지 않고, 무료로 실시하는 교육 형태
③	1959년
④	2002년
⑤	2004년
⑥	입학금과 수업료 약 50만 원과 교과서 값 2만 원을 합한 52만 원
⑦	학교 운영 지원비와 급식비
⑧	독일(12년)

10 신문을 활용한 경제 교육

다른 나라에 종속되지 않고 주권을 튼실하게 지켜나가는 유일한 길은 지속적인 경제 발전에 있다. 이를 위해 각 경제 주체의 경제에 대한 이해를 제고시킴으로써 보다 합리적인 의사 결정을 내릴 수 있도록 경제 교육을 활성화한다.

(1) '이론과 현실을 하나로'라는 경제 스크랩 노트 만들기

경제 수업에서 습득한 이론에 적확한 기사를 스크랩하여 이해한 내용을 정리하거나, 경제 기사를 스크랩하여 그 기사에 알맞은 경제 이론을 찾아 정리하는 방식이다.

경제 주체는 가계, 기업, 정부, 외국으로 구성되어 있고 경제 객체는 재화와 용역으로 구성되어 있다.

경제 관심 일기를 쓴다.

(경제 기사를 스크랩하여 내용이나 자신의 생각을 간단하게 요약한다)

• 종합주가 지수 : 우리 나라의 주식 중, 거래소에서 거래가 이루어지는 주식들의 가격을 숫자로 나타낸 것이다. 주가는 주식을 사는 사람과 파는 사람의 균형점에서 결정된다. 그 가격이 88년을 기준으로 당시를 1이라고 했을 때, 다음 예문 ①에서 보는 바와 같이 어제보다 3.82가 올라서 747.46이 되었다.

• 코스닥 지수 : 거래소에 상장되지 못한 주식들 중 코스닥에서 거래되는 주식들의 주가를 말한다. 코스닥에 상장된 주식회사는 보통 위험도가 큰 모험주들이다. 벤처기업

들이 많다.

- 국고채(3년) : 주식과 함께 현재 가장 큰 자본 시장인 채권의 금리를 나타낸 것이다. 금리에는 여러 종류가 있는데 이것은 3년 만기 국고채의 이자율이다. 국가에서 발행하고 3년 후에 원금을 돌려주는 채권이다. 전에는 일반적으로 3년 만기 회사채로 표기했는데, IMF 이후 회사가 많이 부도나서 국고채로 바뀌었다.
- 원·달러 환율 : 말 그대로 환율이다. 현재 1달러가 우리 돈으로 1149.30원이다. 어제보다 0.70원 내려갔다.

- 소비자 기대 지수 : 지금에 비해 6개월 후에 경기나 물가, 소비 정도가 어떨지를 소비자들에게 설문조사를 통해 알아낸 것을 숫자로 표기한 것이다. '6개월 후에 난 어느 정도 더 잘살 것이다.'라는 사람과 '난 같은 정도로 더 못살 것이다.'라는 사람이 똑같을 때를 100으로 기준 삼는다. 계속 내려가고 있고 숫자도 100보다 낮으므로 경기가 계속 어렵다.
- 소비자 평가 지수 : 소비자 기대 지수를 과거형으로 바꾼 것이다. 지금으로부터 6개월 전과 비교했을 때, 지금의 경제 상태는 어떤가? 하고 묻고 있다.

(예문 ①)

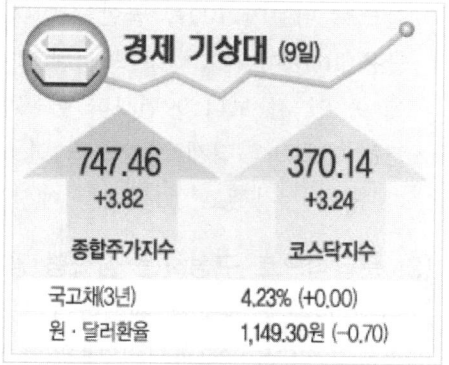

(예문 ②)

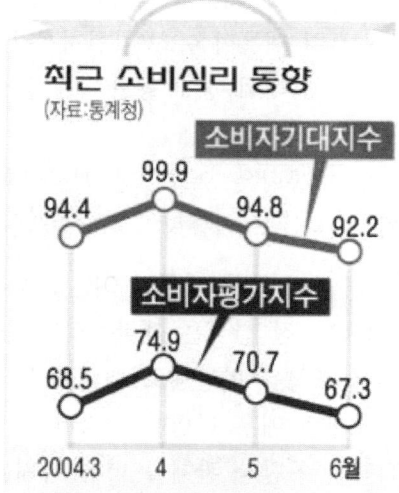

(예문 ③)

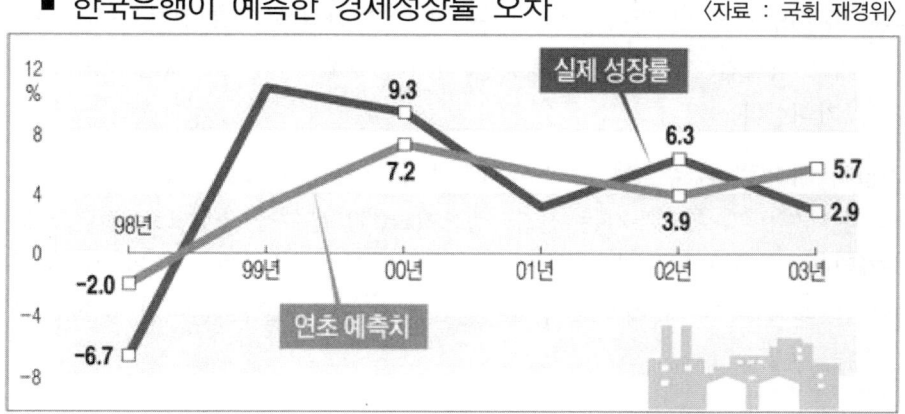

- 경제 성장률 : 작년부터 올해까지 한 해 동안의 국민총생산 변동량을 전년도 국민총생산으로 나누어 100을 곱한 값이다. 한 해 동안 국민총생산이 2배가 되었다면 경제성장률은 100%이다. (-)로 표시된 것은 그 전년보다 국민총생산이 줄어든 것이고, 2000년에 9.3인 걸 보니 99년보다 9.3%만큼 더 늘었다.
- 연초 예측치 : 경제 성장률을 연초에 한국은행에서 예측한 수치이다. 99년에는 예상보다 많이 성장했고, 01년에는 예상보다 성장률이 저조하다.

(2) 문답식으로 구성하는 심화형 경제 교육 학습지 만들기

신문의 시사 정보를 편집하여 문답식 학습지를 제공함으로써 자습할 수 있는 기회를 제공하고 나아가 교과서의 내용 부족을 해결할 수 있는 방법이다. 구술 면접과 논술 지도를 위한 자료로도 활용할 수 있다.

(예문) 노 대통령 멕시코 일간지 회견 일문일답

노무현 대통령은 22일(현지시간) 보도된 멕시코 일간지 '엘 솔 데 멕시코'와의 회견에서 멕시코에 대해 경제 동반자 협정 체결을 제의하는 등 한국-멕시코 경제 협력 강화를 강조했다.

노 대통령은 오는 9월 멕시코를 공식 방문해 비센테 폭스 대통령과 정상회담을 가질 예정이다. 노 대통령이 '엘 솔 데 멕시코'와 가진 회견 일문일답 요지는 다음과 같다.

① 올해 멕시코 한인 이민 100주년의 의의는?

100년 전 한국은 제국주의의 침탈 속에서 국권 상실의 위기에 처해 있었다. 멕시코는 이런 조국을 반강제로 떠나야만 했던 1033명의 한인들이 새로이 정착한 곳이다. 한국인들에게는 매우 각별한 나라다. 올해가 양국 100년의 우정을 새로이 하고 포괄적이고 협력적인 동반자 관계를 더욱 다지는 해가 되기를 바란다.

② 한국의 멕시코 에너지 생산 부문 투자에 대한 관심은?

세계 5위의 산유국이며 자원 부국인 멕시코와 석유, 가스 및 광물 자원 협력을 적극 희망하고 있다. 아울러 정유 및 전력 설비 투자에서 많은 관심을 갖고 있다. 오는 9월 멕시코 방문을 계기로 양국간 자원 개발 협력뿐만 아니라 주요 에너지에 대한 투자도 활성화될 수 있기를 기대한다.

③ 한국 기업이 대미(對美) 수출을 위해 멕시코에 투자 진출을 늘릴 것인지?

지난해 한국의 대(對) 멕시코 투자는 전자, 정보기술(IT) 분야를 중심으로 전년도에 비해 43%나 증가했다. 멕시코가 가진 풍부한 내수시장과 북미, 중남미 진출의 거점이라는 전략적 가치로 볼 때 한국의 대 멕시코 투자는 앞으로도 지속적으로 늘어날 것으로 예상된다.

④ 멕시코 내 한국-멕시코 자유무역협정(FTA) 체결 반대 움직임에 대해.

양국의 산업 구조가 상호 보완적이라는 점을 고려할 때 (FTA를 넘어선) 경제 동반자 협정 체결은 상호 교역, 투자 등의 포괄적인 경제 협력을 활성화함으로써 양국 모두에 큰 혜택을 줄 것으로 본다.

⑤ 멕시코 내 관광 분야 투자에 대한 관심은?

북미를 경유해 멕시코를 방문하는 관광객도 많아서 실제 멕시코를 방문하는 한국인의 수는 통계보다 훨씬 많을 것으로 본다. 특히 역사, 문화와 같은 테마 관광에 대한 관심이 높아짐에 따라 한국 기업의 관심과 투자도 더욱 커질 것으로 기대한다.

⑥ 아태지역 내 빈곤과 저개발 문제에 대해.

빈곤 문제 해결과 경제 개발 지원은 국제 사회가 함께 힘을 모아야 하는 공동 과제다. 최근 국제기구를 중심으로 논의되고 있는 특별기금 설치나 최빈국 부채 탕감 등도 하나의 해결 방안이 될 수 있을 것으로 생각한다.

(3) 중남미 경제의 현황 NIE 경제 학습지 만들기

지구 반대편에 있는 브라질, 아르헨티나, 우루과이(우리 나라의 대척점) 등 중남미의 경제가 2002년 이후 계속해서 휘청거리고 있다. 국제통화기금(IMF)은 위기가 확산되는 것을 막기 위해 브라질에 300억 달러(약 36조 원)를 지원하겠다고 했다. 미국도 우루과이에 대해 15억 달러(약 1조 8천억 원)의 지원 계획을 내놨다.

이에 힘입어 중남미 경제가 다소 진정되는 기미를 보이고 있지만 여전히 위태롭다. 중남미 경제가 어떤 상황이고, 앞으로 어떻게 될지 알아보자.

① 밖에서 도와주지 않으면 당장 버티기 힘들 정도로 지금 중남미 경제가 어려운가?

2001년, 아르헨티나가 국가 빚을 갚지 못해 채무지불정지(디폴트) 상태가 되더니 최근에는 브라질과 우루과이, 페루 등도 국가 부도 위기를 맞고 있다. 국제 자본이 일시에 빠져나가 돈(달러)을 빌리기 어려워지면서 외채 이자를 대기도 벅찬 상황이 되었다.

2002년 10월 대통령 선거를 앞두고 IMF와 국제 자본에 비판적인 좌파 후보들이 1~2위를 달리자 외국인 투자자들이 불안해하고 있다. 좌파 후보가 대통령에 당선되면 외채를 갚지 않겠다고 선언해 돈을 떼이지 않을까 하는 우려 때문이다.

브라질이 디폴트 상태가 되면 중남미 경제는 더욱 어려워진다. 경제 성장을 위해서는 공장을 짓고 기술을 들여오는 데 쓸 외국 자본이 필요한데 빚을 갚지 못할 나라에 돈을 빌려줄 나라는 없을 것이다. 이런 사태를 막기 위해 IMF가 브라질을 지원키로 한 것이다.

② IMF가 아무 조건 없이 브라질을 도와주는 것은 아닐 것이다.

IMF는 지원 조건으로 2005년까지 브라질의 재정 수지(국가가 거둔 세금에서 지출을 뺀 것) 흑자가 국내총생산(GDP)의 3.75% 이상이어야 한다고 못박았다.

최소한 이 정도 흑자는 내야 빌려준 돈의 이자라도 받을 수 있다고 본 것이다. 그런데 브라질의 재정 수지는 지난해(GDP의 −4.6%)에 이어 올해(−3.7%)도 적자를 낼 것으로 예상되고 있다 IMF가 상당히 까다로운 조건을 내걸었다고 볼 수 있다.

IMF는 또 지원금(300억 달러)의 20%(60억 달러)만 대통령 선거 이전에 주고 나머지는 내년에 주겠다고 밝혔다. 새로 선출되는 대통령이 IMF가 제시한 조건을 수용해야 돈을 풀겠다는 뜻이다. 선두를 다투고 있는 좌파 대선 후보들은 IMF의 지원 계획을 원칙적으로 환영했지만 공식적인 지지 의사를 밝히지는 않았다. 급한 불을 끄려면 IMF의 돈이 필요하지만 브라질 국민들의 IMF에 대한 불신이 워낙 커 선뜻 지지할 수 없기 때문이다.

경제가 나빠져 기업과 소비자의 씀씀이가 움츠러들면 정부라도 돈을 풀어야 하는데, 재정 수지를 맞추기 위해 정부가 허리띠를 졸라매면 경제가 더욱 어려워질 수 있다.

지난해 노벨 경제학상을 받은 조셉 스티글리츠 미국 컬럼비아대 교수가 "중남미 경제 위기가 주기적으로 재발하는 것은 IMF의 정책 실패 탓"이라고 비판한 것도 이런 이유에서이다.

③ 2001년, 아르헨티나가 어려울 때는 IMF가 왜 그냥 방치했나?

아르헨티나의 금융 위기는 마침 조지 W 부시 미 대통령이 "개발도상국에 대한 IMF의 구제 금융 정책은 실패작"이라며 지원을 줄이겠다고 발표했을 때 발생했다. 세계 경제(특히 환율) 안정을 목표로 미국이 주도해 만든 IMF는 미국의 입김에 따라 정책을 결정한다. 미국이 거부하면 지원할 수 없다.

미국은 사실 아르헨티나 위기가 다른 중남미 국가들로 확산되지 않을 것으로 낙관한다. 예상과 달리 중남미 전역으로 위기가 퍼지자 더 이상 방치했다가는 수습할 수 없는 지경까지 갈 수 있다고 보고 부랴부랴 IMF를 내세워 불 끄기에 나선 것이다.

④ 중남미의 경제 위기가 주기적으로 재발하는 이유는?

16세기부터 300여 년 간 스페인, 포르투갈의 식민지였던 중남미는 백인 상류층과 혼혈인 및 원주민 하류층으로 양분돼 있다.

빈부 격차가 세계에서 가장 심해 상·하류층은 서로를 같은 국민이라 여기지 않을 정도이다. 지난해 아르헨티나 위기 때 상류층이 외국으로 돈을 빼돌리고, 선조들의 고향인 스페인으로 대거 이민을 간 것이 단적인 예다.

⑤ 중남미 경제 위기의 불똥이 우리에게 튈 가능성은 없는가?

중남미에는 삼성전자, LG전자, 현대자동차 등이 진출해 휴대전화, 가전제품, 자동차 등을 주로 수출하고 있다.

중남미의 수출 비중은 우리 나라 전체 수출의 6% 정도지만 수입보다 수출을 더 많이

해 매년 60억 달러 이상의 무역 흑자를 내고 있다. 중남미 경제가 나빠지면 수출이 줄어들어 우리 경제도 영향을 받을 것이다.

(4) 신문의 다양한 경제 통계를 활용한 경제 통계 분석력과 논술 능력 키우기

신문에는 하루에도 수많은 경제 통계들이 쏟아지고 있다. 신문의 다양한 경제 통계를 활용하여 수치화된 자료를 문장으로 풀게 하여 논술 능력을 키울 수 있다.

거꾸로 경제 기사를 바탕으로 통계표를 작성하거나 원 그래프, 막대 그래프 등을 그리게 하여 통계 자료를 이해하고 분석하는 힘을 키우는 활동도 가능하다.

(예시) 인터넷 신문을 활용하여 통계와 직결된 내용만 뽑아내기

미국의 금리 변동 추이

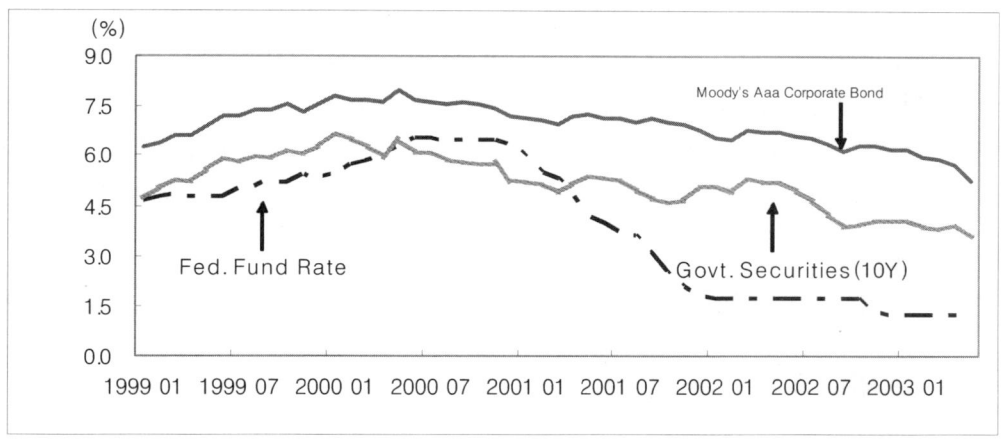

• 전체 기사 중에서 도표와 직결된 내용만 간추린 사례

최근 들어 미국 연준이 연방기금 금리를 계속해서 인하함에 따라 연방기금 금리(federal fund rate)가 45년 만에 최저치를 기록하는 등 저금리 현상이 지속되고 있다.

2002년 11월 초 연방기금 금리를 0.5%포인트 인하한 데 이어 지난 6월 25일 이를 재인하함으로써 연방기금 금리는 1.00%까지 하락했다.

2001년 1월 경기 부양을 위해 연방기금 금리를 6.5%에서 6.0%로 낮춘 이래 13차에 걸쳐 지속적으로 금리 인하를 했다.

한편 국채(10년 만기)와 회사채(Moody's Aaa) 수익률도 2000년 하반기 이후 꾸준한 하락세를 보이고 있다.

(5) 한자 교육과 시사 상식을 늘리기 위한 경제 학습지 만들기

경제 수업을 하다 보면 기본적인 경제 용어나 개념에 대한 이해가 부족하여 전체 내용을 파악하는 데 어려움을 겪는 학생이 많다. 이를 해결하기 위해 가정이나 학교에서 '경제 한자 학습지'나 '시사 용어 찾아 이해하기' 등의 학습을 실시할 수 있다. 이를테면 경

제 용어 중에 '가수요(假需要)'는 한자의 뜻만 알면 금방 이해되는 용어이다. 이름 그대로 가수요는 가짜 수요, 즉 실수요가 아닌 '거짓[가(假)] 수요'를 뜻하므로 한자의 뜻만 알아도 이해되는 개념이다. 한자가 이해되면 가수요의 기본 개념인 '가격이 계속해서 오를 것을 예상하고 사재기를 하는 활동'이라는 것이 쉽게 이해될 것이다.

(예시) 한자 교육을 통한 경제 용어와 개념을 파악하는 능력을 키우는 학습지

11 통계 · 도표 · 그래프의 이용

여러 일간지 중 각종 그래프를 수집하여 분석한다. 기사를 이해하는 데 긍정적인 측면과 부정적인 측면에 대하여 알아본다. 잘못된 그래프의 사용을 찾아본다.

그래프를 이용하는 것은 일간지에서 빠르고 정확한 정보 전달을 하기 위함이고, 이해를 쉽게 하기 위함이다. 신문지상의 많은 정보 속에서 사회 현상을 농축시켜 놓은 그래프는 쉽게 눈에 띄는 장점이 있다. 그래프는 신문 이전에 헤드라인으로서의 역할을 한다. 자료 및 해석이나 그래프에 대한 분석을 해보는 것은 수험생이 가져야 할 좋은 습관이다.

(1) 원 그래프

전체 통계량에 대한 부분의 비율을 하나의 원의 내부에 부채꼴로 구분한 그래프이다.

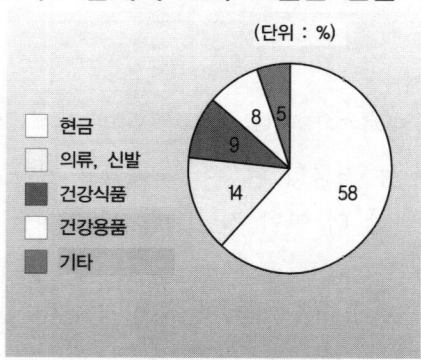

부모님에게 드리고 싶은 선물

① 눈에 편안한 깨끗한 색을 택했다. 가장 높은 수치를 흰색으로 한 것이 아쉽다. 비율이 낮은 것을 오히려 진한 색으로 했다는 것이 색다르다.

② 원 그래프로 표현하기 적당한 다섯 가지의 항목이 나타나 있다.

③ 전체가 100이 아니다.

  ㉠ 나타나 있는 각 항들의 합이 100(전체)이 아니다.

  ㉡ 비율이 낮은 항을 생략했다.

(2) 막대 그래프

여러 가지 통계나 사물의 양을 선, 즉 막대 모양의 길이로써 나타내어 얼른 알아보기 쉽도록 그린 그림표이다.

공단 임차 기업 현황
173% ↑
월별 공장 경매 물건수
자료 : 지지옥션(www.ggi.co.kr) (단위=건)

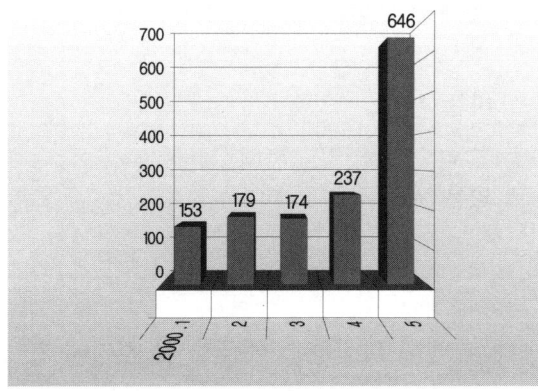

① 그래프 자체가 깔끔하며 눈에 잘 띄는 그래프이다.
② 5월에 접어들어서 전월 대비 쓰러지는 공장의 수가 17% 증가했음을 알린다.
③ 어려운 경제 상황을 소름이 돋을 만큼 효과적으로 표현하였다.

(3) 꺾은선 그래프

한 변수 x의 함수 y의 변화 상태를 [그림]과 같이 꺾은선으로 나타낸 그래프이다

생산과 도소매 증가율
자료 : 통계청 (단위=%, 전년 동월 대비)

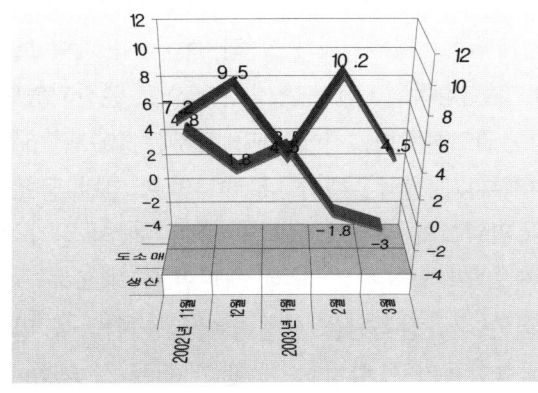

① 전년 동월에 대비하여 생산과 도소매의 증가율을 나타낸 것이다.

② 도소매 부분이 2003년 1월 이후부터 마이너스로 돌아선 것을 알 수 있다.

12 수행 평가를 위한 신문 활용 교육

(1) 금융, 채무자, 자영업자, 신용, 사채업자를 한자로 쓰고, 그 뜻을 찾아 정리해보자.

- 金融 : 경제계에서 자금의 수요와 공급의 관계를 말함.
- 債務者 : 채무를 진 사람.
- 自營業者 : 독립하여 자기 힘으로 경영을 하는 사람.
- 信用 : 언행이나 약속이 틀림없을 것으로 믿음.
- 私債業者 : 금전에 대한 사업을 경영하고 있는 사람.

(2) 금융감독위원회가 하는 일을 알아보자.

① 주요 업무

　㉠ 건전한 신용 질서와 공정한 금융 거래 관행을 확립하고 예금자 및 투자자 등 금융 수요자를 보호하기 위해 '금융감독기구 설치 등에 관한 법률'에 의하여 설립하였다. 특별법에 의해 행정권을 부여받아 금융 감독과 관련된 규정의 개정, 금융기관에 대한 검사와 제재, 증권·선물시장의 감시 기능 등 금융기관 감독에 대한 중요한 역할을 한다.

　㉡ 주요 업무는 금융 감독과 관련된 주요 사항의 심의·의결 및 금융감독원에 대한 지시·감독 등이다. 또한 금융기관의 재무 구조를 개선하고 각 금융기관별로 특성에 맞는 금융산업의 구조 조정과 관련된 업무를 추진한다. 기업 경영의 투명성을 제고하고, 상호 지급 보증의 해소와 재무 구조의 획기적 개선을 포함하는 구조 개혁 5대 기본 과제를 추진하는 등 기업의 구조 조정 관련 업무를 관장한다.

② 설립 배경

　㉠ 1997년 1월 대통령 직속기구로 발족한 금융개혁위원회가 그 해 6월 '금융 개혁 보고서'를 통하여 은행감독원·증권감독원·보험감독원·신용관리기금으로 분산되었던 금융 감독 체계를 하나로 통합하도록 권고하였다. 이에 따라 정부는 1997년 6월 그 때까지 재정경제원(지금의 재정경제부)과 한국은행이 나누어 맡고 있던 금융통화정책과 금융 감독 업무를 금융감독위원회와 재정경제원 및 중앙은행의 삼각 체제로 운용한다는 내용의 '중앙은행제도 및 금융감독 체계 개편안'을 발표하였다.

　㉡ 1997년 6월 정부는 금융감독위원회와 금융감독원을 설치하여 금융 감독을 일원화하는 것을 주요 내용으로 하는 '금융감독기구 설치 등에 관한 법률'을 국회에 제

출하였고, 같은 해 12월 동 법안이 국회를 통과함으로써 1998년 4월 금융감독위
원회가 설립되었다. 이어 1999년 1월에는 중간 감독기구로서 금융감독원이 설립
되었다.

ⓒ 위원회의 조직은 위원장, 부위원장과 상임위원, 재정경제부 차관, 한국은행 부총
재, 예금보험공사 사장, 재정경제부 장관이 추천하는 회계 전문가, 법무부 장관
이 추천하는 법률전문가, 대한상공회의소 회장이 추천하는 경제계 대표 1인 등
총 9명의 위원으로 구성한다. 내부 기구로는 공무원 조직인 기획행정실(3과)·감
독정책1국(3과)·감독정책2국(4과)이 있다. 국무회의의 심의를 거쳐 대통령이 임
명하는 위원장은 위원회를 대표하며 회의를 주재하고 사무를 총괄한다.

**(3) 신문 속에서 기업의 활동이나 근로자의 행동이 기업 윤리, 경제 정의 등에 어긋나는
경우를 찾아 스크랩하거나, 관련 자료를 수집하여 그 개선책을 500자 내외로 정리
하세요.**

> 기업은 다른 경제 주체와 상호 의존하는 경제 사회의 한 구성원이기 때문에 일정
> 한 도덕적 책임을 지닌다. 이를 흔히 '기업 윤리'나 '경제 정의'라 하며, 기업의 도덕
> 성을 판단하거나, 기업의 경영 방식과 경영 정책을 평가하는 기준이 된다.
>
> 기업 윤리는 대체로 두 가지 관점으로 구별된다. 하나는, 결과를 보고 행동의 정당
> 성을 판단하는 것이고, 다른 하나는, 하지 말아야 할 행동을 하거나 해야 할 일을 하
> 지 않을 때, 이를 정당하지 못한 것으로 보는 것이다. 이 두 가지 생각은, 실제로 오
> 늘날 기업의 개별 행동을 평가하는 데 중요한 것이다. 그리고 기업가는 미래의 불확
> 실성 속에서도 장래를 정확하게 예측하고 변화를 계속 모색해야 한다. 이것이 기업
> 의 혁신으로서, 기업가의 중요한 사명이라 할 수 있다.
>
> 기업가의 이러한 역할에 대하여 근로자는 자신의 일에 대한 정당한 대가를 요구하
> 는 반면, 생산 활동 과정에서 자신과 전체 경제 사회를 위한 의무를 지닌다.

(예문)

① 한국의 경제 성장 과정에서 파생된 문제점을 스크랩하고 해결 방안을 구체적으로
밝히시오.

② 우리 사회의 성 차별, 성 불평등 실태에 관련된 기사를 스크랩하고, 개선 방안에
대해 쓰시오.

③ 현재 사회적으로 가장 쟁점인 사건을 스크랩하고, 그 이유에 대하여 쓰시오.

④ 역사책에 담을 만한 인물을 선정하여 스크랩하고 그 이유를 밝히시오.

⑤ 민주 시민으로서 지켜야 할 덕목을 스크랩하고, 자신과 우리 나라 입장에서 부족

한 점과 개선해야 할 점을 찾으시오.

⑥ 세계화하고 싶은 우리 문화를 스크랩하시오.

⑦ 신문 속에서 자신의 관심사를 스크랩하고, 개인적, 사회적 장래를 고려하여 미래 사회에 대한 시나리오 만들어 보시오.

⑧ 기업의 활동이나 근로자의 행동이 기업 윤리, 경제 정의에 어긋나는 경우를 스크랩하여 개선책을 밝히시오.

⑨ 네트워크에 관련된 기사들을 모아 신문의 사회면을 만들어 보시오.

13 신문으로 신문 읽기

(1) 비판적으로 신문 읽기

신문이 수업 자료로 이용될 수 있다. 교과서가 고답적이고 시대에 뒤떨어진 현실에서 신문은 학습과 삶을 연결하는 통로가 된다.

신문의 곳곳에 있는 교훈적인 자료는 인성과 가치관 교육을 위한 좋은 자료이지만, 신문이 자신의 기능을 잃어버리고 편향적이고 불공정하며 비교육적인 자료를 펼친다면 그것은 학생들에게 큰 해악을 줄 수 있다.

때문에 NIE는 학생이 스스로 신문을 제대로 읽어 낼 수 있는 능력을 길러 주어, 필요에 따라 신문을 유용하게 쓸 수 있도록 하는 것이 중요하다. 그러기 위해서는 신문을 수용하는 기능적 능력만큼이나 신문이 신문으로서의 올바른 기능을 다하고 있는지를 비판적 사고로 살피는 안목도 길러 주어야 한다. '신문으로 신문 읽기'는 비판적 신문 읽기의 출발이며, 지금까지 진행된 신문 활용 교육의 정리와 반성 차원에서도 필요하다.

(2) 옴브즈맨 칼럼으로 신문 읽기

옴브즈맨 칼럼은 신문의 기능, 편집, 운영은 물론 정치, 경제, 사회, 문화 등에 상당한 소양을 갖춘 전문가들이 글을 쓰기 때문에 이들의 지적은 신문을 제대로 보는 눈을 한 단계 높여 준다. 이들의 주장을 차곡차곡 정리하여 신문을 제대로 읽는 소양을 높이고 '신문으로 신문 읽기'의 출구를 찾을 수 있으며, 신문을 제대로 비판할 수 있는 실마리를 찾을 수 있다.

(3) 독자란으로 신문 읽기

'사회의 소금'인 독자란은 개인적 민원도 있지만, 신문의 잘못을 꼬집는 글들이 많다. 우리가 보지 못한 부분들을 지적하여 신문이 사회의 공기로서 역할을 충실히 하도록 독려하는 내용이다. 신문이 시민의 교사로서 역할을 제대로 하고 있는가를 비판할 수 있다.

(4) 신문과 신문을 비교하여 읽기

독자들은 신문을 봄으로써 본인이 의식하든 의식하지 않든 신문이 요구하는 어떤 '의도'에 노출되고 일정한 영향을 받는다. 신문의 편집이나 내용에 불만이 계속되면 다른 신문을 신청하거나 심지어 불매 운동까지도 펼친다.

'신문으로 신문을 비교하여 읽기'의 몇 가지 보기를 들면, 먼저 신문의 창조성 문제다. 어떤 신문에 좋은 시를 소개하는 꼭지가 생겨 독자들로부터 반응이 좋았다. 그러나 곧바로 유사한 꼭지가 다른 신문에도 등장하여 그 신선함을 반감시키는 경우가 좋은 예이다.

• 중앙 : 시가 있는 아침 • 동아 : 시의 향기   • 국민 : 아침에 읽는 시
• 한국 : 내 시의 한순간 • 경향 : 시마을   • 조선 : 아침에 시 한 편을 배달합니다.

위의 예를 통하여 창의력을 발휘하여 독자적이고 참신한 신문 만들기를 소홀히 한 신문의 게으름을 확인할 수 있다.

(5) 신문을 야단치며 읽기

신문의 중요한 기능 중의 하나는 교육 기능이다. 신문은 시민의 교사로서 사회생활 과정에서 터득한 삶의 지혜나 정보를 다른 사람에게 전해주는 역할을 한다. 중요한 기능을 수행할 신문이 자신의 위치를 망각하는 사례가 있다. 예를 들면 선정적인 사진을 문화면의 선봉에 세운다든지, 일탈된 외국 문화를 상당히 많은 지면을 할애하여 소개하는 경우 등이다.

제3편

독서 토론

01 독서 토론의 정의

동일한 책을 읽고 문제를 제기하여 여러 사람이 논의하는 것이다. 즉 독서 활동에 독자의 주관적인 이해보다는 여러 사람과의 토론이라는 과정을 통해서 이해의 폭을 넓히고 자신이 갖게 되는 의문점을 해결하는 방법이다.

02 독서 토론의 목적

같은 책을 읽고 난 후 주제를 정하여 책의 내용이나 주인공의 행동에 대하여 새로운 시각에서 다시 생각해 본다. 자신의 생각을 함께 이야기해 봄으로써, 책의 내용을 받아들일 때 무조건적인 수용보다는 나름대로 비평하면서 좋은 책을 고를 수 있는 넓은 안목과 자유로운 토론 분위기를 조성시켜 자신의 주장을 명백하게 펼 수 있는 태도를 기른다.

03 독서 토론의 효과

① 책에 대한 다양한 해석을 쉽게 접함으로써 개인적인 책읽기에서 흔히 빚어질 수 있는 피상적이고 독단적인 이해의 위험을 극복한다.
② 좋은 책을 골라 정밀하게 읽는 능력과 자세를 키운다.
③ 자기 의사를 논리적이고 효율적으로 표현할 수 있는 능력과 상대의 의견을 존중하며 듣는 자세를 키운다.
④ 합리적인 이성을 중시하는 토론 과정을 통해 참가자 각자의 민주적 소양을 기른다.

04 독서 토론의 문제점

독서 토론을 할 때 여러 가지 문제가 나타난다. 그 중 가장 심각한 문제는 자신의 의견을 조리 있게 잘 표현하기보다는 남의 말을 제대로 이해하지 못한다는 점이다. 즉, 대개의 토론 참여자들의 경우, 다른 사람이 말하는 내용이 자기 생각과 어떻게 다르고 같은가를 제대로 구별하며 듣지 못한다는 점이다. 그뿐만 아니라 토론 대상인 글 자체에 대한 읽기가 제대로 되어 있지 않다.

05 독서 토론의 진행 방법

참여자들은 책의 내용을 철저히 이해하여 논쟁의 주제들을 깊이 있게 토론하려고 힘써야 한다. 나아가 주어진 주제들을 놓고 토론하는 수동적 단계를 넘어서 스스로 토론 주제들을 찾아낼 수 있는 능동적 수준에 이르도록 부단히 노력해야 한다. 또한 독서 토론은 자신의 지적 우월성을 무기로 상대편을 망신시키는 공격 행위가 결코 아니므로, 상대의 의견과 주장을 충분히 인정하는 열린 마음이 필요하다.

독서 토론의 진행 절차는 다음과 같다.

도서 선정 ⇨ 논제 찾기 ⇨ 참여자 정하기 ⇨ 토론

06 독서 토론의 규칙

① 발언은 번갈아 가며 한다.
② 토론자의 발언 시간은 같게 한다.
③ 토론자는 정해진 발언 시간을 지킨다.
④ 발언 순서를 정한다.
⑤ 근거를 대며 자기 주장을 말한다.
⑥ 다른 사람이 이야기하는 도중에 가로막거나 끼어들지 않는다.
⑦ 화를 내지 말고 끝까지 침착하고 정중하게 말한다.

07 그 외 토론의 유형

(1) 토론 운영 방식에 따른 유형

① 일제 문답식 토론 : 교사가 학습자 전원을 상대로 문답을 통하여 전개해 나간다.

② 원탁식 토론 : 10명 이내의 구성원이 원탁에 둘러앉아 좌담식으로 한다.

③ 배심 토론 : 구성원이 많아 한 사람만 발언시키기가 곤란할 때, 수명의 대표자를 배심원으로 선정하여 단상에서 토론해 타 학생에게 공개한다.

④ 공개 토론 : 주제에 대하여 1~2명의 발표자가 규정된 시간(5~10분)에 발표하고 발표한 내용을 중심으로 나머지 학생들에게 질의, 응답으로 진행된다.

⑤ 버즈법 : 소집단 형태로 4~6명씩 구성하여 학습 주제에 대하여 자유롭게 토론을 전개해 가는 방식이다.

⑥ 대화식 토론 : 어떤 문제에 대해 그 방면의 권위자나 전문가를 초청, 또는 현장에 가서 면접을 통하여 문제에 대한 의견을 질의, 응답하는 형식이다.

⑦ 대좌식 토론 : 논제에 상반된 두 집단으로 나누어 각 집단의 견해를 주장하면서 전개시키는 방식이다.

⑧ 위원회 형식 토론 : 집단 구성원으로부터 일정한 권한이 부여된 수명의 인원이 집단 전체에 대한 문제 연구, 집단에 어떤 제안을 하려 할 때 쓰이는 방식이다.

⑨ 워크숍(Workshop) : 몇 개의 그룹으로 나누어 자주적으로 특정한 작업과 토론하는 방법으로, 실과나 기술, 미술의 공동 작업, 모형 만들기, 계획서 꾸미기, 보고서 작성하기 등에 유용하게 활용한다.

⑩ 브레인 스토밍(Brain Storming) : 6~8명씩 집단을 형성하여 집단별로 새로운 아이디어를 찾아내게 하는 방법이다.

⑪ 자유 토론 : 학급 전체가 관심 있는 주제를 가지고 자유롭게 토론하는 형태이다.

(2) 집단의 크기에 따른 토론 유형

① 대집단 토론

대집단 활동을 대상으로 하는 토론 형태에는 라운드 테이블(The round table), 패널(The Panel), 포럼(The forum), 심포지엄(The symposium), 브리티시 디베이트(The British Debate), 배심원 재판 토론 등의 방법이 있다.

- 학생들로 하여금 발표 내용과 토론 내용을 노트에 적도록 한다.
- 주요 요점이나 상반된 입장을 요약하게 한다.
- 배심원의 주장과 논리의 정확성을 평가하도록 한다.

② 소집단 토론

학급에서는 통상 소집단 토론 방법을 많이 사용한다.

소집단 토론의 장점은

- 개별 수업이 가능하고 개인차가 고려된다.
- 개별 학습보다 문제 해결 학습에 더 효과적이다.
- 변별 능력을 기르는 데 좋다.
- 폭 넓은 정보가 오고 간다.

(3) 적용의 목적에 따른 토론 유형

① 타 수업 모형에 적용된 토론

설명 수업이나 지시적 수업 모형은 그 적용 과정의 어느 한 시점에서 토론을 요구한다. 설명 수업이나 지시적 수업에서 학생의 사고를 확장시키고자 할 경우, 개념 수업에서 특수한 개념을 습득하고 그 개념에 대해서 이해의 깊이를 교사와 학생, 학생과 학생간의 의견이나 아이디어의 교환이 요구된다.

② 암송 토론

교사는 학생들에게 분명한 목적 의식을 가지고 독서를 요구한다. 그것은 어느 주제에 관한 중요한 정보가 될 수도 있고, 저자가 주장하고 있는 내용, 저자의 견해 등이 될 수도 있다. 독서가 끝나면 교사는 간단한 질의 응답 시간을 갖는데 이러한 활동을 통해서 학생들에게 독해력을 정정할 기회를 줄 뿐 아니라 학생들의 학습 동기를 유발한다.

③ 발견 및 탐구식 토론

이 토론의 공통된 절차는 우선 교사가 학생들에게 문제를 제시함으로써 수업을 시작한다는 것이다. 그러나 이러한 문제 사태는 쉽게 설명될 수 없는 난해한 사태로 학생들을 당황하게 하고 인지적 갈등을 일으키기 때문에 학생들의 사고를 위한 동기가 생긴다. 따라서 발견 및 탐구식 토론을 적용할 때는 난해한 사태를 설명할 수 있는 이론이나 가설을 형성하도록 격려해 주어야 한다. 이러한 토론에 있어서 교사는 학생들이 스스로 자신의 사고 과정을 깨달을 수 있도록 도와주고 학생들 스스로 자신의 학습 전략을 조절하고 평가하도록 지도해야 한다.

④ 자신의 입장을 명확히 하고 경험을 공유하기 위한 토론

학생들이 공통 경험으로 부의미를 추출하거나 상반된 견해로부터 자신의 입장을 명확히 하도록 할 때에는 공통 경험에 관한 토론이나 경험이 주는 의미에 관한 주장을 통하여 아이디어가 더 다듬어지고 확장되어야 한다.

08 작가와 작품에 대하여 심층 토론하기

〈수레바퀴 밑에서, 데미안, 유리알 유희〉

인간의 양면성을 적절하게 조화시킨 헤르만 헤세 편

사회자 : ○○고등학교 3학년 최고봉
참가자 : ○○고등학교 3학년 박세리
　　　　○○고등학교 3학년 장나라
　　　　○○고등학교 3학년 이차돈
　　　　○○고등학교 3학년 조영광

사회자

"인간은 각자 모두 자신의 운명을 손에 쥐고 있다. 완전히 자신의 작품이며 자신의 것인 생활을 창조하지 않으면 안 된다."-헤세

이 문구는 제가 개인적으로 좋아하는 헤세의 명언입니다. 안녕하십니까? 헤르만 헤세의 독서 토론을 맡은 사회자 최고봉입니다. 여러분과 함께 토론 수업을 하게 된 것을 영광으로 생각합니다. 서툴더라도 많은 협조 부탁합니다.

헤세는 우리에게 익숙한 작가입니다. '유리알 유희'로 노벨문학상을 타기도 했지만, 그의 작품에 등장하는 주인공이 청소년기에 접해 있는 우리와 공감대를 형성하기 때문입니다. 헤세가 글을 통해 평생 독자에게 풀어주어야 할 숙제는 대립을 통일과 조화로 이끄는 것이었습니다. 다시 말해서 세계에 존재하는 양극성의 지양입니다. 더 쉽게 풀이를 해 보자면 더 높은 것을 오르기 위하여 어떤 것을 하지 않은 것, 어떤 사물에 대한 대립이나 모순을 부정하면서 도리어 한층 더 높은 단계에서 이것을 긍정하여 살려가는 일입니다. 변증법의 중요 개념으로 알면 되겠습니다.

헤세가 처음부터 이런 일에 관심을 가졌던 것은 아니었습니다. 그의 작품은 1916년을 기점으로 전기와 후기로 나눠집니다. 전기 작품은 거의가 자신이 겪은 일을 바탕으로 쓴 자전적 소설입니다. 서정적이고 염세적이고 낭만적인 분위기가 주류를 이루고 있습니다. 이 시기에는 현실 세계에 대한 관심보다 예술세계로의 열정이 더 강했습니다. 제1차 세계대전(1914~1918)을 겪으면서 심리적인 변화가 생겼습니다. 참혹한 전쟁은 예술에 대하여 깊이 있게 생각하게 합니다. 그 사고를 바탕으로 신문과 잡지를 통해 전쟁을 일으킨 자신의 조국인 독일을 비판합니다. 그리고는 현실을 당장 소설로 옮기는 일을 시작합니다. 그에게 돌아온 것은 배신자 또는 정신병자라는 비난이었습니다. 그때 설상가상(雪上加霜)으로 불행이 찾아옵니다. 아내의 정신병과 아들의 병, 그리고 어머니

의 죽음입니다. 결국 정신적으로 큰 혼란에 빠진 헤세는 인간의 내면과 무의식에 관한 관심을 가지면서 심리치료를 받게 됩니다. 그때 융을 만났고, 칼 구스타프 융의 제자 J. B. 랑과 함께 정신분석을 연구합니다. 정신분석을 정신심리라고도 합니다. 그때 태어난 작품이 청년의 자기 인식 과정을 그린 '데미안'입니다.

헤세의 후기 작품은 그가 융의 개념인 내향성과 외향성, 집단 무의식, 이상주의(인생의 의의를 도덕적 사회적 이상의 실현에 두고 그것을 목표로 삼는 주의) 및 상징 등에 관심을 가지고 있음을 보여줍니다. 인간 본성의 이중성에 몰두한 것입니다. '황야의 이리'에서는 중년 남자가 많은 재산을 가지고 풍요한 생활을 하는 유산계급(부르주아) 수용과 정신적인 자기 실현 사이의 갈등이 묘사되어 있습니다. '지와 사랑'에서는 기존 종교에 만족하는 지적인 금욕주의자(욕구나 욕망을 억제하는 것을 주장하는 사람)와 자기 자신의 구원 형태를 추구하는 예술적 관능주의자를 대비시켰습니다. 그의 장편 소설 '유리알 유희'에서는 극도의 재능 있는 지식인을 통해 경험에 의하지 않고 순수한 사유에 의한 삶과 적극적인 삶의 이중성을 탐구했습니다. 헤세의 작품으로 들어가기 전에 융의 정신분석학부터 짚고 넘어가겠습니다.

박세리

우선 제가 조사해 본 결과는 우리 나라에는 정신분석으로 이름난 학교가 없다는 것이 안타까웠습니다. 정신분석 학자라고 할 만한 사람이 없기 때문이었습니다. 칼 구스타프 융은 스위스의 정신과 의사였습니다. 인간 정신의 구조와 정신 역동을 설명하면서 프로이트의 성욕과 정신 생물학적인 결정론을 거부한 사람입니다. 프로이트가 리비도(무의식의 심층에서 나오는 인간 행동의 바탕이 되는 근원적인 욕구)를 성적으로 좁게 설명한 것을 받아들이지 못하고 리비도를 창조적인 생명력이라고 개념화한 사람입니다. 이 개념화는 고고학(유적 유물에 의하여 고대 인류에 관한 일을 연구하는 학문), 강신술(기도나 주문으로 몸에 신이 내리게 하는 술법), 신화학(신화의 채집, 기원, 성립, 분포, 의의 등을 연구 대상으로 하는 학문), 동서철학(동쪽과 서쪽의 세계, 인생, 지식에 관한 학문을 연구하는 학문), 천문학(천체에 관한 온갖 사항을 연구하는 학문), 종교(신이나 절대자를 인정하여 일정한 양식 아래 그것을 믿고 받듦으로써 마음의 평안과 행복을 얻고자 하는 정신문화의 한 체계) 등이 포함됩니다.

융의 정신분석학은 성격에 대하여 내향성 외향성으로 조명하고 확대합니다. 퍼스낼러티 전체를 정신이라고 주장합니다. 정신을 성적이면서 생리적 충동에 예속되지 않은 독자적인 실체라고 합니다. 여기에서 정신은 의식과 무의식, 모든 생각과 감정, 행동이 포함됩니다. 정신적인 에너지는 인간 정신에 깊이 근원하는 모든 충동들을 만족시키는 많은 형태를 가진다고 가정하였습니다. 사회적 종교적 목적의 충족뿐 아니라, 권력과 성적 충족, 죽음, 부활, 파괴, 충동, 창조 등입니다.

헤세 집안의 가풍은 그의 작품 세계에 큰 영향을 끼쳤습니다. 어머니의 고향은 인도였습니다. 외조부가 언어학자이며, 선교사였습니다. 헤세는 외조부에게서 인격과 인도학과 수천 권의 장서로 동양사상과 종교적인 영향을 많이 받고 자랐습니다. 또한 아버지는 목사였습니다. 헤세의 정신적인 유산은 그것뿐만이 아니었습니다. 헤르만 헤세보다 세 살 적은 막내 외삼촌은 가문의 전통에 따라 선교사가 되고, 교수가 되어 여러 사람에게 정신적 반향을 불러일으켰습니다. 막내 외삼촌은 헤세가 정신적으로 방황한 공백기를 채워주며 열린 마음으로 평생을 가깝게 지내 주었습니다. 하지만 경건주의(경건한 생활을 통한 믿음으로 으뜸을 삼음)에 대해서는 긍정적인 면과 부정적인 면을 보여주었습니다. 경건주의 신념에 따르면 인간은 타고날 때부터 약하다는 것입니다. 그래서 신앙이 있어야 한다고 말합니다. 그러나 헤세는 청소년들의 타고난 재능과 특성을 살리려면 불신과 제지와 맞닥뜨려야 한다고 말합니다. 이러한 교육의 결과는 할아버지의 심오한 유산을 이어받는 결과로 헤세의 소설 일부에서 묘사됩니다. 경건주의가 묘사되고 있는 소설은 어떤 것인지 말씀해 주시겠습니까?

헤세의 작품 '데미안'은 경건주의에서 눈을 돌렸음을 알게 해줍니다. 경건주의 신앙에서는 인간이 걸어가야 할 길은 신에게로 가는 길이며 이 길은 자신의 의지를 포기한다는 의미를 가르쳐 주지만 소설 '데미안'은 인간의 삶이 자기 자신에게로 나아가는 길이라고 우리에게 말해 줍니다. 자신의 운명을 발견하는 것, 그 운명을 스스로 마음껏 누리는 것을 에밀 싱클레어는 결국 자신의 모습 속에서 오랜 친구이자 인도인인 데미안의 상을 발견합니다. '데미안'은 소설 전반부에서 내 마음에 들어 있던 자, 모든 것을 다 알고 있는 자로 소개됩니다. 그러면 '수레바퀴 밑에서'는 어떤지 알고 싶습니다.

'수레바퀴 밑에서'에서도 한 소년이 어른들의 이기심과 명예욕에 치여 그의 삶이 어떻게 망가져 가는지를 잘 보여주고 있습니다. 이 소설의 주된 인물은 한스 기벤라트입니다. 여기서는 학교라는 사회가 보여주는 병폐들을 날카롭게 지적하고 있습니다. 또한 하일러라는 인물을 문제아로 내세워 인간의 양면성을 적절하게 조화시킵니다. 다른 사람 발표해 주십시오.

이 소설은 작가 자신의 체험을 바탕으로 쓴 소설입니다. 술에 취한 한스가 강물에 빠져 최후를 맞는 마지막 부분을 제외하고는 모두가 사실을 근거로 그려졌다는 것입니다. 여기서 재미있는 것은 한스와 너무나 대조적으로 그려져 있

는 하일러의 모습입니다. 작가 자신의 초상이라는 것을 알 수 있습니다. 헤르만 하일러라는 이름에서도 잘 드러납니다. 인간 속에 숨어 있는 양면성을 한스와 하일러라는 두 인물의 모습으로 그려낸 것입니다. 분위기 전환을 위해 돌아가면서 작가에 대하여 간결한 대답을 듣고 싶습니다.

장나라 헤르만 헤세는 1877년 독일 남부 슈바벤 지방의 작은 도시 칼프에서 태어났습니다. 어린 시절의 헤세는 남달리 상상력이 풍부했습니다.

조영광 동물에 관심이 많았습니다.

박세리 '수레바퀴 밑에서'의 한스처럼 라틴어 학교를 졸업했습니다. 마울브론 신학교에 입학해 기숙사 생활을 하였습니다.

조영광 그가 맛봐야 했던 것은 주입식 교육과 엄격하고 틀에 박힌 속박이었습니다.

이차돈 틀에 박힌 생활을 견디지 못한 헤세는 한스처럼 신경쇠약에 걸리기도 하고, 하일러처럼 탈주를 하기도, 자살을 기도하기도 했습니다.

박세리 결국은 채 1년도 못 되어 자퇴를 하고 고향으로 돌아왔습니다.

사회자 얼마 후 인문계 고등학교에 들어가지만 역시 적응하지 못하고 곧 자퇴를 합니다. 그는 결국 학교에 다니는 것을 포기하고 기계공 견습공으로 있다가 1895년에는 서점 취직을 해서 점원으로 일합니다. 이때부터 로맨티시즘(꿈이나 공상의 세계를 동경하고 감상적인 정서를 좋아하는 정신적 경향. 낭만주의) 작가들의 작품에 빠져 엄청난 양의 독서를 합니다. 스물일곱 살이 되던 해 장편소설 '페터 카멘친트'를 발표합니다. 그 후 '수레바퀴 밑에서', '크눌프', '데미안', '나르치스와 골드문트(지와 사랑)', '유리알 유희', '싯다르타' 등 수많은 명작을 발표합니다. 헤세의 작품 중에서 가장 기억에 남는 작품에 대하여 말씀해 주십시오.

조영광 저는 '싯다르타'를 인상 깊게 읽었습니다. 1922년에 발표된 장편소설입니다. 인도의 성담을 소재로 하여 '인도의 시(詩)'라는 부제가 붙은 소설입니다. 싯다르타는 석가의 어릴 때 이름입니다. 목적을 달성한 사람에게 주어지는 이름으로 알고 있습니다. 내면의 길을 완성해 가는 과정에 대하여 쓴 작품입니다. 동서양의 세계가 조화된 노장 사상을 언급했다고 하는데 거기에 대하여 알고 넘어 갔으면 합니다.

노장 사상은 도가의 중심 인물인 노자(BC 580?)와 장자(BC 370?)의 사상을 가리키는 것으로 도가 철학을 말하는 것입니다. 그 당시 몰락한 주나라의 문물제도가 지닌 허위성과 형식성을 문제 삼는 반문명적 사상을 키우는 것입니다. 공자와 맹자의 가치 철학(가치를 기본 원리로 삼는 철학)과는 상반된다고 알고 있습니다. 저는 '싯다르타'를 읽지 못했습니다. 자세한 줄거리를 듣고 싶습니다.

싯다르타는 바라문 집안에서 출생한 청년입니다. 장차 바라문의 왕으로 추대될 촉망받는 청년이었으나, 깨달음을 얻고자 친구 고빈다와 함께 고행 길을 떠납니다. 이 수련기의 싯다르타는 바라문의 아들로서 정신세계를 살아갑니다. 자아의 심신 활동으로 기초 원리인 아트만과 우주의 본질인 브라만(고대 인도에서 가장 높은 승려 계급으로 제자와 교법을 다스림)과의 일치를 추구하고 있었습니다. 함께 고행하던 고빈다는 열반에 도달한 고타마(Gotama)의 설법을 듣고 불가에 귀의합니다. 그러나 싯다르타는 경험에 의하지 않고 순수한 사유에 의한 사변적인 가르침으로는 굴레에서 벗어날 수 없음을 깨닫고 정신적인 방황을 합니다. 정신세계에 머물면서 잊고 있던 또 다른 자신, 즉 감각 본능의 세계에 있는 자아를 발견하면서 본능의 세계를 대변하는 여인 카말라를 알게 되고, 상인 카마스바미 밑에서 상인으로 살아갑니다. 싯다르타는 사랑의 환희와 막대한 부를 누리지만 궁극적인 진리는 결코 현세에서 얻을 수 있는 것이 아님을 깨닫고 또다시 생의 허무를 느낍니다. 절망하여 강물에 몸을 던지려는 순간 오랫동안 잊고 있었던 브라단의 성스러운 음인 불교의 진언(眞言) 가운데 가장 신성하다고 느껴지는 음절인 옴을 듣게 됩니다. 그의 앞에 자아의 구제를 의미하는 수천 개의 눈을 가진 보디삿타바가 강물 깊은 곳으로부터 모습을 드러냅니다.

싯다르타는 고뇌의 세계에서 벗어나 뱃사공 바스데바와 함께 지내면서 상반된 대립 속에서 자아 탈피의 과정을 겪습니다. 뱃사공이 된 어느 날, 자기의 정부였던 카말라를 만납니다. 카말라는 싯다르타와의 사이에서 얻은 아들과 함께 석가의 임종을 보러 가다가 뱀에 물려 죽습니다. 싯다르타는 카말라의 임종을 접하고 새로운 측면에서 죽음을 이해하게 됩니다. 죽음은 감각 본능 세계로부터의 단절을 의미하는 것이 아니라, 생사가 끊임없이 반복되는 과정, 즉 윤회의 일면임을 깨닫습니다. 카말라의 죽음을 체험하면서 삶과 죽음의 두 세계에 놓여 있는 시간의 종적인 테두리를 넘어서서 '동시 동등의 인정'에 도달하게 됩니다. 마침내 그의 내면에서 상반된 두 세계의 대립은 지양되고, 동시 동등의 조화, 즉 궁극적인 진리를 터득함으로써 오랜 욕망의 속박으로부터 자유로워진

다는 내용입니다.

'싯다르타'를 읽어 보면 주인공이 강물에서 삶의 소리를 듣고, 존재자의 소리를 듣고, 영원한 생성의 소리를 듣습니다. 여기에서 강물은 무엇을 뜻하는지 궁금합니다.

이차돈

싯다르타는 강을 어머니로 표현하고 있습니다. 바로 모체인 것이지요.

조영광

저는 '데미안'을 인상 깊게 읽었습니다. 우선 등장인물 '싱클레어'를 알기 위해서 보충 설명을 하겠습니다. 위에서도 언급한 바가 있지만, '데미안'의 이해를 돕기 위해 한 번 더 보충 설명을 하겠습니다.

박세리

헤세에게 있어 생의 위기는 새로운 예술 창작의 실마리가 되었습니다. 제1차 세계대전(1914~1918)이 일어났을 때 헤세는 2년 전부터 스위스에서 살고 있었습니다. 독일인으로 의무를 다하기 위해 베른 주재 독일 영사관에서 실시하는 신체검사뿐 아니라 지원병으로 입대하여 독일포로전쟁구호소에서 일하게 됩니다. 그때 증오보다는 사랑이, 분노보다는 이해가, 전쟁보다는 평화가 더 고귀함을 알게 됩니다. 포로전쟁구호소에서는 독일 포로들과 스위스에 억류되어 있는 군인들에게 읽을거리와 서적을 제공하는데 재정이 미미하여 이내 고갈되어 버립니다. 이후 '독일 포로들을 위한 일요신문'을 발간하여 2주마다 수천 부씩 찍어 프랑스, 영국, 이탈리아, 러시아 등으로 보내기는 하지만 전쟁이 가져다준 심각한 충격으로 정신 발작 증세가 심해집니다. 그때 의식과 무의식의 사이에서 융의 저술과 만납니다. 융 심리학의 영향을 받아 변혁과 변화와 새 출발을 위해 결정적으로 씌어진 작품이 '데미안'입니다. 처음 '데미안'의 제목은 '데미안-어느 젊은 시절의 이야기' 에밀 싱클레어 작이라고 가명으로 발표합니다. 싱클레어라는 이름은 헤세의 인생에서 혹독한 시련기임을 알 수 있습니다. '데미안'은 한창 진행 중이던 전쟁의 소용돌이 속에서 씌어집니다. 스위스에 살면서 반전적인 글을 발표하는 독일 언론의 적대적인 반응, 파경에 이른 결혼생활, 막내아들의 중병, 어머니의 죽음 등으로 헤세는 심한 우울증에 시달립니다. 정신병에 시달린 헤세는 랑 박사와 정신분석적 대화를 나누면서 '내면의 길'을 걷습니다. 그때 탄생한 '데미안'의 주제는 자기 탐구입니다.

'데미안'은 작품의 서두에서부터 저를 매혹시켰습니다. 이 소설의 화자는 서장부터 관심을 끌었고, 화자 자신의 내면세계에 엄격하게 고정되어 있습니다. 또한 개인의 이야기가 초개인적이고 초시간적인 타당성을 암시해주었습니다. 한편 서장 바로 앞에서는 "나는 정말 나 자신의 내부에서 저절로 우러나오는 것

조영광

을 살려고 노력했다. 그것이 왜 그다지도 어려웠을까?"라는 구절이 한 구도자의 자전임을 규정지어 주었습니다. 자신의 과거 체험을 회고하는 이 소설은 오직 일인칭 화자의 눈을 통해서만 들여다볼 수 있습니다. 자아가 완전 폐쇄된 내면세계에 초점이 맞추어져 있기 때문입니다. 자기 발견과 자기 탐구의 소설입니다.

'데미안'에서 가장 중요한 상징은 알 껍데기를 깨고 나와 아프락사스 신에게로 날아가는 새입니다. "새는 알을 깨고 나온다. 알은 새의 세계이다. 태어나려는 자는 하나의 세계를 파괴하지 않으면 안 된다. 새는 신에게로 날아간다. 그 새의 이름은 아프락사스이다." 새는 세계와 인간에 대한 새로운 이해를 뜻합니다. 기존의 규범과 가치에 대한 새로운 평가를 의미합니다. 종교와 이데올로기, 무의식 속에 억압되어 있는 자아, 과거적인 것과 현대적인 것, 지속적이고 적극적인 비판, 인간과 사물에 대한 달리 보기입니다.

'데미안'은 소년 싱클레어가 자기 자신을 자각해 가는 과정을 그린 작품입니다. ① 프롤로그 ② 제1장 두 세계 ③ 제2장 카인 ④ 제3장 고독 ⑤ 제4장 베아트리체 ⑥ 제5장 새는 알에서 나오려고 싸운다 ⑦ 제6장 야곱의 싸움 ⑧ 제7장 애바 부인 ⑨ 제8장 종말의 세계입니다.

싱클레어가 라틴어 학교에 다니던 10살 때부터 이야기는 시작됩니다. 싱클레어는 급우인 데미안을 통하여 무의식 세계의 의미를 알게 되고 내면의 길을 걸어갑니다. 데미안의 어머니에게서는 모든 통일의 상징을 봅니다. 싱클레어는 전쟁에서 부상을 당하고 쓰러진 뒤 데미안과 재회를 하여 자기 자신을 발견합니다.

저는 고독한 방랑자의 모습을 통해 자기 생에 충실할 수 있는 길을 독자에게 제시해 주는 '크눌프'에 대하여 발표해 보겠습니다. 우선 가장 기억에 남는 장면을 낭독해 보겠습니다.

"보라! 나는 네가 지금 있는 상태를 그대로 어떻게 해볼 수가 없다. 너는 나의 이름으로 방황하면서 정착된 사람들에게 언제나 조금이나마 새롭게 자유를 갈망하게 하는 향수를 불어넣어 주었다. 나의 이름으로 너는 바보짓을 했으며 또한 사람들로 하여금 나를 조소하게 했다. 너를 통해 나는 조소당했고 너를 통해 나는 또한 사랑받고 있다. 너는 나의 친구이며 너는 내 몸의 일부이다."

실연을 당한 크눌프는 인생의 방관자가 되어 유랑생활을 합니다. 자신이 받은 상처는 숨겨두고 아이들에게는 노래를 들려주고 어른들에게는 이야기를 해주면서 그들에게 즐거움을 줍니다. 그는 비록 바보 취급을 받지만 사람들의 사랑을 받으면서 숙식을 제공받습니다. 나이를 먹고 폐병을 앓게 되었을 때 사람들은 그를 병원에 입원시키지만 자유와 자연을 사랑하는 그는 병원에서 뛰쳐나와 눈 덮인 산길을 헤매다가 피를 토하며 쓰러집니다. 몽롱한 가운데서 지친 다리를 이끌며 그는 신에게 "나는 일생을 잘못 걸었다."고 뉘우칩니다. 신은 "정주하고 있는 사람들에게 자유에 대한 향수를 전해주는 역할을 다했다."고 칭찬을 하면서 "너는 나의 아들이요 나의 몸의 일부이다."라고 답합니다. 크눌프는 신의 음성을 듣고 자기의 생과 화해를 하고 손발 위에 눈이 쌓이는 것을 느끼면서 만족한 표정으로 눈을 감는다는 내용입니다.

제가 느낀 크눌프는 꿈을 꿉니다. 규정된 질서에는 합당하지 못한 사람입니다. 마음이 어린애 같습니다. 다른 사람에게는 기쁨과 즐거움을 주는 반면에 자신은 외롭고 고독합니다. 정착할 고향이 없습니다. 모든 구속으로부터 벗어나 자유생활을 한 그는 가족과 행복, 가장을 포기해야만 하는 대가를 치릅니다. 무능력자이고 방관자인 크눌프는 자기 고향의 수풀 속을 헤매다가 눈 속에 파묻힙니다. 상쾌하고 장중하지 못한 크눌프의 삶에서 저는 답답함을 느꼈습니다. 예술가의 삶에 대하여 어떻게 생각하고 계시는지 여러분에게 질문을 하고 싶습니다.

조영광

저는 '달과 6펜스'라는 책을 읽으면서 예술가의 삶에 대하여 생각해본 적이 있습니다. 충실한 샐러리맨이었던 주인공은 이유 없이 아내와 자식 곁을 떠나버립니다. 죽어가는 자신을 돌보아준 친구에게 고마움도 느끼지 않습니다. 세인들의 이목도 신경 쓰지 않습니다. 오직 자신이 좋아하는 그림을 그릴 뿐입니다. 저는 이 작품을 읽으면서 예술가는 행동을 취할 때 결과에 대한 두려움과 의심을 선택하지 않고 자신의 내면 욕구와 느낌에 따르고자 하는 용기 있는 사람이라는 것을 느꼈습니다.

박세리

저는 그림 감상을 좋아합니다. 그래서 화가들의 삶에 대해서 관심이 많습니다. 제가 개인적으로 좋아하는 화가 장승업에 대하여 말해 보겠습니다. 장승업은 조선 화단의 거장입니다. 대원 장씨 집에서 태어나 일찍 부모를 잃고 이응원의 집에서 더부살이를 합니다. 이응원은 그림에 재능이 있는 장승업을 좋아해서 그림그리기에 전념할 수 있게 해줍니다. 뛰어난 기량과 넘치는 신운으로 왕성한 창작력을 인정받은 장승업은 명성을 얻어 고종의 어명에 의해 그림을 그립니다. 하지만 장승업은 구속받기를 일절 싫어했으며 오직 예술과 예술의 영감을 북돋아주는 술만 좋아했습니다. 그림을 좋아하는 사람들의 사랑방과 술집을 전전하며 뜬구름 같은 인생을 보내다가 생을 마감합니다. 지금까지도 장승업은 어디서 어떻게 생을 마감했는지 그 수수께끼 같은 죽음은 일체의 세속적인 것을 거부했던 진정한 예술가의 한 전형이라고 해도 과언이 아닐지 모르겠으나,

저는 장승업의 삶을 알고 나서, 진정한 예술가는 미래가 아닌 죽음까지도 따로 존재하는 것이 아니라는 것을 어렴풋이나마 알았습니다. 미래에 대한 두려움이나 의심이 없을 때 엄청난 집중력이 발휘되는 것이 아닐까요?

사회자 여러 가지 의견을 발표하여 주셔서 감사합니다. 그러면 우리는 이쯤해서 헤르만 헤세의 시 한 편을 낭독해 보기로 하겠습니다.

이차돈 안개 속에서//헤르만 헤세// 안개 속에서 보면 참으로 이상하다./덤불과 돌은 모두 외롭고/수목들은 서로가 보이지 않으니/모두가 다 혼자이다./나의 생활이 아직 밝던 때엔/세상은 친구로 가득 하였건만/지금 안개가 내리니/누구 한 사람 보이지 않는다./어쩔 수 없이 모든 것으로부터/인간을 가만히 격리시키는/어둠을 알지 못하는 사람은 결코/현명하다고 할 수 없는 것/안개 속에서 보면 참으로 이상한 것이/살아 있다는 것은 고독하다는 것/사람들은 서로를 알지 못한다./모두가 혼자이다.

조영광 헤세의 시는 명시가 많습니다. 우리는 헤세에 대하여 다시 토론할 기회가 없을지도 모릅니다. 한 편으로는 부족한 것 같아 제가 좋아하는 시 한 편을 더 낭송해 보겠습니다.
나의 어머님께//헤르만 헤세// 이야기할 것이 너무나 많았습니다./너무나 오랫동안 나는 멀리 객지에 있었습니다./그러나 나를 가장 이해해준 분은/어느 때나 당신이었습니다.//오래전부터 당신에게 드리려는/나의 최초의 선물을/ 수줍은 어린아이 손에 쥔 지금/ 당신은 눈을 감고 말았습니다.//그러나 이것을 읽고 있으면/이상하게도 나의 슬픔을 잊는 듯합니다./말할 수 없이 너그러운 당신이 천 가닥의 실로/나를 둘러싸고 있기 때문입니다.

사회자 잘 들었습니다. 그러면 오늘의 주제인 '수레바퀴 밑에서'를 토론해 보도록 하겠습니다. 이 작품은 지(智), 덕(德), 체(體)가 조화를 이룬 전인 교육을 지향하는 오늘날의 교육 정신이 자리를 잡는 데 큰 역할을 한 것이라고 여겨집니다. 이제야 비로소 안정과 명랑함을 찾게 되었고, 정신적으로 건전해졌습니다. 분노와 미움으로 가득 차 자살을 시도했던 악몽의 시간에 대해서도 더 이상 얘기하고 싶지 않으며, 이런 악몽의 시간은 이제 지나가 버렸습니다. 비록 악몽의 시간이었다고밖에 표현할 수 없지만, 그 시간들은 결국 나를 이렇게 시적인 인간으로 교육시키고 발전시켰습니다. 미친 듯이 뛰어다니던 질풍노도의 시기를 다행스럽게 이겨낸 것입니다. 이 글은 만년의 대작이자 노벨문학상을 안겨다준 '유리알 유희'를 발표한 뒤 헤세가 친구에게 쓴 편지의 내용입니다. 고독과 방황으로 보냈던 날이 그의 작품으로 하나 둘 승화되면서 작가 자신을 짓누르고 있던 어둠의 그림자들을 떨쳐내게 되었다는 뜻일 것입니다. 그러면 헤세의 '수레바퀴 밑에서'라는 제목이 뜻하는 구체적인 설명을 해 주시겠습니까?

이 작품에서 말하는 수레바퀴는 획일화된 학교생활을 말하는 것이라고 생각합니다. 사람을 사람으로 대접하지 않으며 기계처럼 규격화하려는 교장을 비롯한 선생, 더 나아가 학교 그 자체인 것입니다. 이 소설의 마지막 부분에서 한스는 술에 취한 채 강물에 빠져 죽습니다. 이 부분을 제외하고는 작품 전체 내용이 작가의 체험을 바탕으로 쓴 글이라고 했습니다. 학생들의 자질과 개성 따위는 전혀 고려하지 않고 오직 시험이라는 굴레를 씌워놓은 채 공부만을 강요하는 것입니다.

저는 이 책을 접했을 때 제목부터 가슴에 와 닿았습니다. 무엇인가 기대를 저버리지 않을 것 같은 애매모호하면서도 서글프고 비참하면서도 신선한 내용은 입시에만 급급한 현재의 생활과 무관하지 않아서 저에게 더욱 가깝게 느껴졌습니다. 다시 한 번 언급하자면 '수레바퀴 밑에서'의 수레바퀴는 인간을 억압하는 모든 것들입니다. 한스를 깔아뭉갠 수레바퀴는 공부의 압박이며, 주변사람들의 기대라고 할 수 있습니다. 한스의 죽음은 주위의 기대감을 저버리지 못하고 죽음으로 인생을 마감하고 있는 청소년들의 오늘을 예고했던 것이 아닐까요? 또한 저는 이 작품을 읽으면서 물은 어떤 의미를 지니는지 궁금했습니다.

헤세의 작품에서 물은 어머니가 아닐까요? 우리는 어머니 뱃속에서 나왔습니다. 그 뱃속이 바로 자궁입니다. 자궁에는 물이 있습니다. 아기를 낳을 때 터져 나오는 양수입니다. 그곳이 바로 행복의 근원이라고 생각합니다. 한스의 죽음은 어머니와의 만남입니다. 연어가 고향을 떠나 바다로 나갔다가 다시 폭포를 거슬러 올라와 강물에서 죽음을 맞이한 것과 같다고 보면 되겠습니다. 고향으로의 회귀라고 보면 되겠습니다. '페터 카멘친트'에서 주인공 리하르트는 보잘것없이 작은 강에서 수영을 하다 빠져 죽습니다. 어머니는 싱클레어에게 "내가 물결따라 흘러 들어갈 바다" 라고 말합니다. 이 책의 '수레바퀴 밑에서' 한스는 "지나간 인생의 즐거움이 마치 흘러가는 물결처럼 되돌아온다."고 말합니다. 개울가에 쓰러진 채 죽음을 맞이하고 있는 골드문트는 "그때 나는 그것이 그녀라는 것을, 어머니가 내 곁에 와 있으며 나를 무릎에 안고 있음을, 어머니가 나의 가슴을 열고 나의 심장을 꺼내기 위해 손가락을 나의 갈비뼈 사이에 넣고 있음을 알게 된다."고 합니다. '싯다르타'에서도 강을 표현하고 있습니다. 이처럼 헤세의 주인공들은 물과 죽음과 모성을 기본으로 하고 있습니다. 그 외에도 헤세가 상징으로 쓰고 있는 낱말들은 어떤 것들이 있는지 알고 싶습니다.

 헤세의 소설에서 충격받은 대목을 말해 보겠습니다. '데미안'에서 싱클레어는 부상을 당한 채 데미안으로부터 전해 받은 애마 부인의 키스입니다. 그 키스 속에서는 죽음의 냄새가 배어 있었습니다. 헤세가 글로써 표현하고자 한 것은 결국 어머니라고 생각합니다. 어머니는 행복이고 불행이며 죽음으로 우리에게 다가옵니다. 헤세가 말하려고 하는 문학의 최고 단계는 어머니가 아닌가 하는 착각도 들었습니다. 지금까지 진지한 독서 토론을 했습니다. 각자 소감을 들어 보도록 하겠습니다.

 저는 어렸을 때부터 아버지의 직업을 따라서 캐나다에서 살다가 왔습니다. 문화적인 차이와 교육 현실에 대하여 불만이 많았을 때 '수레바퀴 밑에서'를 접했습니다. 가장 기억에 남는 책이었습니다. 이해가 되지 않은 부분까지 곁들여 가며 토론을 할 수 있어서 많은 도움이 되었습니다.

 쉽고, 어려우면서도 마음에 와 닿는 책이었습니다. 보람 있는 토론 시간이 되었습니다.

 헤르만 헤세의 여러 작품들을 토론해 보았습니다. 토론이기보다는 혼자서 책을 읽었을 때보다 여러 사람의 의견을 들어 보니까 작품에 대하여 자세하게 알게 되었다는 게 솔직한 표현인 것 같습니다. 헤세의 작품들은 청소년기에 겪어야 하는 내용으로 공감대를 같이할 수 있어서 다행이었습니다. 처음부터 끝까지 진지하게 토론에 임해주신 여러분들께 감사드립니다.

−오양심의 '문학 여행' 1권에서 발췌

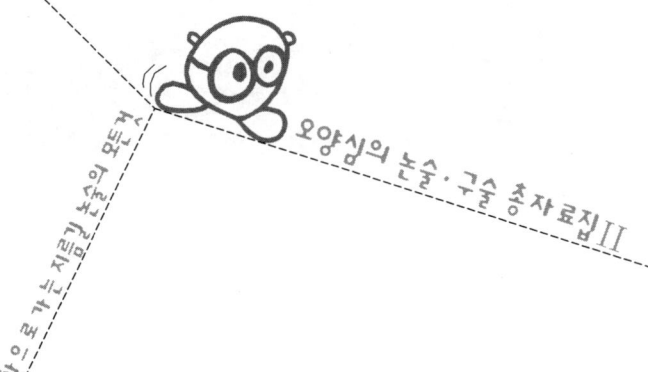

오양심의 논술·구술 총자료집Ⅱ

대학으로 가는 지름길 논술의 모든 것

부 록

2008학년도 서울대학교 정시 모집 논술고사(예시 문항)

1. 목 적

① 지식 기반 사회가 요구하는 비판적이고 창의적인 사고력을 가진 인재를 선발

② 지식 기반 사회에서 가치를 만들어내는 중심은 암기하고 있는 지식의 양보다 습득한 정보와 지식을 통합하여 주어진 문제 상황을 합리적으로 해결하는 능력, 즉 비판적, 창의적 사고력에 있음.

③ 교과 지식의 단순 반복 학습과 암기 위주의 교육에서 벗어나 학생 스스로 탐구하는 자기 주도적 학습 능력과 독서를 통한 사고 능력의 배양을 지향함으로써 이른바 입시 위주의 교육으로 왜곡되어 있는 중등학교 교육의 정상화 유도

2. 개념과 성격

① 개별 교과 지식이 통합되고 교과 영역 간에 전이되는 과정에서 발현되는 비판적, 창의적 사고력을 측정하는 시험

② 특정 교과의 암기된 지식을 묻고 그 답의 옳고 그름을 평가하는 결과 중심형 시험이 아니라, 고등학교 교과 과정에 제시된 내용을 토대로 주어진 문제 상황을 다각적이고 심층적인 사고로 재구성하여 창의적으로 문제를 해결하고 논리적으로 서술하는 능력을 측정하는 과정 중심형 시험

③ 모든 사고는 통합적 인지 활동이며, 중등 과정의 개별 교과들은 학생들로 하여금 총체로서의 사고력을 개발하도록 하기 위한 다양한 구성 요소

④ 통합 교과형의 개념은 교과와 교과의 단순한 통합이 아닌, 고등학교 교육 과정을 통하여 학생의 내면에서 길러지는 사고력의 통합을 의미함. 따라서 통합 교과형 논술을 대비하기 위한 별도의 교과가 필요한 것이 아니라, 개별 교과가 제안하는 여러 학습 활동을 자기 주도적으로 충실히 수행하는 것 자체가 논술을 준비하는 바람직한 방법임.

⑤ 통합적 사고력을 측정하는 논술고사의 취지는 1994년부터 시행되고 있는 대학수학능력시험의 기본 방향과 일치

3. 문제 유형

① 시험 시간 : 4시간 내외

② 답안 길이 : 인문 계열에서는 문항에 따라 300~1600자로 다양하며, 자연 계열에서는 제한이 없음.

③ 문항 수 : 모집 단위에 따라 문항 수와 지정 영역이 다를 수 있음.

④ 문항 형식 : 문항에 따라 단수 혹은 복수의 제시문과 세부 논제가 출제됨.

4. 출제 방향

① 교과서에 나온 제시문이나 주제를 최대한 활용하여 사교육에 의존하지 않고도 학생 스스로 충분히 준비할 수 있도록 출제

② 인문 계열에서는 특정 교과에 치우치지 않고 다양한 영역을 아우를 수 있는 문제를 출제하며, 수리적 사고력을 측정하는 문항에서도 풀이 과정과 답안을 제시한 뒤 원리와 개념이 만들어지고 적용되는 과정을 논리적으로 서술하도록 함.

(주어진 통계나 조건 등의 자료를 해석, 응용, 평가하여 논제를 해결하는 문항도 포함될 수 있음)

③ 자연 계열에서는 단순 지식의 암기가 아니라 수리적, 과학적 사고력을 묻는 문항을 출제하며, 문항에 따라 필요한 경우 관련된 공식이나 참고 자료를 제시함.

  • 수리적 사고력은 기본 개념과 원리 간의 상호 관련성, 현상을 관찰하여 얻어낸 원리를 확인하고 일반화하는 수리적 추론, 실생활에서 수리적 사고를 바탕으로 주어진 상황에 대한 적절한 해결책을 찾는 능력을 의미

  • 과학적 사고력은 자연 현상을 과학적 원리에 근거하여 해석하고 유추하는 논증 과정을 의미하며, 주어진 문항과 관련된 여러 자료를 제시하여 이를 토대로 주변 사물과 현상에 대한 의문을 합리적으로 해결하도록 함.

  • 우리가 경험하는 대부분의 자연 현상은 물리, 화학, 생물, 지구과학 등 전통적인 과학 중 어느 한 분야로 명확히 나눌 수 있는 것이 아니며, 각 학문 분야가 복합적으로 얽혀져 있으므로 가능한 통합적인 사고력을 필요로 하는 문항을 출제

  • 관련된 공식이나 참고 자료를 제시한 것은 지식의 유무가 아니라 개념과 원리를 적용하고 스스로 문제를 해결할 수 있는 사고력을 평가하기 위함임.

④ 영어 제시문은 사용하지 않지만 한자는 혼용될 수 있음.

5. 기대 효과

① 논술고사에 대한 준비가 내신과 대학수학능력시험에 대한 준비의 연장선상에서 이루어질 수 있도록 연계

② 일방적인 주입식 교육과 기계적인 문제 풀이식 반복 학습을 통한 입시 위주의 교육

으로부터 탈피

③ 학생의 자기 주도적 학습과 토론 위주의 수요자 중심 교육으로 전환

④ 교육 과정의 정상적인 운영을 통한 공교육의 질적인 향상

⑤ 지식 기반 사회가 요구하는 창의적인 인재 육성

6. 논술고사 준비 방법

① 고등학교 전 과정의 교과서가 논술 준비의 가장 기본적인 교재이며, 논술 주제는 국어나 작문에 한정되는 것이 아니라 전 과목에 걸쳐 도출될 수 있음.

② 교과서의 내용을 단순 암기하는 것이 아니라 그 내용에 대한 비판적 성찰과 교과서가 다루는 주제와 관련된 독서를 통해 다양한 시각과 깊이 있는 사고력을 배양할 수 있음.

③ 학생들은 책을 읽고 생각하고 쓰고 토론하는 과정을 주도적으로 진행하고, 교사는 그 과정이 보다 다각적이고 심층적이 될 수 있도록 도움을 주는 것이 논술을 준비하는 효과적인 방법임.

인문 계열 1차 예시 문항

❀ **다음 제시문을 읽고 논제에 답하시오.**

【문항 1】

[논제 1] (가)를 읽고, 자연 상태에서 소유권은 어떻게 성립하며, 소유의 한계는 무엇인지, 그리고 사유화에는 어떤 제한이 있는지에 관한 저자의 생각을 기술하시오.

[논제 2] (나)에 언급된 정보의 특성들로 인해 (가)에 제시된 재산권 정당화 논의의 조건(들) 가운데 무의미해지는 조건(들)이 있다. 그 조건(들)을 들고 그 이유를 설명하시오.

[논제 3] (가)와 (나)를 토대로, (다)의 카피라이트와 카피레프트에 대한 자신의 입장을 밝히고 그 입장을 정당화하시오.

(가)

대지와 그것에 속하는 모든 것은 인간의 부양과 안락을 위해서 모든 인간에게 주어진 것이다. 그리고 대지에서 자연적으로 산출되는 모든 과실과 거기서 자라는 짐승들은 자연발생적인 작용에 의해서 생산되기 때문에 인류에게 공동으로 속한다. 따라서 그러한 것들에 대해서는 그것들이 자연적인 상태에 남아 있는 한, 어느 누구도 처음부터 다른 사람을 배제하는 사적인 지배권을 가지지 않았다. 하지만 사람들에게 이용하도록 주어진 이상, 그것들을 특정한 사람이 일정한 용도에 맞게 사용하거나

그것으로부터 이득을 얻기 위해서는 이러저러한 방법으로 그것들을 수취할 수 있는 수단이 있어야 마땅하다. [중략]

비록 대지와 모든 열등한 피조물은 만인의 공유물이지만, 그러나 모든 사람은 자신의 인신(人身)에 대해서는 소유권을 가지고 있다. 이것에 관해서는 그 사람 자신을 제외한 어느 누구도 권리를 가지고 있지 않다. 그의 신체의 노동과 손의 작업은 당연히 그의 것이라고 말할 수 있다. 그렇다면 그가 자연이 제공하고 그 안에 놓아 둔 것을 그 상태에서 꺼내어 거기에 자신의 노동을 섞고 무언가 그 자신의 것을 보태면, 그럼으로써 그것은 그의 소유가 된다. 그것은 그에 의해서 자연이 놓아둔 공유의 상태에서 벗어나, 그의 노동이 부가한 무언가를 가지게 되며, 그 부가된 것으로 인해 그것에 대한 타인의 공통된 권리가 배제된다. [중략]

이러한 견해에 대해서는 아마도 다음과 같은 반론이 제기될 법하다. 만약 대지의 도토리나 다른 과실 등을 주워 모으는 것이 그것들에 대한 권리를 준다면, 누구든지 그가 원하는 만큼 많은 양을 독점하게 될 것이라는 반론이 그것이다. 이에 대해서 나는 그렇지 않다고 답변하겠다. 우리에게 이런 수단을 통해서 소유권을 부여하는 동일한 자연법이 또한 그 소유권을 제한하기 때문이다. "하느님은 우리에게 모든 것을 풍성히 주셔서 즐기게 해주시는 분이십니다."('디모테오에게 보낸 첫째 편지', 6:17)라는 구절은 영감에 의해 확인된 이성의 목소리이다. 그러나 하느님은 우리에게 얼마나 주셨는가? 즐길 수 있는 만큼. 어느 누구든지 그것이 썩기 전에 삶에 이득이 되도록 사용할 수 있는 만큼 주셨다. 곧 그가 자신의 노동에 의해 자신의 소유로 확정할 수 있는 만큼 주셨던 것이다. 그것보다 많은 것은 그의 몫을 넘어서며, 다른 사람의 몫에 속한다. 하느님은 그 어떤 것도 인간이 썩히거나 파괴해 버리도록 만들지는 않았다. [중략]

이런 식으로 토지를 개량함으로써 그 일부를 수취하는 것은 그 밖의 다른 사람에게 아무런 피해가 되지 않는다. 왜냐하면 여전히 많은 토지가 남아 있고, 아직 토지를 가지지 못한 자가 사용할 수 있는 것보다 더 많은 토지가 남아 있기 때문이다. 그리하여 결과적으로 어떤 사람이 울타리를 치는 행위로 인해 다른 사람에게 토지가 적게 남아 있는 일이란 있을 수 없다. 왜냐하면 다른 사람이 사용할 수 있을 만큼 많이 남겨놓은 사람은 전혀 아무것도 취하지 않은 것이나 마찬가지이기 때문이다. 어떤 사람도 다른 사람이 물을 잔뜩 퍼 마셨다고 해서 피해를 입는다고 생각할 수 없다. 왜냐하면 그에게는 갈증을 충분히 만족시킬 수 있는 전과 다름없는 강물이 남아 있기 때문이다. 따라서 토지든 물이든 둘 다 충분히 남아 있는 경우라면 사정은 전적으로 동일하다.

— 존 로크, '통치론' 6장

(나)

정보의 특성에 대하여 다음과 같이 서술할 수 있다.

① 정보는 남에게 전하거나 판매를 해도 없어지거나 줄어들지 않고 그대로 남는다.

② 정보는 대량생산이 필요하지 않다. 하나의 정보로써 모든 수요를 충족시킬 수 있다.

③ 정보를 다른 정보와 합치거나 그 일부를 빼거나, 형태를 바꿈으로써 얼마든지 새로운 정보로 바꿀 수 있다.

– 고등학교 '도덕'

(다)

'카피라이트(copyright)'는 지적 재산권이라는 뜻이다. 카피라이트 제도하에서는 저작자, 작곡가, 기타 창작자의 동의 없이는 창작물을 복제하거나 방송할 수 없게 된다. 이 제도는 창작자의 경제적 이득을 보장해줌으로써 창조 의욕을 높이고, 그에 따라 생산되는 정보의 수준을 높이는 데 기여할 수 있다. 하지만 한편으로는 창작자에게 배타적 독점적 권리를 부여함으로써 부작용을 초래한다는 비판도 있다.

'카피레프트(copyleft)'란 '카피라이트'와는 정반대의 개념으로서, 저작물에 대한 권리를 모든 사람이 공유할 수 있도록 하자는 주장을 말한다. 1984년 미국 MIT 대학의 컴퓨터 학자 리처드 스톨먼이 소프트웨어의 상업화에 반대해 프로그램을 자유롭게 사용하자는 운동을 펼치면서 시작되었다. 스톨먼은 인류의 지적 자산인 지식과 정보는 소수에게 독점되어서는 안 되며, 모두가 자유롭게 사용할 수 있어야 하기 때문에 저작권으로 설정된 정보의 독점을 거부하였다. 그러나 카피레프트 또한 창조 의욕 저하와 품질 하락 등의 문제를 발생시킨다는 비판도 있다.

🌸 예시 답안

[논제 1]

자연 상태에서 소유권은 자연 상태에 인간의 노동을 섞어 무언가 그 자신의 것을 보탬으로써 성립된다. 여기서 소유의 한계는 자연법에 의해 정해진다. 자연법은 우리에게 모든 것을 풍성히 주어 삶에 이득이 되도록 사용할 수 있는 만큼 소유하게 한다. 곧 자신의 노동에 의해 자신의 소유로 확정할 수 있는 만큼 주어진 것이다. 이러한 사유화에 있어 중요한 것은 남에게 피해를 주지 않는 범위 내에서 토지·물 등 자연을 사용할 수 있다는 점이다. 즉 재산이 사유화될 때에는 "충분한, 그리고 적절한 타인들의 몫"이 남아 있어야 한다는 것이다.

[논제 2]

　(나)의 정보의 특성들에 따르면 정보는 자연 상태와 무관한 것으로 무형의 것이며 하나의 아이디어나 정신적 산물의 결과다. 노동과 자연의 결합을 말한 로크의 이론은 정보와 지식의 창출과 같은 노동 형태와는 거리가 멀다. 따라서 로크가 재산권에 있어 유형의 자산을 염두에 두었고 이에는 당연히 육체 노동이 뒤따른다는 점에 비해 (나)의 정보와 관련된 아이디어의 산출과 표현은 그리 힘든 것이 아닐 수도 있다. 즉, 하나의 아이디어나 정신적 산물에 노동이 거의 혹은 전혀 이루어지지 않을 수 있는 점은 로크의 노동 가치론과 배치된다. 이런 점에 있어서 정보 사회의 지적 재산권은 로크적인 정당화에 전적으로 의지할 수 없다.

[논제 3]

　정보 사회에서 대부분의 아이디어와 기타 지적 대상물을 만들어내는 데에는 대개 집중적인 노력이 필요하기 때문에 로크의 정당화는 어느 정도 적실성을 지니고 있는 듯 보인다. 로크의 핵심적인 주장으로부터, 육체 노동에 따르는 고통과 어려움은 재산으로 보상받아야만 하기 때문에, 마찬가지로 정신적 노력과 창의적 작업에 따르는 어려움과 고통 또한 그런 방식으로 보상받아야만 한다는 논의가 도출된다.

　이처럼 지적 창조물을 위해 노력이 이루어지고 또한 가치가 창출되었기 때문에 어떤 사람이 독창적인 작업을 창조해내고 이를 구체적인 매체를 통해 표현했다면, 다른 사람들에게 해를 끼치지 않는 한, 이 사람은 그 작업에 대한 재산권을 가져야만 한다. 이는 재산이 사유화될 때에는 다른 사람에게 피해를 주지 않을 만큼의 풍요로움을 전제로 한 로크의 이론과 부합된다.

　그러나 정보 사회에서 지적 재산권에 대하여 로크적인 정당화에 전적으로 의지하려 할 경우, 어려운 문제점에 봉착한다. 정보의 특성상 하나의 아이디어나 정신적 산물에 노동이 거의 혹은 전혀 이루어지지 않았을 경우가 있기 때문이다.

　이처럼 노동과 자연의 결합을 통해 재산권을 확보한 로크의 이론은 오늘날과 같은 정보화 사회에 있어 노동과 재산권의 개념과는 거리가 멀다. 우리는 노동을 자연과 결부시키는 것이 아니라 복잡한 경제 체계에 결부시킨다. 이때 한 사람의 노동은 단지 상품의 생산에 기여하는 작은 투입에 불과하다. 따라서 고전적인 노동 가치론에 근거한 재산권 개념은 자유로운 아이디어와 지식의 흐름을 생명으로 하는 정보화 사회의 정보 창출에 오히려 방해 요인이 될 수 있다. 혹자는 노동의 개입 여부와는 관계없이 누군가의 과거 창작 활동을 보상하고 미래의 창작 혹은 생산에 대한 동기를 부여하기 위해 지적 재산권(copyright)의 보장은 꼭 필요하다고 주장할지도 모른다.

그러나 정보화 사회에서 창출된 정보란 이미 주어진 것을 근거로 삼아 새로운 정보를 '해석'한 것에 불과한 것이므로, 이를 마치 전적으로 자기 창작물인 것처럼 주장할 수는 없는 것이다. 그것에 대한 새로운 해석의 독창성을 인정하더라도, 그 비중이 그렇게까지 높은 건 아니다. 리처드 스톨먼의 지적처럼 오늘의 지식과 정보는 인류의 지적 자산으로 모두가 자유롭게 사용할 수 있어야 하며, 인류 전체의 지적 발전과 공유를 통한 문화의 풍요로움을 위해 지적 재산권과 같은 소수의 정보 독점과 상업적 논리는 거부되어야 할 것이다.

이제 정보화 사회에서 로크의 재산권 이론은 이제 한 사람의 노동이 아닌 우리 모두의 노동에 대한 정당한 보상으로 해석돼야 하기 때문이다.

【문항 2】

(문제)

네 가지 문자 A, G, C, T로 이루어진 문자열이란 A, G, C, T, AA, AG, AC, AT, GA, GG, GC, GT, …, CAT, … 등과 같은 순열을 뜻한다. 이러한 문자열은 일년이 지나도 대체로 잘 보존되는데, 가끔 다음과 같이 변형되기도 한다.

(가) 문자열의 맨 앞에 A, G, C, T 중 한 문자가 추가된다.
(나) 문자열의 맨 뒤에 A, G, C, T 중 한 문자가 추가된다.

따라서 가능한 변형은 문자열의 앞에 한 문자가 추가되는 것 네 가지와 뒤에 추가되는 것 네 가지로 모두 여덟 가지가 있게 된다. 그리고 변형은 일년에 많아야 한 번 일어나며 각각의 변형이 일어날 확률은 모두 p로 동일하고, 어느 해에 일어난 일이 그 다음 해에 영향을 주지 않는다고 가정하자. 처음에 A라는 문자열로 시작하여 10년 후에 GACT라는 문자열로 변형될 확률은 얼마인가?

(풀이)

한 문자열을 10년 동안 매년 관찰하여, 아무런 변형도 일어나지 않았으면 O를, X라는 문자가 앞에 추가되는 변형이 일어났으면 X+를, 뒤에 추가되는 변형이 일어났으면 +X를 차례로 써 넣어서 아래의 표를 완성한다고 가정하자.

해	1	2	3	4	5	6	7	8	9	10
변형										

예컨대 A라는 문자열을 관찰해서 10년 뒤에

해	1	2	3	4	5	6	7	8	9	10
변형	G+	O	O	O	+C	O	O	+T	O	O

위와 같은 표를 얻었다면, 이 표는 A로부터 GACT에로의 문자열 변형을 나타낼 것이다. 또

해	1	2	3	4	5	6	7	8	9	10
변형	O	O	+C	O	O	+T	O	O	G+	O

위와 같은 표를 얻었다면, 이 표도 A로부터 GACT에로의 문자열 변형을 나타낼 것이다.

이제 처음에 A라는 문자열로 시작해서 10년 후에 GACT라는 문자열로 변형될 필요충분조건을 고려하면, 구하는 최종 확률은 $p^3(1-8p)^7 \times 360$임을 알 수 있다. 왜냐하면 10년 뒤에 GACT라는 문자열로 변형된 것을 나타내는 표에는 공통적으로 O가 7개 기록되어 있게 되는데, O가 7개 기록되어 있는 특정한 표 하나를 얻을 확률은 $p^3(1-8p)^7$이고, 또 이러한 GACT 문자열 변형을 나타내는 표의 개수는 $_{10}P_3$를 2로 나눈 것, 즉 360개이기 때문이다.

결국 구하는 확률은 이 둘을 곱한 $p^3(1-8p)^7 \times 360$이다.

[논제] 위의 내용은 수리 논리적인 문제와 풀이 과정을 제시한 것이다. 그런데 너무 간략하게 정리되어 제시된 풀이 과정을 잘 이해하지 못하는 친구가 있다. 이제 여러분이 이 풀이 내용을 제대로 이해하지 못하는 친구에게 설명하고자 한다.

[1] A라는 문자열을 관찰해서 얻어진 표가 다음과 같을 때 이 표가 얻어질 확률이 문자열 GACT를 얻을 확률과 어떻게 다른지 그 이유를 설명하시오.

해	1	2	3	4	5	6	7	8	9	10
변형	C+	O	+G	O	A+	O	O	+T	O	O

[2] A로부터 GACT에로의 문자열 변형을 나타내는 표의 개수가 $_{10}P_3$을 2로 나눈 것, 즉 360개인 이유를 설명하시오.

[3] 문제 풀이를 제대로 이해하지 못하는 친구를 위하여 문제 풀이 전체에 걸친 내용을 논리적으로 설명하시오.

– 이하 문항 생략 –

인문 계열 2차 예시 문항

❀ 다음 제시문을 읽고 논제에 답하시오.

【문항 1】

〈제시문〉

(가)

　모 전자회사는 일 년 전에 2년 동안 6억 원의 예산을 투입하여 새로운 모델의 냉장고를 개발하기 시작했다. 그 시점에서는 이 제품이 완성되었을 때, 투자한 금액의 15~20%의 수익이 15년 동안 매년 발생할 것으로 예상하였다. 그러나 1년 동안 2억 원을 사용한 후에 다시 살펴보았더니, 개발 초기에 예상치 못한 환경 관련 비용의 증가로 인해 개발 비용이 총 7억 원으로 늘어나게 되었다. 또한 경쟁사가 동일한 신제품을 개발하여 연간 예상 수익률도 2년차 예산의 8%로 낮아졌고, 더구나 10년 후에는 이 제품의 경쟁력이 사라질 것으로 평가되었다.

(나)

　어느 나라의 국방부가 레이더에 걸리지 않는 비행기를 개발하기로 하였다. 이를 위해 먼저 총 1,000억 원을 투자하여 레이더의 추적을 피할 수 있는 핵심 부품을 만들기로 하였는데, 현재까지 900억 원을 사용하였다. 그런데 다른 나라의 회사가 이와 동일한 기능을 갖고 있으면서도 더 쉽게 장착할 수 있는 부품을 제작하여 판매하기 시작하였다.

(다) 새만금 간척 사업
〈농림부와 농어촌진흥공사의 연구 결과〉
1. 새만금 간척 사업으로 여의도 땅의 140배에 해당하는 국토가 생기면 21세기의 새로운 산업 용지를 만들 수 있다.
2. 농어촌 용수, 생활용수, 공업용수 등으로 한 해 10억 톤의 물 자원을 확보할 수 있다.
3. 국제 휴양 관광단지를 개발하는 데 최상의 조건을 가진 곳이며, 관광자원 및 자연학습공간을 제공하게 된다.

4. 첨단 농업 시범단지를 만들어 국제 경쟁력을 키울 수 있다.

5. 간척 사업은 교통이 불편한 해안 지역을 방조제로 연결하여 지역 주민과 국민 생활에 많은 편리함과 이로움을 제공할 것이다.

　따라서 새만금 간척 사업으로 얻을 수 있는 사회·경제적 효과가 크므로 간척 사업을 추진해야 한다.

〈환경부의 연구 결과〉

　충남 홍보지구, 전북 군장지구, 경기도 대부도 남리, 영종도 지구 등 4대 갯벌 지역을 보전했을 때의 생산성 연구 결과(1에이커당)

1. 갯벌에서 생산되는 김, 조개 등 수산물 : 365만 3000원
　　→ 매립하여 농경지를 조성했을 때에 예상되는 농산물의 생산성 247만 원에 비해 48%나 많음

2. 인근 연안 해역의 어류 서식지로서의 가치 : 283만 4000원

3. 갯벌의 자연 정화 능력 : 152만 2000원(정화시설 설치 비용)

4. 습지의 심미적 기능 : 생태적 다양성과 흥미에 따른 생물 실험실, 오락지, 생태 교육장 등으로 활용 → 16만 원

5. 이들 4대 지역 갯벌을 그대로 보전했을 때의 생산성은 816만 9000원
　　→ 농경지로 사용했을 때에 예상되는 생산성보다 3.25배 높음

　갯벌은 영구적인 재화와 서비스를 제공하지만, 개발에 따른 상업적 이용 가치는 한계가 있다. 따라서 갯벌의 개발에 따른 이익이 매우 크지 않다면 갯벌을 보전해야 한다.

–고등학교 '사회·문화' 교과서

(라) 영월 다목적댐(동강댐) 건설

〈찬성론〉

1. 홍수 조절 : 수도권 및 남한강 지역 홍수 피해를 경감하는 데 충주댐 하나로는 부족함

2. 물 부족 사태 해결 : 2011년 11억 톤의 물 부족이 예상됨

3. 외국에서도 석회암 지대에 54개의 댐이 있듯이 안전한 댐 건설이 가능함

4. 진도 6.6의 지진을 견딜 수 있는 댐 건설이 가능함

5. 서식처의 변화를 통해 희귀종의 멸종을 방지함

6. 댐 건설 후 새로운 생태계의 형성으로 생물종의 다양성이 증가함

7. 댐 건설로 새로운 비경이 형성되며 유명 동굴은 원형을 보존할 수 있음

〈반대론〉

1. 석회암 지대에다 지진 다발 지역이므로 사면이 붕괴할 수 있음
2. 동굴로 인한 지하 누수 가능성이 있음
3. 멸종 위기의 천연기념물 등 희귀 동식물이 수몰되어 생태계가 파괴됨
4. 물 부족 해소는 물 절약 캠페인을 통해 해결하거나 대안을 강구해야 함
5. 홍수 방지는 기존 댐으로 충분함
6. 동강 상류에 소형 댐을 건설하는 것이 더 효율적임
7. 탄광수의 유입 및 물의 정체로 수질이 악화됨

-고등학교 '사회', '사회·문화' 교과서

[논제 1] 제시문 (가)와 (나)에서 학생이 회사의 사장 혹은 국방부의 정책 결정자라고 했을 때, 진행 중인 사업을 계속할지 여부에 대하여 판단하고 그 근거를 제시하시오.

[논제 2] 제시문 (다)와 (라)에서 두 사업에 대한 논란이 생겼을 때, 과거 수년 전부터 진행된 새만금 사업에는 이미 막대한 비용이 투자되었고, 영월 다목적댐 건설 사업은 아직 시작되지 않았었다. 결국 새만금 사업은 계속 진행하기로 하였고, 영월 다목적댐은 취소되었다. 이미 투자된 비용을 논외로 했을 때, 이와 같은 결정을 내리게 된 이유를 논술하시오.

[논제 3] 제시문 (가)~(라)가 보여주는 선택의 상황에는 여러 가지의 판단 기준이 적용될 수 있다. 각각의 판단 기준이 서로 충돌할 때 어떻게 해결할지 구체적인 예를 들어 논술하시오.

✿ 예시 답안

[논제 1]

〈제시문〉 (가)의 모 전자회사는 2년간 총 6억 원의 비용을 들여 15년간 총 13억 5000만 원에서 18억 원 사이의 수익을 예상하고 제품 개발에 착수했다. 그러나 2억 원의 비용을 지출한 1년 후의 시점에서 예상치 못한 환경 관련 비용이 1억 원 추가 되고, 예상 수익도 10년간 총 4억 원에 불과한 것으로 사업 전망이 수정되었다.

이 경우 사업을 계속하게 되면 총 7억 원의 비용을 들여 4억 원의 수익을 얻는 셈이 되고, 사업을 포기하게 되면 이미 지출한 매몰 비용 2억 원만 포기하면 된다.

결국 이윤 극대화를 추구하는 기업의 목적상 모 전자회사는 제품 개발을 포기하는 것이 합리적인 선택이다. 즉, 회수할 수 없는 성격의 매몰 비용 2억 원 때문에 사업을 계속하게 되면 1억 원의 더 큰 손실을 입게 되므로 비합리적인 선택이 되는 것이다.

〈제시문〉 (나)의 나라의 경우 900억 원의 비용이 들어갔지만, 핵심 부품을 완성한

다 하더라도 다른 나라에서 이미 개발하여 판매에 들어간 부품과 비교하여 경쟁력이 없기 때문에 시장성을 가질 수 없을 것이다.

따라서 이 경우 사업을 계속하게 되면 총 1000억 원의 비용이 들어가는 반면 수익은 없을 것이므로, 이미 지출된 900억 원의 매몰 비용을 포기하는 것이 손실을 줄이는 보다 합리적인 선택이 된다. 즉 사업을 포기하게 되면 100억 원만큼 손실을 줄일 수 있게 되는 것이다.

[논제 2]

〈제시문〉 (다)는 새만금 간척 사업을 둘러싼 찬반양론을 보여주고 있다. 우선 반대론은 갯벌의 경제적 가치가 매우 크다는 점을 강조하는 데 그 핵심이 있다. 즉 자료에 언급된 것처럼 갯벌을 보전할 경우 여러 측면에 걸쳐 1에이커당 총 816만 9000원의 가치가 있으며, 이는 농경지로 사용했을 때보다 3.25배의 생산성에 해당한다는 것이다.

이러한 반대론에도 불구하고 정부가 새만금 간척 사업을 계속하기로 결정한 이유는 우선, 이미 투자된 비용을 고려하지 않고 미래의 수익만을 고려할 때, 간척을 통한 경제적 이익이 더 크다는 판단 때문인 것으로 보인다. 정부는 간척지를 농경지로만이 아니라 다양한 용도로 사용할 계획을 세우고 있기 때문에 제시된 자료에 구체적인 수치의 비교는 나와 있지 않지만 간척의 경제적 이익이 훨씬 클 것으로 판단하고 사업의 계속 추진을 결정하였다.

둘째, 이러한 판단은 가치관과 밀접하게 연관되어 있다. 즉 정부의 결정은 환경 보전보다는 개발을 우선시하는 가치관에 따른 판단으로 보인다. 정부의 입장을 지지하는 연구 결과에는 환경의 파괴와 그에 따른 손실은 언급되지 않고 있다. 그보다는 산업 용지의 확보, 물 자원의 확보, 국제 경쟁력, 지역 주민의 편리성 등 개발에 따른 이익만을 집중적으로 부각시키고 있다. 또한 반대론자들이 갯벌의 가치는 영구적이지만 개발의 가치는 한시적이라는 지적에도 불구하고, 한시적인 이익과 효율성에 따라 사업의 계속을 결정하였다.

반면, 영월 다목적댐 사업의 경우 계획 단계에서 취소되었다. 이러한 상이한 결정이 내려진 이유는 우선, 댐 건설 사업의 목적인 홍수 피해의 경감과 물 자원 확보가 반대론에서 주장하는 기본 댐의 활용과 소형 댐 건설 및 물 절약 캠페인 등의 대안으로 상당 정도 달성될 수 있을 것으로 보았기 때문인 것으로 여겨진다. 둘째, 석회암 지대에 대형 댐을 건설하는 데서 오는 위험 부담과 안전한 댐 건설을 위한 비용 부담이 크게 작용한 것으로 보인다.

   셋째, 경제적 이익에 대한 전망이 환경 및 생태계 파괴에 대한 우려와 그에 따른 손실을 상쇄할 만큼 크고 분명하지 않았기 때문으로 판단된다.

   결국, 두 사업의 계속 여부를 결정하는 데 작용한 요인은 경제적 이익과 그를 뒷받침하는 개발 우선의 가치관이라는 점에서는 동일하다. 그럼에도 최종적인 정부의 결정 차이를 가져온 가장 주요한 요인은 경제적 이익의 크기에 대한 판단의 차이 때문인 것으로 보인다.

[논제 3]

   〈제시문〉 (가)와 (나)의 경우는 일반적으로 효율성에 따라 판단될 성질의 사례이다. 반면, (다)와 (라)의 경우는 개발이냐 환경이냐 하는 상이한 판단 기준에 따른 쟁점이다. 개발 우선의 논리가 효율성을 지향하고, 환경 보전의 주장이 형평성을 염두에 두는 것이라면 위의 제시문 전체에 관통하는 판단 기준은 효율성과 형평성이라는 대립적 시각이라 할 수 있을 것이다.

   상이한 판단 기준과 시각이 집단 혹은 사회 구성원 간의 쟁점이 되어 갈등을 일으킬 경우, 그 해결을 위해서는 우선 상호 존중과 그에 바탕한 충분한 대화가 필요하다. 이러한 과정을 통해 상호 신뢰가 형성되지 않을 경우, 갈등은 분열을 초래하여 사회 전체적인 손실을 가져오게 될 것이다. 다음으로는 신뢰를 바탕으로 쟁점에 대한 객관적 검토가 이루어져야 한다. 사실 판단의 문제와 가치 판단의 문제가 분명히 구분되고, 각각의 문제의 성격에 걸맞은 검토와 검증 과정이 있어야 한다는 것이다. 마지막으로 의사 결정 방식에 대한 이해 당사자들 간의 자유로운 결정과 일단 결정된 사항에 대한 존중의 결의가 필요하다.

   한 예로 교실의 자리 배치 문제를 생각해 볼 수 있다. 이제까지 교실에 일찍 도착한 순서대로 자리를 골라 앉고 있었는데, 몇몇 학생들이 키가 작거나 눈이 나쁜 학생을 배려하자는 주장을 제기하여 논쟁이 발생했다고 하자.

   이러한 두 주장이 쟁점이 되었을 때, 어떻게 해결할 것인가? 우선 반 학생들 간의 충분한 대화와 토론이 필요할 것이다. 그리고 토론 과정에서 사실 문제가 분명히 검토되어야 할 것이다. '일찍 도착한다', '키가 작다', '눈이 나쁘다' 등에 대한 분명한 기준과 객관적 판단이 내려질 수 있어야 한다는 것이다. 다음으로는 각각의 주장이 우선시하는 가치를 분명히 하고, 이를 조화시킬 수 있는 방법을 모색해야 한다. 전자의 주장이 효율성이나 개인의 자유를 중시하는 주장이라면, 후자는 형평성이나 평등을 중시하는 견해이다. 두 가치는 일견 대립적으로 보이지만 상호 조화가 가능한 여지를 가지고 있다. 따라서 두 가치를 조화시킬 수 있는 방법의 하나로서 학급을 두

집단으로 나누어 반드시 앞에 앉아야 할 학생들은 앞자리에서 일찍 온 순서대로 자리를 선택하고, 나머지 사람들은 뒤쪽 자리에서 선택을 하는 방식이 제안될 수 있다. 마지막으로는 이 제안에 대한 의사 결정이 자유롭게 이루어지고, 결정이 된 이후에는 자발적으로 결정 사항을 충실히 실천해야 할 것이다. 물론 실천 과정에서 예상치 못한 문제점이 발견된다면, 다시 앞의 과정을 통해 보완해 나가야 할 것이다.

※ 위의 〈예시 답안〉은 청솔학원의 통합논술연구팀에서 작성해 놓은 것을 실었습니다.

— 이하 문항 생략 —

2006학년도 각 대학 수시 2학기
논술고사 기출문제 출제 의도 및 해설

---

1. 건국대학교

❀ **다음 두 글에 제시된 삶의 방식을 비교하고, 그것이 오늘날의 사회·경제적 상황을 헤쳐 나가기 위한 대안이 될 수 있는지에 관하여 논술하시오.** (여기서 '비교'는 공통점과 차이점을 포괄하는 개념으로 씀. / 두 글에 제시된 삶의 방식이 대안으로 부적합하다고 판단할 경우 그 이유를 밝히고 자신의 견해를 개진할 것.)

(가)

지난 겨울부터 산 아래 마을에서는 집집마다 기름 보일러를 장작이나 연탄 보일러로 개조하는 작업이 한창이다. 어려운 경제 사정은 산촌이라고 해서 예외가 아니다. 어제 장터에서 만난 김씨는 보일러를 고치고 나니 기름 값에 쫓기던 마음이 한결 놓인다고 하면서, 장작 타는 냄새에 옛 정취를 느끼게 되더라고 했다.

우리가 지금 겪고 있는 이 시련은, 인과 관계로 이어지는 전체적인 흐름으로 볼 때 고갈되고 탕진된 민족의 에너지를 재충전하라는 뜻으로 받아들여야 할 것 같다. 어떤 고난도 그 뜻을 이해하면 능히 이겨낼 수 있는 지혜와 힘이 생긴다.

복진타락(福盡墮落). 복이 다하면 굴러 떨어진다는 옛말이 있듯이, 우리는 경제 성장의 흐름을 타고 소중하고 귀한 것을 등진 채 함부로 버리면서 잘못 살아왔다. 가진 것이 늘어 편리해진 반면 인간의 정신과 덕성은 말할 수 없이 피폐되었다. 전통적인 우리들의 아름다운 인정과 풍습이 사라지고 민족의 기상도 나약해질 대로 나약해졌다. 안으로 자율적인 능력을 잃으면 밖에서 타율적인 제재가 가해지는 것이 우주의 흐름이다. 이래서 재충전의 기회가 온 것이라고 생각된다.

일자리를 잃으면 일거리를 찾아야 한다. 일하는 사람은 늙지 않는다. 삶이 권태롭거나 무료하지 않다. 꿈과 희망의 자리에 한탄과 원망과 후회가 들어설 때 우리는 늙고 병든다. 체면이나 일의 대가를 따지지 않는다면 일거리는 우리 주변에 얼마든지 있다. 보다 직설적으로 말한다면 일자리가 있고 나서 일거리가 생기는 것이 아니라 하루하루 살아가는 삶의 과정에서 일거리를 찾아낸다면 바로 그것이 내 일자리 아니겠는가.

생각을 돌이켜보자. 이 세상에 태어날 때 빈손으로 왔으니 가난한들 무슨 손해가 있으며, 죽을 때 아무것도 가지고 갈 수 없으니 부유한들 무슨 이익이 되겠는가.

우리는 벌어들이는 수입 안에서 살면 된다. 할 수 있다면 얻는 것보다 덜 써야 한다. 절약하지 않으면 가득 차 있어도 반드시 고갈되고, 절약하면 텅 비어 있어도 언젠가는 차게 된다. 덜 갖고도 우리는 얼마든지 행복하게 살 수 있다. 덜 갖고도 우리는 얼마든지 더 많이 존재할 수 있다.

오늘과 같은 경제난국에서 우리가 크게 각성할 일은 그동안 소유와 소비 지향적인 삶의 방식에서 존재 지향적인 생활 태도로 바뀌어야 한다는 것이다. 우리 인생에서 참으로 중요한 것은 우리들의 직위나 신분, 소유물이 아니라 우리들 자신이 누구인지를 아는 일이다.

우리들의 직위나 돈이나 재능이 중요한 것이 아니라 그것으로 우리가 어떤 일을 하며 어떻게 살고 있느냐에 따라 삶의 가치는 결정된다.

현실이 곧 우리의 스승이라는 말이 있다. 우리에게 오늘과 같은 시련이 없다면 우리 미래는 어떻게 될 것인지를 곰곰이 생각할 때, 우리 자신과 후손들의 건전한 삶을 위해서라도 마땅히 거쳐가야 할 관문이라고 여겨진다.

소욕지족(少欲知足). 작은 것과 적은 것으로 만족할 줄 알아야 한다. 우리가 누리는 행복은 크고 많은 것에서보다 작은 것과 적은 것 속에 있다. 크고 많은 것만을 원하면 그 욕망을 채울 길이 없다. 작은 것과 적은 것 속에 삶의 향기인 아름다움과 고마움이 스며 있다.

시작이 있는 것은 반드시 그 끝이 있다. 오늘의 어려움을 재충전의 뜻으로 받아들인다면, 우리는 우리가 지닌 무한한 잠재력을 일깨울 수 있다. 오르막이 있으면 반드시 내리막이 있는 법이고 낡은 문이 닫히면 새 문이 열리게 마련이다. 얼어붙은 대지에 봄이 움트듯이 좌절하지 말고 희망의 씨를 뿌리자.

　　　　　　　　　　　　　　　　　　　　　　　－법정, '가난을 건너는 법'에서

(나)

우리는 모든 일들에서 원칙을 벗어나지 않으려고 애썼다. 우리가 처음에 십 년 계획을 세우면서 가장 중요하게 여긴, 우리 삶의 중심 원칙들은 다음과 같은 것들이다.

하나, 우리가 먹고사는 데 필요한 것을 절반쯤은 자급자족할 수 있게 되기를 바란다. 우리를 에워싸고 있는 이윤 추구의 경제에서 할 수 있는 한은 벗어나기를 희망한다.

대공황은 몇백만이 넘는 가장들을 위기에 몰아넣었다. 사실 이것은 시장에서 생필품을 사다 쓰는 사람들을 늘 위협하고 있는 문제였다. 일당이나 월급을 받는 직장인들은 스스로의 일을 갖고 있지 못하다. 자기들과 상관없이 경제 정책이 결정되고, 정책을 수행하는 사람을 자기 손으로 뽑지도 못한다. 다시 말해 이때의 수많은 실업자들은 자기 잘못으로 일자리를 잃은 것이 아니었다.

어쨌든 모든 생필품과 살림살이들을 돈 주고 사야만 하는 경제 구조 속에서 그이들은 직장을 잃은 것이다. 수입은 끊겼지만 먹고 입고 자는 문제를 해결하다 보니 모아놓은 돈은 바닥났고, 결국 그이들은 빚더미에 올라앉았다. 이렇듯 이윤을 추구하는 경제 구조 속에서 계속 살아가야 하기 때문에 우리는 앞으로 다가올 그 두려운 일들을 받아들이거나, 아니면 실현할 수 있는 대안을 찾아내야만 했다. 우리가 생각해 낸 대안은 절반쯤은 자급자족하는 생활이었다.

둘, 우리는 돈을 벌 생각이 없다. 또한 남이 주는 월급을 받거나 무언가를 팔아 이윤을 남기기를 바라지 않는다. 오히려 우리의 바람은 필요한 것들을 될 수 있는 대로 손수 생산하는 것이고, 그럼으로써 먹고사는 일을 해결하는 것이 일차 목적이다. 한 해를 살기에 충분할 만큼 노동을 하고 양식을 모았다면 그 다음 수확기까지 돈 버는 일을 하지 않을 것이다.

'돈을 번다'거나 '부자가 된다'는 생각은 사람들에게 매우 그릇된 경제관을 심어 주었다. 우리가 경제 활동을 하는 목적은 돈을 벌려는 것이 아니라 먹고살기 위한 것이다. 돈을 먹고살 수는 없으며, 돈을 입을 수도 없고, 돈을 덮고 잘 수도 없다. 돈은 어디까지나 교환 수단일 뿐이다. 식의주(食衣住)에 필요한 물건을 얻는 매개체이다. 중요한 것은 우리가 먹고 마시고 입는 것들이지 그것과 맞바꿀 수 있는 돈이 아니다.

우리는 반드시 필요한 현금에 맞추어 돈을 벌려고 했다. 필요한 것이 마련되었다고 판단되면, 그 해의 남은 시간 동안에는 더 이상 농사를 짓지도 않았고 돈을 더 벌지도 않았다. 한마디로, 먹고사는 것만 해결하고자 했으며, 이렇게 일단 기본 생활수단이 마련되면 다른 일들에 관심을 돌려 열중했다. 우리가 관심을 가진 것은 사회 활동, 그리고 독서와 글쓰기와 작곡 같은 취미 생활이었다.

셋, 우리는 모든 일에 들어가는 비용을 우리가 가진 돈만으로 치를 것이다. 은행에서는 절대로 돈을 빌리지 않을 것이다. 땅이나 집을 담보로 넣어 융자를 얻은 뒤 이자를 갚느라 허덕이는 일은 결코 하지 않을 것이다.

어떤 경제 구조에서도 돈을 빌려주는 사람들은 배를 두드리며 편히 산다. 개인이든 은행 같은 기관이든, 돈을 빌려주고 담보를 잡으며, 이자와 경매 처분으로 얻는 수익금으로 살을 찌운다. 돈을 빌려주는 사람들은 무엇을 생산하는 일에는 손가락 하나 움직이지 않으면서 안락하고 사치스러운 생활을 즐길 수 있다. 한편 돈을 빌려다 쓰는 생산자들은 이자를 꼬박꼬박 내야 하며, 그렇게 하지 못하면 자기의 모든 재산을 잃는다. 대공황 때 몇천 명에 이르는 농부들과 가장들이 자기들이 가진 모든

것을 잃었다.

　우리는 어느 순간이나, 어느 날이나, 어느 달이나, 어느 해나 잘 쓰고 잘 보냈다. 우리가 할 일을 했고, 그 일을 즐겼다. 충분한 자유시간을 가졌으며, 그 시간을 누리고 즐겼다. 먹고살기 위한 노동을 할 때는 비지땀을 흘리며 열심히 일했다. 그러나 결코 죽기 살기로 일하지는 않았다. 그리고 더 많이 일했다고 기뻐하지도 않았다. 사람에게 노동은 뜻있는 행위이며, 마음에서 우러나서 하는 일이고, 무엇을 건설하는 것이고, 따라서 매우 기쁨을 주는 것이기 때문이다.

　일요일이 되면 평소와는 달리 먹고살기 위한 아무 노동도 하지 않고 아무 계획도 없이 하루를 보냈다. 일요일 아침에는 대개 음악을 감상했다. 그리고 저녁에는 종종 함께 모여 토론을 벌였다. 누군가 소리내어 책을 읽기도 했는데 그러는 동안 다른 사람들은 나무 열매를 쪼개거나 콩 껍질을 벗겼으며, 바느질이나 뜨개질 같은 자질구레한 자기 일을 하기도 했다.

– 헬렌 니어링, 스코트 니어링, '조화로운 삶'에서 (발췌 수록)

출제 의도 및 문제 해설

　이번 문제는 논리적 글 읽기 능력과 글쓰기 능력, 합리적 문제 해결 능력을 종합적으로 점검하는 방향으로 출제하였다. 유사한 현실 상황에 대하여 일견 비슷하면서도 서로 다른 대안을 제시하고 있는 글을 비교 평가하도록 함으로써, 주체적 독해력과 현실 정합적 판단력을 측정하고자 하였다. 나아가 그에 대한 응시자 자신의 대안을 논술하게 함으로써 문제에 대한 주체적·합리적인 해결 능력을 점검하고자 하였다. 그 해결의 방향과 관련하여 다양한 가능성을 열어 둠으로써 응시자의 창의적 사고력이 발현될 수 있도록 한 것도 이번 문제에서 유의한 사항이다. 응시자 개개인의 고유한 가치관이 어떤가 하는 것은 특별한 문제가 되지 않는다.

　제시문 (가)는 법정 스님의 수필 「가난을 건너는 법」('오두막 편지', 이레, 1999)이고, (나)는 헬렌 니어링과 스코트 니어링 부부가 함께 쓴 '조화로운 삶'(류시화 역, 보리, 2000)의 일부분을 발췌하여 편집한 것이다. 둘 다 대중성과 함께 사상적 깊이를 갖추고 있는 글로서, 대학 응시자의 수준에 맞추어서 가려 뽑은 것이다.

　두 글은 현대 산업 사회 또는 자본주의 체제에서 발생한 사회·경제적 상황을 배경으로 삼아 대안적 삶의 방식을 제시하고 있다. 한국의 경제 위기 상황을 배경으로 삼은 (가)는 마음(소유욕)을 다스리는 것을 문제에 대한 대처 방안으로 제시하고 있다. 개개인이 어떠한 마음가짐을 가지는가 하는 데 따라 세상이 바뀔 수 있다는 시각이다. 그 대신 이 글에서는 사회·경제적 체제 자체에 대해서는 특별히 문제삼고 있지는 않다. 이에 비하여 미국의 경제 대공황을 배경으로 삼은 글 (나)에서는 자본주의적인 이윤 추구 및 잉여 자본에서 문제의 원인을 찾으면서 다분히 자본주의 체제에 반하는 삶의 방식을 대안으로써 내걸고 있다. 특히, 단순한 방안 제시에 그치지 않고 직접적 실천을 통해 그 현실적 가능성을 확인해 나가고 있다는 것이 주목되는 점이다. 이와 같은 차이점과 함께 두 글은 현대의 사회·경제적 상황에 대하여 현대인의 지나친 욕망 – 특히 부(富)에 대한 – 을 경계하면서 근검과 절제의 삶을 지향한다는 점에서 기본적인 공통점을 나타내 보이고 있다.

두 제시문에 담긴 이러한 공통점과 차이점을 바르게 파악하고(이와 다른 방식의 해석도 가능하다), 그것을 자신의 것으로 주체적·비판적으로 소화해내는 가운데 응시자 나름의 창의적이고 논리적인 답안을 작성한 답안은 출제 의도에 부합하는 것으로서 높은 평가를 받게 될 것이다. 반면 상황을 제대로 판단하지 못하거나, 자기 자신의 견해를 근거에 입각하여 설득력 있게 제시하지 못한 답안은 상대적으로 낮은 평가를 받게 될 것이다.

---

2. 고려대학교

(1) 인문계

① 언어 논술

I. (1)과 (2)의 제시문을 각각 요약하시오.

II. 논제 : 제시문 전체[(1)~(5)]의 공통 주제를 찾아 연관 관계를 서술하고, 제시문 (3)과 (5)에 모두 적용될 수 있는 하나의 기준을 제시하여 자신의 견해를 논술하시오.

---

(1)

조선 시대의 과거 제도는 원칙적으로 천민이 아닌 모든 사람들에게 개방되어 있어서 양반들은 물론 일반 대중에게도 성취 동기를 부여함으로써 그들을 체제 안으로 유인할 수 있었다. 이처럼 과거 제도가 원칙적으로는 천민이 아닌 평민에게 개방되어 있었지만 실제적으로는 일부 특권 양반들에게만 의미가 있었다. 왜냐하면 과거 공부를 위한 경제적 여유와 선생의 지도를 받을 수 있는 기회가 양반에게만 주어졌기 때문이다. 뿐만 아니라 이들 양반들은 과거 제도 자체를 자신들에게 유리하게 운영하였다. 이는 과거 제도의 폐단에서 잘 드러난다. 소속 파당에서 정권을 잡아 관직을 얻게 되면, 당세(黨勢)를 확장하기 위하여 과거를 자주 열어 같은 당인(黨人)의 자제들을 부정과 협잡으로 합격시켰고, 또 현명함과 어리석음을 가리지 않고 마구 등용하였다. 그런데 요직은 한정되어 있고 이를 희망하는 자는 많았기 때문에 당내에 내홍이 일어나 하나의 파당이 다시 여러 당으로 세분화되었다.

이제 반상 제도는 철폐되고 이를 바탕으로 한 전통적 신분 계층의 장벽은 무너졌다. 그러나 예부터 내려온 지식의 중요성과 이의 존중, 그리고 이 지식의 소유 계급이 행사해 온 지배권의 체제는 바뀌지 않고 단단하게 그 자리를 굳히고 있다. 지식의 내용이 유교 경전과 중국의 시문에서 다양한 근대 학문의 내용이 담긴 새 경전으로 바뀌었고, 지식 계급도 유교적인 인문 엘리트에서 과학, 기술, 경영, 군사 영역을 포함하는 다양한 엘리트 집단으로 전문화되었으며, 신분 배경에 관계없이 누구라도 지식에 접할 수 있도록 지식의 문은 열리게 되었다. 그럼에도 불구하고, 지식 계급의 엘리트 의식과 지배적 위치는 조금도 흔들리지 않고 견고하기만 하다. 오히려 지식에 의한 지배의 방식과 체제가 더욱 정교하고 효율적으로 작동하며, 지배의 정당성 또한 '과학적' 논리에 기초하고 있을 정도이다.

높은 수준의 학력을 내세우는 지식 소유 계급은 평등 이념을 한결같이 주장하고는 있지만, 동시에 그들은 오늘의 사회를 경쟁 사회, 실력 사회라고 규정한다. 나아가 그들은 세계 정황을 가리키면서 경쟁에서 싸워 이겨야만 살 수 있다며 '사회 진화론'의 추종자가 되기도 한다. 신분의 제약 때문에 사회적 상승 이동이 불가능하였던 폐쇄적 불평등의 시대는 지나가고, 신분에 상관없이 개인의 능력에 따라 사회적 상승의 사다리를 오를 수 있게 된 경쟁의 시대가 왔다는 것이다. 이러한 평등은 경쟁을 통한 차등, 경쟁을 통한 적자생존의 원리를 믿는 '불평등을 향한 평등'이라는 논리 위에 서 있는 셈이다. 이러한 평등 이념은 오늘날의 교육 제도에도 반영되고 있으며 이는 우리 사회의 오랜 가치 이념의 주요 요소와도 일치한다.

(2)
장자가 산속을 가다가 가지와 잎이 매우 무성한 큰 나무를 보았다. 그런데 벌목꾼은 그 나무를 베려 하지 않았다. 그래서 그 까닭을 물으니, "쓸모가 없습니다."라고 하였다. 이에 장자는, "이 나무는 쓸모가 없기 때문에 목숨을 부지할 수가 있구나!"라고 하였다. 장자는 산을 나와 친구의 집에서 묵었다. 친구는 기뻐하면서 시중드는 아이에게 거위를 잡아 요리를 하라고 했다. 그러자 그 아이가 묻기를, "한 놈은 잘 울고 한 놈은 울지를 않는데, 어떤 것을 잡을까요?"라고 하자, 주인은 "울지 않는 것을 잡아라."고 했다. 이튿날 제자들이 장자에게 묻기를, "어제 산속의 나무는 쓸모가 없기 때문에 천수를 살 수 있었고, 오늘 주인집의 거위는 쓸모가 없어서 죽었으니, 선생님께서는 어느 쪽을 택하시겠습니까?"라고 하자 장자는 웃으며 말했다. "나는 쓸모가 있는 것과 쓸모가 없는 것의 중간에 처하리라. 그런데 그 중간은 도(道)와 비슷하지만 진실한 도는 아니다. 그러므로 화를 면할 수는 없다. 무릇 저 도라는 것을 타고 떠돌며 노니는 사람은 하나에 집착하는 일이 없다. 모이면 떠나가고, 명예를 이루면 비방을 받으며, 모가 지면 꺾이고, 높아지면 비평을 받으며, 하는 일이 있으면 깨어지고, 어질면 음모를 받으며, 어리석으면 속으므로, 쓸모가 있든 없든 간에 어찌 화를 면할 수 있겠는가? 그러니 슬프도다. 제자들아, 잘 기억해 두어라. 오직 도가 있을 뿐이다."

(3)

자베르 경감을 당혹스럽게 한 것은 평생을 두고 장발장을 추적했던 자신이 폭도들에게 붙잡혀 죽음을 기다리고 있을 때 장발장이 그를 구해 준 일과 그 자신도 센 강변의 하수구에서 기어 나온 장발장을 용서한 일이었다. 이제 자베르의 생각은 단순하지 않았고 그의 마음은 흐트러져 있었다. 그의 단순하고 깨끗한 두뇌는 투명함을 잃고 있었고 그 수정과 같은 투명함 가운데에는 한 조각 구름이 걸려 있었다. 자베르는 자기 마음속에서 의무가 두 가닥으로 쪼개진 것을 느꼈지만 이를 감출 수 없었던 것이다. 센 강에서 뜻밖에 장발장을 만났을 때, 그는 먹이를 다시 잡은 늑대가 된 듯한 느낌과 주인을 다시 만난 개가 된 듯한 느낌이 동시에 들었다. 그는 자기 앞에 놓인 두 갈래 길을 보았다. 양쪽 다 마찬가지로 곧은 것이었으나 어쨌든 둘이었다. 생전에 오직 하나의 직선밖에 몰랐던 그는 공포심에 떨었다. 그리고 괴로움의 종국에서 그 두 길이 서로 상반되는 것을 알았다. 두 개의 직선은 서로 배척하고 있었다. 어느 편이 진실한 것일까? 지금이야말로 어떻게 해야만 할 것인가? 장발장을 넘기는 것은 나쁜 일이며, 장발장을 자유로운 몸으로 놓아두는 것도 나쁜 일이었다. 전자의 경우에 있어서는 관리가 형장의 사나이보다 아래로 떨어지는 것이고, 후자의 경우에 있어서는 죄수가 법률 위에서 법률을 발로 밟는 것이었다. 두 경우 모두 자베르에게는 불명예스러운 일이었다. 자베르는 자기가 한 일을 생각하며 몸서리를 쳤다. 그는 경찰의 온갖 규칙을 위반한 데다가 사법적 조직에 반대하고 법전 전부를 무시하면서까지 스스로 괜찮다고 판단하여 죄인을 놓아주었기 때문이다. 이제 어떤 결정을 해야 할 것인가? 지금은 오직 하나의 길만이 남아 있을 뿐이었다. 급히 돌아가 장발장을 투옥시키는 일, 그 일이야말로 분명히 그가 하지 않으면 안 될 일이었다. 그러나 그는 그렇게 할 수 없었다.

(4)

윤리적인 문제가 사냥꾼보다 농부에게 더 심각하게 여겨지는 이유는 동물과 맺는 관계의 형태가 다르기 때문이다. 사냥꾼은 동물의 특성에 대해 비범한 통찰력을 가질 수 있지만 동물과 일상적으로 생각과 느낌을 주고받을 기회는 없다. 따라서 특정 동물에게 개별적인 애착을 가질 기회가 거의 없다. 더구나 이들은 동물이 죽은 뒤에야 통제할 수 있기 때문에 동물은 자기 생각을 가진 독립된 존재로만 인식된다. 하지만 가축의 생존은 부분적으로 또는 전적으로 주인에게 달려 있으며, 가축은 기회가 주어지면 주인을 친구로 인식하고 대하는 방법을 배우게 된다. 마찬가지로 농부나 목자는 일부러 피하지 않는 한 각각의 동물들을 알게 되고 개별적인 애착을 갖게 된다. 그렇게 되면 동물에게 고통을 주는 도살이나 고의적인 학대는 개인적인 신뢰에 대한 배신이 되기 때문에 그들에게는 죄의식과 자책감이 생겨난다. 가축을 학대함으로써 이익을 얻는 농부와 목자는 이런 문제에 대처하기 위해 본질적으로는 부정직한 여러 방법을 배우곤 했다. 불행하게도 대부분의 농업 사회가 가진 공격적이고 확장 지향적인 특성으로 인해 이러한 방법은 야생 동물과 자연계 전반에도 적용되어 왔다. 좀더 전통적인 시골 환경 또는 사람과 동물이 친밀하게 접촉하면서 사는 지역에서는 양심의 갈등에서 벗어나기 위해 어느 정도 의식적인 노력이 필요하다. 동물 심리학자 콘래드 로렌츠는 이 문제의 성격을 이렇게 요약했다. "오늘 아침 나는 튀긴 빵과 소시지를 먹었다. 소시지뿐만 아니라 빵을 튀기는 데 쓴 기름도 내가 알고 있던 귀여운 새끼 돼지에게서 나온 것이다. 이것을 알고 나서 양심의 갈등을 피하기 위해 나는 그 돼지의 기억을 더 이상 떠올리지 않도록 세심한 주의를 기울였다."

(5)

일제의 침탈이 거세지는 가운데 명성황후가 시해되고 단발령이 공포되자 유인석은 1895년 11월 동지들과 함께 이에 대처할 방안을 논의했다. 이때 세 가지 방법이 제기됐다. 첫째는 자정치명(自靖致命)으로 나라를 빼앗긴 책임을 통감하고 스스로 목숨을 끊어 조선 선비의 지조를 지키자는 것이었다. 둘째는 거지수의(去之守義)로 오랑캐의 지배하에 들어간 세상을 등지고 외진 곳으로 들어가 혼자서라도 대의를 지키며 도를 후세에 전하자는 것이었다. 셋째는 거의소청(擧義掃淸)으로 의병을 일으켜 목숨을 걸고 외세를 소탕할 때까지 싸우자는 것이었다. 의견은 '거의소청' 쪽으로 모아졌다. '자정치명'에 따라 모두 목숨을 끊을 경우 도의 맥이 끊기게 될 위험이 크고, 또한 대항도 해 보지 않고 '거지수의'를 택할 수는 없다는 의견이 우세했다. 모인 사람들은 이구동성으로 유인석을 의병장으로 추대했다. 그러자 유인석은 고민에 빠졌다. 당시 그는 양모(養母)의 상중(喪中)에 있었기 때문이다. 나라가 위급하다고는 하나 선비가 모친의 상을 저버리고 거의(擧義)에 나설 수는 없는 노릇이었다.

[유의 사항]
1. 답안에는 자신을 드러내는 표현을 쓰지 말 것.
2. 논술문의 제목은 쓰지 말 것.
3. 제시문의 문장을 그대로 옮겨 쓰지 말 것.
4. 분량은 띄어쓰기를 포함, I은 각각 110~140자, II는 총 750~850자가 되게 할 것.

고려대학교 2006 수시 2 논술고사 시행의 기본 원칙

1. 방 향

고려대학교가 일관되게 추구하는 입학 전형의 기본 방향은 우수한 인재의 선발에 있습니다. 그러나 우수한 인재가 드러나는 모습이 다양할 수 있음을 고려하고, 대학의 전형 방법이 우리 교육제도에 미치는 파급 효과도 신중히 감안합니다. 궁극적으로 중등교육이 학생의 창의력과 잠재 능력을 계발하고 대학이 학생의 학업 성취도와 잠재적 발전 가능성을 공정하게 평가하는 데 도움이 되는 전형을 추구합니다.

2. 목 적

고려대학교는 언어 논술과 수리 논술로 이루어진 논술고사를 시행하고 있습니다. 중등교육을 이수한 학생들이 기본적으로 갖추어야 할 이해력, 분석력, 표현력을 언어 논술에서, 수리적 기본 개념의 이해 그리고 수리적 사고력과 분석력을 수리 논술에서 평가하기 위함입니다.

3. 특 징

논술의 기본 틀이 일관되게 유지되더라도 드러나는 모습은 다양할 수 있습니다. 특히 국가기관인 교육인적자원부에서 논술 가이드라인을 제시한 시점 이후에는 더욱 그러합니다. 이에 따라 수시 2 언어 논술에서는 영어 지문 없이 국어 지문만 포함되었습니다. 다만 지문의 길이가 전과 달리 길어졌습니다. 한편 수시 2 수리 논술에서는 이미 수시 1에서 실시한 바 있듯이, 수리 전반에 관한 종합적 사고 능력을 측정하는 데 주안점을 둔 서술형 문제가 출제되었습니다.

또 다른 특징은, 자연계와 인문계 논술을 완전히 분리하여 실시한 것입니다. 예컨대, 인문계 언어 논술 지문이 5개인 데 비해서 자연계 지문이 3개뿐인 것이 그 차이입니다. 수리 논술에서도 계열별 특징에 알맞도록 분리하였으나, 문제의 수는 4개로 같습니다.

이러한 변화는 자연 생태계의 진화 과정과 다름없습니다. 고려대학교의 수리 논술은 현재 진행형입니다. 이제 고려대학교의 논술은 중등교육과 고등교육을 아우를 수 있도록 환경과 생태에 적응하는 진화 과정을 거치면서, 오늘이 아니라 미래로 앞서가는 글로벌 고려대학교 특유의 논술로 승화할 것입니다.

 인문계 언어 논술 해설

이번 논술시험은 개인적 생활이나 사회적 구조에서 나타나는 문제에 대하여 그 원인을 분석하고 해결의 근거를 찾아 적극적으로 대처하는 방법에 대하여 논술하는 것이다.

두 가지의 판단이나 사태 따위가 양립하지 못하고 서로 배척하는 상태를 말하는 모순은 우리 사회 속에서 흔히 발견할 수 있는 것들이다. 딜레마는 선택해야 할 길은 두 가지 중 하나로 정해져 있는데 그 어느 쪽을 선택해도 바람직하지 않은 결과가 나오게 되는 곤란한 상황을 말하는 것으로서 사람들이 살아가는 가운데에서 적지 않게 직면할 수 있는 것이다. 위와 같은 상황에서 개인이나 집단 사이의 목표나 이해관계가 달라 서로 적대시하거나 불화를 일으키게 되면서 갈등이 생기게 된다.

우리는 위와 같은 문제들에 대해 깊이 있고 진지하게 생각하고 결정하여 이러한 상황에 적절히 대처함으로써 서로의 이해관계가 상충되는 문제를 해결하면서 살아가게 된다. 여기에서 문제가 되는 것은 개별적인 사항에 대한 결정의 기준이 다른 여러 경우에서는 일관되게 적용되지 않을 수도 있다는 사실이다. 따라서 우리는 이런 모순되는 문제를 어떻게 하면 최소화할 수 있는가를 고민하곤 한다.

이번 논술에서 모순과 딜레마를 포함하여 갈등 현상에 대하여 출제하게 된 것은 사람들의 생각이나 행위가 일관되지 못하고 그때 그때의 상황에 맞추어 자기 합리화를 일삼는 작금의 상황에서, 수험생들이 이런 현상을 어떻게 인식하고 논리적으로 해석할 수 있는가를 평가하기 위한 것이다. 이를 통하여 사회적·개인적 행위에서 나타나는 여러 가지 문제를 깊이 생각해보고, 더 나아가 지금까지 이루어진 자신의 판단에 대해 성찰하고 앞으로 새로이 직면하게 될 문제들에 대해 슬기롭게 해결할 수 있게 되기를 기대한다.

이번 논술 문제는 우선 모순이나 딜레마 같은 갈등과 관련된 여러 글을 분석하여 그 글 속에 포함된 공통된 문제를 찾아낼 것을 요구한다. 다음으로는 이를 바탕으로 복수로 선정된 글에서 제기되는 문제를 일관된 기준으로 해결하는 방안에 대하여, 논리적이고 창의적으로 논술하는 능력을 평가한다.

이를 위하여 경우가 다른 다섯 개의 글을 지문으로 제시하였다. 제시문 (1)은 평민까지도 등용하고자 실시되었던 과거제도가 현실적인 운용에서는 그렇지 못했던 문제가 오늘날의 학력 사회에도 유사하게 남아 있는 경우이고, 제시문 (2)는 쓸모가 없다는 이유로 나무는 살리고 거위는 죽이는 것을 본 장자(莊子)가 고민해야 하는 경우이다. 또한 제시문 (3)은 직무상으로는 죄인인 장발장을 체포해야 하지만 죄인으로부터 은혜를 입었기 때문에 개인적으로는 그럴 수 없는 자베르 경감의 경우이고, 제시문 (4)는 인간이 동물과 신뢰 관계를 가짐에도 불구하고 동물을 도살하거나 학대하게 되는 경우이며, 제시문 (5)는 모친의 상중에 있던 유인석이 거의(擧義)에 나서야 하는 사실로 고민하는 경우이다.

이 문제를 푸는 수험생들은 우선 (1), (2), (3), (4), (5)의 내용을 충분히 이해하여 각 글 속에 들어 있는 현상에서 야기되는 문제를 통해 모순이나 딜레마 또는 갈등을 찾아낼 수 있어야 한다.

(1)은 어떤 집단이 본질적이고 원칙적인 면에서는 포함되지만 실제적인 면에서는 배제되는 모순이 드러난 경우이고, (2)는 두 사태에 대하여 일관된 하나의 기준으로 선택했을 때 겪게 되는 딜레마를 보여주는 경우이다. (3)은 개인적인 감정과 공무상의 책무 사이에서 발생되는 딜레마를 나타내고 있으며, (4)는 어떤 대상에 대한 인간의 사랑과 동일한 대상에 대한 학대라는 모순된 상황을 보여주고 있다. (5)에는 충(忠)과 효(孝)가 동시에 중요시되던 사회에서 어느 한쪽을 선택해야 하는 딜레마가 드러나고 있다.

이를 바탕으로 각 제시문의 연관 관계를 따져 갈등 구조를 모순(1, 4)과 딜레마(2, 3, 5)로 분류하든지, 또는 갈등 구조에 따라 사회적 차원의 갈등(1, 4)과 개인적 차원의 갈등(2, 3, 5)으로 분류하든지, 또는 공사(公私) 간의 갈등(3, 5)과 제도적 차원의 갈등(1)과 인식적 차원의 갈등(2, 4) 등으로 분류하여 서술할 수 있어야 한다.

마지막으로는 (3)과 (5)의 경우가 수험생 자신에게 주어진 문제라고 가정할 때, 그 선택의 결과가 일관된 하나의 기준에 의거하여 결정된 것이라는 점을 논리적 근거를 통하여 서술해야 한다. 이때 선택의 결과에 대해서는 절대적인 평가를 할 수 없지만, 그 결과에 대한 선택의 기준이 명료하게 드러나야 하며 그 기준과 거기에서 비롯된 결과 사이에 논리적인 연관성이 분명해야 한다.

결론적으로 이번 논술 문제에서 요구하는 바는 자신에게 주어진 문제의 성격을 정확히 파악하고 일정한 기준과 논리적인 사고를 통해 적절한 해결 방법을 모색하되, 성격이 다른 문제들에 대해서도 일관성 있게 풀어나가도록 하는 것이다.

② 수리 논술

【1】 영희와 철수는 '귀납적 추리'와 '수학적 귀납법'을 적용한 논증을 제시하려 하고 있다. 누가 어떤 논법을 적용하고 있는지 판단하여 이들의 논증에 문제점이 있으면 지적하고, 각자의 주장을 정당화하기 위한 올바른 논법을 선택한 후 합리적인 논증을 제시하시오.

영희 : 태권도가 올림픽 정식 종목으로 채택된 첫 번째 대회에서 우리 나라는 한 개 이상의 금메달을 획득했지. 지난 2004년 올림픽의 태권도 종목에서 한 개 이상의 금메달을 획득했기 때문에 다음 2008년 올림픽의 태권도 종목에서도 한 개 이상의 금메달을 획득할 것이 틀림없어. 마찬가지로 생각하면 앞으로도 모든 올림픽의 태권도 종목에서 우리 나라는 한 개 이상의 금메달을 획득할 거야.

철수 : 1부터 100까지의 자연수들의 합은 101을 백 번 더해서 2로 나눈 것과 같

고, 1부터 1000까지의 자연수들의 합은 1001을 천 번 더해서 2로 나눈 것과 같고, 1부터 10000까지의 자연수들의 합은 10001을 만 번 더해서 2로 나눈 것과 같잖아. 이와 같이 모든 자연수 n에 대해 1부터 n까지의 자연수들의 합은 $n+1$을 n번 더해서 2로 나눈 수와 같을 거야. 아직까지 이 조건이 성립하지 않은 예를 발견한 사람은 없잖아?

【2】 최근 정보의 유출을 막기 위해 정보를 암호화하는 다양한 방법이 소개되고 있다. 그 한 가지 방법으로 다음과 같은 암호화 방법을 생각해보자. 우선 한글의 자음과 모음에 아래와 같이 번호를 부여한다.

ㄱ	ㄴ	ㄷ	ㄹ	ㅁ	ㅂ	ㅅ	ㅇ	ㅈ	ㅊ	ㅋ	ㅌ	ㅍ	ㅎ
1	2	3	4	5	6	7	8	9	10	11	12	13	14

ㅏ	ㅑ	ㅓ	ㅕ	ㅗ	ㅛ	ㅜ	ㅠ	ㅡ	ㅣ
-1	-2	-3	-4	-5	-6	-7	-8	-9	-10

암호화하려는 단어를 풀어쓰기한 후 각 자음과 모음을 부여된 숫자로 바꾼다. 만약 숫자의 개수가 짝수이면 그대로 두고 홀수이면 맨 마지막에 0을 첨가하여 개수가 짝수가 되도록 만든다. 이를 순서대로 두 개씩 묶은 1행 2열 행렬들을 아래의 그림에 나타난 알고리즘을 적용하여 암호화한다.

"고려"라는 단어는 $(1 \quad -5)$, $(4 \quad -4)$로 표현되는데 이 알고리즘을 적용하면 $(2 \quad 3)$, $(-1 \quad 2)$로 암호화된다.

이때, 어떤 단어를 암호화한 $(0 \quad 3)$, $(-9 \quad 3)$, $(-1 \quad 8)$을 갑과 을에게 보냈더니 갑은 암호를 해독했다는, 을은 해독하지 못하겠다는 회신을 보내왔다. 아래의 조건들이 만족된다는 가정하에 도대체 무슨 일이 벌어진 것일까 판단하여 설명하시오.

조건 1 : 갑과 을은 모두 주어진 암호화 알고리즘은 알지만 행렬 A와 B가 무엇인지는 누구에게서도 전달받지 않았다.

조건 2 : 갑과 을은 "고려"를 암호화한 것이 $(2 \quad 3)$, $(-1 \quad 2)$임을 알고 있다.

조건 3 : 갑과 을은 아래 알고리즘을 나름대로 정확히 적용하였다.

```
암호화 전
(1행 2열 행렬)
        ↓
   행렬 A를 곱한다
        ↓
   행렬 B를 더한다
        ↓
   암호화 후
(1행 2열 행렬)
```

【3】 학교 앞에 보도블록을 새로 깔려고 한다. 보도의 가장자리에는 블록을 잘라서 사용할 수 있지만 그 외의 부분은 보도블록을 자르지 않고 틈새가 없게 맞춰 넣어야 한다.

그런데 보도블록 설치자는 보도블록 제작자로부터 기계의 오류로 인하여 정사각형으로 제작되어야 할 보도블록들이 정사각형이 아닌 다른 사각형으로 제작되었다는 연락을 받았다. 제작된 모든 블록들은 크기와 모양이 동일하다고 한다. 한정된 예산과 일정 때문에 보도블록 설치자는 제작된 블록을 그대로 가져오라고 해야 할지 아니면 원래 주문한 것처럼 정사각형으로 다시 만들어 달라고 요구를 해야 할지 결정해야 한다. 예를 들어 제작된 보도블록이 직사각형 모양이라면 보도블록 설치자는 새로 보도블록을 주문할 필요 없이 이미 만들어진 직사각형 보도블록을 이용하여 보도를 채울 수 있을 것이다.

잘못 제작된 보도블록이 어떤 모양의 사각형일 때 그대로 사용할 수 있는지, 그리고 어떤 모양의 사각형일 때는 반드시 새로 제작하도록 해야 하는지를 결정하고 그 이유를 설명하시오. 그리고 보도블록이 사각형이 아닌 다른 다각형일 경우, 보도블록으로 사용할 수 있는 경우와 사용할 수 없는 경우의 예를 하나씩 들고 그 이유를 설명하시오. (단, 보도블록은 위아래가 구분되어 있어 뒤집어 깔 수는 없다.)

【4】 한 변의 길이가 1인 정사각형 모양의 장치가 있는데 마주보는 두 변에 그림과 같이 거울이 설치되어 있다.

(가) 지점에서 발사 각도를 일정한 규칙에 따라 변화시키면서 레이저 신호를 거울에 반사되게 하여 (나) 지점에 도달하도록 하는 실험을 하고 있다. 첫 번째 발사에서 레이저의 궤적은 그림과 같다.

이 궤적을 어떤 함수 f의 주어진 구간에서의 그래프라고 하자. n번째 발사에서 레이저의 궤적은 f를 n번 합성한 함수의 그래프와 같다.

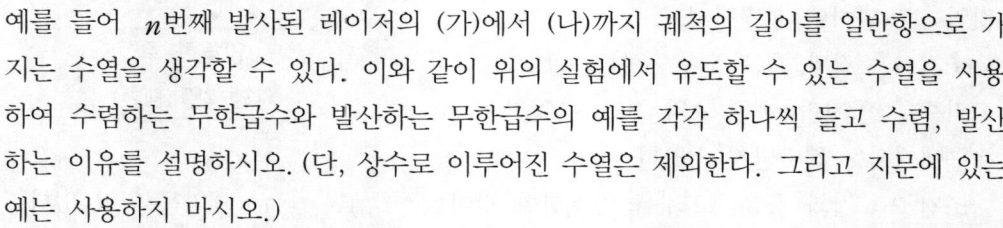

이 실험을 통하여 다양한 수열을 관찰할 수 있다.

예를 들어 n번째 발사된 레이저의 (가)에서 (나)까지 궤적의 길이를 일반항으로 가지는 수열을 생각할 수 있다. 이와 같이 위의 실험에서 유도할 수 있는 수열을 사용하여 수렴하는 무한급수와 발산하는 무한급수의 예를 각각 하나씩 들고 수렴, 발산하는 이유를 설명하시오. (단, 상수로 이루어진 수열은 제외한다. 그리고 지문에 있는 예는 사용하지 마시오.)

📖 인문계 수리 논술 출제 의도

【1】번 : 주어진 명제를 증명하는 하나의 방법으로 수학적 귀납법을 사용할 수 있지만, 경험적 관찰과 실험을 통해 여러 가지 사례의 공통점으로부터 일반적인 원리를 발견하는 귀납적 추리의 방법도 있다. 다만 귀납적 추리로부터 얻은 원리는 명제가 아닐 수도 있다. 문제에서는 두 사람이 대화를 통하여 두 가지 논법인 귀납적 추리와 수학적 귀납법을 올바르게 사용되었는지 판단할 수 있는지 여부를 논증하는 논리력을 측정하고자 한다.

【2】번 : 이 문제는 수리적 분석적 사고를 통하여 기초적인 행렬의 연산이 실생활에 적용되는 원리를 얼마나 이해하고 있는지 종합적으로 물어보고자 한다. 부연 설명하면 주어진 상황을 수리적인 관점에서 이해하고 기초적인 행렬의 연산에 관한 기초 개념을 적용하여 주어진 상황의 문제점을 인식하고 올바르게 해결할 수 있는지를 평가하고자 한다.

【3】번 : 실생활에서 근본적으로 대두될 수 있는 보도블록의 설치에 관한 문제를 점대칭, 평행이동과 같은 초등 기하 지식만으로 분석적 사고를 통하여 정확하고 올바르게 판단할 수 있는지를 측정하고자 한다. 이 문제는 고정된 사고로 일관되어 있는 여러 가지 일을 도형과 각도와 같은 기하의 기초 개념을 적용하여 자율적이고 합리적으로 문제를 해결하는 사고를 할 수 있는지를 평가한다.

【4】번 : 수리적 문제 해결 방법 중의 하나로 반복적인 형태 속에서 일반적인 성질을 귀납적으로 이끌어내는 것이 있다. 문제에서는 주어진 함수의 그래프로부터 합성함수의 그래프를 수치적 계산에 의존하지 않고 반복적 형태로부터 유추해 낼 수 있는지를 주요하게 판단한다. 그러한 반복적 형태를 통하여 얻을 수 있는 결과를 바탕으로 수리적 무한 개념을 적용하였을 때 어떠한 최종 결론에 도달할 수 있는가를 묻는다. 결국 다양한 수열과 수열로부터 유도되는 수렴 또는 발산하는 무한급수의 기초적인 개념을 정확히 이해하여 자신의 결론을 수리적으로 논증할 수 있는지 측정하고자 한다.

📖 인문계 수리 논술 해설

고등학교 교과 과정을 원만히 이수한 학생들이 궁극적으로 갖추어야 할 것은 자연이나 사회에서 일어나는 현상 또는 문제에 대한 기본 개념의 이해, 핵심 사항의 파악, 단순화 작업을 통한 질서 또는 규칙의 발견과 예측, 그리고 문제에 대한 해결 방안을 추론하여 설명하는 종합적 사고 능력이다.

　이에 따라 수시 1의 수리 논술은 단순 지식의 암기나 맹목적 풀이가 아니라 수리 전반에 관한 종합적인 사고 능력을 평가하는 데 주안점을 두고, 고등학교 교과 과정 내에서 다루어진 수리적 기본 개념들을 일상생활과 연계하여 이해하고, 예상 가능한 문제점들을 파악하고 분석하는 수리적 논리력 그리고 이를 해결하면서 설명할 수 있는 종합적 표현 능력을 평가하고자 다음과 같이 논술 문제를 출제하였다.

　먼저 수리적 기본 개념과 원리 간의 상호 관련성을 올바로 파악하는가를 물어보았다. 주어진 정보에 대한 정확한 이해와 수리적 추론, 자신의 주장(혹은 판단)에 대한 수리 논리적 근거 제시 능력, 그리고 기본 개념이나 원리에 대한 명확한 서술 능력을 평가하고자 하였다.

　다음으로 수리적 기본 개념을 실제 일상생활에 어떻게 적용할 수 있는지를 물어보았다. 수리적으로 정식화되어 있지 않은 문제를 수리적 사고 방식을 적용하여 해결하는 능력을 평가하고자 하였다. 즉, 설정된 상황에서 발생한 문제를 주어진 정보로부터 수학적으로 정식화하여 문제 해결을 위한 방향을 설정한 다음에 여러 가지 논리적 추론을 통해 가능한 결론을 도출할 수 있는가, 그리고 자신이 제시한 방법의 타당성을 입증하는 논리력과 서술 능력을 측정하고자 하였다.

(2) 자연계

① 언어 논술

Ⅰ. 제시문 (1), (2)의 내용을 각각 요약하시오.

Ⅱ. 제시문 (1), (2), (3)을 연관시킬 수 있는 하나의 주제를 찾아내어, 그 주제에 관한 자신의 의견을 쓰시오.

---

(1)

　한국전쟁 기간 중에 나는 종군하여 철원에 간 적이 있었다. 격전이 막 끝난 철원 시가는 완전 폐허였다. 길만 훤히 트인 시가지 도처에서 연기가 무럭무럭 피어오르고 있었다. 길을 따라 걷던 나는 문득 타 죽은 닭을 보았다. 그런데 웬일인지 그 닭은 선 자세로 타 죽어 있었다. 이상하게 여긴 나는 무심코 발로 닭을 건드려 보았다. 그랬더니 그 닭의 날개 밑에서 병아리 몇 마리가 삐악거리며 나왔다. 죽은 어미 닭을 버려둔 채 종종거리는 병아리를 보며 나는 코가 시큰해지고 눈물이 핑 돌았다.

　이 세상의 모든 생명은 유한하다. 억만 겁의 흐름 속에서 어렵고 어려운 인연을 얻어 태어난 생명은 그 태어남의 영겁과는 너무나 대조적으로 무상(無常)하다. 그러나 알고 보면 이 세상 영겁의 흐름도 결국은 무상의 연결을 통하는 것이다. 말하자면 영원과 무상은 서로 별개인 채 대립해서 존재하지 않는다. 실재는 무상하고 영원이란 그 많은 무상들이 통섭(統攝)되어 이루어진다.

무상들이 이어져서 영원을 기약한다고 할 때, 각각의 무상이 시공간상에서 차지하는 기능은 바로 영원과 맞먹는 절대적인 것으로 보아야 한다. 영원이란 무상과 무상이 앞뒤로 빈틈없이 연결되어 이루어지기 때문이다. 우리는 무상과 무상의 전후 연결을 과거와 현재와 미래라는 시간의 지속적 구분에다 결부시킬 수 있을 것이다. 그리고 생식과 생존이라는 실재에서 무상과 무상의 연결은 앞서 태어난 생명으로부터 새로운 생명이 태어나는 생의 연속이므로 생명은 어디까지나 고립된 존재일 수 없다. 따라서 공간적으로 나와 남이 만나는 교섭 관계를 고려하지 않을 수 없다.

인간 세상에서 유한한 생명이 무한으로 연결되는 길은 우선 남녀가 결합해서 자녀를 생산함으로 열리게 된다. 무상과 무상은 시간적 전후 계승에 앞서 공간적인 자타(自他)의 결합을 필요로 하는 것이다. 남녀의 결합으로 이룬 부부 관계에서 자녀가 태어난다. 자녀는 현재를 미래로 연장하는 역할을 한다. 자녀가 성장하여 저마다 짝을 찾아 부부를 이루고 자녀를 낳으면서 현재는 과거가 되고 미래가 현재로 다가와 끊임없이 생을 이어간다. 따라서 생식이란 어떤 의미로 보아서는 자기의 희생이다. 그러나 모든 생명은 그러한 자기 희생을 겪지 않고서는 못 견디는 미래생(未來生)에 대한 동경을 가지고 있다. 그것은 유한한 자기는 자녀를 통해서 무한하게 존속된다고 여기기 때문이다.

그런데 부모의 현재생(現在生)에서 자녀의 미래생(未來生)으로 연결되는 과정과 절차는 결코 간단하지만은 않다. 왜냐하면 생명은 그리 강인견실(强靭堅實)한 것도 아니요, 더욱이 어린 생명은 그 스스로 생을 영위할 능력을 갖추고 있지 못해 부모한테 보호와 양육을 받아야 하기 때문이다. 따라서 부모의 희생이란 생식에서 그치지 않고 보육(保育)까지 연장된다. 자녀는 그러한 부모의 희생을 발판으로 현재성을 굳건히 점유하고 과거와 미래를 연결시킬 수 있는 존재로 성장한다. 자녀가 현재의 점유자가 되었을 때 부모는 과거로 밀려가고 그들의 무상은 끝을 맺는다.

(2)

개체가 희생을 감수하면서 자신이 속한 집단의 다른 개체들에게 이익을 가져오는 현상을 일컬어 이타적이라고 한다. 생물학에서는 집단의 이익을 위한 개체의 희생을 자연 선택의 결과로 본다. 자연 선택에 의한 어느 개체의 자손 감소는 같은 집단 내의 다른 개체들의 자손 증가를 촉진한다. 따라서 어느 개체의 자손 감소가 결과적으로는 집단에게 이익을 가져오므로 이타적인 현상으로 이해될 수 있다.

개체의 희생으로부터 수혜를 입는 범위는 가깝게는 친족으로부터 멀게는 그 친족을 포함하는 종족까지 확산된다. 친족의 입장에서 보자면 혈연 관계에 있는 어느 개체의 희생은 친족의 내적 결속을 강화하는 이타적인 행동이다. 반면에 그 희생은 혈연이 아닌, 다른 집단들에 대해서는 친족의 이기주의에 기여하는 행동처럼 보일 수 있다. 그러나 유전자적 관점을 취하는 근래의 유력한 생물학 이론에 따르면 한 개체의 희생이 미치는 수혜의 범위가 혈연 관계에서 그치는 것이 아니라 종족이라는 포괄적인 수준까지 확대된다고 한다. 다만 희생하는 개체가 수혜자와 얼마나 가까운가에 비례하여 이타적 행동의 정도가 상대적으로 가감된다는 것이다. 따라서 개체의 희생은 그것을 바라보는 시각의 차이에 의해 이기적으로도 이타적으로도 보일 수 있다. 혈연적으로 다른 집단들에 대해 이기적으로 보이는 개체의 희생이 유전자라는 포괄적인 시각을 취하면 이타적이 되는 것이다. 유전자는 개체의 이타주의를 통해 존속하며 그로써 같은 유전자를 보유한 종족의 번식이 가능해진다.

(3)

포식자를 발견한 땅다람쥐는 예외 없이 뒷다리로 서서 소란스러운 경고음을 낸다. 침입자의 주의를 끌어 주변의 다른 땅다람쥐들이 도피할 수 있도록 하기 위한 것이다. 경고음을 낸 땅다람쥐가 침입자에게 잡아먹히는 대가로 다수의 다른 땅다람쥐들은 생명을 보존하게 된다. 심지어 새끼를 낳아 본 적이 없는 어린 땅다람쥐조차 동일한 행동을 취한다. 죽음을 자초하는 땅다람쥐의 행동은 개체 선택의 관점에 비추어 쉽사리 납득이 가지 않는다. 그러나 집단의 차원에서 이해할 때 땅다람쥐가 경고음을 내어 스스로를 위험에 노출하는 것은 결코 무모한 선택이라고 할 수만은 없다. 개체의 희생을 통해 같은 유전자를 지닌 종족의 보존과 번식에 이바지하는 성과를 거두기 때문이다.

당까마귀의 서식지는 유라시아 대륙에 두루 분포한다. 당까마귀는 군거성이 강해 무리를 지어 살면서 목초지에서 유충을 잡아먹는다. 해마다 봄이 되면 당까마귀 떼는 산란과 부화를 위해 높은 나무 위에 집단적으로 둥지를 튼다. 다수가 군락을 이루어 살면서도 당까마귀들은 별다른 충돌 없이 서로서로 잘 지낸다. 당까마귀 떼가 둥지를 튼 숲에서는 새벽부터 저녁까지 소란스런 지저귐이 쉼 없이 들린다. 당까마귀들이 장난치고 짝을 짓기 위해 깍깍대며 서로를 불러대기 때문이다. 끝도 없이 들려오는 시끄러운 소리에 신경이 거슬린 사람들은 당까마귀 떼를 '까마귀 의회'라고 부르기도 한다. 정말 의회라는 이름에 합당할 만큼 당까마귀 떼는 집단의 이익을 우선시하는 것 같다. 당까마귀들은 최적의 개체 수를 유지하기 위해 산란의 양을 조절하기까지 한다. 같은 무리 속의 모든 당까마귀들은 마치 의논이라도 한 듯 그들의 산란 능력보다 적은 수의 알을 낳는 것이다. 그런 방식으로 최적의 개체 수가 유지됨에 따라 당까마귀가 굶주림으로 떼죽음을 당하는 일은 벌어지지 않는다.

[유의 사항]

1. 답안에는 자신을 드러내는 표현을 쓰지 말 것.

2. 논술문의 제목은 쓰지 말 것.
3. 제시문의 문장을 그대로 옮겨 쓰지 말 것.
4. 분량은 띄어쓰기를 포함하여, I은 각각 110~140자, II는 총 130~160자가 되게 할 것.

 ## 자연계 언어 논술 해설

이기주의는 모든 진화의 원동력이라는 말이 있다. 근본적으로 '나를 위해'라는 의식이 인간의 모든 활동과 역사의 각 단계를 이끌어 왔고, 그런 한에서 자기를 이롭게 하려는 태도는, 누구도 완전히 벗어날 수는 없는 보편적 인간 조건(condition human)이다. 이렇게 보면 이기심은 일단은 좋은 본능이요, 훌륭한 힘이다. 그러나 이 본능은 규제를 요구하고, 이 힘 또한 조절을 필요로 한다. 왜냐하면 인간은 이기적이지만, 동시에 함께 어울려 사는 동물(zoon politikon)이기 때문이다. 이렇게 이기적인 개인들이 더불어 살기에 인간의 삶에는 본능과 본능의 갈등, 힘과 힘의 충돌이 끊이지를 않는다. 그래서 어느 시대, 어느 사회를 막론하고 이 분규를 조정하는 기제로 도덕과 규범이 만들어져 왔다. 그런데 요사이 한국 사회에 전통적인 공동체주의가 급격히 개인주의로 대치되면서, 우리 의식보다는 나의 의식이 앞서고, 저 좋은 본능을 규제하고, 훌륭한 힘을 조절하기 위해 마련하고 존중해 온 도덕과 규범이 실질적인 힘을 잃어가고 있다. 사람들은 이렇게 생각한다.

"'나'가 세계의 중심에 있고, 모든 '남'은 나를 위해 존재한다. 나는 모든 이익의 마지막 수렴점이다." 그러면 도대체 나는 누구인가? 나는 누구로 인해 있고, 내가 취하는 이로움은 무엇의 대가로 왔는가? 나 스스로 나의 생명을 만들지 않았다는 사실은 분명하다. 나에게 생명을 주신 분들이 있고, 나는 그것을 받았을 뿐이다. 내가 입고 있는 옷과 내가 먹는 음식도 모두 남의 노동을 통해 나에게 주어진 것이다. 의식하든, 의식하지 않든 나는 늘 수혜자이고, 남의 도움으로 살고 있다. 그리고 이 관계는 역으로도 성립해야 한다. 즉 나 역시 남에게 도움을 주어야 하고, 많은 경우 희생도 감수해야만 한다. 왜냐하면 나는 '남과 함께 있는 나'이고, '우리 안의 나'일 수밖에 없기 때문이다.

물론 이기적인 마음의 조절과 때때로의 희생의 필요성이 주장되는 것은 고매한 도덕심의 맹목적 강조를 위해서는 아니다. 모든 이타적 희생은 궁극적으로 함께 살아야 하는 인간의 생존을 위한 조건이기도 하다. 왜냐하면 이기적인 힘들의 통제되지 않는 갈등은 극단적으로 우리 모두의 동반 몰락을 의미할 수도 있기 때문이다. 땅다람쥐와 당까마귀의 예는 이런 점에서 시사하는 바가 많다. 분명한 것은 우리 각자의 삶—이것의 주인은 궁극적으로는 각자 자신이지만, 그러나 그 자신은 사회적으로는 같은 시간을 함께 살아야 하는 많은 남들과의 상호적 관계 속에 서 있고, 역사적으로는 다른 시간을 연속적으로 살아야 하는 많은 남들과의 관계 속에 서 있는 나이다. 나의 생명은 저 흘러간 시간 속으로 사라져간 남들에게서 왔다. 그들의 이타적 희생이 없었더라면, 지금의 나는 있을 수 없다. 그리고 나 역시 나의 남을 만들며 시간 속으로 사라질 것이다. 그러면서 나 역시 지금의 나가 아니라면 있을 수 없는 나의 남의 삶의 기반을 마련한다. 이것이 바로 유한한 인간이 무한한 시간에 참여하는 하나의 방식일 것이다.

모든 인간은 각자 자기 목적이고, 자기 가치이다. 이것은 물론 중요한 생각이지만, 그러나 이 생각의 중요성이 때때로 자기 목적으로서의 자기의 복수성을 망각하게 만든다. 이 망각은 날이 갈수록 강화되고 있고, 나와 남을 이어주던 연결 고리는 갈수록 약해지고 있다. 이런 맥락에서 2006학년도 고려대학교 수시 2 모집 자연계 언어 논술은 이타적 희생의 의미에 대해 반성하는 기회를 마련해 보았다. 고려대학교에서 공부하기를 원하는 학생이라면 누구나 나를 세계의 중심이 아니라, 단순히 세계 시민의 한 사람으로 간주하는 지혜, 나를 특별한 나가 아니라, 여럿 중의 하나로 인정하는 겸손이 필요하다는 생각에서였다.

첫 번째 제시문은 무상한 생명이 영원으로 통한다는 생각을 서술하고 있다. 영원이 무상의 연속이고 생명의 무상성이 혈연을 통해 영원한 생명으로 지속된다고 이해한다면 이 세상 어떤 생명도 가벼이 여길 수 없게 된다. 생명은 결코 고립되어 있지 않으며 시공간적인 관계의 망 속에서 존재한다. 인간의 삶에서 그러한 관계는 남녀의 결합에서 비롯한다. 남녀가 만나 가정을 이루고 생식을 통해 자식을 낳아 기르는 과정은 무상한 생명을 영원으로 승화시키는 과정이다. 그 과정에서 부모의 희생은 필연적이다. 그러나 그 희생은 생명의 영원한 지속을 가져오므로 고귀하기만 하다. 이 제시문은 김충열 고려대 명예교수의 '유가윤리 강의'(예문서원, 1999)에서 취한 글을 출제 의도에 부합하도록 일부 가필하여 재구성한 것이다.

두 번째 제시문은 개체가 집단의 이익을 위해 희생하는 현상을 생물학의 관점에서 검토한 글이다. 개체의 이타적 행동은 종족의 보존과 번식에 긍정적인 기능을 수행한다. 물론 희생하는 개체와 맺는 친연 관계에 따라 희생이 가져오는 수혜 효과에 차등이 존재한다. 그러나 유전자의 관점을 취할 때 개체의 희생이 궁극적으로는 종족을 위해 이타적인 행동이라는 것이 이 제시문의 요지이다. 이 글은 Ernst Mayr, 'What Evolution Is'(Basic Books, 2001) 중에서 추출한 내용들과 다른 관련 자료를 참고하여 출제진에서 집필한 것이다.

세 번째 제시문은 개체의 이타주의가 혈연의 경계를 넘어서 종족의 차원까지 확대된 실제 사례를 소개하고 있다. 땅다람쥐가 경고음을 내는 것은 집단의 이익을 위한 희생이다. 당까마귀 떼는 산란의 양을 조절하여 집단의 개체 수를 최적의 상태로 유지한다. 땅다람쥐와 당까마귀의 사례는 종족의 보전과 번식을 위한 생물 세계의 이타주의를 잘 보

여준다. 이 제시문은 Robert Wright, 'Moral Animal'(Vintage, 1994)와 Matt Ridley, 'The Origins of Virtue: Human Instincts and the Evolution of Cooperation'(Penguin, 1996)에서 사례를 취하여 출제 의도에 맞게 가필하고 편집한 것이다.

이상에서 보는 대로 이번 자연계 논술 시험의 제시문은 인문학과 자연과학 두 분야에 걸쳐 있다. 수험생들로 하여금 인문학과 자연과학 사이에서 균형 잡힌 사유를 전개하도록 하기 위해 제시문을 선정한 결과였다.

② 수리 논술

【1】 항해 중인 배는 자신의 위치를 세 기지로부터 전파를 받아 알 수 있다. 이때 세 기지 A, B, C는 위치가 정확하게 알려져 있어야 하고 전파를 동시에 보내야 한다. 그러면 전파가 배에 도달하는 시간의 차이를 이용하여 배의 위치를 정확히 알 수 있다.

그런데 기지 C의 전파 발생기가 고장이 나서 전파를 보내지 못하고 두 기지 A와 B에서만 전파를 보낸다고 하자. 이 경우 두 기지 A와 B에서 동시에 보낸 전파가 배에 도달한 시간의 차이와 두 기지 A와 B의 위치에 관한 정보로부터 얻을 수 있는 가능한 배의 위치에 대해 설명하시오.

【2】 아래 그림과 같이 두 개의 직사각형을 각각의 한 모서리에서 서로 붙였다. 그리고 각 직사각형에서 이 모서리와 만나지 않는 두 변의 연장선을 그린 후, 그림과 같이 큰 직사각형을 만들었다.

처음 두 직사각형의 넓이가 1m²와 4m²로 일정하다고 가정할 때 큰 직사각형의 넓이의 최소값을 구하는 문제를 다음과 같이 풀었다. 이 풀이의 타당성을 판단하고 문제점이 있으면 그것을 지적하고 올바르게 설명하시오.

(풀이)

넓이가 1m²와 4m²인 두 직사각형의 가로의 길이를 각각 x와 y라 하자. 그러면 세로의 길이는 각각 $\dfrac{1}{x}$과 $\dfrac{4}{y}$이다. 이때 큰 직사각형의 가로의 길이는 $x+y$이고, 이 길이는 "산술평균이 기하평균보다 항상 크거나 같다."라는 정리를 사용하면 $2\sqrt{xy}$보다 크거나 같게 된다. 같은 방법으로 세로의 길이는 $\dfrac{1}{x}+\dfrac{4}{y}$이므로 $2\sqrt{\dfrac{4}{xy}}$보다 크거나 같다. 따라서 큰 직사각형의 넓이는 $2\sqrt{xy} \times 2\sqrt{\dfrac{4}{xy}} = 8$보다 크거나 같다. 그러므로 큰 직사각형의 넓이의 최소값은 8m^2이다.

【3】 식수 공급 부족을 해결하기 위해 도시 근교의 한 호수가 새로운 상수원 후보로 대두되었다. 이에 따라 수질 조사팀은 호수의 수질 오염도를 조사하기로 하였다. 이 팀은 이번 조사에서 수심의 변화에 대한 수질 오염도의 변화율을 측정하는 기기를 사용하기로 하였다.

이 측정기는 수면의 특정한 지점에서 물 속으로 수직으로 내려가면서 측정하는데, 내려간 거리는 시간의 제곱에 비례해서 늘어난다. 즉, 측정기의 위치를 나타내는 수심은 시간의 제곱에 비례한다. 이 측정기로 매 시각마다 측정하여 아래와 같은 그래프를 구하였다.

이 그래프를 바탕으로 식수로 취수하기에 적절한 수심과 부적절한 수심을 제시하고 그 근거에 대하여 설명하시오.

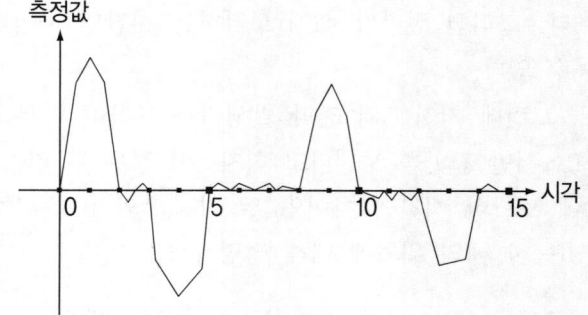

【4】 남태평양에 있는 어떤 화산섬이 폭발할 것이라는 보고를 받고 한국의 119 구조대가 긴급 출동하였다. 이 섬은 정상에서 해안까지의 거리가 4km인 원뿔 모양이다. 용암은 섬 윗부분부터 균일하게 덮으며 내려오고, 용암으로 덮인 넓이는 시간에 비례하여 증가하고 있어 얼마 후 섬 전체가 덮일 것으로 예상된다. 구조대가 섬의 해안에 있는 C 지점에 도착하니 화산 분출이 시작된 지 이미 25분이 지나 흘러내린 용암이 정상에서 1km 내려온 지점에 도달하였다.

현재 정상에서 2km 내려온 A 지점에 조난자 3명과 3km 내려온 B 지점에 조난자 12명이 구조를 기다리고 있다. 구조대는 구조선이 대기하고 있는 C 지점으로 조난자를 모두 대피시켜야 하는데, 구조대의 이동 속도는 조난자 운송과 관계없이 항상 분당 100m이고, 구조대는 한 팀으로 구성되어 있으며 한 번에 한 명씩만 운송할 수 있다. 단 A, B, C 지점과 정상은 일직선상에 있다.

이 상황에서 조난자 구출 방법을 놓고 A 지점의 조난자를 B 지점으로 일단 옮기자는 의견, A 지점 조난자부터 먼저 구조해야 한다는 의견, 또는 제3의 지점으로 모두 운송한 후 C 지점으로 운송하자는 의견들을 포함하여 온갖 다양한 의견들이 제시되었다. 이때 구조 대장이 취해야 할 합리적인 판단과 그 근거에 대하여 논술하시오.

자연계 수리 논술 출제 의도

【1】번 : GPS의 동작 원리는 세 개의 인공위성에서 보낸 데이터로 정확한 위치를 추적하는 것이다. 즉, 서로 다른 세 지점에서 보내온 신호의 전달 속도 차이를 이용하여 항해하는 배나 자동차의 위치를 정확히 알 수 있다. 그러나 한 지점의 기계 고장으로 인하여 두 지점의 신호만 받을 때에는 어떻게 대처해야 하는가가 주안점이다. 물론 배의 정확한 위치를 파악할 수는 없지만 고교 과정에서 누구나 다뤄 본 곡선과 직선에 관한 기초 개념을 활용하여 배의 위치를 추정할 수가 있기 때문이다. 이때의 추정은 여러 경우에 대한 설명이 뒤따르기 마련이다. 이 문제는 실생활에서 발생할 수 있는 돌발 상황에 대하여 분석적 사고를 통하여 곡선과 직선 그래프의 기본적인 개념을 올바르게 적용할 수 있는지를 평가하고자 한다.

【2】번 : 옷을 재단하거나 토지구획정리 같은 일상생활의 최적화 문제에서 우리는 가끔 그릇된 고정관념에서 비롯된 오류로 실수를 유발하여 손해를 볼 수 있다. 대소 관계에서 가장 많이 활용되는 기초 개념인 산술평균과 기하평균에 관한 잘못 적용된 예에서 그릇된 주장의 오류를 지적하고, 올바르게 논증할 수 있는지를 묻고 있다. 이 문제는 주어진 예가 잘못되었으니 올바른 정답 하나를 찾으라는 것이 아니라 오류를 지적할 수 있는 수리적 논거의 타당성 그리고 올바른 방향을 제시할 수 있는 수리적 논리력을 평가하고자 한다.

【3】번 : 실생활에서 가장 근본적으로 발생할 수 있는 수질 오염에 따른 식수 문제 해결에 관한 주어진 문제를 고교 과정에서 다룬 미적분의 기초적인 개념을 사용하여 주어진 자료들을 정확하게 분석하여 각각의 개인이 정한 위생적이라고 생각되는 수준의 식수를 얻기 위해서 적절한 해결 방법을 찾는 능력이 있는지를 평가하고자 한다.

【4】번 : 주어진 상황을 수리적으로 분석한 후 모형화하여 문제를 해결할 수 있는 능력을 평가하고자 한다. 도형과 방정식, 함수의 그래프와 같은 기초적인 개념을 종합적으로 이해하고 활용하여 신속한 대응책을 요구하는 어려운 상황에서 올바르고 확실한 해결 방안을 찾을 수 있는 수리적 분석력을 통해서 지도자로서 갖춰야 할 덕목을 어떻게 발휘하는가를 평가하고자 한다.

3. 동국대학교

(1) 인문계

[문제 1] 제시문 (가)와 (나)를 읽고, 오늘날 세계화 · 정보화 속에서 우리의 말과 글이 정체성을 확보하기 위하여 중요하다고 생각하는 실천 방안 하나를 들어 논술하시오.

(가) 영국의 언어학자 샘슨은 "한글은 인류의 가장 위대한 지적 성취 가운데 하나"라고 극찬한 바 있습니다. 훈민정음을 국보 제1호로 정해야 한다는 주장도 제기되고 있습니다. 모두가 당신이 만드신 한글의 우수성과 독창성에서 비롯된 결과라고 생각합니다.

하지만 대왕님이시여! 이토록 소중하고 자랑스러운 한글이 처한 오늘의 상황을 바라보면 저희들은 머리를 들 수가 없습니다. 한마디로 말해서 외래어에 쫓겨 안방 자리를 내주어야 하는 형세가 되었는가 하면 무분별한 남용과 오용으로 본래의 모습을 잃은 채 만신창이가 되어버린 말과 글들이 부지기수로 떠돌아다닙니다.

(중략)

세종대왕님! 말과 글도 어쩌면 공기나 물과 같아서 당연히 누리며 살아갈 때에는 별로 그 가치와 소중함을 느끼지 못하나 봅니다. 그래서 공기나 물의 오염에 대해서는 민감하면서도 말과 글의 오염과 훼손에 대해서는 무심합니다. 공기나 물이 인간의 생존과 직결되어 있듯 말과 글은 민족의 얼과 직결되어 있음을 미처 알지 못하는 백성들의 무지몽매함을 너그러이 헤아려 주십시오.

최근 외솔 최현배님의 친필 방명록이 발견되었습니다. 그 중 글 한 대목이 서늘하게 가슴에 와 닿습니다. "한글이 목숨이다." 우리들이 한글을 왜? 무엇 때문에? 굳건히 지켜야 하는지를 일깨워주는 쟁쟁한 울림장이 아닌가 합니다. 559돌 한글날을 맞이하여 다시 한 번 대왕님의 커다란 업적을 기리며 어리석은 백성들 가운데 이날 하루만이라도 한글은 한국인 개개인의 목숨이자, 겨레의 목숨 그 자체임을 깨닫게 되기를 간절히 소망하면서 저의 글을 맺습니다. 안녕히 계십시오.

－조주현 '세종대왕님 전상서', 강원일보, 2005. 10. 08

(나) 요사이 우리 사회는 터진 봇물처럼 마구 흘러드는 외래 문명에 정신을 차리지 못할 지경이다. 세계화가 미국이라는 한 나라의 주도 아래 이루어지고 있다. 일본은 얼마 전 영어를 아예 공용어로 채택하는 안을 검토한 바 있다. 문화 인류학자들은 이번 세기가 끝나기 전에 대부분의 언어들이 이 지구상에서 자취를 감출 것이라고 예측한다. 언어를 잃는다는 것은 곧 그 언어로 세운 문화도 사라진다는 것

을 의미한다. 우리가 그토록 긍지를 갖고 있는 우리말의 운명은 과연 어떻게 될 것인가. (중략)

영어는 배워서 나쁠 것 없고 국제 경쟁력을 키우는 차원에서 반드시 배워야 한다. 하지만 영어보다 더 중요한 것은 우리말이다. 우리말을 제대로 세우지 않고 영어를 들여오는 일은 우리 개구리들을 돌보지 않은 채 황소개구리를 들여온 우를 또다시 범하는 것이다. 영어를 자유롭게 구사하는 일은 새 시대를 살아가는 필수 조건이다. 하지만 우리말을 바로 세우는 일에도 소홀해서는 절대 안 된다. 황소개구리의 황소 울음 같은 소리에 익숙해져 참개구리의 소리를 잊어서는 안 되는 것처럼.

– 최재천 '황소개구리와 우리말'

[문제 2] 제시문 (가)와 (나)에서 주장하는 바의 차이점을 서술하시오.

[문제 3] 제시문 (다)에서 강조하는 바가, (가)와 (나)에서 제시한 문제점의 해결 방안이 될 수 있는지에 대해서 자신의 입장을 밝히고, 그 근거를 논술하시오.

(가) 나라에서 돈을 쓰는 것은 어진 정치를 베풀기 위하여 당연한 처사지만 정부로서는 부득이한 일이기도 하다. 법률이 공평하게 시행되고 교육이 골고루 베풀어져 풍속이 순후한 나라에서는 국민들이 저마다 자기의 돈을 내서 가난한 사람을 구제하는 집을 짓기도 하고, 옷이나 음식을 나누어 서로 돕기도 한다. 그러나 정부가 이러한 풍속만 믿고 가난한 국민들을 생각하지 않으면 당연한 직분을 행하지 않는 것일 뿐만 아니라, 민간인의 개인적인 재력으로는 사정이 미치지 못해서 구제하는 방책이 때를 놓치는 적도 있으며, 때를 놓치는 염려는 없다고 하더라도 비용이 너무 많이 들어 그 임무를 감당치 못하는 경우도 있을 것이다. 그러므로 정부가 이 일을 담당하여 전국적인 세금으로 집행하고, 민간인들이 개인적으로 지은 구제소가 있으면 미풍양속을 권장하는 것도 좋다. 구제하는 대상을 들자면 부모가 없는 고아, 집이 없는 홀아비나 과부, 빌어먹는 장애자, 생계가 없는 병자 및 교육받지 못한 빈민 등이다.

이와 같이 남에게서 구제받기를 바라는 자라도 모두 폐인은 아니다. 그 가운데 힘든 일을 할 수 있는 자도 있고, 재주가 뛰어난 자도 있으며, 또 이 두 가지 일을 못하지만 가르치면 할 수 있는 자도 있다.

– 유길준의 '서유견문(西遊見聞)'

(나) 한 인간의 효율성은 그의 신체적 조건의 결과일 뿐만 아니라 그의 마음이나 의지와도 광범위하게 연관되어 나타나는 현상이다. (중략) 사고와 건강을 위한 보험에 대한 파괴주의적 관점은 무엇보다도 그러한 제도가 사고와 질병을 촉진시키고 건

강 회복을 방해하며 질병과 사고를 초래하는 기능적 무질서를 매우 자주 조성할 뿐 아니라 어떤 방식으로든 강화하고 장기화시킨다는 사실에 근거하고 있다. (중략) 일을 잘 하고자 하는 의지를 약화시키거나 완전히 파괴해 버림으로써 사회보장제도는 질병과 일에 대한 무능력을 창출한다. 그것은 그 자체가 노이로제인 불평하는 습관이나 다른 형태의 노이로제를 생산해 낸다. (중략) 그것(출제자 주 : 노이로제)은 마치 사회제도처럼 사람들로 하여금 신체적·정신적으로 건강하지 못하게 하거나 최소한 질병을 증식시키고 장기화하며 강화하는 데 일조한다. 그러므로 사회보장제도는 보험에 대한 노이로제를 위험한 대중적 질병으로 만들고 있는 것이다. 질병을 확대하고 더욱 악화시키고 있음이 분명한 그 제도는 확산될 것이다. 어떠한 개혁 방안도 사람들로부터 지지를 받지 못할 것이다. 우리는 건강에 대한 의지를 약화시키거나 파괴함으로 질병에 걸리는 것이다.

– 한스헤르만 호페 '민주주의는 실패한 신인가'

(다) 전통적 좌파에게는 핵심적인 것이 사회 정의이며, 전통적 좌파가 재정제도 또는 더 일반적으로 경제제도를 토의할 때는 재분배와 사회 정의의 기준 위에서 주로 토의한다. 그러나 전통적 좌파는 반쪽의 이론일 뿐이다. 왜냐하면 좌파는 사회 정의 면에서는 잘하지만 경제적 경쟁면에서는 잘못하기 때문이다. 신자유주의도 또한 반쪽의 이론일 뿐이다. 신자유주의는 경제적 경쟁면에서는 잘하지만, 반대로 사회 정의는 중요하게 생각하지 않는다. 제3의 길 정치는 이 두 개를 다시 합치려고 하는 것이다. 정책 차원에서 이들을 합치는 결정적으로 중요한 길은 재정 정책의 사회적 함의를 보고 사회 정책의 재정적 함의를 보는 것이다.

구체적으로 이것은 조세제도를 변경시킬 때, 예컨대 사회를 더 평등하게 할 것이냐의 여부와 관련시키는 것만이 아니라, 직업 창출과 다른 경제적 기준과도 관련시켜 생각한다는 것을 의미한다. 반대로 직업 창출 기회를 향상시킬 목적으로 디자인된 경제 정책을 도입할 때에는 그 정책의 사회적 영향, 즉 그 정책이 사회 정의에 대해 갖는 효과를 동시에 고려해야 한다. (중략)

제3의 길 정치의 핵심적 강조점은, 적어도 유럽에서는, 실업 문제에만 관심이 있었던 것을 고용 문제로 관심을 돌렸다는 점이다. 경제가 얼마나 효과적이냐를 테스트하는 더 좋은 방법은 실업률이 아니라 그 경제가 창출하는 고용률이다. 유럽에서는 이런 점에서 대단히 큰 차이가 있다. 덴마크와 네덜란드처럼 내가 언급한 일부 국가에서는 노동력의 75~78%가 직업을 가지고 있다. 그러나 고용률은 80%에까지 달하고 있다. 독일, 프랑스, 이탈리아 같은 일부 다른 유럽 국가들에서는 고용률이 단지 61%일 뿐이다. (중략)

대부분의 유럽 국가에서는 특히 성공적인 국가에서는, 피동적인 복지 혜택 대신

일할 복지제도, 사람들을 노동시장에 적극적으로 참여시키는 제도, 재훈련제도 등이 실시되고 있으며, 이런 제도들은 바닥에서 불평등을 해결함에 있어 전통적인 재분배 방식보다 실제로 훨씬 더 효과적이다.

- 앤서니 기든슨 '제3의 길 어디까지 왔나 : 유민기념강연'

[문제 4] 제시문 (가)와 (나)를 읽고, 접속의 시대에 나타날 수 있는 긍정적 또는 부정적 측면의 인간 관계 중에서 하나를 선택하여, 구체적 사례를 들어 논증하시오.

(가) 과학이 발달하기 전만 해도 이러한 것들(출제자 주 : 만족과 효용)을 느끼기 위해선 대상물을 소유하는 방법밖에 없었다. 실제로 가지고 있어야 접속할 수 있고 그래야 추억과 효용을 느낄 수 있으니까 말이다. 하지만 과학이 점점 발달하면서 그 대상물을 소유하지 않고도 접속할 수 있는 기술이 발달했다. 이제 '소유의 종말'의 시대가 서서히 그러나 아주 갑작스럽게 우리 주변에 도래하고 있는 것이다. 사이버 머니 덕분에 지폐를 소유하지 않고도 물건값을 지불할 수 있고, 직접 그곳에 가지 않아도 인터넷에만 접속하면 세계 각국의 정보를 입수할 수 있게 됐다. 이러한 과학의 발전은 몰상식하게도 아예 실존하지 않아도 접속만을 통해 대리만족을 얻을 수 있게 되었다. 앞으로 우리는 어쩌면 오시이 마모루의 영화 '아바론'에서처럼 가상의 세계에서 현실세계로 나오기를 영원히 거부할지도 모른다.

- 김의경 '소유하지 않아도 즐길 수 있는 시대', 중앙일보, 2004. 02. 28

(나) 현실 공간에서 가상 공간으로, 산업 자본주의에서 문화 자본주의로, 소유에서 접속으로 이동하는 거대한 조류 앞에서 사람들은 사회 계약의 의미를 근본적으로 다시 생각하지 않을 수 없을 것이다. 배타적으로 소유할 수 있고 시장에서 교환할 수 있는 사유 재산의 관념이 산업 시대의 근간이었음을 잊어서는 안 된다. 그것은 일상 생활의 조건을 규정지었고 정치적 담론을 지배했으며 인간의 지위를 판가름하는 잣대의 노릇을 했다. 판매자와 구매자가 재산을 교환할 수 있는 장을 제공하면서 수백 년 동안 문명의 근본 패러다임으로 군림해 온 시장 체제는 서서히 허물어지고 있다. 저 멀리 지평선에서 접속의 시대가 떠오르고 있다. 접속의 시대는 상거래와 정치 참여의 방식은 물론 의식의 가장 깊은 차원에서 우리가 스스로를 바라보는 관점에도 변화를 가져올 것이다. (중략)

네트워크에 기반을 둔 경제는 연결의 속도를 높이고, 지속 시간을 줄이고, 효율성을 향상시키고, 상상할 수 있는 모든 것을 서비스화함으로써 생활을 더욱 편리하게 만든다. 그러나 대부분의 관계가 상업적 관계로 변하고 모든 개인의 삶이 24시간 내내 상품의 틀에 갇혀 있을 때, 비상업적 관계, 다시 말해서 혈연, 이웃, 문화적 취향의 공유, 종교적 결사, 민족 의식, 형제애, 시민 의식에 바탕을 둔 관계는 어떻게 되는 것일까? 시간 그 자체를 사고 팔고, 삶이라는 것이 한낱 계약과 금전적 도구에 의해서 결합된 상업적 거래의 연속에 불과한 것으로 변질될 때, 애정, 사랑, 헌신에서 비롯되는 인간의 전통적 상호 관계는 어떻게 되는 것일까? (중략)

접속의 시대는 새로운 유형의 인간을 몰고 온다. 바다의 신이자 변화무쌍한 모습을 가졌던 그리스 신화의 프로테우스처럼 새로운 '프로테우스' 세대의 젊은이들은 전자상거래와 사이버스페이스 세계에서 이루어지는 사업에 아무런 거부감이 없으며 그 속에서 펼쳐지는 사교 활동에도 적극적으로 참여한다.

그들은 문화 경제를 구성하는 수많은 시뮬레이션 세계에 척척 적응한다. 그들에게 익숙한 세계는 이념적 세계가 아니라 연극적 세계이다. 그들의 의식은 노동 정신보다는 유희 정신에 기울어 있다. 그들에게 접속은 이미 생활의 일부가 되었다. 재산도 중요하지만 연결된다는 것이 훨씬 더 중요하다. 21세기의 인간은 관심을 공유하는 사람들로 이루어진 네트워크의 교점이라는 의식으로 살아갈 것이고, 다윈이 말한 적자생존의 경쟁이 치열하게 벌어지는 세계에서 자율적으로 살아가는 주체라고 스스로를 생각할 것이다. 그들이 생각하는 개인적 자유의 의미는 소유권이라든지 남들의 간섭에서 벗어나는 능력과는 점점 거리가 멀어질 것이다. 대신 상호 관계의 그물망에 포함될 수 있는 권리로서의 의미가 점점 부각될 것이다. 그들은 접속의 시대를 살아가는 첫 번째 세대이다.

– 제러미 리프킨 '소유의 종말'

[유의 사항]

1. 문제지는 총 4개의 문제로 구성되어 있습니다. 답안은 정해진 답안지에 다음과 같이 문제 번호를 적은 후 작성하시기 바랍니다.
   [문제 1] 000 0000   [문제 2] 000 0000
2. 답안의 글자 수는 띄어쓰기를 포함한 분량으로 배부된 OMR 답안지 서식을 기준으로 하며 요구하는 분량을 초과하거나 미달하면 감점의 원인이 됩니다.
3. 답안지의 수험번호는 반드시 컴퓨터용 수성 사인펜으로 표기하시오.
4. 답안은 반드시 검정색 볼펜 또는 만년필로 작성하시오(연필이나 수정액 사용 금지).
5. 답안지 여백에는 성명, 수험번호 등 개인 신상과 관련된 어떤 내용도 쓰지 마시오.

인문계 논술 문제는 다음의 사항들을 고려하여 출제하였다.

1. 문제의 선택

문제 선택의 기준은 일차적으로 다양성에 두었다. 출제된 세 문제가 시간적으로 그리고 영역적으로 균형을 갖도록 노력했다. 즉 시간적으로는 고전적(본질적) 문제와 현대적(시사적) 문제 사이의 균형을, 영역에 있어서는 어문, 역사, 철학, 정치, 경제, 사회 등 사이의 균형을 취하도록 노력했다.

2. 문제의 유형

문제의 유형을 다음의 세 가지로 나누고, 세 유형들이 적절히 배분되어 사용될 수 있도록 노력했다. 한 유형은 독해력을 테스트하는 것으로, 제시문을 가능한 짧은 시간 내에 읽고 그 내용을 요약 정리하여 답하는 것이다. 또 다른 유형은 어떤 주제에 대한 상반된 입장의 제시문을 읽고 그것에 대한 찬성(옹호)과 반대(논박)의 논술을 하는 것이다. 세 번째 유형은 다소의 분석적, 종합적, 독창적 사고가 요구되는 문제로서 어느 정도 논증의 형식을 사용할 필요가 있다.

3. 문제의 난이도

고등학교 3년의 교과 과정을 충실히 거친 사람이면 충분히 이해할 수 있는 제시문과 문제를 출제하려고 노력했다.

[문제 1]

• 출제 의도

이 글의 논제는 제시문 (가)를 통하여 한글의 우수성과, 그 우수한 한글을 잘 지켜가지 못하는 국어 현실 상황을 확인하고, 제시문 (나)를 통해 세계 언어가 처한 현실을 바로 파악하여, 국어 현실의 문제점과 그 극복 방안에 대한 수험생들의 견해를 묻기 위한 것이었다.

본 문항은 세계화·정보화 시대에 우리는 우리의 말과 글의 정체성을 확보하기 위해 어떤 노력이 필요하며 그 실천 방향은 무엇인지 짚어봄으로써 외적으로는 국가 경쟁력을 키우고, 내적으로는 말글의 우수성을 인식하는 계기를 마련하여, 우리의 훌륭한 문화 유산인 우리말을 세계화·정보화 시대 속에서 바람직한 방향으로 가꾸고 발전시킬 수 있는 방안에 대하여 구체적으로 모색하는 시간을 갖자는 데 출제 의도가 있다.

• 문제 해설

말은 민족 주체성의 근본이고 민족의 정체성을 대변하는 것이다. 특히 우리의 한글은 세계의 언어 가운데 가장 과학적이고 정보화 사회에서 유용한 문자로서 이미 1997년 유네스코로부터 세계문화유산으로 인정받아 등록되어 있다. 그러나 이런 자랑스러운 우리 말글의 세계적 인정에도 불구하고 세계화·정보화 시대라는 미명 아래 우리의 말과 글의 정체성에 혼란을 야기하는 여러 현상들이 나타나고 있다. 언중의 주인 정신 결여로 인한 외래어, 외국어 등의 무분별한 남용, 채팅어 남발, 국적 불명의 무분별한 언어 사용, 그리고 우리말 체계를 뒤흔드는 언어 사용이 난무하면서 우리말과 글의 파괴 현상이 심각해지고 있다.

제시문 (가)는 559돌을 맞이한 한글날을 기해 세종대왕님께 드리는 편지글 형식으로서, 한글의 우수성과, 그 우수한 한글을 지켜나가지 못하는 국어 현실의 안타까움을 보여주고 있다.

제시문 (나)는 국민 공통 과정인 고등학교 '국어'(상)에 실려 있는 최재천의 '황소개구리와 우리말'의 일부이다. 주된 내용은 세계화의 대세 속에서 21세기의 우리말의 운명은 과연 어떻게 될 것인가에 대하여 물음을 던지고 있다.

[문제 2]

• 출제 의도

19세기 말부터 서구 산업 국가들은 경제적 빈곤층을 보호하기 위한 사회보장제도(복지제도)를 마련하기 시작했다. 이후 국가의 적극적인 사회보장제도 실시를 둘러싸고 대립되는 입장이 개진되어 왔는데, 복지제도의 찬성과 반대 입장이 수혜자들을 정상적 사회인으로 회복시키고 사회의 발전에 기여하는지에 대해서 비교적 뚜렷한 차이를 나타내고 있다.

본 문제는 수험생이 우리의 고전과 서구 학자의 견해가 개진된 지시문을 통해 대립되는 의견의 차이를 정확하게 이해하고 분석할 수 있는 능력을 갖추고 있는지를 평가할 목적으로 출제했다.

• 문제 해설

제시문 (가)는 경제적 빈민층(사회적 약자)을 구제하기 위해서는 민간의 자선으로는 한계가 있으며, 국가가 세금으로 복지제도를 적극적으로 추진해야 한다는 점을 역설하고 있다. 경제적 빈곤층이 결코 무능력하지 않으며, 국가의 복지 혜택(구제)을 받으면 정상적인 사회인이 될 수 있음을 강조하고 있다.

제시문 (나)는 사회적 약자들이 복지에 의존하게 된 경제적 상황이나 원인을 고려하기보다는 사회보장제도가 수혜자들의 노동 의지를 약화시키고 파괴해 버림으로써 복지 의존자로 전락시키고 만다고 주장하고 있다. 이 견해는 사회적 약자의 경제적 빈곤보다 더욱 심각한 것이 도덕적 타락이라고 보고 있는 것이며, 결국 복지 의존자들의 도덕적 타락이 사회 전체의 이익에 파괴적 기능을 하고 있다는 점에서 제시문 (가)와 차이를 나타내고 있다.

본 문제는 수험생이 (가)와 (나)로 대비되는 제시문을 통해, 복지제도가 수혜자들을 정상적인 사회인으로 회복시키고 사회 발전에 기여하는지 여부를 둘러싸고 개진된 뚜렷한 차이를 적절하게 파악할 수 있는 분석력의 평가가 목적이다.

[문제 3]

• 출제 의도

제시문 (다)는 앤서니 기든슨의 '제3의 길'을 요약한 것이다. 복지 문제와 관련해 제3의

길은 적극적인 복지 정책의 추진에 기반을 두고 있는 평등성을 추구하면서 이에 대한 부정적인 측면인 경제적 경쟁도 동시에 실현할 수 있다는 주장을 전개하고 있다. 어떤 논리로 이런 주장이 가능한지를 파악하는 능력과 그 주장이 과연 이상적인 복지 정책을 현실적으로 가능하게 하는지에 대한 비판 능력을 평가하기 위해 [문제 3]을 출제했다.

• 문제 해설

제시문 (다)는 앤서니 기든스의 '제3의 길'을 요약한 것이다. 제1의 길은 최대 정부에 의한 무한 복지를 통한 경제적 평등이 실현되는 사회 민주주의를 지향하였고, 제2의 길은 최소 정부에 의하여 경제적 경쟁을 중시한 반면 경제적 평등을 축소시킨 신자유주의를 추구하였다. 제3의 길은 형평과 효율의 조화를 추구하면서 생산적 복지(welfare to work)와 포용적 평등을 선호한다. 구체적으로는 국가가 수혜자에 대한 무조건적인 지원보다는 일자리를 적극적으로 창출하거나, 재훈련제도를 중심으로 한 복지 정책을 추진하여 고용을 확대함으로써, 국가의 경제 경쟁력을 높일 수 있다. 그리고 고용률 향상이 국가의 세입을 증대시켜 복지를 확대하고, 복지 확대가 또 고용 창출로 이어져 경제 경쟁력이 높아지는 선순환 구조가 구축될 수 있다는 논리를 전개하고 있다.

본 문제는 이러한 제시문을 통해 내용을 파악할 수 있는 분석력을 평가하고, 제3의 길이 (가)와 (나)가 제시하는 문제점을 해결할 수 있다는 주장에 대해 근거를 제시해 자신의 입장을 밝히게 함으로써, 이론에 대한 비판적 평가 능력을 알아보기 위한 것이다.

[문제 4]

• 출제 의도

개인은 무한한 네트워크에 접속할 수 있으며 우리는 네트워크가 등장하기 이전의 사람들과는 질적으로 다른 삶을 살고 있다. 오늘날과 같은 사회를 우리는 접속의 시대 또는 정보화 시대라고 한다.

제시문은 제러미 리프킨(Jeremy Rifkn)의 '소유의 종말(The Age of Access)'을 읽고 써낸 서평의 일부와 리프킨의 '소유의 종말'의 내용 일부이다. 과거와는 달리 오늘날은 직접적인 만남 못지않게 컴퓨터 네트워크를 통한 사이버 공간에서의 만남이 중요성을 갖고 있다. 저자는 이를 접속의 시대로 표현하고, 이 시대에는 인간이 형성해 온 사회적 토대에 수많은 구조적 변화가 발생하고 있으며, 특히 개개인의 삶과 인간 관계는 더욱 큰 변화 과정을 거치고 있다고 보고 있다.

본 문제는 접속의 시대가 우리의 삶과 인간 관계에 초래하는 긍정적인 측면과 부정적인 측면을 구체적인 사례를 통해 논증하게 함으로써 시대의 변화에 대한 인식과 그 변화 속에 놓여져 있는 자신을 반추할 수 있는 기회를 제공하고자 했다.

(2) 자연계

[문제 1] 제시문은 하이젠베르크의 불확정성 원리를 전자의 위치와 속도를 가지고 설명하였다. 한편 불확정성 원리는 전자의 위치와 운동량을 가지고도 설명할 수 있다. 제시문을 참고하여 하이젠베르크의 불확정성 원리를 정의하고, 전자의 위치와 운동량을 가지고 불확정성 원리를 설명하시오.

[문제 2] 제시문에서 설명한 바와 같이 전자의 위치와 속도의 측정값이 하이젠베르크의 불확정성 원리에 따라 확정적일 수 없다는 데는 모두가 동의하면서도, 고속도로에서 과속으로 달리다가 속도 측정기로 단속에 걸릴 경우 아무도 불확정성의 원리를 내세워 적발된 속도가 확정적이지 않다고 주장하지는 않는다. 그 이유를 설명하시오.

그리스의 데모크리토스가 물질을 구성하는 기본 단위가 원자라고 주장한 이후 이에 대한 탐구가 계속되어, 약 100년 전에 톰슨, 러더퍼드, 보어 등에 의해 현재 우리에게 익숙한 원자 모형으로 정착되었다. 그러나 뉴턴 이후 거시적인 세계를 설명하는 데 성공적이었던 고전 역학 이론이 원자와 같은 미시 세계에는 적용되지 않는다는 사실이 밝혀지고, 이에 대한 해결책으로 전자, 원자핵 등 미시 세계의 물리적 현상을 설명할 수 있는 양자역학이 개발되었다.

미시 세계의 자연 법칙을 설명하는 데 성공한 양자역학의 중요한 이론 중 하나가 1927년에 하이젠베르크가 발표한 '불확정성 원리'이다. 불확정성 원리에 따르면 물체의 위치와 속도를 동시에 정확하게 측정하는 것은 이론적으로 불가능하다. 여기서 중요한 것은 측정 도구가 정밀하지 못하거나 측정 방법이 정확하지 못하기 때문이 아니라, 측정하는 행위 자체가 측정 대상인 물체의 위치와 속도를 교란시킨다는 것이다. 즉 위치와 속도가 정확하게 측정될 수 없는 한계를 내포하고 있다는 것이다.

예를 들어 전자의 위치를 알고자 한다면 전자로부터 반사되어 나온 빛을 관측해야 한다. 이때 파장이 짧을수록 보다 정확한 위치를 파악할 수 있으므로 전자와 같이 작은 입자를 보려면 파장이 매우 짧은 빛을 사용해야 한다. 그러나 파장이 짧은 빛은 그만큼 큰 에너지를 가지고 있으므로 전자와 충돌할 때 전자의 원래 속도를 크게 변화시킨다. 또한 전자의 속도를 보다 정확하게 측정하려면 속도에 미치는 영향이 작도록 낮은 에너지를 가진 긴 파장의 빛을 사용해야 하지만, 파장이 긴 빛으로는 전자의 정확한 위치를 알아낼 수 없다. 따라서 전자의 위치와 속도 중 어느 하나를 정확하게 측정하려고 하면 할수록 다른 것에 대한 측정은 더 부정확해질 수밖에 없다.

이와 같은 내용을 하이젠베르크는 다음과 같은 방식으로 정리하였고, 이 공로로 1932년에 노벨 물리학상을 수상하였다.

$$(속도의\ 불확정성) \times (위치의\ 불확정성)\ \geq\ h$$

여기서 h는 플랑크 상수로서, 그 크기가 $10^{-34}\mathrm{kg} \cdot \mathrm{m}^2/\mathrm{s}$인 매우 작은 수이다.

[문제 3] 포유류는 모두 7개의 목뼈를 가지고 있지만 현재 기린의 목은 다른 포유류보다 훨씬 길다. 그러나 과거의 어느 시점에는 목이 길고 짧은 기린들이 공존하고 있었을 것이다. 현재와 같이 모든 기린의 목이 일률적으로 다 같이 길게 진화된 과정을 라마르크의 용불용설과 다윈의 자연선택설의 입장에서 각각 설명하고, 두 이론의 근본적인 차이를 설명하시오.

다윈은 약 5년 동안 비글호에 승선하여 세계 곳곳을 탐험하면서 동물들의 습성과 생태를 관찰한 연구 결과로 저술한 '종의 기원'에서 이전의 진화론을 진일보시킨 '자연선택설'을 발표하였다. 다윈은 이미 맬더스가 '인구론'에서 주장한 "모든 종은 억제되지 않는 한 그 수가 기하급수적으로 증가하는 경향이 있으나 실제로는 소수의 개체만이 생존하므로 개체 수는 기하급수적으로 증가하지 않고 평형 상태에 이른다."라는 내용을 바탕으로 하여, "자연은 개체들 중에서 환경에 적합하고 우수한 개체를 선택하여 번식이 가능하게 하고, 열등한 개체들은 도태시킨다."라는 가설을 제기하였다. 이 가설이 바로 다윈이 주장한 진화론의 핵심인 자연 선택에 대한 것이다. 다윈은 '종의 기원'에서 자연 선택에 관해 다음과 같이 설명하였다.

"생존 경쟁은 변이에 대해 어떻게 작용하는 것일까? 인위적인 선택의 원리가 자연에서도 적용될 수 있을까? 나는 자연 선택이 매우 효과적으로 작용할 수 있다고 생각한다. 만약에 어떤 변이가 일어난다면, 다른 개체에 비해서 생존과 출산에서 매우 불리한 변이체는 엄격히 소멸될 것이라고 확신할 수 있다. 이렇게 유리한 변이체는 보존되고 불리한 변이체는 도태되는 것을 나는 자연 선택이라고 한다."

다윈의 진화론은 이전의 여러 학설을 그 기저에 두고 있다. 그 대표적인 경우로 반세기 전에 최초로 생물체의 진화를 체계적으로 설명한 라마르크의 '용불용설'을 들 수 있다. 라마르크가 '동물철학'에서 주장한 용불용설은 생물체는 환경에 대한 적응력이 있어서 자주 사용하는 기관은 더욱 발달하고, 사용하지 않는 기관은 퇴화하여 결국 없어지게 된다는 학설이다. 그는 이와 같은 현상이 진화의 원인이라고 생각하여 다음과 같이 설명하였다.

"어떤 동물의 기관도 다른 기관보다 자주 쓰거나 계속해서 쓰게 되면 그 기관은 점점 강해지고 사용된 시간에 따라 특별한 기능을 갖게 된다. 이에 반해서 어떤 기관을 오랫동안 사용하지 않으면 차차 그 기관은 약해지고 기능도 쇠퇴될 뿐만 아니라 그 크기도 작아져 마침내는 거의 없어지고 만다. 나아가 한 세대에서 환경에 적응하면서 변형된 형질이 암수에 모두 존재할 경우 그 형질은 자손에게 전해진다."

라마르크와 다윈의 학설에서 당시에도 문제가 되었던 부분이 있었다. 라마르크의 경우에는 한 세대에서 획득된 우수한 형질이 어떻게 다음 세대로 전달되는가 하는 문제였고, 다윈의 경우에도 역시 자연 선택에 따라 보존된 형질이 어떻게 다음 세대로 전해지는가 하는 것이었다. 다윈과 거의 같은 시기에 오스트리아에서 멘델이 유전에 관한 연구를 하고 있었지만 그 연구 결과는 1900년대에 와서야 널리 알려지게 되었고, 진화와 유전의 원리를 통합하고 나서야 형질의 변화가 어떻게 자손에게 전달되는지, 또 자연 선택의 작용 대상인 변이가 어떻게 생기는지를 설명할 수 있게 되었다.

[문제 4] 전통 육종 방법의 단점을 3가지 이상 제시하고, 각 단점에 대해 유전자 조작 기술을 활용하여 극복할 수 있는 방안을 논하시오.

[문제 5] 유전자 조작으로 생산된 식물을 자연 환경에 심을 경우 발생할 수 있는 문제점에 대하여 논하시오.

21세기에 들어와 급격히 발달한 생명공학은 농림업, 식품산업, 수산업 등의 분야에서 핵심 산업으로 자리매김하고 있다. 생명공학은 생산량 증대를 비롯하여 기존의 전통적인 육종법으로는 발현 불가능한 특정 형질을 나타낼 수 있도록 하는 신기술이다. 특히 유전자 재조합 기술은 어떤 생물의 유전자 중 불필요한 부분은 제거하고 유용한 유전자만을 취해서 다른 생물체에 삽입하여 새로운 품종을 만드는 것이다. 이 방법은 기존의 것보다 차원이 높은 선택적 육종법이라 할 수 있다.

식물의 세포 내에서 새로운 유전자가 발현되기 위해서는 일반적으로 화분 교배를 통한 수정 과정이 필요하다. 그러나 수정을 통해서 만들어지는 신품종은 우리가 원하는 유전자뿐만 아니라 불필요한 유전자까지도 결합되어 열성의 품종으로도 나타날 수 있다. 또한 식물의 품종을 개량하기 위해서는 암·수 꽃의 개화가 선행되어야 하는데, 나무와 같이 다년생 식물의 경우 꽃이 피는 데 대체로 15년 이상의 장기간이 소요된다. 이러한 제약 요인을 극복하여 단기간에 품종을 개량하기 위한 수단으로 유전자 조작 기술을 적용하고 있다.

유전자 조작 기술을 도입하여 상품화한 첫 식물은 토마토이다. 일반 토마토의 경우에는 열매가 성숙되면 보관이 용이하지 않으나, 유전자 조작 토마토는 열매의 성숙에 관여하는 유전자를 변형시켜 성숙 속도를 지연시켜서 수확 후에도 상당한 기간 동안 신선한 상태로 보관할 수 있다. 유전자 조작 콩은 제초제에 저항성이 있는 유전적 특성을 가지고 있어서 농약에 선택적으로 강한 품종이다. 농약을 살포할 경우에 잡초는 제거되지만 유전적으로 조작된 콩은 내성을 띠는 선택적 특징을 갖게 된다. 나무의 경우에도 유전자 조작 기술을 도입하여 병충해에 대한 저항성이 강한 나무, 사막과 같이 수분이 부족한 지역에서도 자랄 수 있는 나무, 반딧불 유전자를 보유하고 있는 나무 등의 고부가가치 자원이 개발되고 있어 가까운 미래에 상품화될 전망이다.

현재 우리 나라에 수입되는 콩 중에서 80% 이상이 유전자 조작으로 생산된 것으로 추정하고 있다. 이미 우리의 식탁은 유전자 조작 콩을 비롯하여 각종 유전자 조작 농산물이 차지하고 있다. 생명공학 기술을 적용할 경우 다수확 생산을 통하여 식량난을 해소할 수 있을 뿐만 아니라, 다양한 기능성 물질을 보유하고 있는 농산물을 단기간에 개발할 수 있다.

그러나 유전자 조작 기술로 만들어진 식물에 대한 우려의 목소리 또한 크다. 유전자 조작으로 만들어진 식물을 인간이 섭취할 경우 인체에 어떤 영향을 미칠지 과학적으로 밝혀진 바 없지만, 사람들은 유전자 조작 식품을 기피하거나 친환경 농업으로 생산된 식품을 선호하는 경향이 있다.

[유의 사항]

1. 문제지는 총 5개의 문제로 구성되어 있습니다. 답안은 정해진 답안지에 다음과 같이 문제 번호를 적은 후 작성하시기 바랍니다.

   [문제 1] 000 0000   [문제 2] 000 0000
2. 답안의 글자 수는 띄어쓰기를 포함한 분량으로 배부된 OMR 답안지 서식을 기준으로 하며 요구하는 분량을 초과하거나 미달하면 감점의 원인이 됩니다.
3. 답안지의 수험번호는 반드시 컴퓨터용 수성 사인펜으로 표기하시오.
4. 답안은 반드시 검정색 볼펜 또는 만년필로 작성하시오(연필이나 수정액 사용 금지).
5. 답안지 여백에는 성명, 수험번호 등 개인 신상과 관련된 어떤 내용도 쓰지 마시오.

 ## 출제 의도 및 해설

• 출제 의도

이번 자연계 학업 적성 논술고사에서는 자연 계열 수험생들의 과학적 분석과 논리적 사고 능력을 알아보고자 하였다. 특히, 본 문제에서는 자연 계열 교과목의 지식을 직접적으로 물어보는 암기 위주의 지식 평가를 지양하고, 수험생의 이해력, 창의력, 판단력을 평가하는 논술시험의 기본 틀을 유지하였다.

제시문에 비교적 최근 이론인 물리 내용과 고전에 해당하는 생물 문제의 내용을 설명하고 수험생들의 이해 정도를 측정하고자 하였다. 첫 제시문은 수험생들에게 익숙하지 않은 이론을 평이한 용어로 상세하게 설명하고, 그 이론 내용을 쉽게 적용할 수 있는 예를 들어 이해 정도를 측정하고자 하였다. 두 번째 제시문은 수험생들에게 매우 익숙한 이론 두 개를 원전을 인용하면서 설명하고, 역시 익숙한 소재를 가지고 이해 정도를 측정하고자 하였다. 세 번째 제시문은 고등학교 교과 과정에서 배운 생물과 자연자원을 기초로 하여 수험생이 일상생활 속에서도 쉽게 접할 수 있는 생명공학과 관련된 내용을 예문으로 제시하였다. 이 제시문의 주요 내용은 21세기에 새롭게 부각되고 있는 유전자 조작 기술을 포함한 생명공학 기술을 식물의 세계에 적용하여 고부가가치화할 수 있는 방안 등을 중심으로 수험생들의 논리적 분석력을 평가하기 위해 문제를 출제하였다.

[문제 1] 해설

제시문에 양자역학이 탄생하게 된 배경을 서술하고 하이젠베르크의 불확정성 원리를 전자의 위치와 속도를 동시에 측정하는 경우를 들어 설명하였다. 수험생들에게 익숙하지 않은 물리 이론(불확정성 원리)에 관하여 매우 평이한 용어를 사용하면서 쉽고 상세하게 설명한 내용을 읽고, 나름대로 설명할 수 있는지를 측정하고자 하였다.

[문제 2] 해설

[문제 1]과 동일한 제시문을 읽고 불확정성 원리가 전자와 같이 매우 작은 입자에 적용할 때는 매우 중요하지만, 자동차와 같이 큰 물체에는 별 의미가 없음을 이해했는지 측정하고자 하였다. 수험생은 제시문에 제공된 물리적 설명(전자파가 질량이 큰 차의 운동량에는 거의 영향을 주지 못함)을 통해서나 또는 부등식 형식으로 제공한 상관 관계(플랑크 상수와 같이 작은 수를 수미터로 나누면 거의 영에 가깝다)를 통해서 자동차의 속도에 관한 불확정성은 무시할 수 있다는 결론을 추론할 있어야 한다. 또, 간단한 내용을 가지고 요구하는 분량의 답을 작성하는 능력도 보여야 한다.

[문제 3] 해설

제시문에 진화의 상이한 해석인 자연선택설과 용불용설에 대하여 원문을 인용하면서 두 이론의 차이점이 부각되도록 설명하였다. 즉 다윈은 한 종에서 생존에 유리한 형질을 가진 집단이 그렇지 못한 집단보다 수명이 길고 자손도 많이 생산하므로 후손 대에서는 그 유리한 형질을 가진 집단이 월등히 많아져 결국 그렇지 못한 집단은 도태된다는 이론을 주장하였다. 반면, 라마르크는 각 생물 개체가 생존에 유리한 형질은 계속 사용(用)하여 강화되는 반면 도움이 되지 않는 형질은 사용하지 않아(不用) 약화되고, 그렇게 강화된 유리한 형질이 아버지 세대에서 아들 세대로 전해진다는 이론을 주장하였다. [문제 3]에서는 앞 두 문제와 달리 수험생들에게 매우 익숙한 이론을 원문에 나오는 전문용어와 표현 방법을 가급적 그대로 사용하면서 설명하였다. 그리고 역시 수험생들에게 익숙한 기린의 긴 목을 소재로 선택하여 수험생들이 이해한 두 이론의 내용을 적용하여 설명하고 두 이론의 근본적인 차이를 이 소재를 가지고 설명할 수 있는지를 측정하고자 하였다. 수험생은 기린의 목을 소재로 두 이론의 구체적인 내용을 제시해야 하며 특히 다윈의 자연 선택에 관

한 내용과 라마르크의 용불용설에 관한 내용을 포함해야 하며 그 차이점을 분명히 구체적으로 서술해야 한다.

[문제 4] 해설

21세기 핵심 산업으로 부각되고 있는 생명공학에 대한 이론적 기초 지식 및 응용 분야에 대한 이해도를 묻기 위해 본 문제를 출제하였다. 요즈음 생명공학과 관련된 기사가 속속 보도되고 있으나, 대부분의 기사가 배아줄기세포를 비롯하여 인간 또는 동물과 관련된 내용을 다루고 있다. 본 문제에서는 우리의 의·식·주 해결의 보고인 식물을 대상으로 신품종 육종을 위해 생명공학을 적용할 수 있는 내용을 수록하고, 기존의 전통 육종법의 단점을 극복하기 위한 방안으로 유전자 조작 기술의 활용 범위를 논리적으로 전개토록 하였다. 이는 생명과학 분야에서 생명공학 기술이 미래의 고부가가치 산업임을 강조하여, 국가의 최첨단 산업으로의 발전 가능성을 제시하기 위함이다.

[문제 5] 해설

[문제 4]와 같은 제시문으로, 유전자 변형 식물체가 자연 환경에 노출될 경우 생물학적, 유전학적 기초 지식을 토대로 생태계의 순환 구조에서 외래 유전자의 표류를 통한 생태계 교란 현상을 묻고자 하였다. 본 문제에 대한 답안을 쉽게 작성케 하기 위해서는 제시문에 이와 관련된 내용의 언급이 필요하지만, 수험생들이 식물을 생산자로서 생태계의 하나의 구성원으로 이해하고, 종자 수정 과정에 기초 지식이 있을 경우 답안을 추론하는 데 어려움이 없을 것이다.

 평가의 주안점

다음 사항들을 참고하여 채점하여 주시기 바랍니다.
1. 문제 및 주제의 정확한 이해
   ① 답안 작성자가 문제의 핵심을 올바르고 명확하게 파악하였는가?
   ② 주제에 관련된 핵심 용어 혹은 문장들이 사용되었는가?
2. 형식의 타당성
   ① 논증의 형식이 논리적으로 타당한가?
   ② 답안이 논리적 일관성을 잃지 않았는가?
   ③ 전제로 사용된 명제들이 참인가?
   ④ 결론이 명확하게 제시되었는가?
   ⑤ 문장과 문장, 문단과 문단이 논리적으로 연결되었는가?
3. 내용의 풍부함
   ① 주제에 관련된 내용이 풍부하게 제시되었는가?
   ② 문제의 해답에 본질적인 혹은 필수적인 사항이 빠져 있지 않은가?
   ③ 논점 밖의 불필요한 사항이 답안에 포함되어 있지 않은가?

4. 사고의 객관성과 정밀성

　　① 문제의 이해 및 답안 작성에 있어서 객관적 태도를 견지하였는가?

　　② 답안의 작성에 있어서 개념적 혹은 수량적 정밀성을 견지하였는가?

　　③ 문제 해결의 방안과 설명이 구체적인가?

5. 언어 사용의 정확성

　　① 표현 의도에 적합한 어휘를 선택하여 올바르게 사용하였는가?

　　② 철자법 혹은 문법의 오류는 없는가?

　　③ 답안 분량이 지나치게 많거나 적지 않은가?

4. 서강대학교

(1) 문학부, 사회과학부, 커뮤니케이션학부 논술고사

〈문항 1〉(40%)

제시문 (A)와 제시문 (B)는 오늘날 인류가 직면하고 있는 어떤 공통된 위기에 대한 진단과 대안을 서술하고 있다. 위 두 편의 글이 공통적으로 지적하고 있는 위기가 무엇이며, 현대 사회에서 그 문제의 중요성이 지속적으로 커지는 이유가 무엇인지 제시문 (A)와 제시문 (B)에 기초하여 구체적으로 서술하시오. (400~500자, 띄어쓰기 포함)

〈문항 2〉(30%)

제시문 (A)에서 '전지구적인 보살핌의 사슬'이라고 은유적으로 표현한 문제는 삶의 다른 영역이나 분야에서도 벌어지고 있다. 위에서 거론된 두 분야 이외에 어떤 분야에서 그러한 예를 찾을 수 있는지 구체적인 사례를 들어 논하시오. (400~500자, 띄어쓰기 포함)

〈문항 3〉(30%)

제시문 (A)와 제시문 (B)을 읽고 다음과 같이 여성과 관련하여 글을 쓰려고 한다. 주어진 단락에 이어질 알맞은 내용을 글로 써서 완성하되 반드시 다음의 단어들이 포함되도록 하시오. (400~500자, 띄어쓰기 포함)

生態, 貿易, 自然, 持續可能한 發展, 世界市場, 平等

(A)

비키 디아즈는 34세로서 다섯 아이의 엄마이다. 필리핀에서 대학을 졸업한 후 학교 교사를 하다가 여행사에서 근무했던 그녀는 미국으로 건너왔다. 미국에서 비키는 로스앤젤레스의 비벌리힐스에 있는 부유한 가정의 가정부 겸 두 살짜리 아들의 보모

로서 일한다. 비벌리힐스의 그 가족은 비키에게 주급 400달러를 지급한다. 그리고 비키는 다시 필리핀에 있는 자기 가족의 가정부에게 주급 40달러를 지급한다. 하지만 이와 같은 '전 지구적인 보살핌의 사슬' 속에서 사는 것은 비키와 그녀의 가족에게 쉬운 일이 아니다.

역설적이지만, 비키는 자신을 고용할 사람에게 자신의 아이들을 기른 경험이 있다고 말함으로써 일자리를 얻었다. 그녀의 얘기를 들어보자. "나는 신문 광고에서 그 자리를 알게 되었다. 나는 그들에게 전화했고, 그들은 나에게 와서 면접을 받으라고 얘기했다. 나는 결국 채용되었다. 그들은 나에게 아이를 어떻게 돌보는지 아느냐고 물었을 뿐이고, 나는 나에게도 다섯 명의 아이가 있기 때문에 그렇다고 대답했다. 하지만 가만히 생각해보면, 아이들을 보살핀 사람은 내가 아니었다. 가정부가 그 일을 대신했기 때문이다."

세계 자본주의는 무엇이든 그것이 만지는 것에 영향을 끼친다. 그리고 그것은 거의 모든 것을 만지는데, 그 중에는 내가 얘기하는 '전 지구적인 보살핌의 사슬'도 포함된다. 이것은 유급 혹은 무급의 보살피는 일을 바탕으로 한 전 세계 사람들 간의 일련의 개인적 연결이다. 대개는 여자들이 이런 사슬을 만들지만, 어떤 경우에는 여자와 남자 모두가 만들고, 드문 경우에는 남자들만이 만든다. 이와 같은 보살핌의 사슬은 국지적, 국가적 혹은 전 지구적일 수도 있다. 전 지구적인 사슬은 (비키 디아즈가 이에 해당하는데) 대개 가난한 나라에서 시작해 부자 나라에서 끝난다. 하지만 어떤 경우 그런 사슬은 가난한 나라들에서 시작하고, 바로 그 가난한 나라 안의 농촌에서 도시로 이동한다. 혹은 그것들이 하나의 가난한 나라에서 시작해 다른 약간 더 가난한 나라로 확장되고, 이어서 후자의 나라 안에서 하나의 장소와 다른 하나의 장소를 연결한다. 사슬들은 또 연결되는 지점의 수에서도 다양하다. 어떤 것은 하나이고, 어떤 것은 둘이나 셋이다. 그리고 연결되는 강도도 다양하다.

이런 사슬의 한 가지 흔한 형태는 다음과 같다. (1) 가난한 가족의 손위 딸이 동생들을 보살피고, 그동안에 (2) 어머니는 보모로 일하면서 다른 곳에 보모로 가 있는 사람의 아이들을 보살피고, 후자의 보모는 다시 (3) 부자 나라에 있는 가족의 아이를 보살핀다. 어떤 보살핌의 사슬은 보살핌의 대상(가령 아이나 혹은 돌봐야 할 나이 든 사람)에 기반하고, 어떤 사슬은 보살핌의 주체(보살피는 사람들 자신, 그들도 보살핌을 받기 때문에)에 기반한다. 각각의 사슬 종류는 보살핌의 비가시적인 인간 생태학을 표현하는데, 한 종류의 보살핌이 다른 종류의 보살핌에 의존하는 식이다.

－출전 : 알리 러셀 혹스차일드, '보살핌 사슬과 감정의 잉여가치'

(B)

　반다나 시바는 다국적 기업에 의한 종자의 독점이 인류가 현재 직면한 최대의 위협이라고 한다. 지역 공동체가 주도하는 종자 보존 운동이 무엇보다 긴급하다고 호소하고 있다. 말할 나위도 없이, 씨앗은 재생이라는 생명 현상의 핵이며 생명의 재생 없이는 사회를 유지해 나갈 수 없다는 사실 또한 자명하다. 그러면서 그녀는 '그러나'라고 덧붙인다. 그러나 문제는 어지럽게 돌아가는 현대 산업사회에는 생명의 재생에 대해 생각할 시간적 여유가 없다. 우리는 생명의 재생을 기다릴 수조차 없게 된 것이다. 그녀의 말에 따르면, 현대 세계를 뒤덮은 생태학적, 사회적인 위기는 재생이라는 숭고한 가치가 격하되어 있는 데에 기인하고 있다.

　지구촌의 풍요로운 음식 문화를 뒷받침해 온 재래 종자들이 최근 들어 급속히 사라지고 있다. 이제 세계 작물 종자의 30퍼센트는 다국적 기업 10여 개 사가 독점하고 있으며, 그에 따라 재래종을 취급하는 지역의 종자 회사들은 하나 둘 자취를 감추고 있다. 다국적 기업은 수확량 면에서 유통에 적합한 1대 교배종을 개발하고, 다시 유전자 조작으로 새로운 종자를 만들어 농약과 함께 그것을 판매함으로써 시장 독점을 꾀해 왔다. 이러한 방식의 세계화와 균질화의 그늘에서, 지역의 전통적인 음식 문화와 그것을 지탱해 온 종자, 그리고 전승 문화들은 점차 사라져 가고 있다. 종자의 균질화와 함께 생물의 다양화에 의해 유지되고 있던 '생명 공동체'인 지역이 교란되고 쇠약해지고 붕괴되어 가고 있는 것이다.

　이러한 위기 가운데 호주의 바이론 베이에 거점을 둔 '종자 보존 네트워크'는 전 세계에 공동체의 종자 부활과 종자 은행 설치를 호소하고 있다. 또한 지역들끼리 서로 연합하여 세계화에 대항하는 네트워크를 만들어 가고 있다. 이곳 대표인 팬튼 부부는 자신의 집 주변에 견본 정원이랄 수 있는 야채 농원을 두고, 이곳을 방문하는 사람들에게 정성 어린 슬로 푸드를 대접하고 있다. 그들에게 종자 보존 운동이란 각각의 종자가 갖고 있는 고유한 시간을 존중하는 일이다. 종자에는 긴 시간 속에서 배양되어 온 각 지역의 기후, 토양, 미생물 등과의 관계가 담겨 있다. 그리고 그 씨앗을 뿌리고 기르고 다시 씨를 거두고 계속해서 보존해 온 수세대에 걸친 농민들의 지혜와 삶이 담겨 있다. 그래서 종자를 보존하는 일은 생태계의 시간과 문화의 시간을 지켜내는 일이기도 하다.

－출전 : 쓰지 신이치, '슬로 라이프'

(2) 자연과학부, 공학부 논술고사

〈문항 1〉(30%)

제시문 (A)에서 이야기되고 있는 '장소의 고유성의 상실'이라는 말이 의미하는 바를 제시문 (B)의 내용과 연관지어 논하시오. (400~500자)

〈문항 2〉(35%)

여러 채의 주택이 들어서 있는 평지 마을을 관통하는 직선 도로를 건설하려고 한다. 모든 주택에서 접근하기에 가깝도록 최적의 거리에 도로를 건설하고자 할 때, 도로가 놓일 위치를 결정하기 위한 방법을 두 가지 이상 제시하고 그 방법들을 서로 비교하시오. (분량 제한 없음)

〈문항 3〉(35%)

제한된 상자에 가능한 한 많은 오렌지를 담는 문제는 밀도를 되도록 크게 하여 제한된 상자에 동일한 크기의 구(球)를 겹쳐지지 않게 담는 문제로 바꿔 말할 수 있다. 여기서 상자의 부피에 대한 구들이 차지한 부피의 비(比)를 밀도라고 정의하자. 사람의 피부나 혈관에 상처가 나면 작은 세포인 혈소판들이 덩어리를 이룬다. 이 덩어리에 있는 혈소판은 구형이라 가정하자. 가장 큰 밀도와 무작위로 구를 배열했을 때의 밀도가 각각 알려져 있을 때, 그 혈소판의 개수를 추정하는 방법을 밀도와 관련하여 설명하시오. 그리고 동일한 크기의 구를 배열하는 문제를 삼차원 공간 전체로 확장하면 밀도를 어떻게 정의하는 것이 타당한지 설명하시오. (분량 제한 없음)

(A)

속도는 고도로 정치적이다. 어떤 사람의 속도는 다른 사람들에 의해 지불되기 때문에, 그래서 자동차 중심의 교통 시스템은 자동차에 의해 보행자와 자전거 탄 사람이 가던 길이 차단당하는 것을 의미한다. "한계 속도를 넘어서면 어느 누구도 다른 사람의 시간을 빼앗지 않고는 시간을 절약할 수 없다."고 일리치는 말한다. 영국에서 도로 건설은 자동차 운행자의 시간 가치에 의해 정당화되어 왔다. 즉 자동차 운행자의 시간은 시간당 3만 원의 가치로 환산되면서도, 자동차 도로들이 파괴하는 풍경의 시간에는 그와 같은 가치가 부여되지 않는다.

자동차 도로 위에 있다면 당신은 어디든지 갈 수 있다. 하지만 차창 밖 풍경의 섬세한 변화는 속도와 함께 사라진다. 바로 이것이 변화의 욕구에 호소하면서도 정작 그 반대의 것—단조로움—을 제공하는, 속도의 기만술의 하나이다. 패스트푸드는 늘 한결같은 모습이고 아우토반이나 비행장은 어디나 천편일률적이다. 속도는 멀고 가까움의 개념을 오염시키며, 그 결과 교통 철학자 존 화이트레그가 '장소의 고유성의 상실'이라고 부르는 상태가 된다. 관광지의 균일성만 남게 되는 것이다. 이와 달리 느림, 어떤 장소에 도달하는 데 걸리는 긴 시간은 "시간상의 불리한 조건을 대가로 해서 장소의 고유성과 문화를 보호하는" 역할을 한다.

— 제이 그리피스, '시계 밖의 시간'

(B)

우리는 과연 어떠한 시간을 살아가고 있는 것일까? '시간은 돈이다'라는 말을 실감하면서 언제나 시계를 가까이 두고, '시간이 자신을 쫓고 있는 듯' 살아가는 사회인이 많은 것은 분명하다. 경제와 산업, 비즈니스의 시간이 현대인의 생활을 제어하는 주요한 틀이다. 그것은 경제인이나 비즈니스맨에 한정된 것이 아니다. 노인과 젊은 이를 가릴 것 없이 동일한 시간의 틀 속에 자신을 두고, 성장과 효율성, 생산성을 최우선의 가치로 삼는 사회의 공기를 함께 호흡하며 살고 있다.

이러한 성장과 생산성을 측으로 하는 사회에서는 이미 생산적인 시기가 지나버린 늙음은 쇠약의 프로세스로 여겨지며, 노약·노추·노쇠와 같은 말의 이미지가 보여주듯이 부정적이고 퇴행적이며, 가능하면 멀리하고 싶은 것, 회피하고 싶은 것으로 여겨진다. 와시다에 따르면, 이렇게 '어쩐지 싫은 생각이 드는' 노인을 어떻게든 사회의 틀 속에 무난하게 넣기 위해 사랑스럽고 귀여운 노인의 이미지를 만들어내는 것이다. 이는 생산성이나 효율성 등과는 거리가 있는 유아나 아이들을 사랑스러움과 귀여움 속에 가두려는 것과도 비슷한 맥락이라고 지적한다. 그들을 사회의 '현역' 이전 혹은 이후라는 시각에서 받아들이고, 수동적이고 타율적인 존재로 강요한다.

— 쓰지 신이치, '슬로 라이프'

(3) 경제학부, 경영학부 논술고사

〈문항 1〉 (30%)

제시문 (A)와 (B)가 공통적으로 제기하고 있는 문제가 무엇인지를 논하시오. (400~500자)

〈문항 2〉 (30%)

제시문 (C)와 (D)는 오늘날 세계 여러 나라들이 당면하고 있는 중요한 경제적 선택의 문제를 다루고 있다. 제시문 (C)에 나타난 경제적 선택의 핵심은 무엇이며, 왜 이것이 사회적 갈등과 정책 대립을 초래하고 있는가를 제시문 (D)에 나오는 정책 대립의 실제 예를 들어 구체적으로 논하시오. (400~500자)

〈문항 3〉 (40%)

제시문 (D)에서 분석된 북유럽 경제의 특징과 성공 요인을 제시문 (C)의 내용과 관련하여 구체적으로 서술하고, 우리 나라가 경제 성장과 사회적 안정을 위해 (D)에 제시된 방향을 따르는 것이 바람직하다고 생각하는지 그리고 그것이 가능할지 논하시오. (400~500자)

(A)

『국사』는 민족 대단결 혹은 민족에 대한 무조건적인 충성과 복종을 강요하기 위하여 '현실의 적'을 '절대 악'으로 초역사화('상상된 적')한 뒤, '민족 절멸의 공포'를 조작하는 서사 기법을 자주 활용하고 있다. 즉,『국사』는 특정 시기의 역사를 서술할 때마다 '민족의 철천지원수', '절멸시켜야 할 적'의 존재를 명확히 설정한 뒤, 이런 원수와 적을 물리치기 위해서는 조국과 민족에 대한 무조건적 충성과 복종, 화합과 단결이 다른 무엇보다 중요하다는 식으로 애국심이나 민족주의를 선동하고 있는데, 이런 대목에서 돋보이는 '상상 속의 적'은 역시 일본 제국주의이다. 일제와의 숭고한 투쟁을 통해서 민족사가 발전하고 대한민국이 수립될 수 있었다거나, 일제 때문에 근대화가 중단(지체)되고 민족 분단이 야기되었다는 식의 서술은, 조국과 민족의 대서사를 완성하는 데 있어서 이런 서사 기법이 얼마나 중요한 역할을 담당하고 있는가를 잘 보여준다.

『국사』가 일본 제국주의를 어떻게 신화화하였는가를 보여주는 사례는 일일이 열거하기가 어려울 정도로 무수하다. 『국사』는 '무자비' '잔인무도' '교활' '광분', 또는 '약탈' '강탈' '착취' 등의 용어를 내키는 대로 쓰면서 일제의 악마성(민족에 대한 억압과 수탈)을 논증하는 데 많은 지면을 할애하고 있다. 이런 서술 과정에서 자연스럽게 일제는 민족사 발전을 저해한 절대 악으로, 그리고 민족 대단결은 당연하고도 필연적인 민족사적 과제로 유추된다. 물론 일제의 억압과 수탈은 사실이었으며, 또 민족 대단결도 대단히 긴요한 정치적 과제 가운데 하나였다. 하지만 역사적 실재로서의 일본 제국주의를 지나치게 초역사화하여, 역사 과정의 모든 부정성을 모조리 일제 탓으로 돌리는 식의 역사 서술은 여러 가지 자가당착적인 역사 인식을 초래할 가능성이 크다. 예를 들면 조선 후기 이래의 '내재적(자생적) 근대화'가 일제의 조선 지배(식민지화)로 말미암아 완전히 중단(지체)되었다는 식의 역사 인식, 혹은 '근대화(성)'와 '식민지화(성)'를 전혀 별개의 역사 과정으로 파악하는 역사 인식 등은 그 대표적인 보기라 할 수 있다. 『국사』가 '식민지적 근대화'나 '근대 주체', 혹은 친일 세력이나 민족 개량주의 세력의 실체를 제대로 설명할 수 없었던 것도 이 같은 자가당착적인 역사 인식에서 비롯된 것이라 할 수 있다.

－지수걸,〈'민족'과 '근대'의 이중주〉

(B)

2차 대전을 배경으로 한 영화 〈라이언 일병 구하기〉는 자신의 전략적인 이해를 위해 국민에게 희생을 강요하는 국가주의에 대항하고 있는 것처럼 보이게 하면서 미국의 국민주의를 칭송하고 있다. 그러나 그러한 휴머니즘이 체현하고 있는 미국의 국민주의를 칭송하는 일이 부조리한 죽임을 당할 수밖에 없었던 사람들의 수많은 죽음과, 공유 가능한 집단적인 기억에서 배제된 사건을 망각하고 부인함으로써 비로소 가능하게 되었음을 잊어서는 안 된다.

작품의 마지막 부분에서 영화는 50년이라는 세월을 단번에 건너뛴다. 거기에서 이야기되지 않은 사건 하나가 예컨대 베트남 전쟁이다. 영화는 1970년대 미국 사회에 엄청난 트라우마를 남긴 체험이 되었던 그 사건이 마치 그러한 일은 일어나지 않았다는 듯이 일거에 현재의 라이언의 모습을 비추어낸다. 살아남은 라이언은 베트남 전쟁 동안 어떻게 살았을까. 자신의 정의의 감각에 따라서 정의롭지 못한 것을 거부했던 라이언은 베트남 전쟁이라는 사태에 대해 어떠한 태도를 취했을까.

더욱이 영화의 마지막 장면에서 피에 젖어 나부끼는 성조기가 등장하는 것은 미국인을 위해 미국인이 흘린 피일 따름이다. 미국인으로 인해서 흘린 타자의 피, 타자의 죽음을 영화는 이야기하지 않는다. 1970년대 후반부터 1980년대에 걸쳐 빈번하게 묘사되어 왔던, 미국인에 의해 살해당한 베트남 사람의 죽음이라는 사건은 여기에서는 완전히 망각되고 있다. 이러한 사태의 전개는 91년에 발발한 걸프전 승리 이후 미국에서 일기 시작한 내셔널리즘적 언설과 궤를 같이하고 있다. 영화 〈전화(戰火)의 용기〉(에드워드 즈윅 감독, 1996)에서도 또한 미국인 병사에게 폭력적 체험으로서 기억되는 것은 자기편인 미국인 사체가 방치되어 있다는 사실이다. 이라크 병사를 죽인 것은 그들 미국인 병사에게 어떠한 상처의 흔적도 남기지 않는다. 일찍이 베트남 전쟁을 묘사했던 일련의 영화에서 '타자'와 만나는 그 자체가 폭력적인 체험이라는 점이 반복적으로 그려지고 있는 사실을 고려한다면, '타자'의 존재가 빠져 있는 이들 서사는 명백히 사상적인 후퇴라고 할 수 있다. 그리고 그것은 미국의 내셔널한 욕망과 결탁하고 있는 것처럼 나에게는 생각된다.

－오카 마리, '기억/서사'

(C)

시장경제에서 개인은 자신의 욕구를 충족하기 위한 선택을 한다. 그리고 기업들은 이윤을 극대화하기 위한 선택을 한다. 이를 위해서 기업은 소비자들이 원하는 상품을 다른 기업들에 비하여 낮은 비용으로 생산해야 한다. 기업들이 이윤을 위해 경쟁할 때, 소비자들은 생산된 상품의 종류와 가격 모두에서 이익을 얻는다. 따라서 시장경제는 4가지의 기본적인 경제 문제에서 3가지, 즉 무엇을 생산할 것인가, 어떻게 생산할 것인가 그리고 이들 의사 결정이 어떠한 방식으로 이루어지는가에 대한 해답을 제공하며, 이것들이 경제의 효율성을 보장해준다.

시장경제는 나머지 질문, 즉 누구를 위해 상품을 생산할 것인가라는 질문에 대한 답도 제공한다. 그러나 이것은 누구나 받아들일 수 있는 답은 아니다. 시장은 가장 높은 가격을 지불할 의사가 있는 사람에게 상품을 배분한다. 경매에서처럼, 가장 높은 가격을 지불할 수 있는 시장의 참여자가 상품을 가져가는 것이다. 그러나 사람들이 지불하려고 하는 그리고 지불할 수 있는 가격은 그들의 소득 수준에 의존한다. 따라서 외부로부터의 도움이 없다면 지극히 낮은 소득 수준의 특정 집단들은 생존이 곤란해지거나 자녀를 충분히 먹이고 교육시키지 못하는 일이 발생한다. 이때 정부는 소득의 불평등을 완화시키기 위한 도움을 제공한다. 그러나 이러한 수단은 보통 경제적 인센티브를 저해한다. 복지를 위한 지출이 저소득층을 위해서는 중요한 안전망을 제공하지만, 이를 위한 높은 세금은 근로 의욕과 저축을 저해한다. 만일 정부가 개인들의 소득에서 1/3 혹은 2/3를 가져간다면 개인들은 열심히 일하려고 하지 않을지 모른다. 또 이자 소득에 대해서 1/3 혹은 절반을 가져간다면, 사람들은 아마도 저축하기보다는 더 많이 소비하려고 할 것이다.

- 조셉 E. 스티글리츠, '경제학'

(D)

최근 핀란드, 스웨덴, 덴마크 그리고 노르웨이는 세계경제포럼(World Economic Forum)에 의한 경쟁력 평가에서 모두 최상위 6위 내에 위치하였고, 생활 수준과 교육 그리고 의료 혜택의 국제간 비교에서도 대단히 높은 점수를 기록하고 있다. 지난 수년간 이들 국가의 경제성장률은 유럽의 평균치보다 높았고, 더욱 놀라운 사실은 이들이 매우 큰 공공 부문을 유지하고 있음에도 불구하고 정부 재정에서 흑자를 보이고 있다는 것이다. 그 비결은 무엇인가.

이 질문은 유럽연합의 미래에 대단히 중요한 의미를 지니고 있다. 영국의 토니 블레어 총리는 아시아 경제의 부상에 대응하기 위하여 유럽연합은 무역 장벽과 고용 관련 규제를 대폭 완화하고 자유시장의 원리를 확대시켜야 된다고 주장하고 있는 반면, 소위 유럽대륙식 사회 모델을 옹호하는 프랑스의 자크 시라크 대통령과 그의 지지자들은 시장 원리의 확대에 찬성하지 않고 있다.

이들 북유럽 국가에서는 1980년대와 1990년대에 걸쳐 시장 경쟁을 확대시킨 구조 조정이 고통스럽게 진행되었다. 적자 상태의 제조업체들이 도태되고 연구 개발 노력의 증가에 의해 최첨단 산업들이 확고히 자리를 잡았으며, 연금과 실업수당의 증가는 억제되었다. 그 결과 최근 들어 이들 나라의 실업률은 안정화되었고, 근로자들의 생산성은 유럽의 다른 나라들에 비하여 빠르게 증가하고 있다. 스웨덴의 고용청 장관인 한스 카를손은 스웨덴의 노동조합이 변화하는 경제 환경에 유연하게 적응하였다는 사실을 강조한다. 즉 무역자유화와 아웃소싱 그리고 고용 감축과 같은 변화를 수용하게 되었는데, 이러한 유연성은 근로자들이 의지할 수 있는 사회보장이 있었기에 가능하였다고 이야기하고 있다.

북유럽의 성공 사례는 프랑스와 독일 등 주변국들에 의해서 부러움의 대상이 되고 있다. 풍부한 실업수당과 저렴한 아동 보육 비용, 무상 교육과 무상 의료 그리고 건강한 경제와 정부 재정 등 모든 것이 가능한 것처럼 보이기 때문이다. 물론 여러 사회 서비스는 비용을 수반한다. 이들 북유럽 국가들의 조세 부담은 국내총생산의 50퍼센트에 달해 영미권의 수준인 35퍼센트를 크게 초과하고 있지만, 이들 국가의 국민들은 자신들이 받는 혜택을 위해 높은 세금을 기꺼이 부담하고 있다.

북유럽 모델(Nordic model)은 영미식의 작은 정부와 민간 경제 주도 방식의 대안으로서 많은 정치인들에게 선호되고 있다. 그렇지만 이에 대한 단순한 모방이 긍정적인 결과를 가져올지는 의문이다. 덴마크의 전 수상이었던 라스무센은 다른 나라들이 북유럽 국가들의 정책을 따라 하는 것에 대해 회의적이다. 북유럽 모델은 무엇보다도 근로자와 고용주 간의 협력정신에 기초하고 있다는 것이다.

반면 비판론자들은 북유럽 경제의 성공엔 운도 따랐다는 점을 강조한다. 이들 국가의 주요 산업, 예를 들어 노르웨이의 석유, 스웨덴의 제철, 핀란드의 펄프와 제지 산업은 세계 시장의 수요 증가에 의해 팽창해 왔으며, 특히 핀란드의 노키아(Nokia)와 스웨덴의 에릭손(Ericsson)은 첨단기술 제품 붐의 중요한 수혜자였던 것이다. 그러나 이러한 행운이 오래 지속될지는 의문이라고 이들은 생각한다.

조세제도에 대한 문제점도 지적되고 있다. 스웨덴의 조세제도는 1990년대에 크게 바뀌기는 했지만 아직도 과중한 조세로 인하여, 이케아(Ikea), 테트라팩(Tetra Pak)과 같은 스웨덴의 유력 기업들은 해외로 근거지를 옮겨 갔다. 또한 이들 국가의 실업률 수치가 과소평가되었다는 의문도 제기되었다. 즉, 일자리를 잃은 많은 사람들은 정부의 재교육 프로그램에 등재되어 있는데 이들은 실업자 수치에서 빠져 있다는 것이다.

그러나 대다수의 경제학자들은 낙관적이다. 스웨덴 경제는 충분히 다양한 산업을 발전시켜 왔고, 노르웨이도 석유 수출 수입(收入)의 축적으로 상품 가격의 하락에 충분히 저항력을 갖추게 되었다. 따라서 앞으로 2~3퍼센트의 지속적인 성장이 가능할 것으로 예측하고 있다. 이 지역의 기업인들도 긍정적인 전망을 하고 있다. 많은 기업인들이 세율 인하를 바라고 있기는 하지만, 그렇다고 해서 고용 증가에 소극적인 것은 아니다. 세금 부담에도 불구하고 사회의 높은 지식 수준 그리고 근로자들이 작업에서 보이는 높은 유연성어 기초하여 여러 기업들은 성공적으로 사업을 확장해오고 있다.

장기적으로 북유럽 국가들은 노령화의 문제에 대해서도 다른 나라들에 비하여 대처할 수 있는 준비를 잘 갖추고 있는 것으로 보인다. 이미 연금제도를 개혁했고, 일정 수준 이상의 정부 지출 증가를 제한하는 방안을 마련했기 때문이다. "1970년대에

는 우리는 매우 너그러운 사회보장제도를 가지고 있었지만, 1980년대 말에 이르러 이것을 유지할 경제적 능력이 없음이 명백해졌다. 점진적으로 사람들은 국가가 안전 망을 제공하기는 하지만 자신의 복지 문제에 본인이 더 책임을 져야 한다는 사실을 인식하게 되었다."고 스웨덴의 노동조합 관계자는 이야기하고 있다.

그렇다면 이들 나라의 성공이 다른 나라에서도 가능할 것인가. 북유럽 모델을 동경하는 국가들이 고려해야 할 점은 이 지역에서는 지난 수세기 동안 근로자들이 경제에 참여적인 자세를 보여 왔으며, 경제의 의사 결정에서 자신들이 소외되지 않는다는 의식을 유지해 왔다는 것이다. 바로 이 점이 북유럽 모델이 다른 나라에 적용될 수 있을지의 여부를 결정짓는 핵심 관건이 될 것이다.

-'유럽의 부러움', 〈인터내셔널 헤럴드 트리뷴〉,
2005년 9월 17~18일자에서 발췌 편집

[유의 사항]
1. 제목은 쓰지 말고 본문부터 시작하시오.
2. 수험번호, 성명 등 자기의 신상에 관련된 사항을 답안에 드러내지 마시오.
3. 답안의 글자 수는 띄어쓰기 포함.

중·고교생이 읽어야 할 문학 필독서 100선

번호	한국문학	지은이	번호	세계문학	지은이
1	날개	이상	51	갈매기의 꿈	리처드 바크
2	광장	최인훈	52	이방인	카뮈
3	우리들의 일그러진 영웅	이문열	53	데미안	헤세
4	꺼삐딴 리	전광용	54	레 미제라블	빅토르 위고
5	허생전	박지원	55	어린왕자	생텍쥐페리
6	동백꽃	김유정	56	마지막 수업	알퐁스 도데
7	무녀도	김동리	57	사람은 무엇으로 사는가	톨스토이
8	메밀꽃 필 무렵	이효석	58	시지프의 신화	카뮈
9	열하일기	박지원	59	허클베리핀의 모험	트웨인
10	수난이대	하근찬	60	돈키호테	세르반테스
11	삼대	염상섭	61	귀여운 여인	안톤 체홉
12	혈의 누	이인직	62	주홍글씨	호손
13	감자	김동인	63	맥베스	셰익스피어
14	난장이가 쏘아올린 작은 공	조세희	64	젊은 예술가의 초상	조이스
15	복덕방	이태준	65	검은 고양이	포
16	카인의 후예	황순원	66	카라마조프의 형제들	도스토예프스키
17	태백산맥	조정래	67	신곡	단테
18	춘향전	작가 미상	68	일리아드 오딧세이	호메로스
19	무정	이광수	69	고도를 기다리며	베게트
20	토지	박경리	70	보바리 부인	플로베르
21	사람의 아들	이문열	71	달과 6펜스	서머셋 모옴
22	혼불	최명희	72	안나 카레니나	톨스토이
23	남과 북	홍성원	73	걸리버 여행기	스위프트

24	객주	김주영	74	노인과 바다	헤밍웨이
25	표본실의 청개구리	염상섭	75	변신	카프카
26	서울, 1964 겨울	김승옥	76	목걸이	모파상
27	탁류	채만식	77	수레바퀴 밑에서	헤르만 헤세
28	봄·봄	김유정	78	외투	고골리
29	불꽃	선우휘	79	젊은 베르테르의 슬픔	괴테
30	학	황순원	80	인형의 집	입센
31	소나기	황순원	81	좁은 문	앙드레 지드
32	서편제	이청준	82	죄와 벌	도스토예프스키
33	백치 아다다	계용묵	83	크리스마스 선물	오 헨리
34	고향	현진건	84	쿠오 바디스	시엔키에비치
35	천변풍경	박태원	85	크눌프	헤르만 헤세
36	홍염	최서해	86	파우스트	괴테
37	배따라기	김동인	87	이반 일리이치의 죽음	톨스토이
38	오발탄	이범선	88	우동 한 그릇	구리 료헤이
39	을화	김동리	89	물리고도 조심성 없이	이솝
40	사하촌	김정한	90	별	알퐁스 도데
41	운수 좋은 날	현진건	91	싯다르타	헤르만 헤세
42	사랑방 손님과 어머니	주요섭	92	프로메테우스	벌핀치
43	두 파산	염상섭	93	햄릿	셰익스피어
44	장마	윤흥길	94	페스트	카뮈
45	벙어리 삼룡이	나도향	95	이반데니 소비치의 하루	솔제니친
46	상록수	심훈	96	설국	가와바타 야스나리
47	모래톱 이야기	김정한	97	부활	톨스토이
48	열락서산	이문구	98	빙점	미우라 아야코
49	무진기행	김승옥	99	분노의 포도	존 스타인 벡
50	광화사	김동인	100	데카메론	보카치오

서울대 권장 도서 100권

번호	과학 기술	지은이	번호	동양 사상	지은이
1	같기도 하고, 아니 같기도 하고	호프만	1	삼국유사	일연
2	종의 기원	다윈	2	율곡문선	이이
3	부분과 전체	하이젠 베르크	3	논어	
4	카오스	제임스 글라크	4	제자백가선도	
5	과학 고전 선집		5	사기열전	
6	과학 혁명의 구조	토마스 쿤	6	보조법어	지눌
7	엔트로피	리프킨	7	다산문선	정약용
8	객관성의 칼날	길리스피	8	맹자	
9	신기관	베이컨	9	장자	
10	괴델, 에셔, 바흐	호프스태터	10	우파니샤드	
11	이기적 유전자	도킨스	11	퇴계문선	이황
			12	주역	
			13	대학－중용	
			14	아함경	

번호	서양 사상	지은이	번호	서양 사상	지은이
1	역사	헤로도토스	15	자본론 1권	마르크스
2	니코마코스 윤리학	아리스토 텔레스	16	프로테스탄티즘의 윤리와 자본주의 정신	베버
3	방법서설	데카르트	17	물질문명과 자본주의	브로델
4	법의 정신	몽테스큐	18	문학과 예술의 사회사	하우저
5	실천이성비판	칸트	19	국가	플라톤
6	자유론	밀	20	군주론	마키아벨리
7	꿈의 해석	프로이트	21	정부론	로크

8	간디 자서전	간디	22	국부론	아담 스미스
9	슬픈 열대	레비 스트로스	23	미국의 민주주의	토크빌
10	의무론	키케로	24	도덕 계보학	니체
11	고백록	아우구스 티누스	25	감시와 처벌	푸코
12	리바이어던	홉스	26	홉스봄 4부작 : 혁명, 자본, 제국, 극단의 시대	홉스봄
13	에밀	루소	27	미디어의 이해	맥루한
14	페더랄리스트 페이퍼	해밀턴 외			

번호	외국 문학	지은이	번호	외국 문학	지은이
1	당시선		17	황무지	엘리엇
2	변신인형	왕멍	18	인간의 조건	말로
3	일리아드 오딧세이	호메로스	19	변신	카프카
4	신곡	단테	20	백년 동안의 고독	마르께스
5	위대한 유산	디킨스	21	카라마조프 형제들	도스토예프스키
6	허클베리핀의 모험	트웨인	22	루쉰 전집	루쉰
7	스완네 집 쪽으로	프로스트	23	설국	가와바타 야스나리
8	마의 산	토마스 만	24	그리스 비극 선집	단테
9	돈키호테	세르반테스	25		셰익스피어
10	고도를 기다리며	베케트	26	젊은 예술가의 초상	조이스
11	체호프 희곡선	체호프	27	보바리 부인	플로베르
12	홍루몽	조설근	28	파우스트	괴테
13	마음	나쓰메 소세키	29	양철북	그라스
14	변신	오비디우스	30	픽션들	보르헤스
15	그리스로마 신화		31	안나 카레니나	톨스토이
16	주홍글씨	호손			

번호	한국 문학	지은이	번호	한국 문학	지은이
1	고전시가 선집		10	청구야담	
2	인간 문제	강경애	11	탁류	채만식
3	카인의 후예	황순원	12	백석 시 전집	백석
4	연암 산문선	박지원	13	광장	최인훈
5	한중록	혜경궁 홍씨	14	춘향전	작자 미상
6	고향	이기영	15	무정	이광수
7	정지용 전집	정지용	16	삼대	염상섭
8	토지	박경리	17	천변풍경	박태원
9	구운몽	김만중			

서울대가 선정한 중·고교생이 읽어야 할 필독서

[문학 편 100권]

번호	한국 문학(26)	지은이	번호	동양 문학(19)	지은이
1	수이전		1	시경	
2	계원필경	최치원	2	산해경	
3	파한집	이인로	3	도연명 시선	
4	역옹패설	이제현	4	이백 시선	
5	송강가사	정철	5	두보 시선	
6	열하일기	박지원	6	삼국지연의	나관중
7	다산시선	정약용	7	수호전	시내암
8	구운몽	김만중	8	서유기	오승은
9	홍길동전	허균	9	홍루몽	조설근
10	남원고사 춘향전		10	유림외사	오경재
11	혈의 누	이인직	11	노잔유기	유악
12	무정	이광수	12	아Q정전	노신
13	임꺽정전	홍명희	13	자야	모순
14	삼대	염상섭	14	상자	노사
15	천변풍경	박태원	15	가(家)	파금
16	고향	이기영	16	원씨물어	무라사키 시키부
17	무영탑	현진건	17	도련님	니쓰메 소세키
18	상록수	심훈	18	기탄잘리	타고르
19	탁류	채만식	19	천일야화	
20	인간 문제	강경애			
21	감자 外	김동인			
22	카인의 후예	황순원			
23	님의 침묵	한용운			
24	김소월 전집				
25	정지용 전집				
26	윤동주 전집				

번호	서양 문학(55)	지은이	번호	서양 문학	지은이
1	변신	오비디우스	29	잃어버린 환상	발자크
2	일리아드 오딧세이	호메로스	30	적과 흑	스탕달
3	오레스테스 삼부작	아이스킬로스	31	보바리 부인	플로베르
4	오이디푸스왕	소포클레스	32	악의 꽃	보들레르
5	메데아	에우리피데스	33	잃어버린 시간을 찾아서	프루스트
6	리시스트라타	아리스토파네스	34	구토	사르트르
7	아에네이스	베르길리우스	35	페스트	카뮈
8	신곡	단테	36	파우스트(제1부)	괴테
9	데카메론	보카치오	37	도적들	실러
10	햄릿, 맥베스, 리어왕, 오셀로	셰익스피어	38	하인리히 폰오프더딩엔	노발리스
11	걸리버 여행기	스위프트	39	노래의 책	하이네
12	오만과 편견	오스틴	40	녹색옷을 입은 하인리히	켈러
13	막대한 유산	디킨스	41	마의 산	토마스 만
14	폭풍의 언덕	브론테	42	말테의 수기	릴케
15	테스	하디	43	수레바퀴 아래서	헤세
16	젊은 예술가의 초상	조이스	44	성	카프카
17	사랑하는 여인들	로렌스	45	세푼짜리 오페라	브레히트
18	주홍글씨	호손	46	양철북	그라스
19	여인의 초상	제임스	47	돈키호테	세르반테스
20	허클베리핀의 모험	트웨인	48	백년 동안의 고독	마르께스
21	무기여 잘 있거라	헤밍웨이	49	인형의 집, 유령	입센
22	음향과 분노	포크너	50	미스줄리, 아버지	스트린드 베리
23	가르강뷔아와 팡타그뤼엘	라블레	51	카라마조프 형제들	도스도예프스키
24	수상록	몽테뉴	52	안나 카레니나	톨스토이
25	타르튀프	몰리에르	53	아버지와 아들	투르게네프
26	페드르	라신느	54	어머니	고리키
27	고백록	루소	55	개를 데리고 다니는 여인 (단편집)	체호프
28	캉디드 외 철학적 콩트	볼테르			

[사상 편 99권]

번호	동양 철학(32)	지은이	번호	동양 철학	지은이
1	대승기신론소	원효	17	맹자	맹자
2	원동성불론	지눌	18	대학	
3	매월당집	김시습	19	도덕경	노자
4	화담집	서경덕	20	장자	장자
5	성학십도	이황	21	순자	순자
6	성학집요	이이	22	한비자	한비자
7	선가귀감	휴정	23	바가바드기타	간디
8	성호사설	이익	24	중론	용수
9	일득록	정조	25	법구경	
10	목민심서	정약용	26	육조단경	혜능
11	북학의	박제가	27	근사록	주회
12	의산문답	홍대용	28	전습록	왕수인
13	기학	최한기	29	명이대방록	황종희
14	동경대전	최제우	30	대동서	강유위
15	주역		31	삼민주의	손문
16	논어	공자	32	실천론	모택동

번호	서양 철학(30)	지은이	번호	서양 철학	지은이
1	국가	플라톤	16	권리를 위한 투쟁	예링
2	정치학	아리스토텔레스	17	자유론	밀
3	의무론	키케로	18	고대법	메인
4	고백록	아우구스티누스	19	짜라투스트라는 이렇게 말했다	니체
5	군주론	마키아벨리	20	창조적 신화	베르그송
6	유토피아	토마스 모어	21	생의 비극적 감정	우나무노
7	신논리학	베이컨	22	존재의 시간	하이데거
8	방법서설	데카르트	23	프로테스탄티즘의 윤리와 자본주의 정신	베버
9	리바이어던	홉스	24	지각의 현상학	메를로−퐁티
10	정부론	로크	25	철학적 성찬	비트겐슈타인
11	법의 정신	몽테스키외	26	진리와 방법	가다머

12	사회계약론	루소	27	인식과 관심	하버마스
13	형이상학 서설	칸트	28	정의론	롤즈
14	역사철학 강의	헤겔	29	성과 속	엘리아데
15	실증철학 강의	콩트	30	책임의 원리	요나스

번호	역사(10)	지은이	번호	역사	지은이
1	삼국유사	일연	6	사기열전	사마천
2	징비록	유성룡	7	역사	헤로도투스
3	매천야록	황현	8	게르마니아	타키투스
4	한국통사	박은식	9	신학문의 원리	비코
5	조선상고사	신채호	10	중세사회	블로크

번호	사회 과학(14)	지은이	번호	사회 과학	지은이
1	택리지	이중환	8	아동 지능의 근원	피아제
2	국부론	스미스	9	자본주의 사회주의 민주주의	슘페터
3	미국의 자본주의	토끄빌	10	예종에의 길	하예크
4	자본론	마르크스	11	심리학과 종교	융
5	꿈의 해석	프로이트	12	영국 노동계급의 형성	톰슨
6	슬픈 열대	레비-스트로스	13	자살론	뒤르껭
7	옥중수고	그람사	14	물질문명과 자본주의	브로델

번호	자연 과학(6)	지은이	번호	자연 과학	지은이
1	두 우주 구조에 대한 대화	갈릴레오	4	생명이란 무엇인가	슈뢰딩거
2	프린키피아	뉴톤	5	부분과 전체	하이젠베르크
3	종의 기원	다윈	6	과학 혁명의 구조	쿤

번호	기타(7)	지은이	번호	기타	지은이
1	전쟁과 평화의 법	그로티우스	5	지식의 고고학	푸코
2	범죄와 형벌	베카리아	6	순수법학	켈젠
3	일반 언어학 강의	소쉬르	7	인간현상	샤르뎅
4	시각예술에서의 의미	파노프스키			

논술 용어

- **가면현상**(假面現象 IP : Imposter Phenomenon) imposter는 '사기꾼' '남의 이름을 사칭하는 자'를 뜻한다. 회사의 중역이나 의사, 변호사 등 사회적으로 존경받는 지위와 신분에 이르렀으면서도 끊임없이 '이것은 나의 참모습이 아니다. 언제 가면이 벗겨질지 모른다' 등의 망상으로 괴로워하는 현상이다.

- **가이아 이론**(Gaia theory) 영국의 과학자 제임스 러브록이 78년 '지구상의 생명을 보는 새로운 관점'이란 책을 통해 주장한 새로운 가설. 가이아(Gaia)란 그리스 신화에 등장하는 '대지의 여신'으로, 지구를 상징적으로 나타내기 위해 사용된 말이다. 러브록이 말하는 가이아란 지구와 지구에 살고 있는 생물, 대기권, 대양, 토양까지를 포함하는 하나의 범지구적 실체이다.

- **갤럽 여론조사**(Gallup polls) G. H. 갤럽이 설립한 미국여론연구소(American Institute of Public Opinion ; 1935년 프린스턴대학에 설립)의 여론조사. 대통령 선거의 예상, 대통령의 인기도, 책, 영화, 영화배우 등의 인기 등 많은 주제에 대한 여론을 조사·발표하고 있다.

- **거대과학**(巨大科學) 원자력 과학과 같이 원자물리학, 기계공학, 전자공학, 화학공학 등 여러 분야에 걸쳐 있고 거액의 연구비와 막대한 연구 요원을 필요로 하는 신흥 과학. 통신위성 등 우주 개발, 초음속 대형 여객기의 개발, 초대형 전자계산기, 핵융합 발전 등 과학의 생산력이 비약적으로 발전하면서 여러 분야에 생겨나고 있는 응용과학을 말한다.

- **게놈 프로젝트**(genome project) 한 생명체의 모든 유전 정보를 가지고 있는 게놈을 해독해 유전자 지도를 작성하고 유전자 배열을 분석하는 연구 작업을 말한다.

- **공동정보화**(共同情報化) 경영 환경이 유사한 기업들이 공동으로 컴퓨터를 이용하여 공장 자동화, 경영관리 전산화, 유통관리 자동화, 전산망 구성 등 각종 정보화 사업을 추진하는 것을 말한다.

- **광섬유**(光纖維 optical fiber) 광통신에 이용되는 전송로(傳送路). 전선이 전류로 신호를 전하는 것과 같이 광섬유는 빛을 신호로 하여 정보를 먼 곳으로 전송한다. 석영 유리를 재료로 한 것이 주류가 되기 때문에 유리 섬유라 말하기도 한다. 두께는 0.1mm 정도. 내부는 빛의 굴절률이 다른 심선 부분과 피복 부분으로 나뉘어 이들의 굴절률이 서로 달라 빛의 신호를 외부에 새는 일 없이 먼 곳으로 보낼 수 있다. 전선을 이용한

통신으로는 2㎞ 간격으로 중계기가 필요하지만, 광섬유는 신호의 감쇠(減衰)가 적기 때문에 장거리 통신이 가능하다. 예컨대 최고 성능의 광섬유를 사용하면 134㎞를 중계기 없이 통신할 수 있다. 보낼 수 있는 정보량이 많고 전기적 잡음을 받지 않는 등 무수한 특징이 있다.

• **광 컴퓨터**(光 computer) 전자 대신 광소자(光素子)를 이용한 컴퓨터이다.

• **귀납논증**(歸納論證) 개개의 특수한 사실들로부터 일반적인 결론을 도출해 내는 논증. 귀납논증의 특성은, 연역논증과 달리 결론의 내용이 전제의 내용을 뛰어넘는다는 것이다. 따라서 귀납논증의 전제가 참이라고 해도, 그 결론은 참일 가능성을 가질 뿐이다. 즉 귀납논증은 개연성만을 가진다. 귀납논증 가운데 귀납적 일반화, 유추, 인과관계, 세 가지가 가장 중요하다. ① 귀납적 일반화란, 몇 개의 예를 가지고 그 예가 속해 있는 집단 전부에 대해서 적용시키는 것이다. 예를 들면 "오늘날의 모든 젊은이들은 책임감이 없다."와 같이 이미 관찰된 몇몇의 젊은이의 예를 가지고 아직 관찰되지 않은 모든 젊은이에 대해서 예측하는 경우이다. 귀납적 일반화는 알려진 것을 가지고 알려지지 않은 것을 추리해 가기 때문에, 그 추리는 확실하거나 필연성이 있는 것은 아니다. ② 유추(類推)는 개별적 사례 상호간의 유사관계를 추정하는 것이다. 예를 들어 바닷가 근처에 사는 학생들은 모두 수영을 잘한다고 하자. 그런데 영수, 철호, 민정, 창희, 개현이가 모두 바닷가 근처에 살며, 앞의 네 사람인 영수, 철호, 민정, 창희가 수영을 잘한다면, 당연히 개현이도 수영을 잘한다고 생각하는 경우이다. ③ 인과관계(因果關係)에 의한 귀납적 추리는 일상생활에서 널리 사용되고 있다. 예를 들면, 동시에 X라는 음식을 먹은 사람들이 Y라는 증상의 식중독에 걸렸다는 전제로부터 X가 Y의 원인이 된다는 것을 귀납적으로 추리할 수 있다.

• **그린피스**(green peace) 국제적인 자연보호 단체. 남태평양 폴리네시아에서의 프랑스의 핵실험에 항의하기 위한 선박을 출항시킨 운동을 계기로 1970년에 조직되었다. 네덜란드의 암스테르담에 본부를 두고 있으며 회원은 유럽 각국 외에 미국, 캐나다, 오스트레일리아, 뉴질랜드 등이 중심이다.

• **그린 컴퓨터**(green computer) 전력 사용량을 낮춰 에너지를 절약하고 재활용이 가능한 부품과 포장재를 사용한 컴퓨터. 컴퓨터를 사용하지 않을 때는 모니터와 하드디스크의 구동에 사용되는 전력이 차단돼 전력 소모량이 30W 이하(기존 제품은 150~200W)로 떨어진다. 이렇게 제작된 컴퓨터는 미국환경청(EPA)이 제정한 에너지 스타 마크를 부착할 수 있다. 미국 행정부가 그린 컴퓨터를 우선 구매토록 권장하기 때문에 급속히 확산되고 있다.

• **글로벌리즘**(globalism) 세계통합주의. 제2차 세계대전 후의 자유 세계 경제 운영의 지도 이념이다. '세계를 일체로'라는 이념하에 정치·군사·경제의 모든 분야에서 절대적 우

위에 있었던 미국이 중심이 되어 추진되어 왔다.

- **기민정책**(棄民政策) 베트남 난민 문제를 비판하는 용어이다. 이른바 '보트 피플(boat people)'이라는 형태로 유출되는 난민은 단지 새로운 사회 체제에 적응하지 못하거나 생활고 때문에 탈출한 자로 간주되었다.

- **길항작용**(拮抗作用 antagonism) 어떤 현상에 관하여 두 요인이 동시에 작용했을 때 서로 그 효과를 소멸시키는 경우 이 두 요인 사이에는 길항작용이 있다고 하며, 두 요인은 서로 길항인(拮抗因)이라 한다. 요인으로서는 체내에서 생성되는 물질, 밖에서 투여되는 물질, 약제, 기관의 작용, 신경의 작용이 있다. 세포의 활동에 대한 이종(異種)의 이온 사이에서 보는 이온 길항작용은 잘 알려진 예다.

- **나로드니키주의**(narodnichestvo) 1860년대 러시아에서 생겨난, 혁명적 민주주의의 입장에 선 사상과 운동이다.

- **나르시시즘**(narcissism) 자기도취증. 그리스 신화에서 산의 요정 에코(Echo)의 사랑을 받은 아름다운 청년 나르시소스가 물에 비친 자기의 모습에 반하여 빠져 죽어 수선화가 되었다는 이야기에서 비롯된다. 정신분석 용어로서는 자기의 육체를 에로틱한 흥미의 대상으로 하는 유아(幼兒) 단계에서의 발전의 정지, 또는 그것에의 퇴화 현상을 말한다. 노천명의 '사슴'이라는 시에서 '물 속의 제 그림자를 들여다보고' 부분은 바로 이 그리스 신화의 모티프를 시적으로 수용한 것이라는 견해도 있다.

- **네오리얼리즘**(neorealism) 2차 대전 직후 이탈리아에서 일어난 새로운 영화예술운동이다.

- **네오마르크시즘**(NeoMarxism) 1920년대 이탈리아의 그람시, 헝가리의 루카치 등으로 대표되는, 정통파 마르크스주의의 변종(變種)이다.

- **네오포디즘**(neofordism) 작업의 분절화, 숙련 노동과 미숙련 노동 간의 양극화를 특징으로 하는 포디즘적 생산 방식의 폐해를 시정하기 위해 선진국 기업에서 실험되고 있는 새로운 생산 방식이다.

- **녹색상품**(綠色商品) 비교적 쓰레기 발생량이 적거나 없는 제품 등 상대적으로 환경 친화적인 상품 또는 환경 적합성이 큰 여러 가지 상품을 비교해 오염물질을 적게 배출하는 등 환경을 보다 많이 고려한 제품을 골라 동인 마크를 붙여 주는 환경 마크제를 시행하고 있다.

- **누보로망** 어떤 효과를 목적으로 전통적인 소설 형식이나 관습을 부정한 프랑스의 실험적 소설. 1950년 로브 그리예, 샬로트 등을 중심으로 시작된 양식으로, 특정한 줄거리나 뚜렷한 인물이 없고 윤리나 사상성의 통일이 없으며 자유로운 시점에서 세계를 묘사한다. 앙티로망(anti roman).

- **누보 누보로망** 누보로망 다음에 나타난 프랑스 소설의 새로운 경향. 누보로망과 크게

다를 것은 없지만, 소설을 쓰는 행위로서 현실 개혁을 주장하는 면에서 매우 사회적이며 이론을 극히 중시하는 점이 특징이다. 르 클레지오, 필립 솔레르 등이 대표적이다.

• **뉴미디어의 순기능과 역기능** 뉴미디어의 시대에는 원격 진료, 원격 교육, 홈 오토메이션, 재택근무 등 인간에게 기본적인 삶의 질이 보장된다. 그러나 뉴미디어가 주는 혜택의 이면에는 사생활 침해를 비롯하여 정보의 집중화 현상에서 오는 부작용, 특정 집단에의 정보 종속 등 역기능도 도사리고 있다. 이른바 뉴미디어 시대에는 방송사, 전화회사, 신문사, 데이터베이스 관련 업체 등의 정보 제공자들로부터 영화, 오락, 쇼핑, 전자신문 등의 온갖 서비스를 수용자들은 편리한 시간에 받을 수 있다.

• **뉴에이지 음악(new age music)** 고전음악이나 포크뮤직을 포함하여 광범위한 음악 장르를 포괄하는 연주 음악이다. 1986년부터 그래미상에 '뉴에이지 뮤직' 부문이 신설되어 독립성을 가진 하나의 음악 장르로 정착되었다.

• **니힐리즘(nihilism)** 허무주의라고도 한다. 종래 일반적으로 인정되어 온 생활상의 가치, 즉 이상이나 도덕 규범이나 문화, 생활양식 등을 전적으로 부정하는 견해이다. 라틴어 'nihil'(無)에서 유래했다.

• **님비(NIMBY) 현상** 'Not In My Backyard'라는 영어 구절의 각 단어 머리글자를 따서 만든 신조어이다. 늘어나는 범죄자, 마약 중독자, AIDS 환자, 산업폐기물, 핵폐기물 등 각종 사회 병폐를 수용하거나 처리할 시설물을 설치하려 할 때마다 해당 지역 주민들이 거센 반발을 보이는 현상을 정의하는 말로 미국에서 처음으로 사용되기 시작했다.
  → 핌피(PIMFY) 현상

• **다국적 기업(多國籍企業 multinational corporation)** 세계기업(world enterprise)이라고도 하며 일반적으로 수개 국에 걸쳐 영업 내지 제조 거점을 가지고 국가적 정치적 경계에 구애받지 않고 세계적인 범위와 규모로 영업을 하는 기업이다.

• **다다이즘(dadaism)** 1차 세계대전이 일어나면서 유럽과 미국에 나타난, 전통적인 권위를 철저하게 부정하는 예술·문학 운동이다. 새로운 예술적 대안을 결여한 이 운동은 종전(終戰)과 더불어 가라앉았으나 그 속에 내포된, 타락한 유럽 문명에 대한 반항 정신은 쉬르레알리슴(surrealism) 등에 계승되었다.

• **다우 이론(Dow theory)** 미국의 통신사인 다우존스사의 창설자 C. 다우, S. A. 넬슨, W. P. 해밀턴 등에 의해 고안, 발전된 이론이다. 1929년의 '뉴욕 주가 대폭락'을 예견했다 해서 유명해졌는데, 그 후의 성과는 별로 좋은 편이 못 된다.

• **다이옥신(dioxin)** 2개의 벤젠핵을 산소로 결합시킨 유기화합물. 플라스틱 계통의 물질을 태울 때 나오는 독성 화합물질로 청산가리 1만 배 정도의 맹독성을 갖고 있다. 월남전 때 미군이 사용해 기형아 출생의 원인이 된 고엽제의 주요 성분으로도 알려져 있다.

• **닫힌 도덕·열린 도덕** 현대 프랑스의 철학자 베르그송은 사회의 질서를 유지하고, 사회

구성원들 서로간의 결속을 다지기 위한 도덕을 '닫힌 도덕'이라 불렀고, 인간의 내면 깊숙이 자리잡은 좀더 고상한 삶에 대한 열망에 기초한 도덕, 즉 인간의 본질적인 도덕을 '열린 도덕'이라고 하였다. 닫힌 도덕이란, 결국 사회가 스스로를 존속시켜 나가는 것으로서 사회의 자기애(自己愛)이며, 열린 도덕은 인류애(人類愛)에 기초한다.

- **대처리즘(Thatcherism)** 일반적으로 영국 경제의 재활성화를 꾀하는 영국 대처 전 총리의 경제정책을 가리킨다. 정치면까지도 포함해 강력한 신념에 따른 행동 전체를 말한다.

- **데탕트(detente)** 국제간의 긴장 완화를 의미하는 말. 68년 미국 대통령에 당선된 닉슨은 72년 미 대통령으로는 처음으로 '죽의 장막'을 넘어 중국을 전격 방문, 미·중 국교 정상화의 발판을 닦은 데 이어 소련과 처음으로 전략무기제한협정(SALT) 체결에 합의했고, 73년에는 베트남에서 미군 철수를 완료해 동서 화해의 데탕트 시대가 열리게 했다. → 탈냉전 체제

- **도미노 이론(domino 理論)** 한 나라의 정치 체제가 붕괴되면 그 강한 파급 효과가 이웃 나라에 미친다는 이론이다.

- **디스토피아(distopia)** 현대 사회의 부정적인 측면들이 극단화되어 초래할지 모르는 암울한 미래상. 핵 위협 아래 놓인 지구촌, 인류의 양식(良識)과 이성을 의심케 하는, 제동되지 않는 군비 경쟁과 '별들의 전쟁', 지구의 생태계를 파괴할 공해 문제, 아프리카의 가뭄 사태를 야기한 제3세계의 위기와 오랜 제국주의 침략의 후유증 등은 한편 인류의 미래를 부정적인 눈으로 바라보게 만들기도 한다. 로마 클럽이 제출한 보고서, 조지 오웰의 '1984년' 등은 이러한 시각의 반영이다. → 유토피아

- **딜레마(dilemma)** 양도논법(兩刀論法)이라고도 한다. 딜레마란 일반적으로 사용될 때는 진퇴유곡에 빠졌다는 의미이다.

- **로고스(logos)** 그리스 어의 원래적 의미인 '수집되어 정리된 것'이라는 의미에서 변화해서 '언어'(말)라는 의미로 쓰였는데, 말은 보편적인 의미를 갖는 것이므로 여기에서 개념, 논리, 이론, 사상 등의 의미로도 사용되었으며(아리스토텔레스에서는 논리학을 로고스의 학문이라고 부르고 있다), 나아가 이성이라든가 세계의 이법(理法)도 표현하게 되었다.

- **로열티(royalty)** 특허권, 저작권 또는 산업재산권의 사용료. 흔히 외국으로부터 기술에 관한 권리를 도입한 후 그 권리 사용에 따른 대가를 지불하는 것이다.

- **리비도(libido)** 프로이트의 정신분석학 용어로서 성(性)충동을 일으키는 에너지를 말한다. 성욕의 뜻으로도 해석하며 유아기(幼兒期)에도 해당되는 넓은 뜻으로도 쓰이나, 프로이트는 말년에 이 말을 삶의 본능에 주어진 모든 심적 에너지의 총체를 뜻하는 말로 썼다. 융은 더 넓은 의미로서 생명의 에너지로 생각했다. → 정신분석, 프로이트주의

- **리우회의(Rio 會議)** 공식 명칭은 환경 및 개발에 관한 유엔회의(UNCED), 지구정상회담

이라고도 한다. 92년 6월 3일부터 14일까지 12일간 브라질의 리우데자네이루에서 세계 185개국 대표단과 114개국 정상 및 정부 수반들이 참여하여 지구 환경 보전 문제를 논의한 회의이다. 우리 나라는 당초 서명하지 않으려던 정부 방침을 변경, 13일 오후 '기후변화협약'에 152번째, '생둘다양성협약'에 154번째로 서명했다.

- **리콜제도(recall 制度)** 자동차에서 비행기에 이르기까지 모든 제품에 적용되는 소비자보호제도로서 소환수리제라고도 한다. 자동차와 같이 인명과 바로 직결되는 제품의 경우 많은 국가에서 법제화해 놓고 있다. 2만여 개의 부품으로 구성된 자동차의 경우 부품을 일일이 검사한다는 것은 기술적으로 불가능하며 대부분 표본검사만 하기 때문에 품질의 신뢰성이 완벽하지 못하다. 이에 대한 사후 보상으로 애프터서비스제와 리콜제가 있는데, 애프터서비스제가 전혀 예기치 못하는 개별적인 결함에 대한 보상임에 비해 리콜제는 결함을 제조사가 발견하고 생산 일련번호를 추적, 소환하여 해당 부품을 점검·교환·수리해 주는 것을 말한다.

- **마키아벨리즘(Machiavellism)** 이탈리아의 르네상스 시대 마키아벨리의 사상이다. 근대 정치학의 시조(始祖)라 평가받고 있다.

- **매카시즘(MaCarthyism)** 1950년대 미국에서 일어난 반공사상(反共思想). 50년 2월 미국 공화당 상원의원 매카시가 국무부의 진보적 성향을 띤 100여 명에 대해 추방을 요구했으며 많은 지도층 인사들을 공산주의자로 몰아 공격했다. 동서 냉전이 강화되는 가운데 미국 사회를 휩쓸었던 이 초보수적(超保守的)인 정치적 흐름을 당시 상원 국내 치안분과 위원장이었던 그의 이름을 따서 '매카시 선풍'이라 부른다.

- **머피의 법칙(Murphy's law)** 일종의 경험 법칙이다. '잘못되는 것은 원래 그런 것'이라는 뜻으로 일이 좀처럼 풀리지 않을 때 쓴다. 미국 애드워드 공군기지에 근무 중이던 에드워드 엘로이셔스 머피 2세가 1949년 발견했다. 당시 미 공군에서는 조종사들에게 급감속 실험을 했는데, 이는 전극 봉을 이용해 가속된 신체가 갑자기 정지될 때의 신체 상태를 측정하는 것이었다. 이 실험 도중 전극 봉의 연결이 잘못되어 문제를 일으켰다. 이를 디자인한 머피 대위는 "어떤 일을 하는 데는 두세 가지 방법이 있고, 그 중 한 가지 방법이 재앙을 초래할 수 있다면 꼭 누군가가 그 방법을 쓴다."고 말했다. 그 후 영국의 애스턴 대학의 로버트 머튜소 교수는 '잘못될 가능성'을 확률, 조합, 고체 역학 등을 총동원하여 이 법칙을 탐색해본 결과 '우주 만물은 우리에게 적대적이다'라고 결론을 지었다. 이 법칙의 반대는 '샐리의 법칙'이다.

- **모더니즘(modernism)** 현대문학과 예술의 전위적(前衛的)이고 실험적인 경향을 가리키는 포괄적인 명칭. 주로 영·미(英美)의 비평계에서 쓰는 말이며 독일·프랑스에서는 같은 흐름에 대해 전위주의(前衛主義 ; 아방가르드)라는 용어로 표현한다. 넓은 의미로는 교회의 권위·봉건적 문화에 대한 저항이다.

- **모라토리엄**(moratorium) 일시 금지조치. 본래 긴급한 경우 일정기간 법령에 의거하여 일체의 지불을 중지한다는 경제 용어로서 원자력 분야에서도 자주 사용된다. 미국 각 주에서는 자주 원자력발전소의 설치 금지(moratorium)를 요구하는 법안이 주민투표에 부쳐진다. 캘리포니아 주에서의 1972년 6월 '제안 9호', 76년 6월의 '제안 15호'가 대표적인 예. 이에 대해 미 연방 대법원은 83년 4월 주(州)가 원자력 모라토리엄을 과하는 것은 허용되지 않는다고 판결했다.

- **뫼비우스의 띠**(Mobius' strip) 좁고 긴 직사각형 종이를 180도 꼬아서 끝을 붙인 곡면. 위상 기하학적 성질을 가진 곡면으로 독일의 수학자 A.F. 뫼비우스가 처음 제시하였기 때문에 뫼비우스의 띠라 한다. 이 띠의 특징은 안과 밖의 구별이 없다는 점이다. 즉 곡면상의 바깥쪽에 칠을 해나가면 안쪽까지 모두 칠해진다. 또 이 띠의 중심선을 따라 자르면 4번 꼬인 띠가 되면서 원래 크기의 두 배가 된다.

- **무크 운동**(mook 運動) 의식(意識)을 같이하는 작가들이 모여 소책자를 통해 자신들의 문학적 입장을 밝히는 운동. 주로 젊은 작가·비평가들에 의해 주도된 우리 나라의 무크 운동은 1970년대 초의 〈창작과 비평〉〈문학과 지성〉 등으로 출발해 80년대의 〈우리 시대의 문학〉〈실천문학〉으로 이어져 당시의 문학사에 적지 않은 기여를 했다.

- **뮤추얼 펀드**(mutual fund) 미국 투자신탁의 주류를 이루고 있는 펀드 형태로 개방형, 회사형의 성격을 띤다. 개방형이란 투자자들의 펀드 가입 탈퇴가 자유로운 것을 의미하며, 회사형이란 투자자들이 증권 투자를 목적으로 하는 회사의 주식을 소유하는 형태를 말한다.

- **미니멀리즘**(minimalism) 60년대 나타난 문화 예술운동으로 장식적 요소를 일체 배제하고 표현을 최소화하는 기법이나 양식을 말한다. 당초 미술계에서 시작되어 최소한의 조형 수단(造形手段)을 써서 제작한 그림이나 조각을 미니멀 미술(minimal art)이라 했으나, 문학·음악·무용·건축 분야로 확대되었다.

- **미란다 원칙** 경찰이나 검찰은 피의자로부터 자백을 받기 전에 반드시 변호인 선임권과 진술 거부권 등 피의자의 권리를 알려야 하는 것을 의미한다. 1966년 미국 법원이, 검찰이 제출한 성폭행 피의자 미란다의 자백을 증거로 채택하지 않은 데서 유래되었다.

- **밀라노 컬렉션**(Milano collection) 파리 컬렉션에 비해 소재나 재단이 부유한 성인 취향을 따르고 있어서 질 좋은 실용복 패션으로 이름난 컬렉션. 오랫동안 파리모드의 생산 기지로서, 소재나 기술의 토양을 갖추고 있었던 밀라노가 현재와 같은 모양을 갖춘 것은 1975년 조르지오 아르마니, 지아니 베르사체, 잔 프랑코 페레 등 재능 있는 디자이너들이 나온 후의 일. 1980년대 후반에는 로메오 질리가 등장, 보수화된 밀라노에 대하여 내추럴 숄더의 여성스런 스타일을 내놓고 새로운 시장을 개척했다. 여성복은 3월과 10월에, 남성복은 7월과 1월에 각각 컬렉션이 열리고 있다.

- **밀레니엄**(millennium) 1000을 뜻하는 라틴어 mille와 연(年)을 의미하는 ennium의 합성어로, 1000년을 의미한다. 밀레니엄은 예수 탄생을 기원으로 한 서력 AD(Anno Domini)에 바탕을 두고 있는 개념으로, 오늘을 살고 있는 인류는 이제 세 번째 밀레니엄을 맞이하게 된다. 세기가 바뀌는 데 그치는 것이 아니라 1000년대에서 2000년대라는 거대한 새 시간대의 초입에 들어서는 것이다. 성경에서 밀레니엄은 계시록 20장 1-7절에 나오듯 예수가 재림하여 지상을 통치한다는 신성한 천년 왕국을 가리킨다. 이 같은 어원에서 유래된 사전적 의미로는 1000년 기간과 무관하게 정의와 행복과 번영의 낙원시대를 표현하는 추상적 단어로 쓰이기도 한다.

- **반달리즘**(vandalism) 도시의 문화 예술이나 공공시설을 파괴하는 행위. 5세기 초 유럽의 민족 대이동 때 아프리카에 왕국을 세운 반달 족(族)이 지중해 연안에서 로마에 걸쳐 약탈과 파괴를 거듭했던 데서 유래된 말이다. 근년에 미국이나 유럽의 대도시에서 약탈과 살인, 공공시설의 파괴, 방화 등의 도시 범죄가 급증하는 세태에 대해 이름 붙인 말이다.

- **반덤핑법**(antidumping law) 외국 제품이 부당한 가격으로 싸게 팔림으로써 국내 관련 산업이 타격받는 것을 방지하는 미국의 법률이다.

- **백색 스모그**(white smog) 햇빛이 내리쬐는 대낮에도 눈앞이 뿌옇게 흐린 현상. 선진국형 대기오염이라고 불리는 광화학 스모그 현상으로 서울 시내와 일부 대도시에서 자주 나타나고 있다. 스모그(smog)는 연기(smoke)와 안개(fog)의 합성어다.

- **버블 현상**(bubble 現象) 투기적 버블(speculative bubble) 현상이라고도 한다. 실체가 없는데도 가격이 상승하기 시작하면 그것이 많은 사람들의 투기를 유발하여 가격은 더한층 상승 일로를 치닫게 되지만 이윽고 거품(bubble)이 터지는 것처럼 급격히 원래의 상태로 되돌아가는 현상. 외국환 거래에서만 쓰이는 말이 아니고 주식 등 다른 많은 분야에서도 쓰이고 있는데, 대부분의 경우 거품이 사라진 뒤에는 공황 상태가 출현한다.

- **부메랑 효과**(boomerang 效果) 선진국이 개발도상국에 제공한 경제 원조나 자본 투자 결과 현지 생산이 이루어지고 이어서 그 생산 제품이 현지 시장 수요를 초과하게 되어 선진국에 역수출됨으로써 선진국의 당해 산업과 경합하는 것을 말한다.

- **부조리**(不條理) 일반적인 뜻으로는 불합리, 모순, 배리(背理), 부정(不正), 실존주의적 용어로는 절망적인 한계상황을 가리킨다.

- **부조리극**(不條理劇) 1950~1960년대에 크게 유행해 연극의 큰 흐름으로 자리잡은 희곡 형태. 사무엘 베케트, 이오네스코, 아다모프 등이 대표 작가다. '고도를 기다리며'가 대표적 작품이다.

- **북방한계선**(NLL) 1953년 7월 23일 유엔군과 북한 사이에 정전협정이 체결되었다. 정전 협정 정신에 따라 유엔군 사령부는 이 해 8월 서해의 한국 영해 범위를 북방한계선

(Northern Limit Line)으로 설정했다. 당시 유엔군 사령부는 해군 함정의 경비 활동 통제와 안전 유지를 목적으로 지상 군사분계선인 한강 하구로부터 11개의 좌표를 이은 선을 NLL로 정한 뒤 북한에 통보했다. 북한은 그후 20년간 이의를 제기하지 않았고 우리 군이 NLL 남쪽을 실질적으로 관리해 해상 군사분계선으로 관습화했다.

- 브나로드(vnarod) '민중 속으로'를 뜻하는 러시아 말. → 나로드니키주의, 농촌계몽운동
- 브레인 스토밍(brain storming) 아이디어 창출 방법의 하나. 한 가지 문제를 집단적으로 토의하여 제각기 자유롭게 의견을 말하는 가운데 정상적인 사고방식으로는 도저히 생각해낼 수 없는 독창적인 아이디어가 튀어나오도록 하는 것이다. 브레인 스토밍을 성공시키기 위해서는 ① 타인의 아이디어를 비판하지 말 것. ② 자유분방한 아이디어를 환영할 것. ③ 되도록 많은 아이디어를 서로 내놓을 것 등이 중요하다.
- 블루라운드(BR ; Blue Round) 국가간의 통상 문제에 노동자(blue collar) 문제도 포함시킨다는 선진국들의 무역 정책. 실업자, 재정 적자, 경기 부진 등 구조적인 문제에 직면한 선진국들이 그 타개책으로 무역제한철폐(UR)·환경규제강화(GR)와 함께 국제노동기구 협약이나 자국 수준의 강화된 노동 기준을 개도국에 강요, 무역 경쟁력을 회복하겠다는 의도이다.
- 비정부단체(NGO) Non-Government Organization의 줄임말로 비정부기구 또는 비정부단체. 원래 유엔헌장 제17조에 있는 말로 정부대표로 구성된 유엔에 다양한 여론을 제공하는 단체란 의미로 쓰이기 시작했다. 전 세계 700여 단체가 등록돼 있다. 네덜란드 헤이그에서 만국평화회의 개최 100주년 기념으로 NGO 평화회의가 열리기도 했다. 국내에서는 전국 시민단체들이 전국NGO연합을 결성하기도 했다.
- 빅뱅이론 대폭발이론(大爆發理論 big bang theory) 우주는 처음 매우 온도가 높고 밀도가 높은 상태였는데, 정체를 알 수 없는 대폭발을 거치면서 오늘날 우리가 보는 우주가 탄생케 되었다는 이론이다.
- 4D 업종 기존의 더럽고(dirty), 힘들고(difficult), 위험한(dangerous) 일의 3D 업종에 원거리(distant)라는 특성을 안은 원양업계를 더해 일컫는 말. → 3D 산업
- 샐리의 법칙 억세게 재수없다는 '머피의 법칙'과 정반대 개념. 주위에서 우연히도 자신에게 유리한 일만 거듭해서 일어난다는 것. 대표적인 예로는 '입시 당일 아침에 우연히 봤던 참고서에서 무더기로 출제되었다', '공부하다 졸리던 참에 갑자기 정전된다', '영화표를 끊고 돌아서는 순간 매진이라는 푯말이 걸린다' 등을 들 수 있다. '샐리'는 영화 '해리가 샐리를 만났을 때'에서 맥 라이언이 맡은 역으로 엎어지고 넘어져도 결국은 해피엔딩을 이끌어내는 샐리의 모습에서 힌트를 얻었다.
- 생철학(生哲學) 계몽철학의 주지주의와 헤겔의 이성주의적 관점을 비판하고 비합리적인 것과 의지를 중시한 사상이다.

- **생화학적 산소요구량**(BOD ; Biochemical Oxygen Demand). 오염된 물의 수질을 표시하는 하나의 지표로서, 하천·호서·해역 등의 자연 수역에 도시 하수나 공장 폐수가 방류되면 그 중에 산화되기 쉬운 유기물질이 있어서 자연 수질이 오염된다. 그러한 유기물질을 수중의 호기성 세균이 산화하는 데 소요되는 용존산소의 양을 mg/I 또는 ppm으로 나타낸 것이 생화학적 산소요구량이다. 생화학적 산소요구량은 일반적으로 BOD로 호칭되며, 생물 분해가 가능한 유기물질의 강도를 뜻한다.

- **서사극**(敍事劇 Epic Theatre) 독일의 극작가 베르톨트 브레히트(1898~1956)에 의해 제창된 연극론. 관객에게 감정 정화(感情淨化 : 카타르시스)를 경험케 하는 데 연극의 목적을 두는 아리스토텔레스의 연극론에 대한 대립 개념으로 생겨났다.

- **소피스트**(sophists) 기원전 5세기 후반부터 그리스 특히 아테네에서 나타났던 직업적 계몽 교사의 총칭. 이 말의 원래 뜻은 '현명한 사람'인데 플라톤이나 아리스토텔레스에 의해 궤변가라는 의미로 사용되었다. 소피스트는 하나의 학파를 형성한 것이 아니라 다양한 학파에 속하는 여러 사람들을 포함하고 있었다. 그들은 타인의 생각을 반박하고 자기의 주장을 승인시키는 '변론술'에 힘을 집중하고, 이것을 통하여 문법학, 수사학, 논리학의 발달에도 기여하였다. 대표자로는 프로타고라스, 고르기아스, 프로디코스 등이 있다. 그러나 후기의 소피스트(기원전 4세기)는 차차 반동적인 토지 귀족 측에 붙게 되고, 상대주의나 회의론의 경향을 취하면서 문답 경기를 통해 보수를 목적으로 한 '지식의 판매'나 '백을 흑이라고 속이는' 궤변가로 전락하였다. '소피스트'라고 하는 것이 궤변가를 의미하는 것은 이러한 이유에서이다.

- **쉬르레알리슴** 초현실주의라는 뜻. 1차 세계대전 후 다다이즘에 뒤이어 태동한 전위적 예술운동. 전통적 예술 형식과 인습적 사회 관념을 부정하는 다다이즘의 반역 정신을 이어받는 한편, 프로이트의 정신분석학에서 영향 받아 꿈과 잠재 의식 속에서 기성 관념에 오염되지 않은 순수한 이미지를 드러내고 형상화하고자 했다.

- **아노미**(anomie) 무법(無法), 무질서의 상태. 신의(神意)와 법의 부재를 뜻하는 그리스 어 아노미아(anomia)에서 유래한 말. 한 사회에 있어 그 구성원의 '행위를 규제하는 공통된 가치나 도덕적 규범이 상실된 혼돈 상태'를 나타내는 규범

- **아방가르드** 원뜻은 전위(前衛). 1차 세계대전 때부터 유럽에서 일어난 예술운동. 기성 관념이나 유파(流派)를 부정하고 새로운 것을 이룩하려 했던 입체파, 표현주의, 다다이즘, 초현실주의 등의 혁신 예술을 통틀어서 일컫는 말. 일반적 특징은 모호성·불확실성의 역설과 주체의 붕괴, 비인간화 등을 들 수 있다. 이런 특징은 근대 산업화 과정과 밀접한 관계가 있다.

- **아포리아**(aporia) 그리스 어로 어떤 장소의 경우 통로가 없는 것. 사물의 경우 해결의 방도가 찾아질 수 없는 데서 오는 어려움을 뜻한다. 아리스토텔레스의 철학에서는 어

떤 문제에 대해 두 가지 똑같이 성립한 대립된 합리적 견해에 직면하는 것을 가리킨다. 일반적으로는 '해결할 수 없는 문제' 또는 '막다른 골목'을 뜻하는 철학 용어.

- 애니미즘(animism) 고대 원시인이 동물이나 식물뿐만 아니라 돌, 음식 등 모든 사물에 영혼이 있다고 믿었던 신앙. 인류학자 타일러에 의하면 영혼에 대한 신앙, 곧 애니미즘은 모든 종교의 출발이라 한다.

- 에토스(ethos) 성격, 관습(慣習)을 뜻하는 그리스 어에서 비롯됨. 예술의 감성적 요소인 파토스(pathos)에 대립되는 개념으로 쓰이면서 사람에게 도덕적 감정을 갖게 하는 보편적인 도덕적·이성적 요소, 윤리 규범을 가리키는 말이다.

- 에피쿠로스주의(Epicurianism) 본래는 에피쿠로스의 학설을 가리키는 말이었지만 그가 주장하는 쾌락주의가 전용되어 감각적 향락주의, 즉 육체 탐닉이라든가 식도락 등을 의미하게 되었고, 에피쿠로스주의자라는 명칭도 이러한 향락주의자를 가리키는 것이다. 이것은 관념론자들이 유물론을 공격하는 재료로도 삼아 왔다. 또 원자론이나 무신론이라는 의미로도 쓰인다. → 쾌락주의

- 엠네스티 ⇒ 국제사면위원회(國際赦免委員會)

- 옴브즈맨 제도(Ombudsman 制度) 스웨덴을 비롯한 북유럽에서 발전된 행정통제제도. 행정부가 강화되고 행정 기능이 전문화되는 자본주의 국가의 추세에 대해 행정부의 독주를 막고자 고안된 제도. 옴브즈맨은 입법부에 의해 임명되나 그 직무 수행에 있어서는 직접적인 감독을 받지 않으며 독립적 위치와 높은 위신을 갖는 일종의 행정 감찰관으로서 시민이 제소(提訴)하는 사안에 대해 조사하고 처리한다. 그 대상엔 행정행위의 합법성뿐만 아니라 합목적성 여부도 해당된다. 조사는 공식적인 절차나 방법을 취하지 않음으로써 효율성, 신속성을 살리고 또 그것을 공개하여 여론에 영향력을 미친다. 그러나 옴브즈맨은 법원과 달리, 행정기관의 결정을 직접 취소하거나 무효로 만들 수 없다는 점에서 그 권한이 제약되고 있다.

- 우루과이라운드(UR ; Uruguay Round of Multinational Trade Negotiation) 1986년 9월 우루과이에서 개최된 가트(GATT) 각료회의에서 개시된 가트의 8번째 다자간 무역 협상을 말한다.

- 워치콘(Watch Condition) 북한의 군사 활동을 추적하는 정보 감시 태세. 평상시에 마지막인 4등급이다가 상황이 긴박해지면 3, 2, 1로 올라간다. 워치콘의 격상·발령을 위해서는 한·미 군 정보 당국의 합의가 필요하다. 데프콘(Defense Readiness Condition)은 감시 개념이 아닌 전투 준비 태세를 말한다.

- 이미지즘(imagism) 심상을 시의 핵심적 요소로 생각하여 현대시적 전환을 주장한 이미지즘 운동은 1910년부터 파운드, 흄, 엘리엇 등에 의해 주도되었다. 그들은 현대 문명의 특징이 시각적 문화에 바탕을 두고 있는 데 착안하여 근대시가 청각성에서 벗어나

이미지로서의 시각성 또는 회화성을 획득해야 한다고 주장했다.

- **제로섬 사회**(zero sum society) 레스터 C.더로 교수(매사추세츠 공과대학)의 저서 제목에서 따온 용어. 제로섬이란 통상 스포츠나 게임에서 승패를 모두 합하면 제로가 되는 것을 말한다.

- **차티즘**(chartism) 1836~1848년에 걸쳐 영국에서 전개된, 세계 최초의 노동자 계급이 독자적으로 전국적인 선거권 획득 투쟁인 차티스트 운동(chartist movement)을 출현시킨 사회 개혁 주장이다.

- **카오스 이론** 카오스(chaos)란 '혼돈'이란 의미로 질서가 없는 뒤죽박죽 상태를 말하지만 여기서는 장래의 예측이 불가능한 현상을 말한다.

- **카타르시스**(catharsis) 정화(淨化). 아리스토텔레스는 비극의 목적이 정서의 정화에 있다고 보았는데, 이것을 윤리적 의미로 이해하는 설(레싱)과 심리적 의미로 이해하는 설(베르나이스)로 나뉜다. 후자에 의하면 비극을 통해 공포나 연민의 정서를 맛봄으로써 마음속에 쌓였던 억눌린 정서를 해소하는 것이 비극의 목적이라고 한다. 정신분석학의 용어로서는 정신장애의 원인인 콤플렉스를 다시 강하게 체험하게 함으로써 이것을 해소, 치료하는 것을 가리킨다.

- **테크노스트레스** 첨단기술 사회에 적응하지 못했을 때 생기는 증상으로 미국의 심리학자 브로드의 조어이다. 컴퓨터 불안형과 컴퓨터 탐닉형이 있다. 과학기술 공포증이라고 불리는 컴퓨터 불안형은 컴퓨터 조작이 미숙하고 그 메커니즘을 제대로 모르기 때문에 일어나는 심신의 거부 반응으로 출근 거부나 우울증을 일으키며, 중노년 샐러리맨의 경우 자살·증발의 원인이 된다. 이와 반대되는 것이 탐닉형으로 컴퓨터에 지나치게 모든 것을 의존하다 보니 대인관계를 원만히 이루지 못하여, 다른 사람과의 대화를 번거로워하기 때문에 결과적으로 대인관계는 물론 일에도 지장을 초래하는 증상이다.

- **테크노크라시**(technocracy) 어원은 '기술에 의한 지배'를 뜻하나 일반적으로는 전문적 지식, 과학이나 기술에 의하여 사회 혹은 조직 전체를 관리 운영 또는 조작할 수 있고 따라서 그것들을 소유하는 자가 의사 결정에 커다란 영향력을 갖는 시스템, 혹은 그와 같은 견해의 총칭이다.

- **테크노크라트**(technocrat) 과학적 지식이나 기술을 소유하고 있음으로써 사회 또는 조직의 의사 결정에 중요한 영향력을 행사할 수 있는 사람. 기술관료라 번역되기도 한다.

- **텔레마케팅**(telemarketing) 전화 등의 통신 수단을 이용한 마케팅 활동이다.

- **파랑새 증후군**(bluebird syndrome) 벨기에의 극작가·시인·수필가인 마테를링크의 동화극 〈파랑새〉의 주인공처럼 장래의 행복만을 몽상하면서 현재의 할 일에 정열을 느끼지 않는 증후. 피터팬 신드롬, 모라토리엄 인간과도 공통된 일면이 있다.

- **페미니즘**(feminism) 여성의 사회적·정치적·법률적인 모든 권리의 확장을 주장하는 여

권주의(女權主義). 기존의 가부장적 사회 체제가 낳은 남성 위주의 가치관이나 사회제도, 관습 등을 여성의 시각에서 재해석하려는 사상적·문화적 조류를 가리키기도 한다.

- **패러다임**(paradigm) 원래 의미는 사례(事例)라는 뜻. 어떤 요인으로부터 다양하면서도 일견 상호 무관한 듯한 사례가 나타나는 경우, 그 연쇄 계열(連鎖系列)이 패러다임인데 여기서 더 나아가 다양한 관념을 상호 연관시켜 질서 지우는 시스템 내지 구조를 일컫는 개념으로 쓰인다.

- **퍼지 이론**(fuzzy set theory) '네' 또는 '아니오' 등 이분법으로만 나눌 수 없는 인간의 애매모호한 사고 작용을 수학적인 함수를 동원해 컴퓨터로 나타낼 수 있는 이론. 즉 애매모호(fuzzy)한 것을 명확히 표현하는 이론으로, 1965년 미국 버클리대학의 자데 교수가 제창한 퍼지 집합의 사고 방식을 기초로 하고 있다. 이분법으로는 나타내기 힘든 인간의 사고 작용을 정량적으로 표현해내는 데 쓰이며, 최근 가전 제품이나 자동 제어 분야 등에 널리 응용되고 있다.

- **포스트 모더니즘**(post modernism) 20세기 후반의 세계와 인간을 파악하고 이해하는 사고 방식으로 좁게는 문학과 예술의 영역, 넓게는 인간 정신의 모든 산물에 걸쳐 편재적으로 나타나는 현상을 말한다.

- **하드보일드**(hard-boiled) 1930년 무렵 미국 문학에 등장한 새로운 사실주의 수법이다. 원래 '계란을 익히다'라는 말뜻에서 '비정, 냉혹'이라는 뜻의 문학 용어가 되었다. 폭력적인 테마나 사건을 감정이 없는 냉혹한 시선으로 또는 도덕적인 판단을 배제한 비(非)개인적인 시점에서 묘사한 문학을 가리킨다. 불필요한 수식을 일체 빼버리고 빠르고 거친 묘사로 사실만을 쌓아올리는 이 수법은 특히 추리소설에 있어서 추리보다는 행동에 중점을 두는 하나의 유형으로 확립되었고 코난도 일파(派)의 이른바 '계획된 것'과는 명확하게 구별된다. 1920년대의 금주령(禁酒令) 시대를 배경으로 헤밍웨이, 도스 파소스 등 순수문학 작가들의 영향 속에 태어난 추리소설은 해메트, 챈들러, 가드너 등이 대표적인 작가이다.

- **핵우산**(核雨傘) 핵을 보유하지 않은 나라가 핵 보유 동맹 국가의 핵전력에 자신의 안전 보장을 의탁하는 것. NATO 가맹국들과 한국, 일본은 미국의 핵우산하에 있는데, 이는 군사적으로뿐만 아니라 정치적, 심리적 위협에 대처하는 효과도 있다.

- **햇볕정책**(sunshine policy) 북한의 개혁·개방을 유도하기 위해서는 봉쇄나 압력보다 지원과 교류 협력이 효과적이라는 논리의 대북 포용 정책. 김대중 정부의 대북·통일정책의 기조로, 남북한 비료 협상이나 고 정주영 현대그룹 명예회장의 방북(98년 6월 16일~23일)도 이에 따른 것이다.

- **환경 스와프** 오염물질 배출이 많은 개발도상국의 대외 채무와 그 나라의 환경보전을 교환(스와프)하는 것으로 '자연보호-채무 스와프'라고도 부른다. 개도국의 채무를 선진국

민간단체 등이 매입하여 이를 탕감해 주는 대신, 그 국가의 정부로 하여금 자체 재정으로 자연보호 대책을 실시토록 하는 방식으로, 개도국의 외채 및 환경보전 자금 조달 문제 해결 방법으로 주목받고 있다. 미국의 민간단체가 87년 볼리비아에 대해 처음 실시한 후 전 세계적으로 확대되는 추세다.

• **환경영향평가제(環境影響評價制)** 환경에 영향을 미칠 수 있는 도로, 항만, 공항, 철도, 공업단지, 체육시설, 간척지 등을 건설할 경우 사업계획을 수립해 시행하기 전에 그 사업이 환경에 미칠 영향을 예측·분석·평가하고 그에 대한 대책을 수립해 이행하게 하는 것을 말한다.

• **힙합(hiphop)** 80년대 미국에서 유행하기 시작한 다이내믹한 춤(브레이크 댄스 등)과 음악의 총칭이다. 미국 사회의 보수성에 반기를 든 흑인 빈민들의 거리 음악에서 유래했다. 같은 곡조를 반복해서 연주하는 것이 특징. 폭발음, 음반의 스크레치 등 인간의 흥을 유발하는 모든 수단이 동원된다. 국내의 모든 댄스 음악과 춤이 힙합의 요소를 갖추고 있다고 볼 수 있다.

◀▣ 참고 문헌 및 자료 ▣▶

http://blog.naver.com/tcasuk?Redirect=Log&logNo=40002281694

자료 찾기

http://211.251.8.9/down/cyber/02_h_kuk/

고등학교 국어 논술자료

http://www.gj-jungang.hs.kr/board/uploadfiles/%B1%B3%C0%E5%BC%B1%BB%FD%B4%D
4%C1%F8%B7%CE%B0%AD%C0%C7%C0%DA%B7%E1.hwp

교육부 2008학년도 입시제도

http://ggachi-q.com/D_daeib/D4_nonsul/d44.html

학업계획서

(심준섭 면접구술고사 위원) 심층 면접

http://blog.naver.com/whitego?Redirect=Log&logNo=40013916221

글의 진술 방식

서정수의 문장력 향상의 길잡이 중에서(중심 내용의 위치에 따른 구성)

http://board.kerinet.re.kr/boards/124/hs0024/hs0024_upload_388/%B3%ED%BC%FA%BE%
B2%B4%C2%BF%E4%B7%C9.hwp

어떻게 쓸 것인가(단락 쓰기)

서론 쓰기, 본론 쓰기, 결론 쓰기 자료 인용

http://www.gulnara.net/admin/lecture/data/17/1034092041/%B3%ED%BC%FA%B1%B3%C0
%B0%B7%D0.hwp

한자혼용론(원진숙 지음, 박이정 출판사)

http://my.dreamwiz.com/ghdud99/

강호영 논술

동아일보 국한혼용론 2006. 1. 19

http://www.jangseong.hs.kr/tboard/files/wnd54/%B3%ED%B8%AE%C0%FB%C0%CE%20%
B1%DB%BE%B2%B1%E2%20%C1%F6%B5%B5%B9%E6%BE%C8.hwp

일반 논술형 예문 활용

http://www.ok-tutor.co.kr/nie/NA-024.hwp

신문 활용 교육

http://kin.naver.com/db/detail.php?d1id=11&dir_id=110106&eid=mb5M37NtN5c1VFD/xSVq
vytIYlyr+Y7J

경제 일기 자료

http://blog.naver.com/5dfmie?Redirect=Log&logNo=120021528384

http://cbs.hansung.ac.kr/2003-1/1

신문 활용 교육 그래프에 대한 자료

신문 활용 교육

http://blog.naver.com/chuly4ever?Redirect=Log&logNo=50000066239

청소년 성교육

http://www.ohmylife.pe.kr/pds/curriculum/%B1%A4%B0%ED%BF%CD%20%BC%BA.doc

외설 광고의 자료 찾기

• 신문을 활용한 교과 재구성, 권영부, 중등 우리교육 11월호, 1996
• 신문 살아 있는 교과서 : 활용 사례집(3) 권영부 외, 중앙일보사, 1997
• 중앙일보 NIE 하계·동계 교사 연수(사회 영역), 권영부, 중앙일보사, 1995, 1996, 1997, 1998, 1999, 2000, 2001, 2002
• 신문을 활용한 교육, 권영부, 경상남도 교육청(교수-학습 방법 개선 연수 자료), 1997
• 신문을 활용한 놀이, 글쓰기, 생각하기, 권영부, 주니어 매거진 11월호(디딤돌), 1998
• 신문은 '인성 교육'의 자료다, 권영부, 중앙일보 사보(제435호), 1999
• 신문을 활용한 진로 탐색 프로그램, 권영부, 금호여자중학교, 1999
• 신문을 활용한 공익 광고 만들기, EBS 교육방송 학교 현장 보고, 수업 현장 방송, 1999년 7월 18일자 방송분
• 신문을 활용한 관심 일기 쓰기, 권영부, 인포메이트 창간호, 2000
• 신문을 활용한 수업과 수행 평가, 권영부, 교육부 주최 '교실 수업 개선을 위한 열린 교육
• 학교 현장에서 생각하는 신문 활용 교육의 활성화를 위한 방안, 신문 활용 교육 세미나 자료
• 신문을 활용한 교과 지도 수행 평가 논술 지도, 권영부, 중앙M&B, 2000

오양심의 **통합 논술 총자료집** 중·고등학생용

◉ 인　쇄·2008년 12월 24일
◉ 발　행·2009년 1월 2일
◉ 엮은이·오 양 심
◉ 발행인·정 양 자
◉ 발행처·도서출판 형민사
◉ 등록번호·제300−2004−18호

◉ 주　소·100−032
　　　　서울시 중구 저동2가 78번지 비즈센터 502호
◉ T E L·02−736−7694, 02−3406−9120
　 F A X·02−3406−9118

정 가 17,000원
ISBN　978−89−91325−30−2